Contraste insuffisant
NF Z 43-120-14

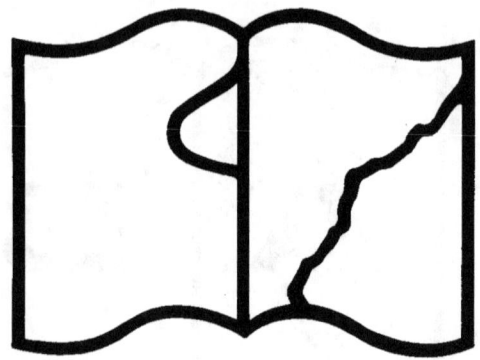

Texte détérioré — reliure défectueuse
NF Z 43-120-11

LES ŒUVRES DE VIRGILE,

TRADUITES EN FRANÇOIS,

Le Texte vis-à-vis la Traduction.

Par M. l'Abbé DES FONTAINES.

NOUVELLE ÉDITION.

TOME PREMIER.

A AMSTERDAM,
Par la Compagnie des Libraires.

M. DCC. LXXIV.

A SON ALTESSE
SÉRÉNISSIME
CONSTANTIN
MAURO-CORDATO,
DESPOTE*
DES DEUX VALACHIES
ET DE MOLDAVIE.

MONSEIGNEUR,

L'amour singulier de VOTRE ALTESSE pour les Lettres, son génie, son érudition, son goût, l'estime qu'elle fait des bons Ecrivains François, le soin qu'elle prend de se procurer à grands frais tous leurs Ouvrages, enfin son inclination particuliere pour la France, con-

* Prince Souverain.
Tome I.

EPITRE.

forme à celle de la SUBLIME PORTE, m'ont engagé à lui demander la permission de mettre son illustre nom à la tête de ma traduction des Œuvres de VIRGILE. La Lettre qu'elle m'a fait la grace de m'écrire à ce sujet, en me donnant une haute idée de sa politesse & de ses lumieres, m'a fait connoître que les qualités de son cœur étoient encore au-dessus de celles son esprit.

Lorsque je considere, MONSEIGNEUR, les Loix admirables que vous avez faites pour le bonheur de vos peuples *, & la sagesse avec laquelle vous les gouvernez, je ne suis point étonné de la protection particuliere que vous accordez aux sciences & aux talents, & de votre zele pour faire fleurir les Lettres dans les pays soumis à votre autorité. Vous êtes persuadé, MONSEIGNEUR, que le savoir & le génie sont ce qui illustre le plus une nation, & ce qui contribue principalement à la rendre florissante; que les Lettres forment les hommes, qu'elles perfectionnent la raison & les mœurs, & qu'elles apprennent également à commander & à obéir; que l'esprit cultivé fait naître les Arts, ou en hâte le progrès, & conséquemment celui du commerce, & attire imperceptiblement chez une nation polie, savante & industrieuse, les richesses des nations étrangeres. C'est donc en suivant non-seulement votre goût particulier, MONSEIGNEUR, mais encore les conseils d'une solide politique, ignorée de ceux qui ne pensent point, & qui distinguent mal à

* Elles sont imprimées dans le Mercure de Juillet 1742.

EPITRE.

propos les services rendus à l'Etat, de ceux qu'on rend aux Sciences & aux Arts, que vous vous efforcez de les faire goûter à vos sujets, & que votre exemple & vos récompenses les encouragent à les cultiver.

Précieux rejettons de Mpogdan & de Dragus, Princes des Valachies & de Moldavie dans le milieu du quatorzieme siecle, dont la glorieuse postérité a toujours régi ces grandes Provinces sans aucune interruption, vous vous êtes principalement proposé, MONSEIGNEUR, de marcher sur les nobles traces du Sérénissime Prince ALEXANDRE, votre Aïeul, si célebre dans toute l'Europe par son amour pour les Sciences & par sa haute sagesse, dont il nous reste un éternel monument dans son excellent livre des Offices.

La reconnoissance m'a encore engagé, MONSEIGNEUR, à vous rendre cet hommage. Avant que j'eusse eu l'honneur d'être prévenu par un de vos Secrétaires d'Etat, qui m'écrivit la Lettre la plus obligeante, vous me faisiez déja celui de lire mes Ecrits: vous aviez donné ordre de les rechercher & de vous les envoyer, & chaque semaine vous faisiez traverser des pays immenses à ma feuille périodique, consacrée à l'entretien du goût, & à l'éloge des bons Ecrits. Dès-lors je formai la résolution de me glorifier de ces faveurs aux yeux de ma nation, par un remerciement public, & d'offrir à VOTRE ALTESSE celui de tous mes Ouvrages qui m'a le plus coûté d'application, & que je crois le plus digne de vous être présenté.

EPITRE.

Dans un pays, où tant de langues ont cours, où la langue Françoise, regardée comme une langue savante, & préférée à toutes les langues modernes, est cultivée par les Nobles, ainsi que le Latin & le Grec littéral, où l'on étudie les grands modeles de l'antiquité, où enfin, graces à VOTRE ALTESSE, toutes les belles connoissances & tous les talents sont en honneur : quelle gloire pour moi, si mon travail est estimé jusques dans une région si éloignée, & s'il a le bonheur de plaire à un PRINCE, digne de régner sur toute la République des Lettres. Je serai toujours avec le plus inviolable attachement, la plus parfaite reconnoissance, & le plus profond respect,

MONSEIGNEUR,

DE VOTRE ALTESSE,

Le très-humble & très-obéissant serviteur, P. GUYOT DES-FONTAINES.

DISCOURS
SUR LA VIE
ET
SUR LES ŒUVRES
DE
VIRGILE.

ON a souvent dit que l'Amour & la Gloire ont mis la Poésie en vogue parmi les hommes, & que l'Amour ne sauroit se passer des Muses, ni les Muses de l'Amour. Cependant, Virgile & Horace avouent sincérement que la mauvaise situation de leur fortune les tira de leur Province, & les envoya faire la cour à Mécene, qui protégeoit tous les beaux-esprits de son temps. Comme notre Auteur tient un beau rang dans la Poésie Latine, je veux tâcher de donner un crayon de son génie & de ses mœurs; car d'ailleurs il n'a pas besoin de louanges pour être connu, puisque ses ouvrages l'ont rendu fameux parmi toutes les Nations savantes.

L'inimitable Virgile naquit l'an six cent quatre-vingt-quatre de la fondation de Rome, sous le Consulat de Pompée & de Crassus. On rapporte que Maron, son pere, étoit de Mantoue, & qu'ayant du bien près de cette Ville, dans un Village nommé Andes, il y faisoit son séjour ordinaire. Sa femme Maïa, se promenant un jour avec lui à la campagne, fut tout à coup si pressée de l'enfantement, qu'elle accoucha de Virgile dans un fossé. Il ne cria point en naissant, & dans ses tendres années on voyoit reluire sur son visage la douceur & la modération.

On ajoute que, selon la coutume du pays, on planta une branche de peuplier au même endroit où sa mere avoit accouché, & que ce rameau ayant pris racine, devint bientôt aussi grand que d'autres peupliers qu'on avoit plantés long-temps avant celui-là. Il fut ensuite appellé l'*arbre de Virgile*; & on le révéroit de telle sorte dans les lieux circonvoisins, que les femmes grosses y faisoient des vœux, & attachoient des offrandes à ses branches.

Virgile commença ses études à Cremone, où il prit la robe virile à l'âge de dix-sept ans, pendant le Consulat de Domitius Calvinus & de Valerius Messala, selon la Chronique de Saint Jérôme. Comme il avoit une forte inclination pour les Sciences, il s'en alla à Milan entendre le Philosophe Syron, qui suivoit les opinions d'Epicure, & qui passoit pour un des plus savants hommes de son temps. Syron avoit au nombre de ses Disciples ce même Varus dont Virgile parle avantageusement dans la sixieme de ses Eclogues.

Ensuite la réputation d'Orbilius & de Scribonius, deux fameux Rhéteurs qui enseignoient à Naples, porta notre Auteur à étudier sous eux les préceptes de l'éloquence: il y fit un merveilleux progrès ; & passant à d'autres études, il s'attacha aux Mathématiques, à la Jurisprudence & à la Médecine.

Quand Virgile eut environ vingt-neuf ans, il arriva que les Triumvirs de Rome, pour récompenser leurs troupes, leur abandonnerent la possession de plusieurs contrées d'Italie. Le territoire de Mantoue eut le malheur d'être du nombre des terres qui devoient être partagées; le village d'Andes y fut compris, ainsi les champs de Virgile furent partagés à des Soldats. Néanmoins son bonheur voulut que Pollion, qui protégeoit les gens de Lettres, étant chef des troupes de ces quartiers, prit soin de recommander ses intérêts à Mécene. Cet illustre favori d'Auguste ne se contenta pas seulement de le faire rétablir dans tous ses biens; il lui procura encore un établissement à Rome & les bonnes graces de César.

Sa réputation commença par les Bucoliques, qui passent pour un chef d'œuvre dans le genre pastoral. Il a principalement imité la douceur & la naïveté de Théocrite ; mais il le surpasse en politesse & en érudition; car comme il vouloit que son ouvrage parût au gré de la Cour d'Auguste, il a évité de donner à ses Bergers ce caractere rustique, qui, sans doute, auroit pu choquer des Courtisans polis.

Après avoir achevé les Eclogues, Mécene, son protecteur, le pria de composer les Géorgiques. Quoique la matiere qu'il y traite ne semble pas susceptible de beauté, on y trouve plufieurs agréables Episodes; autrement on feroit fatigué d'entendre fi long-temps difcourir d'agriculture & de bétail, de vignobles & de miel.

Héfiode n'a pas été fi méthodique dans les deux Livres qu'il a écrits fur la culture des champs. Le premier ne contient prefque rien qui réponde à fon fujet ; il y donne des maximes générales fur la conduite de la vie ; il fait l'éloge de la Juftice & du travail, avec une ample exhortation à fon frere d'être jufte & laborieux : il décrit le fiecle d'or, les fiecles d'argent, d'airain & de fer ; & il apoftrophe les Princes, touchant le devoir qui les oblige à gouverner équitablement leurs peuples. En un mot, le premier Livre n'eft rempli que de chofes vagues, & de lieux communs.

Il eft vrai que le fecond rapporte divers préceptes de cultiver la terre & les plantes; on y voit même plufieurs obfervations aftronomiques très-utiles au travail des champs.

Virgile, qui favoit l'art d'employer avantageufement fes lectures, n'a pas manqué d'accommoder aux Géorgiques quelques endroits de ce Poëte; il l'a fait d'une maniere qu'Héfiode, qui ne s'éleve prefque jamais, felon le jugement de Quintilien, paroît d'un fublime caractere dans les écrits de Virgile.

Il commença l'Enéide en fa quarantieme année, & l'on tient qu'il y employa onze ans. L'Iliade, & même l'Odyffée, lui fervirent de modele ; mais il eft fans doute plus exact qu'Homere, foit pour l'ordonnance de fon Poëme, pour le caractere de fes Héros, ou dans la juftteffe de fes comparaifons ; foit enfin dans la peinture des chofes.

Cependant, quoique l'Enéide nous paroisse un Poëme accompli, Virgile avoit résolu de le corriger, & il en étoit si peu content, qu'il ordonna avant que de mourir, qu'on le jettât dans le feu comme indigne de voir le jour: mais Auguste l'empêcha. Ainsi la postérité doit à ce Prince la conservation de cet excellent ouvrage, qui, du vivant même de son Auteur, étoit l'admiration des Romains.

Octavie, sœur de l'Empereur, fut si vivement touchée de l'éloge du jeune Marcellus au sixieme Livre de l'Enéide, que se remettant l'idée de ce cher fils que la mort lui avoit enlevé, elle en pleura & s'évanouit; ensuite elle envoya à Virgile un présent considérable.

On dit qu'il ne fut que quatre ans à faire les six derniers Livres de ce Poëme, aussi paroissent-ils moins travaillés que les autres.

Après avoir achevé l'Enéide, comme il prétendoit encore y retoucher, il s'embarqua pour aller en Grece, à dessein d'y travailler avec une grande application, & dans une grande tranquillité; mais rencontrant Auguste, qui revenoit d'Athenes à Rome, il se rembarqua & le suivit. Les fatigues d'une longue navigation incommodant sa santé, il tomba malade dans la ville de Brundufe, où il mourut à l'âge de cinquante-un an. On porta son corps à Naples, comme il avoit ordonné par son testament, & on lui dressa un tombeau sur le grand chemin de Pouzol.

Il étoit de belle taille, & son teint tiroit sur le brun. Il avoit peu teté, & étoit sujet aux maux de gorge & de tête: son visage aussi-bien que ses mœurs, marquoient une pudeur singuliere; aussi l'appelloit-on Vierge. Sa sagesse, sa modestie & son humeur officieuse, qui étoit jointe à une rare probité, lui attirerent plusieurs amis; entr'autres Horace & Quintilius-Varius, deux grands ornements du Parnasse. Mais les ouvrages du dernier, qui passoient pour excellents parmi les Anciens, ne sont point venus jusqu'à nous. Cependant Varius avoit fait une Tragédie, intitulée Thyeste, que Quintilien trouvoit comparable à la plus belle des Grecs.

Notre Auteur avoit acquis une si belle réputation, que le Sénat & le peuple Romain lui rendoient de grands honneurs; & un jour qu'il se trouva à la représentation de quelques jeux, les spectateurs se leverent, comme si César fût arrivé.; Ménandre ne fut pas si heureux, car il a été bien plus loué après sa mort que durant sa vie. Silius-Italicus, fameux Poëte, avoit une si grande vénération pour Virgile, qu'il célébroit religieusement toutes les années le jour de sa naissance, & il faisoit tous les ans un voyage à Naples pour voir le tombeau de ce grand Homme, comme s'il fût allé dans un Temple s'acquitter d'un vœu.

C. Cornificius avoit des sentiments bien contraires; car il envioit la gloire de Virgile, & décrioit ses Poésies. Notre Auteur se contenta de dire: Je ne sais pourquoi Cornificius déchire ma réputation, puisque je ne l'ai jamais offensé; au contraire je l'aime beaucoup. Mais j'ai la vengeance en main; car je m'étudierai à devenir plus habile que je ne suis, & il crévera d'envie. Mevius & Bavius, qui se déchaînoient aussi contre lui, n'en reçurent que ce trait de satyre dans une de ses Eclogues :

Qui Bavium non odit, amet tua carmina Mævi.

Séneque dit que Virgile affecta d'inférer quelques vers un peu durs & traînants, afin que le peuple Romain, qui aimoit encore les Poésies d'Ennius, trouvât aussi dans les siennes quelqu'air de l'antiquité. Scaliger, parlant des Géorgiques, tient qu'un seul vers de ce Poëme vaut mieux que tous ceux d'Hésiode ; aussi passe-t-il pour le plus exact & le plus châtié de ses ouvrages.

Les Bucoliques ont un caractere de douceur & d'agrément qui regne par-tout.

Molle atque facetum
Virgilio, annuerunt gaudentes rure camœna.

Voilà comme en parle Horace, dont le jugement doit être suivi. On rapporte que deux Païens se convertirent à notre Religion, après avoir fait de grandes réflexions sur la quatrieme Eclogue des Bucoliques, persuadés que notre Auteur avoit prédit la naissance de JESUS-CHRIST dans ces vers :

Jam redit & virgo, redeunt Saturnia regna.
Jam nova progenies cœlo dimittitur alto.
Tu modo nascenti puero, quo ferrea primùm.
Desinet, ac toto surget gens aurea mundo.
Casta fave Lucina, tuus jam regnat Apollo.

Ces Païens furent donc baptisés par le Pape Sixte, & souffrirent le martyre sous l'empire de Valerien. Un Poëte, nommé Palémon, se vantoit que Virgile l'avoit annoncé par cet hémistiche des Bucoliques :

———— *Venit ecce Palæmon,*

comme devant être le juge & le censeur de tous les ouvrages de Poésie. Ce Palémon, qui vivoit sous Tibere, étoit vain & arrogant, jusqu'à dire que les Belles-Lettres étoient nées avec lui, & qu'elles s'enterreroient avec lui dans son tombeau.

 Virgile pensa toujours dans la nature : il est noble & touchant par-tout ; ses comparaisons sont justes, ses descriptions vives, ses caracteres bien soutenus, ses mots placés proprement. Sa versification est si harmonieuse, qu'elle enchante. Nul homme n'a mieux su que lui jusqu'où il faut aller en Poésie, & où il faut s'arrêter : il est maître de sa matiere, & ne se dément jamais. Homere avoit beaucoup de génie, mais il paroît s'être plus attaché à inventer qu'à polir. Virgile a fait le contraire. Homere est beaucoup plus diffus, plus licencieux & plus relâché ; Virgile est plus ramassé & plus exact. Enée a la valeur d'Achille, & la prudence d'Ulysse. On fait une remarque qui est particuliere à Virgile, c'est que plus on est savant, plus on découvre de science & d'érudition dans ses ouvrages.

LES PASTORALES DE VIRGILE.

Tome I. A

PUBLII VIRGILII MARONIS BUCOLICA.

ECLOGA I.
TITYRUS, MELIBŒUS.

MELIBŒUS.

TITYRE, tu patulæ recubans sub tegmine fagi,
Sylvestrem tenui musam meditaris avenâ.
Nos patriæ fines, & dulcia linquimus arva :
Nos patriam fugimus : tu, Tityre, lentus in umbrâ
Formosam resonare doces Amaryllida sylvas.

TITYRUS.

O Melibœe, Deus nobis hæc otia fecit.
Namque erit ille mihi semper Deus : illius aram
Sæpe tener nostris ab ovilibus imbuet agnus.

LES PASTORALES
DE
VIRGILE.

I. ECLOGUE.
TITYRE ET MÉLIBÉE.

MÉLIBÉE.

COUCHÉ sous l'épais feuillage de ce hêtre, tu essaies, ô Tityre, un air pastoral sur ton léger chalumeau. Tandis que forcés d'abandonner notre pays, nous fuyons ces agréables campagnes, tranquille à l'ombre, tu apprends aux échos de ces bois à répéter le nom de la belle Amaryllis.

TITYRE.

O Mélibée, c'est à un Dieu que je dois cette tranquillité. Oui, je regarderai toujours mon bienfaiteur comme un Dieu: les tendres agneaux de nos bergeries arroseront souvent ses autels

Ille meas errare boves, ut cernis, & ipsum
Ludere quæ vellem calamo permisit agresti.
MEL. Non equidem invideo, miror magis ; undique totis
Usque adeo turbatur agris. En ipse capellas
Protinus æger ago ; hanc etiam vix, Tityre, duco :
Hîc inter densas corylos modò namque gemellos,
Spem gregis, ah ! silice in nudâ connixa reliquit.
Sæpe malum hoc nobis, si mens non læva fuisset,
De cœlo tactas memini prædicere quercus ;
Sæpe sinistra cavâ prædixit ab ilice cornix.
Sed tamen, iste Deus qui sit da, Tityre, nobis.
TIT. Urbem quam dicunt Romam, Melibœe, putavi
Stultus ego huic nostræ similem, quò sæpe solemus
Pastores ovium teneros depellere fœtus.
Sic canibus catulos similes, sic matribus hædos
Noram : sic parvis componere magna solebam.
Verùm hæc tantùm alias inter caput extulit urbes,
Quantùm lenta solent inter viburna cupressi.
MEL. Ecquæ tanta fuit Romam tibi causa videndi ?
TIT. Libertas, quæ sera tamen respexit inertem,
Candidior postquam tondenti barba cadebat.
Respexit tamen, & longo post tempore venit,
Postquam nos Amaryllis habet, Galatea reliquit.
Namque, fatebor enim, dum me Galatea tenebat,
Nec spes libertatis erat, nec cura peculî ;

de leur sang. Il veut bien que mon troupeau, comme tu vois, continue d'errer en ces lieux, & il m'a permis de jouer à mon gré toutes sortes d'airs sur mon rustique chalumeau. MEL. Je ne porte point envie à ton bonheur : je n'en suis que plus étonné, à la vue de ce trouble affreux qui agite nos campagnes. Tu me vois sur le point d'emmener tristement mes chevres loin d'ici. En voici une que j'ai bien de la peine à conduire : elle vient de mettre bas deux chevreaux, hélas ! l'espérance de mon troupeau, qu'elle a laissés sur un rocher au milieu de cette épaisse coudraie. Si mon esprit n'avoit pas été aveuglé, je me souviens que ce malheur m'a été prédit plus d'une fois par des chênes frappés de la foudre : une funeste corneille croassant sur un arbre creux, me l'a souvent annoncé. Cependant apprends-moi, Tityre, quel est ce Dieu qui t'a été si favorable. TIT. O Mélibée, j'avois été assez simple jusqu'ici pour me figurer cette Ville qu'on appelle Rome, semblable à celle où nous avons coutume de mener nos agneaux. C'est comme si j'eusse comparé à leurs peres de petits chiens qui viennent de naître, ou des chevreaux à leurs meres. Mais Rome éleve autant sa tête au-dessus de toutes les autres Villes, que le cyprès surpasse les viornes. MEL. Eh ! quel puissant motif t'a inspiré le dessein de voir cette grande Ville ? TIT. La liberté, qui, quoique tardive, a jetté les yeux sur moi comme sur un esclave oisif, dont la barbe a blanchi dans la servitude. Elle m'a regardé favorablement, & elle est enfin venue depuis que Galatée m'a quitté, & qu'Amaryllis me tient sous ses loix. Car, je te l'avouerai, tandis que j'étois asservi à Galatée, je n'avois ni espérance d'être libre,

Quamvis multa meis exiret victima septis,
Pinguis & ingratæ premeretur caseus urbi,
Non unquam gravis ære domum mihi dextra redibat.
Mel. Mirabar, quid mœsta Deos, Amarylli, vocares,
Cui pendere suâ patereris in arbore poma.
Tityrus hinc aberat : ipsæ te, Tityre, pinus,
Ipsi te fontes, ipsa hæc arbusta vocabant.
Tit. Quid facerem ? neque servitio me exire licebat,
Nec tam præsentes alibi cognoscere Divos.
Hîc illum vidi juvenem, Meliboee, quotannis
Bis senos cui nostra dies altaria fumant.
Hic mihi responsum primus dedit ille petenti :
Pascite, ut ante, boves, pueri, submittite tauros.
Mel. Fortunate senex, ergo tua rura manebunt,
Et tibi magna satis ; quamvis lapis omnia nudus,
Limosoque palus, obducat pascua junco.
Non insueta graves tentabunt pabula fœtas,
Nec mala vicini pecoris contagia lædent.
Fortunate senex, hîc inter flumina nota,
Et fontes sacros, frigus captabis opacum.
Hinc tibi, quæ semper vicino ab limite sepes
Hyblæis apibus florem depasta salicti,
Sæpe levi somnum suadebit inire susurro.
Hinc altâ sub rupe canet frondator ad auras ;
Nec tamen interea raucæ, tua cura, palumbes,
Nec gemere aëria cessabit turtur ab ulmo.
Tit. Ante leves ergo pascentur in æthere cervi,

ni foin de mes intérêts. Quoiqu'il fortît de mes bergeries un grand nombre de victimes, & que je fiffe d'excellents fromages pour l'ingrate Mantoue, ma main n'en revenoit jamais chargée d'argent. Mel. O Amaryllis! j'étois furpris de te voir triftement invoquer les Dieux. J'étois en peine de favoir pour qui tu laiffois pendre tes fruits à leurs arbres. Tityre étoit abfent de ces lieux : ces pins, Tityre, ces fontaines, ces vergers te redemandoient. Tit. Que faire? Je ne pouvois autrement fortir d'efclavage, ni trouver ailleurs des Dieux auffi propices. C'eft là, Mélibée, que j'ai vu ce jeune Dieu, pour qui tous les mois l'encens fume fur nos autels. A peine lui ai-je adreffé ma priere, qu'il m'a répondu : Continuez, mes enfants, de faire paître vos troupeaux, & de labourer vos terres. Mel. Heureux vieillard, vous conferverez donc vos champs, affez étendus pour vous, quoique le terrein foit pierreux, & que le limon d'un marais couvre votre herbage de joncs. Des pâturages inconnus ne feront point tort à vos brebis pleines, & le mal contagieux d'un troupeau voifin ne nuira point au vôtre. Heureux vieillard, à l'ombre de ces arbres, vous jouirez de la fraîcheur de ces fontaines facrées, & de ces ruiffeaux auxquels vos yeux font accoutumés. Ici, le doux bruit des abeilles, qui viennent fucer la fleur de cette haie de faules qui borne votre héritage, vous invitera fouvent au fommeil. Là, vous entendrez le bucheron, qui émonde les arbres fur cette haute montagne, faire retentir les airs de fes chanfons. Cependant vos chers ramiers ne cefferont de roucouler, ni la tourterelle de gémir fur ces grands ormes. Tityre. Auffi les rapides cerfs paîtront dans les plaines de

Et freta deſtituent nudos in littore piſces;
Ante pererratis amborum finibus exul
Aut Ararim Parthus bibet, aut Germania Tigrim,
Quàm noſtro illius labatur pectore vultus.
MEL. At nos hinc alii ſitientes ibimus Afros:
Pars Scythiam & rapidum Cretæ veniemus Oaxem,
Et penitus toto diviſos orbe Britannos.
En unquam patrios longo poſt tempore fines,
Pauperis & tugurî congeſtum ceſpite culmen,
Poſt aliquot, mea regna videns, mirabor ariſtas!
Impius hæc tam culta novalia miles habebit,
Barbarus has ſegetes: En quò diſcordia cives
Perduxit miſeros: En queis conſevimus agros.
Inſere nunc, Melibœe, pyros, pone ordine vites.
Ite meæ, quondam felix pecus, ite capellæ.
Non ego vos poſthac viridi projectus in antro
Dumosâ pendere procul de rupe videbo.
Carmina nulla canam : non, me paſcente, capellæ,
Florentem cytiſum & ſalices carpetis amaras.
TIT. Hîc tamen hac mecum poteris requieſcere nocte,
Fronde ſuper viridi : ſunt nobis mitia poma,
Caſtaneæ molles, & preſſi copia lactis.
Et jam ſumma procul villarum culmina fumant,
Majoreſque cadunt altis de montibus umbræ.

l'air, & les flots laisseront les poissons à sec sur les rivages ; le Parthe boira des eaux de la Saone, le Germain des eaux du Tigre, changeant l'un & l'autre de climat, avant que l'image de mon bienfaicteur s'efface de mon esprit.

Mel. Et nous, malheureux exilés, nous irons vivre, les uns dans la brûlante Afrique, les autres dans la Scythie, ou dans l'Isle de Crete sur les bords de l'impétueux Oaxe ; ou parmi les Bretons, peuple séparé du reste de l'Univers. Hélas ! reverrai-je jamais ma chere patrie, ma chaumiere, mon champ, qui étoit pour moi un royaume ? Un soldat inhumain va s'emparer de ces campagnes que j'ai cultivées avec tant de soin : ces moissons seront la proie d'un barbare. Voilà où la discorde a conduit de malheureux citoyens. Voilà ceux pour qui nous avons ensemencé nos terres. Ente maintenant des poiriers, Mélibée, & plante des vignes. Allez, mes chevres, allez, troupeau jadis heureux. Couché sur le gazon, dans une de ces grottes, je ne vous verrai plus de loin paître sur le penchant de cette montagne couverte de buissons. Je ne chanterai plus, & votre Berger ne vous fera plus brouter la fleur du cytise, ni la fleur amere du saule.

Tit. Tu peux cependant passer cette nuit avec moi sur un lit de feuillage. J'ai des fruits mûrs, des châtaignes cuites, & du laitage en abondance. Déja la fumée s'éleve des toits de ces hameaux éloignés : déja les grandes ombres tombent des hautes montagnes.

ECLOGA II.

ALEXIS.

FOrmosum pastor Corydon ardebat Alexim,
 Delicias domini, nec quid speraret habebat.
Tantum inter densas, umbrosa cacumina, fagos
Assiduè veniebat: ibi hæc incondita solus
Montibus & sylvis studio jactabat inani.
 O crudelis Alexi ! nihil mea carmina curas,
Nil nostri miserere: mori me denique cogis.
Nunc etiam pecudes umbras & frigora captant;
Nunc virides etiam occultant spineta lacertos :
Thestilis & rapido fessis messoribus æstu
Allia serpillumque herbas contundit olentes.
At mecum raucis, tua dum vestigia lustro,
Sole sub ardenti resonant arbusta cicadis.
Nonne fuit satius tristes Amaryllidis iras,
Atque superba pati fastidia? Nonne Menalcam?
Quamvis ille niger, quamvis tu candidus esses.
O formose puer ! nimiùm ne crede colori.
Alba ligustra cadunt, vaccinia nigra leguntur.
 Despectus tibi sum, nec qui sim quæris, Alexi,
Quàm dives pecoris, niveiquàm lactis abundans.
Mille meæ Siculis errant in montibus agnæ:

II. ECLOGUE.

ALEXIS.

LE Berger Corydon aimoit avec ardeur & sans espoir le charmant Alexis, les délices de son maître. Seulement il venoit tous les jours sous des hêtres chargés d'un épais feuillage. Là, son amour solitaire faisoit sans art retentir les montagnes & les bois de ces inutiles plaintes.

O cruel Alexis ! tu dédaignes mes chants, & tu n'es point touché de ma peine. A la fin tu seras la cause de ma mort. Voici l'heure que les troupeaux cherchent l'ombre & le frais ; que les lézards sont cachés dans les buissons ; que Thestilis broie l'ail & le serpolet pour les moissonneurs accablés de la chaleur dévorante : & moi, attaché à la trace de tes pas, je m'expose aux rayons d'un soleil brûlant, & ma voix se joint aux chants des importunes cigales dont ces buissons retentissent. Ne m'eût-il pas été moins dur d'essuyer la triste colere & les superbes dédains d'Amaryllis ? N'aurois-je pas mieux fait de m'attacher au jeune Ménalque, quoiqu'il soit brun, & que tu sois blanc ? Bel enfant, ne te glorifie point de ta blancheur : on laisse dans les champs les marguerites, pour cueillir les violettes.

Alexis, tu me méprises, & tu te mets peu en peine de savoir qui je suis : combien je suis riche en troupeaux, combien ils me fournissent de laitage. Mille brebis qui m'appartiennent, errent sur les montagnes de Sicile,

Lac mihi non æstate novum, non frigore desit.
Canto, quæ solitus, si quando armenta vocabat,
Amphion Dircæus in Actæo Aracyntho.
Nec sum adeo informis. Nuper me in littore vidi,
Cùm placidum ventis staret mare : non ego
 Daphnim,
Judice te, me tuam, si nunquam fallit imago.
 O tantum libeat mecum tibi sordida rura
Atque humiles habitare casas, & figere cervos,
Hædorumque gregem viridi compellere hibisco !
Mecum una in sylvis imitabere Pana canendo.
Pan primus calamos cerâ conjungere plures
Instituit : Pan curat oves, oviùmque magistros.
Nec te pœniteat calamo trivisse labellum :
Hæc eadem ut sciret, quid non faciebat Amyntas ?
Est mihi disparibus septem compacta cicutis
Fistula, Damœtas dono mihi quam dedit olim ;
Et dixit moriens : te nunc habet ista secundum.
Dixit Damœtas : invidit stultus Amyntas.
Præterea duo nec tutâ mihi valle reperti
Capreoli, sparsis etiam nunc pellibus albo ;
Binâ die siccant ovis ubera, quos tibi servo.
Jam pridem à me illos abducere Thestylis orat,
Et faciet, quoniam sordent tibi munera nostra.
 Huc ades, ô formose puer. Tibi lilia plenis
Ecce ferunt Nymphæ calathis : tibi candida Naïs
Pallentes violas & summa papavera carpens,
Narcissum & florem jungit bene olentis anethi:
Tum casia, atque aliis intexens suavibus herbis,
Mollia luteolâ pingit vaccinia calthâ.

II. Eclogue.

l'hiver & l'été, le lait nouveau ne me manque point. Je sais chanter les mêmes airs que chantoit Amphion sur le mont Aracynthe, lorsqu'il vouloit rassembler ses troupeaux. Enfin je ne suis point d'une figure si désagréable. Je me suis vu derniérement dans l'onde, lorsque la mer étoit calme. Si un tel miroir est fidele, je ne craindrai pas de le disputer à Daphnis, ni de te prendre toi-même pour juge.

Ah ! daigne seulement habiter avec moi ces campagnes & loger sous d'humbles toits. Viens armé de javelots poursuivre des cerfs, & la houlette à la main conduire des troupeaux. Tu imiteras comme moi le Dieu Pan, en faisant retentir les forêts de tes chansons. Pan a le premier enseigné à joindre ensemble plusieurs chalumeaux avec de la cire : il protege les brebis, & les bergers. Ne crains point de blesser tes levres délicates avec nos pipeaux. Que ne faisoit point Amyntas, pour apprendre les airs que je sais jouer ! J'ai une flûte à sept tuyaux de différente longueur, dont autrefois Damétas m'a fait présent. En mourant il me dit : Corydon, tu es le second qui possede cette flûte. Ainsi me parla Damétas : Amyntas l'a follement enviée. De plus, j'ai trouvé au fond d'un périlleux ravin deux petits chevreuils tachetés de blanc, qui épuisent tous les jours le lait de deux brebis. Je les garde pour toi. Il y a déja quelque temps que Thestilis me presse de les lui donner ; & elle les aura, puisque tu dédaignes mes présents.

Viens, aimable enfant : les Nymphes te présentent des corbeilles remplies de fleurs : une blanche Naïade t'offre des violettes pâles, des pavots, des narcisses, & des fleurs d'anet, dont l'odeur est délicieuse. Elle te compose un bouquet de romarin, de hyacinthe &

Ipse ego cana legam tenerâ lanugine mala,
Castaneasque nuces, mea quas Amaryllis amabat.
Addam cerea pruna, & honos erit huic quoque pomo.
Et vos, ô lauri, carpam, & te proxima myrthe:
Sic positæ, quoniam suaves miscetis odores.
 Rusticus es, Corydon, nec munera curat Alexis:
Nec, si muneribus certes, concedat Iolas.
Eheu, quid volui misero mihi? floribus Austrum
Perditus, & liquidis immisi fontibus apros.
 Quem fugis, ah demens? habitarunt Dii quoque sylvas,
Dardaniusque Paris. Pallas quas condidit arces
Ipsa colat: nobis placeant ante omnia sylvæ.
Torva leæna lupum sequitur, lupus ipse capellam,
Florentem cytisum sequitur lasciva capella,
Te Corydon, ô Alexi. Trahit sua quemque voluptas.
Aspice: aratra jugo referunt suspensa juvenci,
Et sol crescentes decedens duplicat umbras.
Me tamen urit amor: quis enim modus adsit amori?
 Ah! Corydon, Corydon, que te dementia coepit!
Semiputata tibi frondosâ vitis in ulmo est:
Quin tu aliquid saltem potius quorum indiget usus,
Viminibus mollique paras detexere junco?
Invenies alium, si te hic fastidit Alexis.

de fouci. Pour moi, je t'offre des pommes de coin couvertes d'un tendre duvet, & des chataignes que mon Amaryllis aimoit. J'ajouterai des prunes de couleur de cire, & ce fruit aura auffi l'honneur de t'être deftiné. Je vous cueillerai pour le même deffein, laurier & myrthe, vous dont les odeurs ainfi mariées exhalent un fi doux parfum.

Corydon, tu es groffier. Alexis eft peu fenfible à tes libéralités champêtres, & fi tu voulois le gagner par des préfents, Iolas l'emporteroit fur toi. Ah ! malheureux que je fuis, qu'ai-je dit ? J'ai déchaîné un vent du midi fur des fleurs, j'ai fait entrer des fangliers dans les eaux pures d'une claire fontaine.

Cependant quel caprice, ô Alexis, te force à me fuir ? Les Dieux eux-mêmes & Paris du fang de Troie ont habité les forêts. Que Pallas s'enferme dans les Villes qu'elle a bâties : pour nous, préférons les bois à tout autre féjour. La féroce lionne cherche le loup ; le loup la chevre ; la chevre le cityfe fleuri : Corydon te cherche, ô Alexis ! Chacun eft entraîné par fon goût. Voi ces bœufs chargés du foc de la charrue, qui retournent à leurs étables : voi le Soleil qui finit fa carriere, & qui réunit les ombres qu'il a fait croître. Cependant l'amour continue de me confumer. Eft-il un frein pour l'amour ?

Ah, Corydon, Corydon, que tu es infenfé ! Ta vigne, unie à cet ormeau chargé de feuillage, n'eft qu'à demi taillée. Que ne prépares-tu au moins quelque utile ouvrage, tiffu d'ofier, ou d'un jonc flexible ? Si cet Alexis te dédaigne, tu en trouveras un autre.

ECLOGA III.

MENALCAS, DAMŒTAS, PALEMON.

MENALCAS.

Dic mihi, Damœta, cujum pecus ? an Melibœi ?
DAM. Non, verùm Ægonis : nuper mihi tra-
   didit Ægon.
MEN. Infelix ô semper ovis pecus ! ipse Neæram
Dum fovet, ac ne me sibi preferat illa, veretur,
Hic alienus oves custos bis mulget in horâ :
Et succus pecori, & lac subducitur agnis.
DAM. Parcius ista viris tamen objicienda memento,
Novimus & qui te... transversa tuentibus hircis,
Et quo, sed faciles Nymphæ risere, sacello.
MEN. Tum credo, cùm me arbustum videre My-
   conis,
Atque malâ vites incidere falce novellas.
DAM. Aut hîc ad veteres fagos, cùm Daphnidis
   arcum
Fregisti & calamos, quæ tu, perverse Menalca,
Et cùm vidisti puero donata, dolebas :
Et si non aliquâ nocuisses, mortuus esses.
MEN. Quid domini facient, audent cum talia fu-
   res ?
Non ego te vidi Damonis, pessime, caprum
Excipere insidiis, multùm latrante Lyciscâ ?
Et cùm clamarem : Quo nunc se proripit ille ?
Tityre, coge pecus : tu post carecta latebas.

III.

III. ECLOGUE.

MENALQUE, DAMÉTAS, PALEMON.

MENALQUE.

DI-MOI, Damétas, à qui appartient ce troupeau. Est-ce à Mélibée ? DAM. Non : il appartient à Egon, qui depuis peu me l'a confié. MEN. O troupeau toujours malheureux ! Tandis que le jaloux Egon est sans cesse auprès de Néera, dans la crainte qu'elle ne me préfere à lui, il se fie à un mercenaire, qui deux fois par heure trait les brebis, épuise le troupeau, & dérobe le lait aux agneaux. DAM. Souviens-toi que de pareils reproches doivent se faire avec plus de réserve. Nous savons ce qui t'est arrivé....... quand les boucs te regarderent de travers, & ce qui se passa dans cet antre consacré aux Nymphes, qui eurent l'indulgence d'en rire. MEN. Ce fut sans doute, quand on me vit couper méchamment les arbres & les jeunes vignes de Mycon. DAM. Et toi, quand près de ces vieux hêtres tu brisas l'arc & les chalumeaux de Daphnis. Jaloux qu'on en eût fait présent à ce jeune Berger, tu serois mort, méchant Ménalque, si tu ne lui avois fait quelque mal. MEN. Que feront les maîtres, si des frippons tels que toi ont tant d'audace ? Ne t'ai-je pas vu, scélérat, dérober un chevreau à Damon ? Sa chienne Lycisque aboya. Et lorsque je criai : où va ce voleur ? Tityre, rassemble ton troupeau ; alors tu te cachas der-

Tome I. B

DAM. An mihi cantando victus non redderet ille,
Quem mea carminibus meruisset fistula caprum ?
Si nescis meus ille caper fuit; & mihi Damon
Ipse fatebatur, sed reddere posse negabat.
MEN. Cantando tu illum ! aut unquam tibi fistula cerâ
Juncta fuit ? Non tu in triviis, indocte, solebas
Stridenti miserum stipulâ disperdere carmen ?
DAM. Vis ergo inter nos quid possit uterque vicissim
Experiamur ? ego hanc vitulam (ne forte recuses,
Bis venit ad mulctram, binos alit ubere fœtus)
Depono : Tu dic mecum quo pignore certes.
MEN. De grege non ausim quicquam deponere tecum.
Est mihi namque domi pater, est injusta noverca:
Bisque die numerant ambo pecus, alter & hædos.
Verùm, id quod multò tute ipse fatebere majus,
Insanire libet quoniam tibi, pocula ponam
Fagina, cælatum divini opus Alcimedontis;
Lenta quibus torno facili superaddita vitis
Diffusos hederâ vestit pallente corymbos.
In medio duo signa, Conon : & quis fuit alter ?
Descripsit radio totum qui gentibus orbem,
Tempora quæ messor, quæ curvus arator haberet.
Necdum illis labra admovi, sed condita servo.
DAM. Et nobis idem Alcimedon duo pocula fecit,
Et molli circum est ansas amplexus acantho :

riere des roseaux. DAM. Que Damon ne me donnoit-il le chevreau, prix de la victoire que ma flûte avoit remportée sur la sienne? Car, si tu l'ignores, ce chevreau étoit à moi: Damon en convenoit lui-même; mais il disoit qu'il n'étoit pas le maître de me le donner. MEN. Toi, tu l'as vaincu! Ignorant, as-tu seulement jamais eu une flûte à plusieurs tuyaux? N'est-ce pas toi, qu'on a souvent entendu dans les carrefours jouer de misérables airs sur un mauvais chalumeau? DAM. Veux-tu que nous éprouvions qui de nous deux est le plus habile? Je gage cette genisse. Tu ne dois pas la mépriser. Elle donne du lait deux fois par jour, & elle nourrit encore deux veaux. Di ce que tu veux gager de ton côté. MEN. Je n'oserois rien risquer de mon troupeau. J'ai un pere attentif & une marâtre sévere, qui deux fois par jour comptent le troupeau; l'un les brebis, l'autre les chevreaux. Mais puisque tu es assez insensé pour me faire un défi, je vais te proposer un gage que tu avoueras toi-même être au-dessus du tien. Ce sont deux coupes de bois de hêtre, tournées & recherchées au ciseau par le fameux Alcimédon. Un cep de vigne entrelassé d'un lierre, embrasse le contour du vase. Dans le fond d'une de ces coupes est la figure de Conon: Quelle est l'autre? C'est celle de cet homme, qui, par des lignes tracées, a décrit tout le globe de la terre habité par différentes nations, qui a distingué les saisons où il faut labourer les champs, & couper la moisson: je ne me suis point encore servi de ces deux vases, que je conserve précieusement. DAM. J'ai, comme toi, deux coupes de la main du même Alcimédon, ornées de branches d'acanthe parfaitement ciselées, qui em-

Orpheaque in medio posuit, sylvasque sequentes.
Necdum illis labra admovi, sed condita servo.
Si ad vitulam spectes, nihil est quod pocula laudes.
MEN. Nunquam hodie effugies: veniam quocunque vocâris.
Audiat hæc tantum vel qui venit. Ecce Palæmon.
Efficiam posthac ne quemquam voce lacessas.
Quin age, si quid habes: in me mora non erit ulla:
Nec quemquam fugio. Tantum, vicine Palæmon,
Sensibus hæc imis, res est non parva reponas.
PAL. Dicite: quando quidem in molli consedimus herbâ.
Et nunc omnis ager, nunc omnis parturit arbos.
Nunc frondent sylvæ, nunc formosissimus annus.
Incipe, Damœta: tu deinde sequêre, Menalca.
Alternis dicetis, amant alterna Camœnæ.
DAM. Ab Jove principium, Musæ: Jovis omnia plena:
Ille colit terras, illi mea carmina curæ.
MEN. Et me Phœbus amat: Phœbo sua semper apud me
Munera sunt, lauri & suave rubens hyacinthus.
DAM. Malo me Galatea petit lasciva puella,
Et fugit ad salices, & se cupit ante videri.
MEN. At mihi se se offert ultro, meus ignis, Amyntas:
Notior ut non sit canibus jam Delia nostris.
DAM. Parta meæ Veneri sunt munera: namque notavi
Ipse locum, aëriæ quo congessere palumbes.
MEN. Quod potui puero sylvestri ex arbore lecta

braſſent les deux anſes. Il a gravé au fond un Orphée, entraînant les arbres par le ſon mélodieux de ſa lyre. Je n'en ai pas non plus fait uſage, & je les garde ſoigneuſement. Cependant ces deux coupes ne valent pas la geniſſe que j'ai propoſée. MEN. Tu ne m'échapperas pas aujourd'hui : j'accepterai toutes les conditions que tu voudras. Que celui qui vient vers nous, quel qu'il ſoit, écoute nos chants. C'eſt Palemon. Je vais te faire perdre l'envie de propoſer jamais un défi. Allons, chante le premier, ſi tu ſais quelque chanſon : je ne tarderai pas à te répondre. Je ne récuſe perſonne pour juge. Palemon, il ne s'agit pas de peu de choſe ; ſois attentif à nos chants. PALEM. Chantez, jeunes Bergers, puiſque nous ſommes aſſis ſur ce tendre gazon. Tous les champs ſe parent de verdure, tous les arbres ſe renouvellent ; les bois ſe couvrent de feuillage : c'eſt la riante ſaiſon. Commence, Damétas : toi, Menalque, tu répondras. Vous chanterez tour à tour : les Muſes aiment cette ſorte de chant. DAM. Muſes, je commence par les louanges de Jupiter. Ce Dieu remplit l'Univers : c'eſt par lui que nos campagnes ſont fertiles. Mes chants ont le bonheur de lui plaire. MEN. Et moi je ſuis aimé d'Apollon. J'ai toujours des préſents à lui offrir, du Laurier & de l'agréable fleur de Hyacinthe. DAM. La jeune & folâtre Galatée me jette une pomme, & court ſe cacher parmi des ſaules. Mais auparavant elle veut être apperçue. MEN. Mon cher Amyntas vient de lui-même s'offrir à moi. Délie n'eſt pas maintenant plus connue de mes chiens. DAM. J'ai des préſents tous prêts pour mon aimable Bergere ; car j'ai remarqué un endroit, où des ramiers ont fait leur nid. MEN. J'ai cueilli dans la forêt dix pommes de couleur

Aurea mala decem mifi, cras altera mittam.
DAM. O quoties, & quæ nobis Galatea locuta eſt!
Patrem aliquam, venti, Divûm referatis ad aures.
MEN. Quid prodeſt, quod me ipſé animo non
 ſpernis, Amynta,
Si dum tu ſectaris apros, ego retia ſervo?
DAM. Phyllida mitte mihi, meus eſt natalis, Iola.
Cum faciam vitulâ, pro frugibus ipſe venito.
MEN. Phyllida amo ante alias; nam me diſcedere
 flevit :
Et longum, formoſe, vale, vale, inquit, Iola.
DAM. Triſte lupus ſtabulis, maturis frugibus im-
 bres,
Arboribus venti, nobis Amaryllidis iræ.
MEN. Dulce ſatis humor, depulſis arbutus hœdis.
Lenta ſalix fœto pecori, mihi ſolus Amyntas.
DAM. Pollio amat noſtram quamvis eſt ruſtica,
 Muſam.
Pierides vitulam lectori paſcite veſtro.
MEN. Pollio & ipſe facit nova carmina. Paſcite
 taurum ;
Jam cornu petat, & pedibus qui ſpargat arenam.
DAM. Qui te, Pollio, amat, veniat quò te quoque
 gaudet.
Mella fluant illi, ferat & rubus aſper amomum.
MEN. Qui Bavium non odit, amet tua carmina,
 Mævi :
Atque idem jungat vulpes, & mulgeat hircos.
DAM. Qui legitis flores & humi naſcentia fraga,
Frigidus, ô pueri, fugite hinc, latet anguis in
 herbâ.
MEN. Parcite, oves, nimium procedere : non be-
 ne ripæ
Creditur : ipſe aries etiam nunc vellera ſiccat.

d'or. C'est tout ce que j'ai pu envoyer à mon ami. Demain je lui en enverrai autant. DAM. Que de choses touchantes Galatée m'a dites mille fois ! Vents, portez-en une partie aux oreilles des Dieux. MEN. Que me sert, Amyntas, que dans ton ame tu ne me méprises point, si tandis que tu cours après les sangliers, je garde les toiles ? DAM. Iolas, envoie-moi Phyllis : c'est le jour de ma naissance. Lorsque je sacrifierai une genisse pour obtenir une récolte heureuse, vien toi-même. MEN. Iolas, j'aime Phyllis plus que toutes les autres Bergeres ; car elle a pleuré à mon départ, & elle m'a dit long-temps : adieu, beau Ménalque, adieu. DAM. Le loup est funeste aux bergeries, les pluies à la récolte ; les vents aux arbres, & à moi la colere d'Amaryllis. MEN. L'eau est agréable aux champs ensemencés, l'arboisier aux chevreaux sevrés, le saule pliant aux brebis pleines, & à moi le seul Amyntas. DAM. Pollion aime ma Muse, toute rustique qu'elle est. Déesses du Permesse, élevez une genisse pour l'illustre Lecteur de mes vers. MEN. Pollion fait lui-même des vers d'un goût neuf. Muses, élevez-lui un jeune taureau, qui déja menace de la corne, & qui en bondissant fasse voler la poussiere. DAM. Que celui qui t'aime, ô Pollion, puisse arriver où il se réjouit de te voir parvenu. Que le miel coule pour lui : que pour lui le buisson inculte produise l'amome. MEN. Que celui qui ne hait point Bavius, aime tes vers, ô Mœvius ! Qu'il s'avise d'atteler des renards, & de traire des boucs ! DAM. Jeunes Bergers, qui cueillez des fleurs & des fraises, fuyez ces lieux : Un serpent est caché sous l'herbe. MEN. Prenez garde, mes brebis, de vous avancer trop : la rive de ce fleuve n'est pas sûre. Ce bélier même séche

Dam. Tityre pascentes à flumine reïce capellas:
Ipse, ubi tempus erit, omnes in fonte lavabo.
Men. Cogite oves, pueri : si lac præceperit æstus,
Ut nuper, frustra pressabimus ubera palmis.
Dam. Eheu, quàm pingui macer est mihi taurus
 in arvo !
Idem amor exitium pecori, pecorisque magistro.
Men. His certè neque amor causa est, vix ossibus
 hærent.
Nescio quis teneros oculus mihi facinat agnos.
Dam. Dic quibus in terris, & eris mihi magnus
 Apollo,
Tres pateat cœli spatium non ampliùs ulnas.
Men. Dic quibus in terris inscripti nomina regum
Nascantur flores, & Phyllida solus habeto.
Pal. Non nostrûm inter vos tantas componere
 lites :
Et vitulâ tu dignus & hic, & quisquis amores
Aut metuet dulces, aut experietur amaros :
Claudite jam rivos, pueri, sat prata biberunt.

encore

encore la toison. DAM. Tityre, éloigne tes chevres du fleuve. Quand il sera temps, je les laverai toutes moi-même à la fontaine. MEN. Bergers, renfermez vos brebis. Si la chaleur vient à tarir leur lait, comme il arriva ces jours passés, nous presserons en vain leurs mamelles. DAM. Que mes taureaux sont maigres au milieu d'un gras pâturage ! L'amour fait le même tort au troupeau & au pasteur. MEN. Ce n'est pas l'amour certainement qui nuit à mes brebis. Cependant elles sont d'une maigreur extrême. Je ne sais quel regard fascine mes tendres agneaux. DAM. Di, dans quel endroit de la terre l'espace du Ciel n'a pas plus de trois coudées d'étendue, & tu seras pour moi un Apollon. MEN. Di, dans quelle contrée naissent des fleurs, sur lesquelles sont écrits des noms de Roi, & je te cede Phyllis. PAL. Il ne me convient pas de juger un si grand différent. Vous méritez le prix l'un & l'autre, aussi-bien que quiconque chantera, comme vous, les redoutables douceurs de l'amour, & ses inquiétudes ameres. Arrêtez l'eau, jeunes Bergers, les prairies sont assez abreuvées.

ECLOGA IV.
DRUSUS.

SIcelides Musæ, paulò majora canamus:
Non omnes arbusta juvant, humilesque myricæ,
Si canimus sylvas, sylvæ sint Consule dignæ.
Ultima Cumæi venit jam carminis ætas:
Magnus ab integro sæclorum nascitur ordo.
Jam redit & Virgo, redeunt Saturnia regna:
Jam nova progenies cœlo demittitur alto.
Tu modo nascenti puero, quo ferrea primum
Desinet, ac toto surget gens aurea mundo,
Casta fave Lucina: tuus jam regnat Apollo.
Teque adeo, decus hoc ævi, te Consule, inibit,
Pollio, & incipient magni procedere menses.
Te duce, si qua manent sceleris vestigia nostri,
Irrita perpetuâ solvent formidine terras.

 Ille Deûm vitam accipiet, Divisque videbit
Permistos Heroas, & ipse videbitur illis;
Pacatumque reget patriis virtutibus orbem.

 At tibi prima, puer, nullo munuscula cultu
Errantes hederas passim cum baccare tellus,
Mixtaque ridenti collocasia fundet acantho.
Ipsæ lacte domum referent distenta capellæ

IV. ECLOGUE.

DRUSUS.

MUSES de Sicile, élevons un peu nos chants. Les buissons & les humbles bruyéres ne plaisent pas à tout le monde. Si nous chantons les bois, que ces bois soient dignes d'un Consul. Le dernier âge prédit par la Sibylle de Cumes est enfin arrivé. Une nouvelle révolution de siecle commence à éclorre. La Vierge Astrée revient sur la terre, & le regne de Saturne avec elle. Le Ciel nous envoie une nouvelle race de Mortels. Chaste Lucine, favorise la naissance d'un Enfant, qui fera d'abord cesser ce siecle de fer, & goûter le bonheur de l'âge d'or à tous les peuples. Apollon, ton frere, regne aujourd'hui. Et toi, Pollion, tu verras cet événement glorieux arriver, & ces temps mémorables commencer sous ton Consulat. Par tes soins, s'il reste encore quelques traces de nos crimes, elles seront effacées, & la terre sera pour jamais délivrée de ses alarmes.

Cet enfant jouira de la vie des Dieux. Il verra les héros mêlés avec la troupe céleste : ils le verront lui-même parmi eux, & il régira l'Univers pacifié par les vertus de son pere.

O divin Enfant, la terre féconde sans culture te prodiguera bientôt de petits présents. Partout elle produira pour toi des branches de lierres, errantes çà & là, du baccar, du colocase, & de l'agréable acanthe. Les chevres

Ubera, nec magnos metuent armenta leones,
Ipsa tibi blandos fundent cunabula flores :
Occidet & serpens, & fallax herba veneni
Occidet : Assyrium vulgo nascetur amomum.

At simul Heroum laudes, & facta parentis.
Jam legere, & quæ sit poteris cognoscere virtus,
Molli paulatim flavescet campus aristâ,
Incultisque rubens pendebit sentibus uva,
Et duræ quercus sudabunt roscida mella.

Pauca tamen suberunt priscæ vestigia fraudis,
Quæ tentare Thetim ratibus, quæ cingere muris
Oppida, quæ jubeant telluri infindere sulcos.
Alter erit tum Tiphys, & altera quæ vehat argo
Delectos Heroas : erunt etiam altera bella,
Atque iterum ad Trojam magnus mittetur Achilles.
Hinc, ubi jam firmata virum te fecerit ætas,
Cedet & ipse mari vector, nec nautica pinus
Mutabit merces : omnis feret omnia tellus.
Non rastros patietur humus, non vinea falcem ;
Robustus quoque jam tauris juga solvet arator.
Nec varios discet mentiri lana colores :
Ipse sed in pratis aries jam suave rubenti
Murice, jam croceo mutabit vellera luto :
Sponte suâ sandyx pascentes vestiet agnos.
Talia sæcla, suis dixerunt, currite, fusis,
Concordes stabili fatorum numine Parcæ.

retourneront le foir à leurs étables, les mamelles chargées de lait ; & les troupeaux ne craindront plus les redoutables lions. Les fleurs vont éclorre autour de ton berceau, les serpents mourir, les perfides poisons disparoître, & l'amome d'Assyrie naître en tous lieux.

Mais quand tu pourras lire les belles actions des Héros, & les exploits de ton pere, & discerner la véritable vertu, les campagnes seront couvertes de moissons jaunissantes, le raisin vermeil sera suspendu aux buissons incultes, & le miel formé par la rosée coulera de l'écorce des chênes.

Cependant il restera quelques traces de l'ancienne méchanceté des humains. Elles les obligeront à s'exposer encore sur des navires aux dangers de l'empire de Thétis, de ceindre les Villes de murailles, & de tracer des sillons dans la terre. Il y aura un autre Tiphys, & un autre navire d'Argonautes portera une élite de guerriers. Il y aura même encore des combats, & un Achille sera envoyé au siege d'une nouvelle Troie. Mais à peine, ô céleste Enfant, auras-tu atteint le milieu de ta carriere, que le nautonnier abandonnera la mer, & que les navires cesseront de trafiquer dans les climats éloignés. Toute terre produira tout. La herse ne s'exercera plus sur le champ labouré, ni la serpe sur la vigne. Le robuste laboureur affranchira ses taureaux du joug de la charrue. La laine n'apprendra plus à se parer de couleurs empruntées : la toison du bélier paissant dans la prairie sera d'un jaune agréable ou d'un pourpre éclatant, & celle de l'agneau d'une écarlate naturelle. Les Parques, de concert avec les immuables Destins, ont dit à leurs légers fuseaux : filez ces siecles heureux.

Aggredere, ô ! magnos, aderit jam tempus
    honores,
Cara Deûm foboles, magnum Jovis incrementum.
Afpice convexo nutantem pondere mundum,
Terrafque, tractufque maris, cœlumque profun-
    dum ;
Afpice venturo lætentur ut omnia fæclo.
  O mihi tam longæ maneat pars ultima vitæ,
Spiritus, & quantum fat erit tua dicere facta !
Non me carminibus vincet, nec Thracius Orpheus,
Nec Linus : huic mater quamvis, atque huic pa-
    ter adfit ;
Orphei Calliopea, Lino formofus Apollo.
Pan Deus Arcadiâ mecum fi judice certet,
Pan etiam Arcadiâ dicat fe judice victum.
  Incipe, parve puer, rifu cognofcere matrem :
Matri longa decem tulerunt faftidia menfes ;
Incipe parve puer : cui non rifere parentes,
Nec Deus hunc menfâ, Dea nec dignata cubili eft.

Cher Enfant des Dieux, illuſtre rejetton de Jupiter, prépare-toi à recevoir les plus grands honneurs. Le temps s'approche : voi s'ébranler toute la machine de l'Univers, toutes les régions de la terre, toutes les mers & la voûte profonde des Cieux. Voi comme toute la nature treſſaille de joie à la vue de ce ſiecle fortuné.

O ſi mes jours pouvoient être aſſez nombreux, ſi je conſervois aſſez de voix dans un âge avancé, pour chanter tes hauts faits, je ne me laiſſerois vaincre, ni par Orphée, ni par Linus ; quoiqu'Orphée ait pour mere Calliope, & Linus le charmant Apollon pour pere. Je le diſputerois à Pan même, au milieu de l'Arcadie juge de notre combat, & Pan s'avoueroit vaincu.

Aimable Enfant, commence à connoître ta mere à ſon doux ſoûrire. Que de peines tu lui as cauſées durant dix mois ! Celui à qui ſes parents n'ont point ſouri, ne fut jamais admis à la table d'un Dieu ni au lit d'une Déeſſe.

ECLOGA V.
DAPHNIS, MENALCAS, MOPSUS.

MENALCAS.

CUR non, Mopse, boni quoniam convenimus ambo,
Tu calamos inflare leves, ego dicere versus,
Hîc corylis mixtas inter concedimus ulmos ?
MOP. Tu major, tibi, me est æquum parere,
    Menalca :
Sive sub incertas Zephyris motantibus umbras,
Sive antro potius succedimus : aspice ut antrum
Sylvestris raris, sparsit labrusca racemis.
MEN. Montibus in nostris solus tibi certet Amyntas.
MOP. Quid, si idem certet Phœbum superare
    canendo ?
MEN. Incipe, Mopse, prior, si quos aut Phyllidis
    ignes,
Aut Alconis habes laudes, aut jurgia Codri.
Incipe : pascentes servabit Tityrus hœdos.
MOP. Imo hæc, in viridi nuper quæ cortice fagi
Carmina descripsi, & modulans alterna notavi,
Experiar. tu deinde jubeto certet Amyntas.
MEN. Lenta salix quantùm pallenti cedit olivæ,
Puniceis humilis quantùm saliunca rosetis,
Judicio nostro tantum tibi cedit Amyntas.
MOP. Sed tu desine plura, puer : successimus antro.

V. ECLOGUE.

DAPHNIS, MENALQUE, MOPSUS.

MENALQUE.

POURQUOI, Mopsus, puisque nous nous rencontrons ici, toi qui fais emboucher le léger chalumeau, & moi chanter des vers, ne nous asseyons-nous pas au milieu de ces ormes & de ces coudriers ? MOP. Tu es plus âgé que moi, Menalque, il est juste que je t'obéisse, soit que nous nous reposions sous ces arbres, dont l'ombre incertaine varie au gré des Zéphyrs, soit que nous nous retirions plutôt dans cette grotte. Voi comme elle est tapissée de cette vigne sauvage, chargée de quelques grappes de raisins. MEN. Le seul Amyntas, sur nos montagnes, voudroit te le disputer pour le chant. MOP. Ne voudroit-il pas le disputer à Apollon même ? MEN. Commence, Mopsus. Si tu fais des chansons, ou sur les amours de Phyllis, ou à la gloire d'Alcon, ou sur la querelle de Codrus, commence. Pendant ce temps-là Tityre gardera nos chevreaux paissants dans la prairie. MOP. Je vais plutôt essayer de chanter ces vers, que je gravai l'autre jour sur la verte écorce d'un hêtre : je chantois & j'écrivois tour à tour. Tu diras après cela au Berger Amyntas de me disputer la gloire du chant. MEN. Autant que le saule pliant cede au pâle olivier, & au rosier l'humble lavande, autant je crois qu'Amyntas cede à Mopsus. MOP. C'en est assez, jeune Berger : nous voici

Extinctum Nymphæ crudeli funere Daphnim
Flebant: vos coryli testes, & flumina Nymphis,
Cum complexa sui corpus miserabile nati,
Atque Deos, atque astra vocat crudelia mater.
Non ulli pastos illis egere diebus
Frigida, Daphni, boves ad flumina ; nulla neque
    amnem
Libavit quadrupes, nec graminis attigit herbam.
Daphni, tuum Pœnos etiam ingemuisse leones
Interitum, montesque feri sylvæque loquuntur.
Daphnis & Armenias curru subjungere tigres
Instituit: Daphnis thiasos inducere Baccho,
Et foliis lentas intexere mollibus hastas.
Vitis ut arboribus decori est, ut vitibus uvæ,
Ut gregibus tauri, segetes ut pinguibus arvis,
Tu decus omne tuis. Postquam te fata tulerunt
Ipsa pales agros atque ipse reliquit Apollo.
Grandia sæpe quibus mandavimus hordea sulcis,
Infelix lolium, & steriles dominantur avenæ.
Pro molli violâ, pro purpureo narcisso
Carduus, & spinis surgit paliurus acutis.
Spargite humum foliis, inducite fontibus umbras,
Pastores : mandat fieri sibi talia Daphnis.
Et tumulum facite, & tumulo super addite carmen.
Daphnis ego in sylvis, hinc usque ad sidera notus,
Formosi pecoris custos, formosior ipse.
MEN. Tale tuum carmen nobis, divine poëta,
Quale sopor fessis in gramine, quale per æstum
Dulcis aquæ saliente sitim restinguere rivo.

dans la grotte : Les Nymphes pleuroient la funeste mort de Daphnis. Bois & ruisseaux, vous fûtes témoins de leur vive douleur, lorsqu'une mere désolée, embrassant le triste corps de son fils, reprocha aux astres & aux Dieux leur barbare cruauté. O Daphnis, dans ces jours consacrés à la tristesse, aucun Berger ne mena ses troupeaux se désaltérer dans l'eau fraîche des fonntaines : ils ne goûterent ni de l'eau des fleuves, ni de l'herbe des prairies. Ces rochers & ces bois nous disent, que les lions même d'Afrique ont gémi de ta malheureuse destinée. Daphnis nous apprit à atteler des tigres d'Arménie au char de Bacchus, à célébrer des danses en son honneur, & à orner de pampre nos houlettes. Comme la vigne pare les arbres, & les raisins la vigne ; comme les taureaux font l'honneur d'un troupeau, & les moissons l'ornement des fertiles campagnes ; de même, ô Daphnis, tu fus la gloire de nos bergeries. Depuis que les Destins t'ont enlevé, Palès même, & Apollon ont abandonné ces hameaux. Nos champs, que l'on voyoit autrefois couverts des plus belles moissons, portent aujourd'hui de l'ivraie & toutes sortes d'herbes stériles. Les ronces & les chardons ont pris la place des douces violettes & des beaux narcisses. Bergers, couvrez la terre de feuillages, formez des berceaux au-dessus des fontaines : Daphnis veut qu'on lui rende ces honneurs. Elevez-lui un tombeau, & gravez-y ces vers : ,, Je suis ce Daphnis connu ,, dans les forêts & jusques dans les Cieux, ,, Berger d'un beau troupeau, moins beau ,, que lui ''. Men. Divin Poëte, tes chants sont pour ceux qui les entendent, ce que le sommeil sur un tendre gazon est aux membres fatigués, & ce qu'au milieu des ardeurs de

Nec calamis solum æquiparas, sed voce magistrum,
Fortunate puer, tu nunc eris alter ab illo.
Nos tamen hæc quocumque modo tibi nostra vicissim
Dicemus, Daphninque tuum tollemus ad astra :
Daphnin ad astra feremus : amavit nos quoque Daphnis.
Mop. An quicquam nobis tali sit munere majus ?
Et puer ipse fuit cantari dignus, & ista
Jam pridem Stimicon laudavit carmina nobis.
Men. Candidus insuetum miratur limen Olympi,
Sub pedibusque videt nubes & sidera Daphnis.
Ergo alacris sylvas & cætera rura voluptas,
Panaque pastoresque tenet, Dryadasque puellas.
Nec lupus insidias pecori, nec retia cervis
Ulla dolum meditantur : amat bonus otia Daphnis.
Ipsi lætitia voces ad sidera jactant
Intonsi montes : ipsæ jam carmina rupes,
Ipsa sonant arbusta : Deus, Deus ille, Menalca.
Sis bonus ô felixque tuis ! En quatuor aras :
Ecce duas tibi, Daphni, duoque altaria Phœbo.
Pocula bina novo spumantia lacte quotannis,
Craterasque duos statuam tibi pinguis olivæ :
Et multo imprimis hilarans convivia Baccho,
Ante focum, si frigus erit, si messis, in umbrâ,
Vinea novum fundam calathis Arvisia nectar.
Cantabunt mihi Damœtas, & Lyctius Ægon :
Saltantes Satyros imitabitur Alphesibœus.
Hæc tibi semper erunt, & cùm solemnia vota
Reddemus Nymphis, & cùm lustrabimus agros.

l'été, une eau vive est pour ceux que tourmente la soif. Tu joues du chalumeau & tu chantes, comme celui qui t'en a donné des leçons : Heureux Berger, tu tiendras après lui le premier rang. Cependant je vais joindre ma foible voix à la tienne : je vais élever ton cher Daphnis jusqu'aux astres ; car Daphnis nous a aussi aimés. MOP. Quel plus grand plaisir pourrois-tu me faire ? Daphnis est bien digne d'être l'objet de tes chants Il y a long-temps que Stimicon m'a vanté des vers que tu as faits sur ce sujet. MEN. Daphnis admire l'éclat de l'Olympe, son nouveau séjour. Il voit sous ses pieds les nuages & les astres. Aussi nos campagnes & nos forêts se réjouissent de son bonheur : Pan, les jeunes Dryades, & tous les Bergers prennent part à sa gloire. Les loups ne cherchent plus à surprendre les troupeaux, & les cerfs ne redoutent plus les pieges des chasseurs. Le bienfaisant Daphnis aime la paix. Les montagnes incultes tressaillent de joie. Les rochers mêmes & les buissons retentissent de cet Oracle : » C'est un Dieu, Ménalque, oui, le Berger » que tu chantes, est un Dieu «. O Daphnis, sois propice aux Bergers. Voici quatre autels, deux en ton honneur, & deux en l'honneur de Phébus. Tous les ans je t'offrirai deux coupes pleines de lait nouveau, & deux autres remplies du jus de l'olive. Nos repas seront égayés par l'abondance de la liqueur de Bacchus, & je prodiguerai le vin de Chio, nouveau nectar, près du feu, si c'est en hiver, à l'ombre des bois, si c'est en été. Je ferai chanter Egon & Damétas, & Alphésibée imitera la danse des Satyres. Tels sont les honneurs, ô Daphnis, que nous te rendrons, soit à la fête des Nymphes, soit lorsque nous promenerons

Dum juga montis aper, fluvios dum piscis amabit,
Dumque thymo pascentur apes, dum rore cicadæ,
Semper honos, nomenque tuum, laudesque manebunt.
Ut Baccho, Cererique, tibi sic vota quotannis
Agricolæ facient : damnabis tu quoque votis.
Mop. Quæ tibi, quæ tali reddam pro carmine dona ?
Nam neque me tantum venientis sibilus Austri,
Nec percussa juvant fluctu tam littora, nec quæ
Saxosas inter decurrunt flumina valles.
Men. Hac te nos fragili donabimus ante cicutâ.
Hæc nos formosum, Coridon ardebat Alexin :
Hæc eadem, docuit, Cujum pecus ? an Meliboei ?
Mop. At tu sume pedum, quod, me cùm sæpe rogaret,
Non tulit Antigenes (& erat tum dignus amari)
Formosum paribus nodis atque ære, Menalca.

les victimes dans les champs. Tant que le fanglier aimera le fommet des montagnes, que le poiffon fe plaira dans les rivieres, que l'abeille fe nourrira de thym, & la cigale de rofée, ton nom vivra dans nos hameaux. Les laboureurs t'adrefferont leurs vœux tous les ans, comme à Cérès & à Bacchus, & ils feront obligés d'y être fideles.

Mop. Par quel préfent pourrai-je reconnoître le plaifir que tes vers viennent de me faire ? Je les préfere au fouffle naiffant d'un vent de midi, au bruit des flots qui battent le rivage, & au murmure d'un ruiffeau, qui roule fes eaux fur un lit de cailloux.

Men. C'eft à moi à te prévenir. Reçoi de moi cette flûte, cher Mopfus; c'eft cet inftrument qui m'a fait chanter ces vers :

Le Berger Corydon brûloit pour Alexis....
Quel eft, ô Damétas, ce malheureux troupeau ?...

Mop. Prend donc, Menalque, en revanche cette houlette ornée de bronze, & finguliere pour l'égalité de fes nœuds. Antigene me l'a fouvent demandée. Tout aimable qu'il étoit alors, il ne put l'obtenir.

ECLOGA VI.
SILENUS.

PRIMA Syracosio dignata est ludere versu
Nostra, nec erubuit sylvas habitare Thalia.
Cùm canerem reges & prælia, Cynthius aurem
Vellit, & admonuit: Pastorem, Tityre, pingues
Pascere oportet oves, deductum dicere carmen.
Nunc ego (namque super tibi erunt, qui dicere
    laudes,
Vare, tuas cupiant, & tristia condere bella)
Agrestem tenui meditabor arundine musam.
Non injussa cano: si quis tamen hæc quoque, si quis
Captus amore leget, te nostræ, Vare, myricæ,
Te nemus omne canet: nec Phœbo gratior ulla est,
Quam sibi quæ Vari præscripsit pagina nomen.
  Pergite Pierides. Chromis & Mnasylus in antro
Silenum pueri somno videre jacentem,
Inflatum hesterno venas, ut semper, Iaccho;
Serta procul tantum capiti delapsa jacebant,
Et gravis attritâ pendebat cantharus ansâ.
Agressi (nam sæpe senex spe carminis ambos
Luserat) injiciunt ipsis ex vincula sertis,
Addit se sociam, timidisque supervenit Ægle,
Ægle Naiadum pulcherrima: jamque videnti
Sanguineis frontem moris, & tempora pingit.
Ille dolum ridens: Quò vincula nectitis, inquit ?

VI. ECLOGUE.

SILENE.

MA Muse a daigné la premiere chanter sur le ton du Poëte de Syracuse, & n'a pas rougi d'habiter les forêts. J'allois célébrer les Rois & les combats, lorsqu'Apollon me tira l'oreille, & me dit: Tityre, il faut qu'un Berger fasse paître ses brebis, & se borne à un chant simple & pastoral. Je vais donc (car assez d'autres s'empresseront, ô Varus, de chanter tes vertus & tes combats) je vais essayer un air champêtre sur mon chalumeau. C'est par l'ordre d'un Dieu que je chante. Si cependant quelque amateur des Bergeries lit ces vers, il entendra nos bruyeres & nos bois retentir du nom de Varus. Est-il rien de si agréable au Dieu du Parnasse, que les vers qui portent le nom de ce Guerrier.

Muses, continuez. Deux jeunes Bergers, Chromis & Mnasyle, trouverent un jour Silene endormi au fond d'une grotte. Il avoit, selon sa coutume, les veines enflées du vin qu'il avoit bu la veille. Sa couronne de fleurs tombée de sa tête étoit auprès de lui, & un vase pesant, dont l'anse étoit usée, pendoit à sa ceinture. Le vieillard avoit souvent flatté les deux jeunes Bergers de l'espérance trompeuse de l'entendre chanter. Ils se jettent sur lui & le lient avec des guirlandes. Eglé, la plus jolie de toutes les Nymphes, Eglé survient, & se joignant à eux les encourage, & au moment qu'il commence à ouvrir les yeux, elle lui barbouille

Tome I. D

Solvite me pueri : satis est potuisse videri.
Carmina, quæ vultis, cognoscite : carmina vobis;
Huic aliud mercedis erit. Simul incipit ipse.
Tum vero in numerum Faunosque ferasque videres
Ludere, tum rigidas motare cacumina quercus.
Nec tantùm Phœbo gaudet Parnassia rupes,
Nec tantùm Rhodope miratur, & Ismarus Orphea.

 Namque canebat, uti magnum per inane coacta
Semina terrarumque, animæque, marisque fuis-
 sent,
Et liquidi simul ignis : ut his exordia primis
Omnia, & ipse tener mundi concreverit orbis,
Tum durare solum, & discludere Nerea ponto
Cœperit, & rerum paulatim sumere formas.
Jamque novum ut terræ stupeant lucescere Solem,
Altius atque cadant summotis nubibus imbres :
Incipiant sylvæ cum primum surgere, cùmque
Rara per ignotos errent animalia montes.

 Hinc lapides Pyrrhæ jactos, Saturnia regna,
Caucaseasque refert volucres, furtumque Pro-
 methei.
His adjungit Hylam, nautæ quo fonte relictum
Clamassent; ut littus, Hyla, Hyla, omne sonaret :
Et fortunatam, si nunquam armenta fuissent,
Pasiphaën nivei solatur amore Juvenci.
Ah ! virgo infelix, quæ te dementia cepit ?
Prœtides implerunt falsis mugitibus agros :

VI. ECLOGUE.

tout le visage de jus de mûres. Le bon Silène riant de ce badinage, leur dit : Pourquoi, mes enfants, me liez-vous ? Laissez-moi libre ; contentez-vous d'avoir fait voir ce que vous pouviez : je vai vous satisfaire. C'est pour vous, Bergers, que je chanterai. Je réserve à la charmante Eglé une autre sorte de récompense. Il commence. Vous eussiez vu aussi-tôt les Faunes & les bêtes farouches accourir & danser autour de lui, & les chênes mêmes agiter leurs cimes en cadence. La lyre d'Apollon ne fit jamais tant de plaisir sur le sommet du Parnasse : jamais Orphée, sur les monts Rodope & Ismare, ne se fit tant admirer.

Il chanta d'abord, comment les éléments, la terre, l'air, l'eau, & le feu liquide, étoient dispersés dans le vuide immense : comment ils donnerent naissance à toutes choses, & formerent l'assemblage du vaste Univers : comment le globe de la terre devint une masse solide & se sépara des eaux : comment peu à peu toute la matiere se revêtit de différentes formes. Il représentoit la terre étonnée des premiers rayons du Soleil : il expliquoit la formation des nuages & leur résolution en pluie ; enfin la naissance des arbres & des animaux, qui d'abord en petit nombre errerent sur les montagnes, qui leur étoient inconnues.

Il chanta ensuite les pierres jettées par Pyrrha, le regne de Saturne, les vautours du Caucase, & le larcin de Prométhée. Il y joignit l'aventure d'Hylas noyé dans une fontaine, les Argonautes l'appellant vainement, & faisant retentir tout le rivage du nom d'Hylas mille fois répété. Il console par ses chants la malheureuse Pasiphaé, dont il peint l'amour déplorable pour un taureau blanc comme la neige. Heureuse, hélas, s'il n'y eût jamais eu de trou-

At non tam turpes pecudum tamen ulla secuta est
Concubitus : quamvis collo timuisset aratrum,
Et sæpe in levi quæsisset cornua fronte.
Ah, virgo infelix, tu nunc in montibus erras !
Ille, latus niveum molli fultus hyacyntho,
Ilice, sub nigrâ pallentes ruminat herbas,
Aut aliquam in magno sequitur grege. Claudite
    Nymphæ
Dicteæ, Nymphæ nemorum, jam claudite saltus;
Si quà forte ferant oculis sese obvia nostris
Errabunda bovis vestigia : forsitan illum
Aut herba captum viridi, aut armenta secutum
Perducant aliquæ stabula ad Gortynia vaccæ.
Tum canit Hesperidum miratam mala puellam :
Tum Phaëthontiadas musco circumdat amaræ
Corticis, atque solo proceras erigit alnos.
    Tum canit errantem Permessi, ad flumina Gal-
    lum.
Aonas in montes ut duxerit una sororum.
Utque viro Phœbi chorus assurrexerit omnis :
Ut Linus hæc illi divino carmine pastor,
Floribus atque apio crines ornatus amaro,
Dixerit : Hos tibi dant calamos, en accipe, Musæ,
Ascræo quos ante seni : quibus ille solebat
Cantando rigidas deducere montibus ornos.
His tibi Grynei nemoris dicatur origo :
Ne quis sit lucus, quo se plus jactet Apollo.
    Quid loquar, aut Scyllam Nisi, aut quam fama
    secuta est,

peaux ! Princeſſe infortunée, dit-il, quelle eſt ta fureur ! Les filles de Prétus remplirent les campagnes de faux mugiſſements : mais aucune d'elles ne brûla d'une flamme ſi honteuſe, quoiqu'elles craigniſſent de voir leurs têtes ſous le joug, & que ſouvent elles cherchaſſent des cornes ſur leur front uni. Infortunée Paſiphaë, tu erres ſur les montagnes, tandis que celui que tu cherches rumine à l'ombre, couché ſur des fleurs, ou pourſuit peut-être quelque géniſſe, objet de ſon ardeur. Fermez, Nymphes de Crete, Nymphes des bois, fermez les iſſues des forêts : peut-être mes yeux découvriront-ils les traces vagabondes de mon taureau. Peut-être auſſi que les verds pâturages, ou quelque belle géniſſe l'attireront à la ſuite d'un troupeau, vers les étables de Gortyne ? Le vieux Silene chante encore Atalante éblouie des pommes d'or du jardin des Heſpérides. Il enveloppe d'une écorce amere & couvre de mouſſe le ſœurs de Phaëton, qui s'élevent dans les airs & deviennent des aulnes.

Il chante enſuite Gallus ſe promenant au bord des eaux du Permeſſe. Il dit, comment une des Muſes le conduiſit ſur l'Hélicon, & comment toute la Cour d'Apollon ſe leva à ſon arrivée : comment le Berger Linus, couronné de verdure & de fleurs, lui dit : reçoi cette flûte, dont les Muſes te font préſent : c'eſt la même qu'ils donnerent autrefois au vieillard d'Aſcra, qui par la force de ſes accords faiſoit deſcendre les arbres du ſommet des montagnes. Chante ſur cet inſtrument l'origine de la forêt de Grynée, & que, célébrée par tes chants, il n'y ait aucune forêt dont Apollon ſe glorifie davantage.

Dirai-je le récit qu'il fit de la trahiſon de Scylla, fille de Niſus, & de la fureur de cette

Candida succinctam latrantibus inguina monstris
Dulichias vexasse rates, & gurgite in alto.
Ah! timidos nautas canibus lacerasse marinis;
Aut ut mutatos Terei narraverit artus,
Quas illi Philomela dapes, quæ dona parârit;
Quo cursu deserta petiverit, & quibus ante
Infelix sua tecta supervolitaverit alis?
Omnia quæ, Phœbo quondam meditante, beatus
Audiit Eurotas, jussitque ediscere lauros,
Ille canit: pulsæ referunt ad sidera valles.
Cogere donec oves stabulis, numerumque referre
Jussit, & invito processit vesper Olympo.

autre Scylla, dont le ventre fut armé, dit-on, de gueules de chiens aboyants. Elle maltraita les vaisseaux d'Ulysse, & précipita dans la mer ses matelots effrayés, que les chiens du monstre déchirerent? Dirai-je comment il peignit la métamorphose de Térée, le funeste mets que Philomele lui prépara, & le malheur de ce Prince changé en oiseau, voltigeant autour de son propre Palais, & fuyant dans les déserts? Silene enfin répéta tout ce que l'heureux Eurotas avoit entendu chanter à Apollon sur ses bords: chants mélodieux, que le fleuve ordonna aux Lauriers de retenir. Les échos des vallons, frappés des accords de Silene, les portent jusqu'aux astres. Cependant l'étoile du soir se levant, au regret de l'Olympe, oblige nos Bergers de rassembler leurs brebis, de les compter, & de les renfermer dans la bergerie.

ECLOGA VII.

MELIBŒUS, CORYDON, THYRSIS.

MELIBŒUS.

FORTE sub argutâ consederat ilice Daphnis,
   Compulerantque greges Corydon & Thyrsis
      in unum,
Thyrsis oves, Corydon distentas lacte capellas:
Ambo florentes ætatibus, Arcades ambo,
Et cantare pares, & respondere parati.
   Hîc mihi, dum teneras defendo à frigore myrtos,
Vir gregis ipse caper deerraverat : atque ego
      Daphnin
Aspicio. Ille ubi me contra videt : Ocius, inquit,
Huc ades, ô Melibœe, caper tibi salvus & hœdi,
Et si quid cessare potes, requiesce sub umbrâ.
Huc ipsi potum venient per prata juvenci.
Hic viridis tenerâ prætexit arundine ripas
Mincius, èque sacrâ resonant examina quercu.
   Quid facerem? neque ego Alcippen, nec Phyl-
      lida habebam,
Depulsos à lacte domi quæ clauderet agnos ;
Et certamen erat, Corydon cum Thyrside, ma-
      gnum :
Posthabui tamen illorum mea seria ludo.
Alternis igitur contendere versibus ambo
Cœpere : alternos Musæ meminisse volebant.
Hos Corydon, illos referebat in ordine Thyrsis.
COR. Nymphæ, noster amor, Libethrides, aut
      mihi carmen,

VII. ECLOGUE.

MÉLIBÉE, CORYDON, THYRSIS.

Mélibée.

Daphnis étoit assis par hazard au pied d'un chêne, Corydon & Thyrsis avoient rassemblé leurs troupeaux, Thyrsis ses moutons & Corydon ses chevres. Tous deux étoient jeunes & d'Arcadie, tous deux étoient également versés dans l'art de chanter en dialogue.

Tandis que je m'occupois à couvrir mes myrthes, pour les garantir de la gelée, le bouc, chef de mon troupeau, s'égara. En même temps j'apperçois Daphnis, qui me voyant aussi, me dit: venez ici, Mélibée, votre bouc & vos chevreaux sont en sûreté. Si vous avez quelque loisir, asseyez-vous près de moi à l'ombre. Vos bœufs passeront par cette prairie, pour aller à la riviere. Ces rives du Mincio sont couvertes de roseaux, & ces chênes retentissent du bourdonnement des abeilles.

Que faire? Alcippe & Phyllis n'étoient point à la maison, pour renfermer dans la bergerie mes agneaux nouvellement sévrés. D'un autre côté, il y avoit un grand combat entre Corydon & Thyrsis : cependant je sacrifiai mes occupations sérieuses à leurs jeux. Les deux Bergers commencerent donc à chanter tour à tour : les Muses se plaisent à cette sorte de combats. Corydon chantoit le premier, & Thyrsis répondoit.

Cor. Nymphes de Béotie, vous à qui je suis

Quale meo Codro, concedite: (proxima Phœbi
Verſibus ipſe facit) aut, ſi non poſſumus omnes,
Hîc arguta ſacrâ pendebit fiſtula pinu.
THYR. Paſtores hederâ creſcentem ornate Poëtam
Arcades, invidiâ rumpantur ut ilia Codro:
Aut, ſi ultra placitum laudarit, baccare frontem
Cingite, ne vati noceat mala lingua futuro.
COR. Setoſi caput hoc apri tibi, Delia, parvus
Et ramoſa Mycon vivacis cornua cervi.
Si proprium hoc fuerit, levi de marmore tota
Puniceo ſtabis ſuras evinctâ cothurno.
THYR. Sinum lactis, & hæc te liba, Priape, quo-
 tannis
Exſpectare ſat eſt: cuſtos es pauperis horti.
Nunc te marmoreum pro tempore fecimus: at tu,
Si fœtura gregem ſuppleverit, aureus eſto.
COR. Nerine Galatea, thymo mihi dulcior Hyblæ,
Candidior cycnis, hederâ formoſior albâ:
Cùm primum paſti repetent præſepia tauri,
Si qua tui Corydonis habet te cura, venito.
THYR. Immo ego Sardoïs videar tibi amarior
 herbis,
Horridior ruſco, projectâ vilior algâ,
Si mihi non hæc lux toto jam longior anno eſt.
Ite domum paſti, ſi quis pudor, ite juvenci.
COR. Muſcoſi fontes, & ſomno mollior herba,
Et quæ vos rarâ viridis tegit arbutus umbrâ,
Solſtitium pecori defendite: jam venit æſtas

dévoué, inspirez-moi des vers, tels que ceux de mon ami Codrus : ils approchent de ceux d'Apollon. Ou s'il est impossible à tous les Bergers d'en faire comme lui, je vais suspendre ma flûte à ce pin sacré. THYR. Bergers d'Arcadie, couronnez de lierre un Poëte naissant, & que Codrus en meure de dépit : ou s'il est forcé de me louer malgré lui, Bergers, ceignez ma tête de baccar, pour me mettre un jour à l'abri des traits d'une langue jalouse. COR. Chaste Diane, le petit Mycon vous offre en mon nom cette hure de sanglier, & ce bois de cerf. Si ma chasse est toujours aussi heureuse, je vous érigerai une statue de marbre, ornée de brodequins rouges. THYR. Priape, c'est assez que je vous offre tous les ans un vase plein de lait, avec des gâteaux : vous n'avez qu'un petit jardin à garder. Je vous ai élevé une statue de marbre, c'est tout ce que j'ai pu faire : vous en aurez une d'or, si mes brebis sont bien fécondes. COR. Charmante Galatée, votre odeur est préférable à celle du thym, votre blancheur surpasse celle des cygnes, & votre beauté l'emporte sur celle du lierre blanc. Dès que les troupeaux auront quitté leurs pâturages, si vous avez quelque bonté pour Corydon votre amant, daignez le venir trouver. THYR. O Galatée, je veux bien vous paroître plus amer que les herbes de Sardaigne, plus hérissé que le houx, plus vil que l'herbe qui naît du limon, si ce jour que j'ai passé sans vous voir, ne m'a pas semblé plus long qu'une année. Allez, mes bœufs, quittez vos herbages, n'êtes-vous pas encore rassasiez ? COR. Fontaines bordées de mousse, tendres gazons qui invitez au sommeil, arboisiers qui donnez ici un peu d'ombre, garantissez mon troupeau des ardeurs du solstice. La saison est brûlante,

Torrida, jam læto turgent in palmite gemmæ.
THYR. Hîc focus, & tædæ pingues; hic pluri-
  mus ignis
Semper, & assiduâ postes fuligine nigri.
Hîc tantum Boreæ curamus frigora, quantum
Aut numerum lupus, aut torrentia flumina ripas.
COR. Stant & juniperi, & castaneæ hirsutæ;
Strata jacent passim sua quæque sub arbore poma:
Omnia nunc rident. At si formosus Alexis
Montibus his abeat, videas & flumina sicca.
THYR. Aret ager, vitio moriens sitit aëris herba:
Liber pampineas invidit Collibus umbras,
Phyllidis adventu nostræ nemus omne virebit,
Jupiter & læto descendet plurimus imbri.
COR. Populus Alcidæ gratissima, vitis Iaccho,
Formosæ myrtus Veneri, sua laurea Phœbo.
Phyllis amat corylos: illas dum Phyllis amabit,
Nec myrtus vincet corylos, nec laurea Phœbi.
THYR. Fraxinus in sylvis pulcherrima, pinus in
  hortis,
Populus in fluviis, abies in montibus altis;
Sæpius at si me, Lycida formose, revisas,
Fraxinus in sylvis cedat tibi, pinus in hortis.
MEL. Hæc memini, & victum frustra contendere
  Thyrsin
Ex illo Corydon, Corydon est tempore nobis.

& déja les bourgeons de la vigne commencent à grossir. THYR. Durant l'hiver, ma cabane est toujours éclairée, & j'y fais un si grand feu, que la fumée a noirci la porte. Nous nous mettons en peine du souffle glaçant de Borée, comme le loup se soucie du compte des brebis, ou comme un fleuve grossi par les pluies craint que ses rives ne le retiennent dans son lit. COR. Le genievre & le châtaignier promettent une abondante récolte. Déja les fruits tombent sous les arbres. Tout rit en cette saison. Mais si le charmant Alexis s'éloignoit de ces montagnes, on verroit tout sécher, & les fleuves même tarir. THYR. Nos champs sont arides. L'air embrasé fait mourir nos herbes altérées. Bacchus a dépouillé nos côteaux des vignes qui les ombrageoient. Mais à l'arrivée de ma Phyllis, tous nos arbres reverdiront: une féconde pluie arrosera tous nos champs. COR. Le peuplier est agréable à Hercule, la vigne à Bacchus, le myrte à la belle Vénus, le laurier à Apollon. Phyllis aime les coudriers. Tant que Phyllis les aimera, ils l'emporteront sur le myrte & sur le laurier THYR. Le frêne pare nos forêts. Le pin embellit nos jardins, le peuplier les rives d'un fleuve, & le sapin les hautes montagnes. Beau Licydas, si tu viens plus souvent me voir, le frêne de nos bois & le pin de nos jardins les orneront moins que toi.

MEL. Tels furent, si je m'en souviens, les chants de ces deux Bergers. Thyrsis vainement disputa la victoire. Depuis ce temps-là Corydon est toujours Corydon à mes yeux.

ECLOGA VIII.

DAMON, ALPHESIBŒUS.

Pastorum Musam Damonis, & Alphe-
  siboei,
Immemor herbarum quos est mirata juvenca
Certantes, quorum stupefactæ carmine lynces,
Et mutata suos requierunt flumina cursus,
Damonis Musam dicemus, & Alphesiboei.
  Tu mihi, seu magni superas jam saxa Timavi,
Sive oram Illyrici legis æquoris, en erit unquam
Ille dies, mihi cùm liceat tua dicere facta?
En erit, ut liceat totum mihi ferre per orbem
Sola Sophocleo tua carmina digna cothurno?
A te principium, tibi desinet: accipe jussis
Carmina cepta tuis, atque hanc sine tempora cir-
  cum
Inter victrices hederam tibi serpere lauros.
  Frigida vix cœlo noctis decesserat umbra,
Cum ros in tenerâ pecori gratissimus herbâ est,
Incumbens tereti Damon sic cœpit olivæ.
  Nascere, præque diem veniens age, Lucifer,
    almum;
Conjugis indigno Nisæ deceptus amore
Dum queror, & Divos, quanquam nil testibus illis
Profeci, extrema moriens tamen alloquor horâ.

VIII. ECLOGUE.

DAMON, ALPHESIBÉE.

JE répéterai les chants des Bergers Damon & Alphéſibée, qui par leur diſpute charmerent les troupeaux, juſqu'à leur faire oublier les pâturages. Les lynx étonnés furent attentifs à leurs vers : Les ruiſſeaux ſuſpendirent leur cours & ſe repoſerent.

Illuſtre Pollion, je t'adreſſe ces vers, ſoit que tu franchiſſes déja les rochers du Timave, ſoit que tu cotoies le rivage de la mer d'Illyrie. Ne viendra-t-il jamais ce jour, où il me ſera permis de célébrer tes glorieux exploits ? Jamais ne publierai-je dans le monde entier tes vers, qui ſont les ſeuls dignes du cothurne de Sophocle ? C'eſt en te louant que ma Muſe s'eſt eſſayée : tes louanges ſeront encore l'objet de mes derniers chants. Reçoi aujourd'hui des vers compoſés par ton ordre, & ſouffre que ce lierre ſe gliſſe parmi les lauriers de ton front.

Les froides ombres de la nuit étoient à peine diſſipées, l'herbe tendre étoit encore couverte de la roſée ſi agréable aux troupeaux, lorſque Damon, appuyé ſur ſa houlette d'olivier, fit entendre ces chants.

Etoile du matin, aſtre qui préviens le flambeau du jour, hâte-toi de paroître : tandis que je me plains de l'indigne trahiſon de la perfide Niſe, & que je m'adreſſe encore aux Dieux dans ce dernier moment de ma vie, quoique ſouvent il ne m'ait rien ſervi de les avoir pris à

Incipe Mænalios mecum, mea tibia, versus.

Mænalus argutumque nemus, pinosque loquentes
Semper habet: semper Pastorum ille audit amores,
Panaque, qui primus calamos non passus inertes.
Incipe Mænalios mecum, mea tibia, versus.

Mopso Nisa datur! quid non speremus amantes?
Jungentur jam gryphes equis, ævoque sequenti
Cum canibus timidi venient ad pocula damæ.
Mopse novas incide faces: tibi ducitur uxor.
Sparge marite nuces: tibi deserit Hesperus Œtam.
Incipe Mænalios mecum, mea tibia, versus.

O digno conjuncta viro: dum despicis omnes,
Dumque tibi est odio mea fistula, dumque capellæ,
Hirsutumque supercilium, prolixaque barba,
Nec curare Deum credis mortalia quemquam?
Incipe Mænalios mecum, mea tibia, versus.

Sepibus in nostris parvam te roscida mala
(Dux ego vester eram) vidi cum matre legentem:
Alter ab undecimo tum me jam cœperat annus,
Jam fragiles poteram à terrâ contingere ramos.
Ut vidi, ut perii, ut me malus abstulit error.
Incipe Mænalios mecum, mea tibia, versus.

Nunc scio, quid sit amor: duris in cotibus illum
Ismarus, aut Rhodope, aut extremi Garamantes,
Nec nostri generis puerum, nec sanguinis edunt.
Incipe Mænalios mecum, mea tibia, versus.

Sævus amor docuit natorum sanguine matrem
Commaculare manus: crudelis tu quoque mater:

témoins. O ma flûte, essaie avec moi des sons dignes du Ménale.

Le Ménale est couvert d'une harmonieuse forêt ; & ses pins sont toujours mélodieux. Il entend sans cesse les Bergers qui chantent leurs amours, & Pan qui le premier trouva l'usage du chalumeau. O ma flûte, essaie avec moi des sons dignes du Ménale.

Nise épouse de Mopsus ! A quoi tout amant ne peut-il pas prétendre ? Les griffons seront désormais aimés des jumens, les chiens & les dains timides iront dans la suite se désaltérer à la même fontaine. Prépare, Mopsus, les flambeaux de ton hyménée ; on te donne une épouse : nouveau mari renonce à la bagatelle. Pour toi l'étoile du soir commence à luire. O ma flûte, &c.

Bergere unie à un Berger digne de toi, tandis que tu nous méprises tous, que les sons de ma flûte te déplaisent, que tu hais mes sourcils épais & ma longue barbe, crois-tu qu'il n'est point de Dieu qui se mêle des choses humaines ? O ma flûte, &c.

Je t'ai vue dans ton enfance cueillir le matin avec ta mere des fruits dans nos vergers. C'étoit moi qui vous conduisois l'une & l'autre. J'avois douze ans, & déja je pouvois atteindre aux branches des arbres. Je te vis, Je t'aimai, je ne fus plus le maître de mon cœur. O ma flûte, &c.

Je connois aujourd'hui l'amour. Il est né sur les rochers de l'Ismare, ou du Rhodope, ou chez les Garamantes. Cet enfant n'est ni de la même espece, ni du même sang que nous. O ma flûte, &c.

Le cruel amour a forcé une mere à souiller ses mains du sang de ses propres enfans. O mere, tu fus aussi trop dénaturée ! Mais qui

Crudelis mater magis, an puer improbus ille ?
Improbus ille puer : crudelis tu quoque mater.
Incipe Mænalios mecum , mea tibia, verſus.

Nunc & oves ultro fugiat lupus; aurea duræ
Mala ferant quercus ; narciſſo floreat alnus ;
Pinguia corticibus ſudent electra myricæ ,
Certent & cycnis ululæ : ſit Tityrus Orpheus ,
Orpheus in ſylvis, inter Delphinas Arion.
Incipe Mænalios mecum , mea tibia , verſus.

Omnia vel medium fiant mare : vivite ſylvæ.
Præceps aërii ſpeculâ de montis in undas
Deferar : extremum hoc munus morientis habeto.
Define Mænalios, jam deſine , tibia , verſus.

Hæc Damon : vos , quæ reſponderit Alpheſi-
    bœus ,
Dicite, Pierides : non omnia poſſumus omnes.

Effer aquam , & molli cinge hæc altaria vittâ :
Verbenaſque adole pingues , & maſcula thura;
Conjugis ut magicis ſanos avertere ſacris
Experiar ſenſus : nihil hîc niſi carmina deſunt.
Ducite ab urbe domum, mea carmina, ducite
    Daphnim.

Carmina vel cœlo poſſunt deducere Lunam :
Carminibus Circe ſocios mutavit Ulyſſei.
Frigidus in pratis cantando rumpitur anguis.
Ducite ab urbe domum , mea carmina , ducite
    Daphnim.

Terna tibi hæc primum triplici diverſa colore
Licia circundo ; terque hæc altaria circum
Effigiem duco. Numero Deus impare gaudet.
Ducite ab urbe domum , mea carmina , ducite
    Daphnim.

VIII. Eclogue.

fut plus inhumain de cette mere, ou de l'Amour ? L'Amour fut cruel, & toi, ô mere, tu fus barbare. O ma flûte, essaie avec moi des sons dignes du Ménale.

Que le loup fuie maintenant à l'aspect des brebis ; que les chênes portent des oranges ; que le narcisse croisse sur l'aulne ; que les bruyeres distillent de l'ambre ; que les hiboux se comparent aux Cygnes ; que Tityre soit un Orphée, Orphée dans les forêts, Arion parmi les Daupins. O ma Muse, essaie avec moi des sons dignes du Ménale.

Que toute la terre soit submergée : adieu, forêts. Je vais du haut d'un rocher me précipiter dans les flots. Nise, reçoi ce dernier hommage de ton amant, qui va cesser de vivre. O ma flûte, cesse d'essayer avec moi des sons dignes du Ménale.

Tels furent les chants de Damon. Muses, répétez vous-mêmes la réponse d'Alphesibée. Tous ne peuvent pas tout dire.

Amaryllis, apportez de l'eau, & parez ces autels de bandelettes sacrées. Brûlez de la verveine & de l'encens mâle. Je veux essayer, si par une cérémonie magique je regagnerai le cœur de mon amant : il ne me manque plus que d'avoir recours aux enchantements. Ramene dans ces lieux, charme puissant, ramene le volage Daphnis.

Cet art a le pouvoir de détacher la Lune du Ciel. Circé par ses enchantements transforma les compagnons d'Ulysse. Par cet art, le froid serpent expire au milieu des prairies. Ramene dans ces lieux, charme puissant, &c.

D'abord j'entoure l'image de mon amant de trois lisieres de différentes couleurs, & je la promene trois fois autour de cet autel. Le nombre impair plaît aux Dieux. Ramene dans ces lieux,

Necte tribus nodis ternos, Amarylli, colores:
Necte, Amarylli, modo, & Veneris, dic, vincula
  necto.
Ducite ab urbe, domum, mea carmina, ducite
  Daphnim.
Limus ut hic durescit, & hæc ut cera liquescit
Uno eodemque igni, sic nostro Daphnis amore.
Sparge molam, & fragiles incende bitumine lauros.
Daphnis me malus urit : ego hanc in Daphnide
  laurum.
Ducite ab urbe domum, mea carmina, ducite
  Daphnim.
Talis amor Daphnim, qualis cùm fessa juvencum
Per nemora, atque altos quærendo bucula lucos,
Propter aquæ rivum viridi procumbit in herbâ,
Perdita nec seræ meminit decedere nocti :
Talis amor teneat, nec sit mihi cura mederi.
Ducite ab urbe domum, mea carmina, ducite
  Daphnim.
Has olim exuvias mihi perfidus ille reliquit,
Pignora chara sui, quæ nunc ego limine in ipso
Terra, tibi mando : debent hæc pignora Daphnim.
Ducite ab urbe domum, mea carmina, ducite
  Daphnim.
Has herbas, atque hæc Ponto mihi lecta venena
Ipse dedit Mœris : nascuntur plurima Ponto.
His ego sæpe lupum fieri, & se condere sylvis,
Mœrin, sæpe animas imis exire sepulchris,
Atque satas alió vidi traducere messes.
Ducite ab urbe domum, mea carmina, ducite
  Daphnim.

charme puissant, ramene le volage Daphnis.

Amaryllis, fais trois nœuds à chacune de ces trois lisieres, & dis: c'est ainsi que je forme les nœuds de Venus. Ramene dans ces lieux, charme puissant, ramene le volage Daphnis.

Comme cette argille durcit au feu, & comme cette cire s'y amollit; que le cœur de Daphnis s'endurcisse ainsi pour toute autre, & ne s'attendrisse que pour moi. Jette cette pâte sur l'effigie de mon amant : mets avec du bitume le feu à ces lauriers secs. Le cruel Daphnis me brûle : en brûlant ces lauriers, je brûle Daphnis. Ramene, &c.

Une génisse amoureuse, lasse d'errer dans les bois & de suivre un jeune taureau, se repose enfin sur l'herbe au bord d'un ruisseau : la nuit ne la rappelle point à l'étable. Que Daphnis ait pour moi la même ardeur, & que je refuse de la soulager. Ramene, charme puissant, &c.

Voici les dépouilles que l'infidele m'a laissées, comme les gages de son amour. Terre, je les dépose dans ton sein, sous le seuil de cette porte. Ces gages sont les garants du retour de Daphnis. Ramene, charme puissant, ramene, &c.

Méris m'a donné ces herbes cueillies dans les campagnes de Pont : elles y croissent en abondance. Par la vertu de ces herbes, j'ai vu souvent ce Magicien se transformer en loup, & s'enfoncer dans les bois : je l'ai vu arracher les Manes du fond de leurs tombeaux, & transporter les moissons d'un champ dans un autre. Ramene dans ces lieux, &c.

Amaryllis, porte ces cendres hors de la maison. Jette-les par-dessus ta tête dans ce ruisseau, & ne regarde pas derriere toi. C'est avec toutes ces armes que j'attaque l'infidele : mais il se rit des Dieux & de tous les enchantements. Ramene, &c.

Fer cineres, Amarylli, foras, rivoque fluenti,
Tranfque caput jace : ne refpexeris. His ego Daphnim
Aggrediar, nihil ille Deos, nil carmina curat.
Ducite ab urbe domum, mea carmina, ducite Daphnim.

Afpice, corripuit tremulis altaria flammis
Sponte fuâ, dum ferre moror, cinis ipfe : bonum fit.
Nefcio quid certe eft, & Hylax in limine latrat.
Credimus : an qui amant, ipfi fibi fomnia fingunt ?
Parcite, ab urbe venit, jam parcite carmina, Daphnis.

Tandis que je differe à faire transporter cette cendre brûlante, voi comme elle vient d'embraser l'autel. Heureux présage ! Mais qu'entends-je ? Hylax aboie à la porte. Seroit-ce l'arrivée de mon amant ? Seroit-ce une illusion de l'amour ? Cesse, charme puissant, cesse: Daphnis revient de la Ville dans ces hameaux.

ECLOGA IX.

LYCIDAS, MŒRIS.

Lycidas.

QUo te, Mœri, pedes? an, quò via ducit,
 in urbem?
Mœr. O Lycida, vivi pervenimus, advena nostri
(Quod numquam veriti sumus) ut possessor agelli
Diceret: Hæc mea sunt, veteres migrate coloni.
Nunc victi, tristes, quoniam sors omni aversat,
Hos illi (quod nec bene vertat) mittimus hœdos.
Lyc. Certe equidem audieram, qua se subducere
 colles
Incipiunt, mollique jugum demittere clivo,
Usque ad aquam, & veteris jam fracta cacumina
 fagi,
Omnia carminibus vestrum servasse Menalcam.
Mœr. Audieras, & fama fuit: sed carmina tantum
Nostra valent, Lycida, tela inter Martia, quantum
Chaonias dicunt, aquilâ veniente, columbas.
Quod nisi me quacumque novas incidere lites
Ante sinistra cavâ monuisset ab ilice cornix,
Nec tuus hic Mœris, nec viveret ipse Menalcas.
Lyc. Heu cadit in quemquam tantum scelus! heu
 tua nobis
Pene simul tecum solatia rapta, Menalca!
Quis caneret Nymphas? Quis humum florentibus
 herbis

IX. ECLOGUE.

LYCIDAS, MÉRIS.

LYCIDAS.

OU vas-tu, Méris ? Suis-tu le chemin de Mantoue ? MER. O Lycidas, nous sommes enfin arrivés à ce triste jour que nous n'avions jamais craint, à ce jour où un Etranger possesseur de nos terres, devoit nous dire : Retirez-vous, anciens habitants, ces champs sont à moi. Ainsi, abattus & désolés, puisque le sort bouleverse tout, nous envoyons ces chevreaux à l'usurpateur. Puisse ce présent lui être funeste ! LYC. J'avois cependant oui dire que votre Ménalque avoit mérité par ses vers, qu'on lui conserva tout le terrein qui s'étend depuis le penchant de cette colline jusqu'au fleuve, & jusqu'à ce vieux hêtre dont les hautes branches sont rompues. MER. Vous l'avez oui dire, & tel a été le bruit commun. Mais nos vers, cher Lycidas, ont autant de force au milieu des arbres, que les colombes devant l'aigle. Sans les cris d'une corneille, qui croassant à ma gauche m'avertit du haut d'un chêne creux, de n'avoir point de nouveaux démêlés avec l'oppresseur, ni Méris ton ami, ni Ménalque lui-même ne vivroient plus. LYC. Quelqu'un peut-il commettre un si grand crime ? O Ménalque, nous avons donc pensé te perdre, & avec toi toute notre consolation. Si tu n'étois plus, qui chanteroit les Nymphes ? Qui peindroit nos campagnes fleuries, & les

Spargeret, aut viridi fontes induceret umbrâ?
Vel quæ sublegi tacitus, tibi carmina nuper,
Cùm te ad delicias ferres Amaryllida nostras?
Tityre dum redeo (brevis est via) pasce capellas:
Et potum pastas age, Tytire, & inter agendum
Occursare capro (cornu ferit ille) caveto.
Mœr. Imo hæc, quæ Varo necdum perfecta ca-
   nebat.
Vare, tuum nomen (superet modo Mantua nobis,
Mantua væ miseræ nimium vicina Cremonæ)
Cantantes sublime ferent ad sydera cycni.
Lyc. Sic tua Cyrnæas fugiant examina taxos:
Sic cytiso pastæ distentent ubera vaccæ.
Incipe, si quid habes; & me fecere Poëtam.
Pierides: sunt & mihi carmina, me quoque dicunt
Vatem pastores; sed non ego credulus illis.
Nam neque adhuc Varo videor, nec dicere Cinnâ
Digna, sed argutos, inter strepere anser olores.
Mœr. Id quidem ago, & tacitus, Lycida, mecum
   ipse voluto,
Si valeam meminisse, neque est ignobile carmen.
Huc ades, ô Galatea: quis est nam ludus in undis?
Hîc ver purpureum: varios hîc flumina circum
Fundit humus flores: hîc candida populus antro
Imminet, & lentæ texunt umbracula vites.
Huc ades, insani feriant sine littora fluctus.
Lyc. Quid? quæ te purâ solum sub nocte ca-
   nentem

bocages, qui ombragent nos fontaines ? Qui pourroit faire des vers, tels que ceux que je te dérobai l'autre jour, lorsque tu partois pour aller voir Amaryllis, nos amours ? » Tityre, » prends soin de mes chevres jusqu'à mon re- » tour : je ne vais pas loin. Mene-les à la » riviere au sortir du pâturage ; mais en les » conduisant, évite la rencontre du Bouc : il » frappe de la corne «. Mer. J'aime encore mieux les vers qu'il a faits pour Varus, quoiqu'il n'y ait pas mis la derniere main. » O Varus, » pourvu que Mantoue nous soit conservée, » (cette Mantoue trop voisine de la malheu- » reuse Crémone) nos Cygnes, par leurs » chants, porteront ton nom sublime jusqu'aux » Astres.

Lyc. Puissent tes abeilles ne se reposer jamais sur des ifs de Corse : Puisse le lait enfler les mamelles de tes vaches nourries de cytise. Mais dis-moi encore quelques vers nouveaux, si tu en fais. Les Muses m'ont aussi fait Poëte. J'ai composé des vers, & nos Bergers disent que j'ai du talent pour la Poésie : mais je ne les crois point. Car il me paroît que je n'ai pas encore fait des vers, qui soient dignes de Varus ou de Cinna. Je ne suis qu'un oison, dont les cris se mêlent avec le chant mélodieux des cygnes.

Mer. Je tâche de me rappeller, si je le puis, certains vers qui ne sont pas méprisables. » Vien, Galatée, dans nos campagnes. A quoi » t'amuses-tu au milieu des eaux ? Ici regne un » éternel printemps. Ici la terre borde les ruis- » seaux de diverses fleurs. Le peuplier blanc » & les vignes entrelacées forment des ber- » ceaux autour de nos grottes. Vien, Galatée : » laisse les flots en fureur battre les rivages «. Lyc. Ne te rappelles-tu point ces autres vers,

Audieram ? Numeros memini, si verba tenerem.
Mœr. Daphni, quid antiquos signorum suspicis
  ortus ?
Ecce Dionæi processit Cæsaris astrum ;
Astrum, quo segetes gauderent frugibus, & quo
Duceret apricis in collibus uva colorem.
Insere, Daphni, pyros : carpent tua poma nepotes.
Omnia fert ætas, animum quoque : sæpe ego longos
Cantando puerum memini me condere soles.
Nunc oblita mihi tot carmina : vox quoque Mœrim
Jam fugit ipsa.: lupi Mœrim videre priores.
Sed tamen ista satis referet tibi sæpe Menalcas.
Lyc. Causando nostros in longum ducis amores :
Et nunc omne tibi stratum silet æquor, & omnes
(Aspice) ventosi ceciderunt murmuris auræ.
Incipit apparere Bianoris, hîc, ubi densas
Agricolæ stringunt frondes : hîc, Mœri, canamus:
Hîc hœdos depone : tamen veniemus in urbem.
Aut si nox pluviam ne colligat ante, veremur,
Cantantes licet usque (minus via lædet) eamus.
Cantantes ut eamus, ego hoc te fasce levabo.
Mœr. Desine plura, puer : & , quod nunc instat,
  agamus.
Carmina tum melius, cum venerit ipse, canemus.

que je t'ai une fois entendu chanter seul, dans une belle nuit ; je me souviendrois de l'air, si je me souvenois des paroles. Mer. ″ Pourquoi, Da- ″ phnis, contemples-tu le lever des antiques étoiles ? ″ Voici le nouvel astre de César qui paroît : c'est ″ cet Astre qui doit mûrir nos moissons & colorer ″ les raisins sur nos côteaux. Daphnis, plante des ″ poiriers : tes petits-fils en cueilleront les poires ″. Le temps emporte tout, jusqu'à l'esprit même. Je me souviens que dans ma jeunesse je passois les jours entiers à chanter des vers : j'ai oublié toutes ces chansons ; à peine me reste-t-il un peu de voix : quelque loup aura vu Méris le premier. Mais Ménalque vous récitera tous ces vers aussi souvent qu'il vous plaira. Lyc. Votre excuse, Méris, me fait languir dans l'attente de ce plaisir. Cependant tout invite à chanter. Ce lac est tranquille : Voyez comme les vents retiennent leurs haleines. Nous avons fait la moitié de notre route, & j'apperçois déja le tombeau de Bianor, là où tu vois ces laboureurs élaguer des arbres. Chantons ici, cher Méris, & mets à terre tes chevreaux. Nous aurons assez de temps pour arriver avant la nuit à Mantoue. Si nous craignons que la pluie ne nous surprenne avant d'arriver, chantons en poursuivant notre route : le chemin nous en paroîtra moins long. Pour jouir de ce plaisir, je te délivrerai de ce fardeau. Mer. Jeune Berger, cesse de me presser. Il s'agit de nous rendre promptement à Mantoue. Au retour de Ménalque, nous chanterons plus à notre aise.

ECLOGA X.

GALLUS.

EXtremum hunc, Arethusa, mihi concede laborem.
Pauca meo Gallo, sed quæ legat ipsa Lycoris,
Carmina sunt dicenda : neget quis carmina Gallo ?
Sic tibi, cùm fluctus subter labere Sicanos,
Doris amara suam, non intermisceat undam.
Incipe, sollicitos Galli dicamus amores,
Dum tenera attondent simæ virgulta capellæ.
Non canimus surdis : respondent omnia sylvæ.

Quæ nemora, aut qui vos saltus habuere, puellæ
Naïades, indigno cùm Gallus amore periret ?
Nam neque Parnassi vobis juga, nam neque Pindi
Ulla moram fecere, neque Aonia Aganippe.
Illum etiam lauri, illum etiam flevere myricæ :
Pinifer illum etiam solâ sub rupe jacentem
Mænalus, & gelidi fleverunt saxa Lycæi.
Stant & oves circum, nostri nec pœnitet illas :
Nec te pœniteat pecoris, divine Poëta.
Et formosus oves ad flumina pavit Adonis :
Venit & Upilio : tardi venere bubulci :
Uvidus hyberna venit de glande Menalcas.
Omnes, unde amor iste, rogant ? tibi venit
Apollo,

X. ECLOGUE.

GALLUS.

O ARETHUSE, inspirez-moi encore dans ce dernier ouvrage. Il faut que je fasse quelques vers pour mon ami Gallus : mais des vers qui soient lus de Lycoris. Peut-on refuser des vers à Gallus ? Ainsi puisse votre onde, coulant sous les flots de la mer de Sicile, ne se mêler jamais avec l'onde amere de Doris. Commencez, & tandis que mes chevres broutent les arbrisseaux, chantons les malheureuses amours de Gallus. Nos chants seront entendus : les échos de ces bois répetent tous les chants.

Dans quelles forêts, ou au milieu de quels buissons étiez-vous, Naïades, lorsque Gallus brûloit d'un indigne amour ? Car vous n'étiez alors arrêtées, ni sur le Parnasse, ni sur le Pinde, ni sur les bords de la fontaine Aganippé. Les lauriers & les bruyeres déplorerent son sort. Le mont Ménale couronné de pins, & les rochers du froid Lycée, furent touchés, lorsqu'ils virent ce malheureux Berger étendu dans une grotte solitaire, entouré de ses tristes brebis, car elles prennent part aux maux de leurs Bergers.

Divin Poëte, ne dédaigne pas le nom de Berger: le charmant Adonis a fait paître des troupeaux le long des fleuves.

Tous les Pasteurs de la contrée s'assemblerent alors autour de toi. Ménalque, qui venoit de cueillir du gland dans les bois, accourut tout mouillé. Tous demanderent, pour-

Galle, quid infanis ? inquit : tua cura Lycoris
Perque nives alium, perque horrida caftra fecuta eft.
Venit & agrefti capitis Sylvanus honore,
Florentes ferulas, & grandia lilia quaffans.
Pan Deus Arcadiæ venit, quem vidimus ipfi
Sanguineis ebuli baccis, minioque rubentem.
Ecquis erit modus ? inquit : amor non talia curat.
Nec lacrymis crudelis Amor, nec gramina rivis,
Nec cytifo faturantur apes, nec fronde capellæ.
 Triftis at ille tamen : Cantabitis, Arcades, inquit,
Montibus hæc veftris : foli cantare periti
Arcades. O mihi tum quam molliter offa quiefcant,
Veftra meos olim fi fiftula dicat amores !
Atque utinam ex vobis unus, veftrique fuiffem
Aut cuftos gregis, aut maturæ vinitor uvæ !
Certe, five mihi Phyllis, five effet Amyntas,
Seu quicumque furor (quid tum, fi fufcus Amyntas ?
Et nigræ violæ funt, & vaccinia nigra)
Mecum inter falices lentâ fub vite jaceret.
Serta mihi Phyllis legeret, cantaret Amyntas.
Hîc gelidi fontes, hîc mollia prata, Lycori :
Hîc nemus, hîc ipfo tecum confumerer ævo.
Nunc infanus amor duri te Martis in armis,
Tela inter media, atque adverfos detinet hoftes.
Tu procul à patriâ (nec fit mihi credere tantum)

quoi cet étrange amour ? Apollon s'approche & te dit : " Gallus, d'où vient te livres-tu " à une paſſion inſenſée ? Lycoris, objet de ta " flamme & de ta douleur, ſuit ton rival à tra- " vers les neiges & au milieu des redoutables " camps ". Sylvain, la tête couronnée de feuil- lages, & les mains chargées de lys & de ti- ges fleuries, vint auſſi. Nous vîmes Pan, Dieu de l'Arcadie, venir à ſon tour le viſage bar- bouillé de jus d'hieble & de vermillon. " Quelle " ſera, dit-il, la fin de tes regrets ? L'amour s'en " met peu en peine. Le cruel amour ne ſe raſſaſie " point de larmes, non plus que les prairies " d'eau, les abeilles de cytiſe, & les chevres de " feuillages ".

Alors le triſte Gallus parla ainſi : Arcadiens, vous ferez retentir ces montagnes du récit de ma diſgrace : les ſeuls Arcadiens ſavent chan- ter. O que mes os repoſeront mollement dans le tombeau, ſi votre flûte chante un jour mes amours ! Que n'ai-je toujours vécu parmi vous ! Que n'ai-je, comme vous, conduit des troupeaux dans la plaine, ou vendangé des raiſins mûrs ? Soit que j'euſſe brûlé pour Phyl- lis, ſoit que j'euſſe aimé Amyntas. (Qu'importe qu'Amyntas ait le teint brun ? Les violettes & les hyacinthes ne ſont-elles pas de cette cou- leur ?) L'objet de mes amours, quel qu'il fût, ſeroit couché près de moi entre des ſaules & des pampres verds. Si c'étoit Phyllis, elle iroit me cueillir des fleurs ; ſi c'étoit Amyntas, il me divertiroit par des chanſons. Ah ! Ly- coris, que ces clairs ruiſſeaux, que ces prai- ries & ces bois forment un lieu charmant ! C'eſt ici que je voudrois couler avec toi le reſte de mes jours. Mais un fol amour te re- tient dans les champs de Mars, & au milieu des horreurs de la guerre. Loin de ta patrie

Tome I. G

74 LES PASTORALES,
Alpinas, ah, dura, nives, & frigora Rheni
Me sine sola vides. Ah, te ne frigora lædant!
Ah, tibi ne teneras glacies secet aspera plantas!
  Ibo, & Chalcidico quæ sunt mihi condita versu
Carmina pastoris Siculi modulabor avenâ.
Certum est in sylvis, inter spelæa ferarum,
Malle pati, tenerisque meos incidere amores
Arboribus : crescent illæ, crescetis amores.
Interea mistis lustrabo Mænala Nymphis,
Aut acres venabor apros : non me ulla vetabunt
Frigora Parthenios canibus circumdare saltus.
Jam mihi per rupes videor, lucosque sonantes
Ire : libet Partho torquere Cydonia cornu
Spicula : Tanquam hæc sint nostri medicina furoris,
Aut Deus ille malis hominum mitescere discat.
Jam neque Hamadryades rursum, nec carmina
    nobis
Ipsa placent; ipsæ rursum concedite sylvæ.
Non illum nostri possunt mutare labores.
Nec si frigoribus mediis Hebrumque bibamus,
Sithoniasque nives hyemis subeamus aquosæ;
Nec si, cùm moriens altâ liber aret in ulmo,
Æthiopum versemus oves sub sidere Cancri.
Omnia vincit amor, & nos cedamus amori.
  Hæc sat erit, Divæ, vestrum cecinisse Poëtam,
Dum sedet, & gracili fiscellam texit hibisco,

(ah, que n'en puis-je douter!) tu parcours, cruelle, tu parcours fans moi les fommets glacés des Alpes; tu braves fans moi les neiges & les frimats de la Germanie. Puisse-tu au moins ne pas fentir ce froid rigoureux! Puissent ces glaces épargner tes pieds délicats!

J'irai parmi les Bergers, & je chanterai sur le chalumeau du Pasteur de Sicile les vers que le Poëte de Chalcis a faits pour moi. C'en est fait : je veux ensevelir ma douleur dans les bois, au milieu des retraites des bêtes farouches, & graver mes amours sur l'écorce des jeunes arbres : ils croîtront, & mes amours avec eux. Cependant je me proménerai dans la compagnie des Nymphes fur le mont Menale, où je poursuivrai les courageux sangliers. Le froid le plus rigoureux ne m'empêchera point d'entourer de mes chiens les bois du mont Parthenius. Il me semble déja parcourir ces rochers & ces bois retentissants. Je prends plaisir à décocher des traits : comme si je pouvois guérir par là le mal qui me tourmente : comme si les peines des mortels pouvoient adoucir le cruel Amour. Les Nymphes des bois, & les chansons commencent déja à me déplaire. Adieu, forêts, adieu : quelque chose que l'on fasse, l'Amour est toujours le même. Quand je boirois des eaux glacées de l'Hebre; quand je vivrois au milieu des neiges de la Sithonie; quand je conduirois des troupeaux dans les plaines d'Ethiopie, où le brûlant Tropique dévore l'écorce des plus grands Ormes, je ne fentirois par-tout que les feux de l'Amour. L'Amour triomphe de tout : cédons aussi à l'Amour.

Muses, c'est assez. Voilà les vers que vous avez dictés à votre éleve, tandis qu'il travailloit tranquillement à des corbeilles de jonc.

Pierides: vos hæc facietis maxima Gallo;
Gallo, cujus amor tantum mihi crescit in horas,
Quantum vere novo viridis se subjicit alnus.
 Surgamus : solet esse gravis cantantibus umbra.
Juniperi gravis umbra ; nocent & frugibus umbræ.
Ite domum saturæ, venit Hesperus, ite, capellæ.

Faites valoir ces vers à Gallus, à ce Gallus pour qui mon amitié s'augmente de jour en jour, comme au retour du printemps croît un jeune arbre.

Levons-nous. Il est dangereux de chanter à l'ombre, & à l'ombre du genievre. L'ombre est de même nuisible aux fruits. Retournez, mes chevres, à votre bergerie : vous êtes rassasiées, & l'étoile du soir paroît.

PUBLII VIRGILII MARONIS GEORGICON.

AD C. CILNIUM MŒCENATEM.

LIBER PRIMUS.

Quid faciat lætas segetes : quo sidere terram
Vertere, Mœcenas, ulmisque adjungere vites
Conveniat, quæ cura boum, quis cultus habendo
Sit pecori, apibus quanta experientia parcis,
Hinc canere incipiam. Vos, ô clarissima mundi
Lumina, labentem cœlo quæ ducitis annum :
Liber, & alma Ceres, vestro si munere tellus
Chaoniam pingui glandem mutavit aristâ,
Poculaque inventis Acheloia miscuit uvis :
Et vos, agrestum, præsentia numina, Fauni,
Ferte simul, Faunique pedem, Dryadesque puellæ:
Munera vestra cano. Tuque ô, cui prima frementem
Fudit equum, magno tellus percussa tridenti,
Neptune : & cultor nemorum, qui pinguia Ceæ

LES GEORGIQUES
DE
VIRGILE.
A C. CILNIUS MÉCÉNAS.
LIVRE PREMIER.

JE chante l'art de rendre les campagnes fertiles. Je dirai, ô Mécene, sous quel astre il faut labourer la terre, & marier la vigne à l'ormeau ; comment les troupeaux se conservent & se multiplient, & quelle est l'industrieuse économie des abeilles.

Flambeau du Ciel, dont les rayons éclairent l'univers, dont le cours forme les saisons : favorable Cérès, qui avez appris aux Humains à dédaigner le gland, & à faire germer des grains dans le sein de la terre : O Bacchus, qui leur avez enseigné à mêler le jus de la vigne avec l'eau des fontaines : Divinités champêtres, Faunes, Dryades, accourez à ma voix ; ce sont vos présents que je chante.

Je t'invoque aussi, ô Neptune, toi dont le trident fit autrefois sortir de la terre le che-

Tercentum nivei tondent dumeta juvenci :
Ipse nemus linquens patrium, saltusque Lycæi,
Pan ovium custos, tua si tibi Mænala curæ,
Adsis, ô Tegeæ favens: oleæque Minerva
Inventrix, uncique puer monstrator aratri,
Et teneram ab radice ferens Sylvane cupressum,
Diique, Deæque omnes, studium quibus arva tueri,
Quique novas alitis nonnullo semine fruges,
Quique satis largum cœlo demittitis imbrem.
 Tuque adeò, quem mox quæ sint habitura Deorum
Concilia, incertum est : urbesne invisere, Cæsar,
Terrarumque velis curam, & te maximus orbis
Autorem frugum, tempestatumque potentem
Accipiat, cingens materna tempora myrtho :
An Deus immensi venias maris, ac tua nautæ
Numina sola colant : tibi serviat ultima Thule :
Teque sibi generum Thetys emat omnibus undis :
Anne novum tardis sidus te mensibus addas,
Quà locus Erigonen inter, Chelasque sequentes
Panditur. Ipse tibi jam brachia contrahit ardens
Scorpius, & cœli justâ plus parte relinquit.
Quidquid eris, (nam te nec sperent Tartara regem
Nec tibi regnandi veniat tam dira cupido :
Quamvis Elysios miretur Græcia campos,
Nec repetita sequi curet Proserpina matrem.)

val vigoureux. Sois-moi favorable, ô Aristée, célebre habitant des bois, dont les nombreux troupeaux broutent les buissons de l'isle de Cée. Dieu de Tégée, Pan, protecteur des brebis, quitte tes forêts, & les arbres du mont Lycée; & si le Ménale est pour toi un séjour agéable, daigne seconder mes efforts.

Sage Minerve, à qui le premier Olivier doit sa naissance; jeune Triptoleme, inventeur de la charrue & de son utile usage; Sylvain, Dieu des bois, qui portes toujours un jeune cyprès à la main; Divinités qui présidez aux campagnes, qui veillez sur les fruits, qui arrosez la terre de pluies salutaires, qui rendez fécondes les nouvelles semences. Dieux & Déesses, je vous invoque tous, & j'implore votre appui.

Et toi, César, dont le rang dans le Ciel n'est pas encore décidé, & dont nous ignorons quel sera un jour l'emploi parmi les Dieux, soit que tu veuilles être le protecteur des villes, soit que le front ceint de myrthe consacré à la Déesse dont tu descends, tu aimes mieux présider aux campagnes, faire éclorre les fruits de la terre, & gouverner les saisons; soit que régnant sur la mer, tu sois un jour le seul Dieu des matelots, qu'on t'invoque jusqu'aux rivages de Thulé, & que Thétys t'adoptant pour gendre, acheté ton alliance du vaste empire de ses eaux, soit enfin que tu augmentes le nombre des astres de l'été, & que tu te places entre la Vierge & le Scorpion, qui se resserre déja pour te recevoir, quel que soit ton rang dans le Ciel: (car je ne crois pas que tu aspires au trône des enfers, ni que tu sois tenté de régner sur les morts, malgré les merveilles que la Grece publie des champs Elysées, & malgré l'insensibilité de Proserpine aux regrets

Da facilem cursum, atque audacibus annue cœptis;
Ignarosque viæ mecum miseratus agrestes,
Ingredere, & votis jam nunc assuesce vocari.
 Vere novo, gelidus canis cùm montibus humor
Liquitur, & Zephyro putris se gleba resolvit,
Depresso incipiat jam tùm mihi taurus aratro
Ingemere, & sulco attritus splendescere vomer.
Illa seges demùm votis respondet avari
Agricolæ, bis quæ solem, bis frigora sensit :
Illius immensæ ruperunt horrea messes.
At priùs, ignotum ferro quàm scindimus æquor,
Ventos, & varium cœli prædiscere morem
Cura sit, ac patrios cultusque habitusque locorum :
Et quid quæque ferat regio, & quid quæque re-
 cuset.
Hic segetes, illic veniunt feliciùs uvæ :
Arborei fœtus alibi, atque injussa virescunt
Gramina. Nonne vides, croceos ut Tmolus odores,
India mittit ebur, molles sua thura Sabæi ?
At Chalybes nudi ferrum, virosaque Pontus
Castorea, Eliadum palmas Epirus equarum ?
Continuò has leges, æternaque fœdera certis
Imposuit Natura locis : quo tempore primùm
Deucalion vacuum lapides jactavit in orbem :
Unde homines nati durum genus. Ergo age, terræ
Pingue solum primis extemplò à mensibus anni
Fortes invertant tauri, glebasque jacentes
Pulverulenta coquat maturis Solibus æstas.

de fa mere.) O César, seconde ma périlleuse entreprise ; fais-moi parcourir heureusement une pénible carriere ; vien avec moi éclairer les travaux des Laboureurs ; prend pitié de leur ignorance, & dès à préfent accoutume-toi à recevoir nos vœux.

Au retour du Printemps, dès que les neiges commencent à se fondre & à couler du sommet des montagnes ; dès que la terre est amollie par la douce haleine des Zéphyrs, faites gémir les taureaux sous le joug, & que le soc de la charrue perde sa rouille à tracer des sillons. Une terre reposée durant deux hyvers & deux étés répond toujours aux vœux de l'avide Laboureur, & remplit ses vastes greniers d'une riche récolte. Mais avant d'enfoncer le soc dans une terre inconnue, ayez soin d'en observer la nature & les qualités, les vents auxquels elle est exposée, l'usage du pays par rapport à la culture, & ce que chaque contrée peut, ou ne peut produire. Ici les moissons viennent heureusement ; là ce sont les vignes ; ailleurs les arbres fruitiers, & les herbages qui n'ont pas besoin d'être cultivés. Ainsi le safran croit sur le mont Tmolus ; l'Inde nous fournit l'ivoire, la voluptueuse Arabie l'encens, les bords du Thermodon l'acier, le Royaume de Pont le castor, & l'Epire des cavales nées pour remporter le prix de la course dans les jeux Olympiques. Telles furent les loix que la nature établit dans chaque région, lorsque Deucalion, pour repeupler la terre submergée, jetta ces pierres fécondes, dont naquit une nouvelle race d'hommes robustes & laborieux.

Dès les premiers mois de l'année, attelez donc de vigoureux taureaux à la charrue, pour labourer des terres grasses, afin que les chaleurs de l'été puissent en quelque sorte les cuire.

At, si non fuerit tellus fœcunda; sub ipsum
Arcturum tenui sat erit suspendere sulco :
Illic, officiant lætis, ne frugibus herbæ ;
Hic sterilem exiguus ne deserat humor arenam.
 Alternis idem tonsas cessare novales,
Et segnem patiere situ durescere campum.
Aut ibi flava Ceres mutato sydere farra,
Undè priùs lætum siliquâ quassante legumen,
Aut tenues fœtus viciæ, tristisque lupini
Sustuleris fragiles calamos, sylvamque sonantem.
Urit enim lini campum seges, urit avenæ :
Urunt lethæo perfusa papavera somno.
Sed tamen alternis facilis labor : arida tantùm
Ne saturare fimo pingui pudeat sola ; neve
Effœtos cinerem immundum jactare per agros :
Sic quoque mutatis requiescunt fœtibus arva,
Nec nulla intereà est inaratæ gratia terræ.
 Sæpe etiam steriles incendere profuit agros :
Atque levem stipulam crepitantibus urere flammis:
Sive inde occultas vires, & pabula terræ
Pinguia concipiunt : sive illis omne per ignem
Excoquitur vitium, atque exsudat inutilis humor :
Seu plures calor ille vias, & cæca relaxat
Spiramenta, novas veniat quà succus in herbas ;
Seu durat magis, & venas astringit hiantes :
Ne tenues pluviæ, rapidi-ve potentia solis
Acrior, aut Boreæ penetrabile frigus adurat.
Multùm adeò, rastris glebas, qui frangit inertes,
Vimineasque trahit crates juvat arva : neque illum
Flava Ceres alto nequicquam spectat Olympo :
Et qui, proscisso quæ suscitat æquore terga,
Rursùs in obliquum verso perrumpit aratro,

Mais si c'est une terre seche, il suffira au commencement de l'automne d'y imprimer de légers sillons. C'est ainsi que dans une terre grasse l'abondance des herbes ne suffoquera pas le grain, & qu'une terre seche ne perdra pas le peu de suc qu'elle a.

Lorsque la récolte sera faite, vous laisserez la terre reposer, & se durcir pendant une année, ou bien vous semerez du froment dans le même champ qui vient de produire des légumes, tels que la vesce bruyante, & les tristes lupins. N'allez pas y semer le lin, l'avoine, ni le pavot, qui cause souvent un sommeil mortel : leurs racines brûlent la terre. Vous pourrez cependant y semer alternativement de ces sortes de grains, si vous avez soin de l'engraisser par le fumier, & de la vivifier par les sels de la cendre. De cette maniere votre terre reposera par la seule différence des grains qui y seront semés. Mais quand elle resteroit inculte pendant une année entiere, elle n'en seroit pas dans la suite moins libérale.

Souvent il est à propos de mettre le feu à un champ stérile, & d'en réduire en cendres tout le chaume. Soit que la terre reçoive de cet incendie des forces secretes, & une nouvelle nourriture ; soit que le feu la purifie, & en consume les mauvaises qualités ; soit que la flamme élargisse ou multiplie les caneaux par où la seve se filtre & s'insinue dans les tuyaux des grains ; soit qu'elle affermisse la terre, qu'elle en resserre les veines trop ouvertes, & qu'elle en rétrécisse tellement les pores, que ni les pluies abondantes, ni les ardeurs de l'été, ni le souffle glaçant de Borée ne puissent la pénétrer & lui enlever ses sucs.

Cérès, du haut de l'Olympe, jette toujours un regard favorable sur le Laboureur attentif,

Exercetque frequens tellurem, atque imperat arvis.

Humida solstitia, atque hyemes orate serenas,
Agricolæ: hyberno lætissima pulvere farra,
Lætus ager: nullo tantùm se Mysia cultu
Jactat, & ipsa suas mirantur Gargara messes.

Quid dicam, jacto, qui semine cominùs arva
Insequitur, cumulosque ruit malè pinguis arenæ?
Deinde satis fluvium inducit; rivosque sequentes?
Et, cum exustus ager morientibus æstuat herbis,
Ecce supercilio clivosi tramitis undam
Elicit: illa cadens raucum per levia murmur
Saxa sciet, scatebrisque arentia temperat arva.
Quid, qui, ne gravidis procumbat culmus aristis,
Luxuriem segetum tenerâ depascit in herbâ,
Cùm primum sulcos æquant sata, quique paludis
Collectum humorem bibulâ deducit arenâ?
Præsertim incertis si mensibus amnis abundans
Exit & obducto latè tenet omnia limo,
Unde cavæ tepido sudant humore lacunæ.

Nec tamen, hæc cum sint hominumque boum-
 que labores
Versando terram experti, nihil improbus anser,
Strymoniæque grues, & amaris intyba fibris
Officiunt, aut umbra nocet. Pater ipse colendi
Haud facilem esse viam voluit, primusque per ar-
 tem

qui a soin de briser avec la herse ou le rateau les mottes de son champ. Elle ne favorise pas moins celui qui avec le soc de sa charrue fait croiser les sillons, & qui ne cesse d'agiter sa terre.

Demandez, Laboureurs, des solstices d'été pluvieux & des hyvers sereins. Un hyver sec & poudreux enrichit les campagnes. C'est alors que la Mysie s'applaudit de ses travaux, & que le mont Ida admire la beauté de ses moissons.

Que dirai-je de ceux qui dans les temps qu'ils sement, brisent les mottes de leur champ, & dérivent l'eau d'un ruisseau voisin pour l'humecter? Lorsqu'un brûlant été desseche leurs bleds, ils pratiquent habilement des rigoles, & du sommet d'une colline ils font couler l'eau dans les guérêts. Cette eau, qui avec un doux murmure tombe sur des cailloux, porte une fraîcheur salutaire & une nouvelle vie à des moissons mourantes. Les uns pour empêcher le froment de succomber dans la suite sous le fardeau de l'épi, font paître des brebis dans leur champ, lorsque le bled couvrant les guérêts, a déja atteint les dos des sillons. D'autres creusent des caneaux & des puisarts, pour faire écouler les eaux trop abondantes, dans ces mois pluvieux, où les campagnes ont coutume d'être inondées par des torrents, qui y assemblent des eaux dormantes, & couvrent la terre d'un funeste limon.

Malgré ces soins & ces travaux, malgré la fatigue des hommes, & des animaux qui les secondent, plusieurs accidents imprévus peuvent rendre une terre stérile; des oies sauvages, des grues, de mauvaises herbes, l'ombre d'un bois, suffisent pour ruiner les espérances du Laboureur le plus vigilant. Jupiter a voulu que l'agriculture dépendît d'une continuelle at-

Movit agros, curis acuens mortalia corda :
Nec torpere gravi paſſus ſua regna veterno.
Antè Jovem nulli ſubigebant arva coloni,
Nec ſignare quidem, aut partiri limite campum
Fas erat : in medium quærebant : ipſaque tellus
Omnia liberiùs, nullo poſcente, ferebat.
Ille malum virus ſerpentibus addidit atris,
Prædarique lupos juſſit pontumque moveri ;
Melliaque decuſſit foliis, ignemque removit ;
Et paſſim rivis currentia vina repreſſit ;
Ut varias uſus meditando extunderet artes
Paulatim, & ſulcis frumenti quæreret herbam,
Et ſilicis venis abſtruſum excuderet ignem.

 Tunc alnos primùm fluvii ſenſere cavatas :
Navita tùm ſtellis numeros, & nomina fecit,
Pleiadas, Hyadas, claramque Lycaonis Arcton.
Tùm laqueis captare feras, & fallere viſco
Inventum, & magnos canibus circumdare ſaltus.
Atque alius latum fundâ jam verberat amnem,
Alta petens : pelagoque alius trahit humida lina.
Tùm ferri rigor, atque argutæ lamina ſerræ :
Nam primi cuneis ſcindebant fiſſile lignum.
Tùm variæ venere artes. Labor omnia vicit
Improbus, & duris urgens in rebus egeſtas.

 Prima Ceres ferro mortales vertere terram
Inſtituit, cùm jam glandes atque arbuta ſacræ
Deficerent ſylvæ, & victum Dodona negaret.

tention. Il a inſtitué & ordonné le pénible labourage, pour bannir de ſon empire la pareſſe & l'oiſiveté. Avant le regne de ce Dieu, on ne cultivoit point la terre. Il n'étoit pas même permis de partager les champs, ni d'en fixer les limites. Les campagnes & les moiſſons, tout étoit commun. La terre, ſans être cultivée, fourniſſoit d'elle-même à tous les beſoins de ſes habitants. Jupiter arma les ſerpents d'un poiſon funeſte; il voulut que les loups vécuſſent de rapines, & que les hommes avides affrontaſſent les dangers de la navigation. Ce Dieu ſecoua le miel qui étoit ſur les feuilles des arbres. Il déroba le feu aux regards des Mortels: il fit tarir les ruiſſeaux de vin, qui couloient dans les vallons. Il voulut que l'expérience & la réflexion enfantaſſent les arts; que le ſeul travail des hommes fît ſortir le froment des entrailles de la terre, & qu'ils tiraſſent le feu du ſein des cailloux.

Alors les fleuves ſentirent pour la premiere fois leurs flots chargés du poids des navires. Les Pilotes commencerent à compter les étoiles, & à les déſigner par des noms divers. Ils diſtinguerent les Pléiades, les Hyades, & l'Ourſe, fille de Lycaon. Alors on tendit des pieges aux bêtes féroces; la glu perfide enchaîna les oiſeaux: les chiens aſſiegerent les bois: on jetta des filets dans les rivieres & dans les mers: on apprit à faire uſage du fer, & la ſcie fut inventée: c'étoit auparavant avec des coins de bois qu'on fendoit les arbres. Que d'arts on vit dans la ſuite éclorre! Le travail opiniâtre, & le beſoin preſſant ſurmonterent tous les obſtacles.

Dans un temps où les fruits des arbres, & ſur-tout le gland, commencerent à manquer, & où la forêt de Dodone, devenue ſtérile, n'eut

Mox & frumentis labor additus : ut mala culmos
Esset rubigo, segnisque horreret in arvis
Carduus: intereunt segetes: subit aspera sylva,
Lappæque, tribulique interque nitentia culta
Infelix lolium, & steriles dominantur avenæ.
Quòd nisi & assiduis terram insectabere rastris,
Et sonitu terrebis aves, & ruris opaci
Falce premes umbras, votisque vocaveris imbrem:
Heu, magnum alterius frustra spectabis acervum,
Concussáque famem in sylvis solabere quercu.

 Dicendum, & quæ sint duris agrestibus arma,
Queis sine, nec potuere seri. nec surgere messes.
Vomis, & inflexi primum grave robur aratri,
Tardaque Eleusinæ matris volventia plaustra.
Tribulaque, traheæque, & iniquo pondere rastri:
Virgea præterea Celei, vilisque supellex,
Arbuteæ crates, & mystica vannus Iacchi;
Omnia quæ multò antè memor provisa repones,
Si te digna manet divini gloria ruris.
Continuò in sylvis magnâ vi flexa domatur
In burim, & curvi formam accipit ulmus aratri.
Huic à stirpe pedes temo protentus in octo,
Binæ aures, duplici aptantur dentalia dorso.
Cæditur & tilia ante jugo levis, altaque fagus,
Stivaque, quæ currus à tergo torqueat imos,

plus de quoi nourrir ses sauvages habitants, Cérès voulut bien enseigner aux Humains à labourer la terre. Mais qu'il fallut de peine & d'industrie pour se procurer d'heureuses récoltes! La nielle ronge les bleds; les champs sont hérissés de chardons; les moissons languissent & meurent; de pernicieuses herbes, l'ivraie, l'avoine stérile, s'élevent, comme une forêt, au milieu d'un champ couvert de froment. Si vous ne prenez pas souvent le rateau, pour détruire ces fléaux divers, si vous n'écartez pas les oiseaux par un bruit qui les épouvante, si vous ne coupez pas les branches des arbres qui jettent trop d'ombre dans votre champ; enfin, si vous ne demandez pas aux Dieux des pluies favorables, vous verrez votre voisin faire une heureuse récolte, tandis que la faim vous contraindra de recourir au gland des forêts. Je ne dois pas oublier les instruments nécessaires aux Laboureurs, sans lesquels il est impossible de semer le bled & de le faire lever. Il faut d'abord se pourvoir d'une charrue & d'un soc tranchant; de charrettes inventées par la Déesse d'Eleusine, de madriers pour briser l'épi; de traîneaux, de herses, de rateaux pesants; enfin de tous les instruments d'osier, dont Célée fut l'inventeur, comme de cribles, de claies & de vans, religieux symboles employés dans les mysteres de Bacchus. Cette provision d'instruments de labourage est nécessaire à quiconque veut l'exercer avec succès. Il faut choisir dans les forêts du bois d'orme, pour la fabrication de la principale piece de la charrue. Il faut y attacher un timon long de huit pieds, & placer le soc autour du sep garni de deux oreillons. Le hêtre ou le tilleul, bois légers, doivent être réservés pour le joug que portent les bœufs, & pour le man-

Et suspensa focis exploret robora fumus.
Possum multa tibi veterum præcepta referre,
Ni refugis, tenuesque piget cognoscere curas.
  Area cùm primis ingenti æquanda cylindro,
Et vertenda manu, & cretâ solidanda tenaci :
Ne subeant herbæ, neu pulvere victa fatiscat.
Tùm variæ illudunt pestes : sæpè exiguus mus
Sub terris posuitque domos, atque horrea fecit,
Aut oculis capti fodêre cubilia talpæ.
Inventusque cavis bufo, & quæ plurima terræ
Monstra ferunt, populatque ingentem farris acer-
    vum
Curculio, atque inopi metuens formica senectæ.
  Contemplator item, cùm se nux plurima sylvis
Induet in florem, & ramos curvabit olentes ;
Si superant fœtus, pariter frumenta sequentur,
Magnaque cum magno veniet tritura calore.
At si luxuriâ foliorum exuberat umbra,
Nequicquam pingues paleâ teret area culmos.
  Semina vidi equidem multos medicare serentes,
Et nitro priùs, & nigrâ perfundere amurcâ
Grandior ut fœtus siliquis fallacibus esset,
Et quamvis igni exiguo properata maderent,
Vidi lecta diu, & multo spectata labore,
Degenerare tamen, nisi vis humana quotannis
Maxima quæque manu legeret : Sic omnia fatis
In pejus ruere, ac, retrò sublapsa referri.
Non aliter, quàm qui adverso vix flumine lembum
Remigiis subigit : si brachia fortè remisit,
Atque illum in præceps prono rapit alveus amne.

che. Il faut que tout ce bois soit durci au feu. Je puis vous rappeller encore plusieurs autres préceptes de nos ancêtres sur l'agriculture, si ces minuties champêtres ne vous ennuient point.

Un point important est de bien applanir, par le moyen d'un cylindre, l'aire où le grain doit être battu, de la pêtrir en quelque sorte, & de l'affermir avec de la terre visqueuse, de peur que les herbes n'y croissent, ou que la sécheresse n'y cause des ouvertures, & que les insectes n'y pénetrent. Souvent de petits rats y font des trous, s'y retirent, & ce sont pour eux des magasins de bleds. C'est la retraite des aveugles taupes, des crapauds immondes, & d'autres animaux vénimeux. Le charençon, ce fléau des granges, s'y loge ; la prévoyante fourmi y amasse ses provisions.

Observez les amandiers, lorsqu'ils commencent à fleurir, & que leurs branches penchent vers la terre. Si les fruits naissants sont en abondance, c'est un signe que l'été sera fort chaud, & la récolte heureuse. Mais si ces arbres ne sont chargés que de feuilles, les gerbes ne rendront que peu de grain.

J'ai vu des Laboureurs, qui avant de semer des pois & des feves, les trempoient dans de l'eau de nitre, & dans la lie d'huile d'olive, afin que ces légumes devinssent plus gros dans leurs gousses, souvent trompeuses. Mais malgré ces préparations, j'ai vu souvent dégénérer des semences choisies, examinées & purifiées par le feu, à moins qu'on n'eût le soin de tirer tous les ans les grains les plus gros pour les semer. Telle est la destinée des choses. Le temps amene la décadence de tous les êtres. Nous ressemblons au Nautonnier dont la nacelle remonte une riviere. S'il cesse un

Præterea tam sunt arcturi sidera nobis,
Hœdorumque dies servandi, & lucidus Anguis,
Quàm quibus in patriam ventosa per æquora vectis
Pontus, & ostriferi fauces tentantur Abydi.
Libra die somnique pares ubi fecerit horas,
Et medium luci atque umbris jam dividet orbem,
Exercete viri tauros, serite hordea campis,
Usque sub extremum brumæ intractabilis imbrem.
Nec non & lini segetem, & Cereale papaver
Tempus humo tegere, & jamdudum incumbere
    aratris,
Dùm siccâ tellure licet, dum nubila pendent.
  Vere fabis satio: tum te quoque, medica, putres
Accipiunt sulci, & milio venit annua cura,
Candidus auratis aperit cum cornibus annum
Taurus, & adverso cedens Canis occidit astro.
At si triticeam in messem, robustaque farra
Exercebis humum solisque instabis aristis,
Ante tibi Eoæ Atlantides abscondantur,
Gnosiaque ardentis decedat stella Coronæ,
Debita quàm sulcis committas semina, quàmque
Invitæ properes anni spem credere terræ.
Multi ante occasum Maiæ cœpere: sed illos
Expectata seges vanis elusit avenis.
Si verò viciamque seres, vilemque faselum,
Nec Pelusiacæ curam aspernabere lentis;
Haud obscura cadens mittet tibi signa Bootes:

instant de ramer, soudain l'eau rapide l'entraîne.

Le Laboureur doit être très-attentif au lever des Constellations de l'Ourse, des Chevreaux, & du Dragon; tel qu'un Pilote, qui observe les astres, lorsque pour retourner dans sa patrie, il traverse l'Hellespont, ou le détroit des Abydes. Ainsi, dès que le signe de la Balance aura égalé les heures de la nuit à celles du jour, & le temps du repos à celui du travail, Laboureurs, exercez vos taureaux dans les champs, & semez l'orge, jusqu'au temps du rigoureux hyver, où les pluies ne permettent plus de cultiver un champ. Dans cet intervalle, ayez soin de semer le lin & le pavot, & ne cessez de labourer, tandis que la terre encore seche le permet, tandis que les nuées sont encore suspendues sur vos têtes.

Au retour du printemps, quand le brillant signe du Taureau a ouvert l'année, quand la Constellation du Chien descent sous l'horison en même temps que le Soleil, ne manquez pas de semer les feves, le grand trefle & le millet: celui-ci se seme tous les ans. Mais si dans la culture de votre champ, vous ne vous proposez qu'une récolte de froment, & de ces autres grains qui naissent avec des épis, avant que de confier à la terre cette précieuse espérance, attendez que les filles d'Atlas, les Pleiades, se couchent dans le même temps que le Soleil se leve, & que la Couronne d'Ariadne ne soit plus en conjonction avec cet astre. Plusieurs ont commencé de semer avant le coucher des Pleiades; mais au temps de la récolte, il ont vu leur espoir trompé. Voulez-vous semer de la vesce, de viles faisoles, ou des lentilles d'Egypte? choisissez le temps où le Bootés descend sous l'horison en même temps

Incipe, & ad medias sementem extende pruinas.
  Idcircò certis dimensum partibus orbem
Per duodena regit mundi Sol aureus astra.
Quinque tenent cœlum Zonæ : quarum una co-
  rusco
Semper sole rubens, & torrida semper ab igni,
Quam circum extremæ dextrâ levâque trahuntur
Cærulea glacie concretæ atque imbribus atris.
Has inter, mediamque, duæ mortalibus ægris
Munere concessæ Divûm, & via secta per ambas,
Obliquûs quâ se signorum verteret ordo.
Mundus ut ad Scythiam, Rhipheasque arduus arces
Consurgit, premitur Libyæ devexus in Austros.
Hic vertex nobis semper sublimis : at illum
Sub pedibus Styx atra videt, manesque profundi.
Maximus hic flexu sinuoso elabitur anguis
Circum, perque duas in morem fluminis Arctos,
Arctos Oceani metuentes æquore tingi.
Illic (ut perhibent) aut intempesta silet nox
Semper, & obtentâ densantur nocte tenebræ :
Aut redit à nobis Aurora, diemque reducit.
Nosque ubi primus equis oriens afflavit anhelis,
Illic sera rubens accendit lumina Vesper.
  Hinc tempestatem dubio prædiscere cœlo.

que l'aſtre du jour, & continuez de ſemer juſqu'à la ſaiſon des pluies.

C'eſt en faveur de l'agriculture, que le Ciel
a été diviſé en différentes parties, & que la
route du Soleil a été marquée par douze ſi-
gnes. Cinq Zones renferment tout l'eſpace du
Ciel. L'une qui s'étend d'un Tropique à l'autre eſt ſans ceſſe brûlée par le ſoleil qui n'en
ſort jamais. A la droite & à la gauche de cette
Zone, il en eſt deux autres qui s'étendent juſqu'aux Poles du monde, & ſous leſquelles ce
ne ſont que glaces & frimats. Entre elles &
l'eſpace brûlant qui occupe le milieu du Ciel,
il y a deux Zones tempérées, que la bonté
des Dieux a daigné accorder aux Mortels. Le
Soleil, en parcourant les douze Signes, tra-
verſe obliquement l'eſpace du milieu, qui eſt
depuis le commencement de l'une de ces Zones juſqu'au commencement de l'autre. La terre
eſt plus élevée au Septentrion vers la Scythie
& les monts Riphées, & elle s'abaiſſe vers
la Lybie du côté du midi. L'étoile du Pole
Arctique eſt toujours ſur notre horiſon. A l'é-
gard de l'étoile de l'autre Pole, elle ne luit
que pour le Styx & les pâles habitants des Enfers. Du côté du Pole ſeptentrional brille la
conſtellation du Dragon : comme un fleuve
tortueux embraſſe ſes rivages, il embraſſe les
deux Ourſes, qui jamais ne ſe plongent dans
l'Océan. Dans ces froides contrées regne, dit-
on, une éternelle nuit. Mais peut-être que le
Soleil qui nous a éclairés, va éclairer l'autre
hémiſphere à ſon tour. Ainſi lorſque le matin
les chevaux du Soleil commencent à ſouffler ſur
nous leur haleine enflammée, l'étoile du ſoir
commence à briller dans l'autre hémiſphere, &
y annonce le retour de la nuit.

L'utile connoiſſance des Aſtres nous donne

98   Les Georgiques,
Possumus : hinc messisque diem tempusque serendi,
Et quandò infidum remis impellere marmor
Conveniat : quandò armatas deducere classes :
Aut tempestivam sylvis evertere pinum.
Nec frustrà signorum obitus speculamur & ortus,
Temporibusque parem diversis quatuor annum.

 Frigidus agricolam si quando continet imber,
Multa, forent quæ mox cœlo properanda sereno,
Maturare datur : durum procudit arator
Vomeris obtusi dentem ; cavat arbore lintres ;
Aut pecori signum, aut numeros impressit acervis.
Exacuunt alii vallos, furcasque bicornes,
Atque Amerina parant lentæ retinacula viti.
Nunc facilis rubeâ texatur fiscina virgâ ;
Nunc torrete igni fruges, nunc frangite saxo.
Quippe etiam festis quædam exercere diebus
Fas & jura sinunt : rivos deducere nulla
Relligio vetuit, segeti prætendere sepem,
Insidias avibus moliri, incendere vepres,
Balantumque gregem fluvio mersare salubri.
Sæpe oleo tardi costas agitator aselli
Vilibus aut onerat pomis, lapidemque revertens
Incusum, aut atræ massam picis urbe reportat.

 Ipsa dies alios alio dedit ordine Luna
Felices operum. Quintam fuge : pallidus Orcus,
Eumenidesque satæ ; tum partu terra nefando
Cœumque Japetumque creat, sævumque Thy-
  phœa,
Et conjuratos cœlum rescindere fratres.

celle des faisons, & nous sert à fixer le temps de la semence & de la récolte, celui d'abattre les arbres dans les forêts pour la construction des vaisseaux, de s'embarquer sur l'élément perfide, & d'armer des flottes. Ce n'est donc pas vainement que nous observons le lever & le coucher des astres, & que nous sommes attentifs aux quatre saisons qui partagent également l'année.

Lorsqu'une pluie froide retient le Laboureur dans sa maison, il peut alors travailler à des ouvrages, qu'autrement il lui faudroit faire dans un temps serein. Il aiguisera donc le soc émoussé de sa charrue ; il creusera des troncs d'arbres pour en former des bateaux ; il marquera ses troupeaux, ou mesurera ses grains. Les uns tailleront des pieux & des fourches, ou prépareront l'osier pour lier la vigne. Les autres tresseront des corbeilles & des paniers, ou feront secher les grains au feu, pour les broyer ensuite. Il est même permis de travailler à certains ouvrages les jours de fêtes. Il n'est pas défendu par le droit pontifical, de faire des canaux pour dériver l'eau, d'entourer son champ d'une haie, de tendre des pieges aux oiseaux, de brûler des ronces nuisibles aux moissons, & de baigner les brebis. Le Paysan peut aussi conduire à la ville son âne chargé d'huile ou de fruits, & en rapporter ou de la poix-résine ou une meule piquée.

La Lune indique les jours qui conviennent à certains travaux. N'entreprenez rien le cinquieme jour : c'est celui de la naissance de Pluton & des Euménides. En ce jour la terre enfanta le Géant Cée, Japet, le cruel Typhée, & toute la race impie de ces Mortels, qui conspirerent contre les Dieux. Trois fois ils s'effor-

Ter sunt conati imponere Pelio Ossam
Scilicet, atque Ossæ frondosum involvere Olym-
  pum :
Ter Pater extructos disjecit fulmine montes.
  Septima post decimam felix, & ponere vites,
Et prensos domitare boves, & licia telæ
Addere : nona fugæ melior, contraria furtis.
  Multa adeò gelidâ meliùs se nocte dedere,
Aut cùm Sole novo terras irrorat Eous.
Nocte leves stipulæ meliùs, nocte arida prata
Tondentur : noctis lentus non deficit humor.
  Et quidam seros hyberni ad luminis ignes
Pervigilat, ferroque faces inspicat acuto.
Intereà longum cantu solata laborem,
Arguto conjux percurrit pectine telas,
Aut dulcis musti Vulcano decoquit humorem,
Et foliis undam tepidi despumat aheni.
  At rubicunda Ceres medio succiditur æstu,
Et medio tostas æstu terit area fruges.
Nudus ara, sere nudus : hyems ignava colono.
Frigoribus parto agricolæ plerumque fruuntur,
Mutuaque inter se læti convivia curant.
Invitat genialis hyems, curasque resolvit :
Ceu pressæ cùm jam portum tetigere carinæ,
Puppibus & læti nautæ imposuere coronas.
  Sed tamen & quernas glandes tum stringere tem-
    pus,
Et lauri baccas, oleamque, cruentaque myrta,
Tum gruibus pedicas, & retia ponere cervis,

cerent de mettre l'Ossa sur le Pélion, & l'Olympe sur l'Ossa, trois fois la foudre de Jupiter renversa ces montagnes vainement entassées.

Après le dixieme jour de la Lune, le septieme est le plus heureux, soit pour planter la vigne, soit pour essayer de mettre de jeunes bœufs sous le joug, soit pour commencer à ourdir des toiles. Le neuvieme jour, funeste aux brigands, est favorable aux voyageurs.

Il est certains ouvrages, auxquels il est à propos de travailler pendant la fraîcheur de la nuit, ou dans le temps que l'Aurore naissante verse la rosée. Coupez donc les chaumes pendant la nuit, ainsi que l'herbe de vos prés : l'humidité de la terre rend alors l'herbe plus tendre.

Celui-ci dans les soirées de l'hyver, s'occupe à éguiser des branches par le bout, & à les tailler en forme d'épi, pour en faire des torches. Pendant ce temps-là, son épouse soulageant par ses chansons l'ennui du travail, fait courir une légere navette entre les fils de la toile qu'elle travaille, ou fait bouillir du vin doux, qu'elle écume avec un rameau.

C'est dans la plus grande chaleur de l'année qu'on coupe le bled : mûri par les ardeurs du soleil, il est plus aisément battu dans l'aire. Labourez & semez dans un temps chaud. L'hyver est le temps de l'oisiveté des Laboureurs : c'est alors qu'ils jouissent de leurs travaux, & qu'ils s'invitent à des repas où regnent la liberté & la joie. L'hyver est pour eux la saison des plaisirs. Ce sont des matelots, qui, échappés de la tempête & arrivés au port, ornent de festons la poupe de leurs vaisseaux garantis du naufrage.

Il est cependant en hyver même des travaux indispensables comme de secouer les chênes pour abattre le gland, de cueillir les graines du laurier & du myrthe, & de faire la récolte

Auritofque fequi lepores : tum figere damas,
Stupea torquentem Balearis verbera fundæ,
Cùm nix alta jacet, glaciem cùm flumina trudunt.
 Quid tempeſtates autumni, & ſidera dicam ?
Atque ubi jam breviorque dies, & mollior æſtas,
Quæ vigilanda viris ? vel cùm ruit imbriferum ver,
Spicea jam campis cùm meſſis inhorruit, & cùm
Frumenta in viridi ſtipulâ lactentia turgent ?
Sæpe ego, cum flavis meſſorem induceret arvis
Agricola, & fragili jam ſtringeret hordea culmo,
Omnia ventorum concurrere prælia vidi,
Quæ gravidam latè ſegetem ab radicibus imis
Sublime expulſam eruerent : ita turbine nigro
Ferret hyems culmumque levem, ſtipulaſque vo-
 lantes.
Sæpe etiam immenſum cœlo venit agmen aquarum,
Et fœdam glomerant tempeſtatem imbribus atris
Collectæ ex alto nubes : ruit arduus æther,
Et pluviâ ingenti ſata læta, boumque labores
Diluit : implentur foſſæ, & cava flumina creſcunt
Cum ſonitu, fervetque fretis ſpirantibus æquor.
Ipſe Pater, mediâ nimborum in nocte, coruſcâ
Fulmina molitur dextrâ, quo maxima motu
Terra tremit : fugere feræ, & mortalia corda
Per gentes humilis ſtravit pavor : ille flagranti
Aut Athon, aut Rhodopen, aut alta Ceraunia telo
Dejicit : ingeminant Auſtri, & denſiſſimus imber.
Nunc nemora ingenti vento, nunc littora plangunt.
Hoc metuens, cœli menſes, & ſydera ſerva :
Frigida Saturni ſeſe quò ſtella receptet,
Quos igni cœli Cylienius erret in orbes.
 Imprimis venerare Deos, atque annua magnæ

des olives. C'est encore en cette saison qu'on tend des lacets pour prendre les grues, & des toiles pour emprisonner les cerfs. Lorsque les campagnes sont couvertes de neiges & que les fleuves commencent à se revêtir de glaçons, c'est le temps de poursuivre le lievre & le daim, & de s'armer de fleches & de frondes, à la maniere des peuples des Isles Baléares.

Parlerai-je des astres qui dominent dans l'automne, & de la température de l'air dans cette saison, où les nuits deviennent plus longues, & les chaleurs plus modérées ? Quelle doit être alors l'attention du Laboureur ! Que dirai-je de ces pluies orageuses, qui à la fin du printemps inondent les campagnes déja couvertes d'épis, dont les grains commencent à se former ? Souvent, lorsque le Laboureur satisfait s'apprêtoit à moissonner son champ & à lier ses gerbes, j'ai vu une redoutable tempête s'élever tout à coup & emporter les bleds dans les airs ; des nuages obscurcir le ciel, & un torrent de pluie noyant les moissons, entraîner les espérances de l'année. J'ai vu les fossés se remplir d'eau, les rivieres impétueuses se déborder, & les flots de la mer irritée bouillonner dans ses golfes. Au milieu de l'orage, Jupiter dans une nue, armé de feux étincelants, fait gronder son tonnerre. La terre tremble, les hommes & tous les animaux sont glacés d'effroi. Il lance sa foudre ou sur le mont Athos, ou sur le mont Rhodope, ou sur les monts Cérauniens. Cependant l'orage augmente, la fureur des vents redouble, les rivages & les forêts retentissent au loin de leurs horribles sifflements. Pour vous garantir de ces affreux ravages, observez les mois, & sachez quels sont les astres qui y dominent. Examinez leurs diverses conjonctions, & sur-tout à quelle par-

Sacra refer Cereri, lætis operatus in herbis,
Extremæ sub casum hyemis, jam vere sereno.
Tunc pingues agni, & tunc mollissima vina,
Tunc somni dulces, densæque in montibus umbræ.
Cuncta tibi Cererem pubes agrestis adoret,
Cui tu lacte favos, & miti dilue Baccho,
Terque novas circum felix eat hostia fruges;
Omnis quam chorus, & socii comitentur ovantes,
Et Cererem clamore vocent in tecta : neque ante
Falcem maturis quisquam supponat aristis,
Quàm Cereri, tortâ redimitus tempora quercu,
Det motus incompositos, & carmina dicat.

 Atque hæc, ut certis possimus discere signis
Æstusque, pluviasque, & agentes frigora ventos,
Ipse Pater statuit quid menstrua Luna moneret,
Quo signo caderent Austri : quod sæpè videntes
Agricolæ, propiùs stabulis armenta tenerent.
Continuò, ventis surgentibus, aut freta ponti
Incipiunt agitata tumescere, & aridus altis
Montibus audiri fragor, aut resonantia longè
Littora misceri, & nemorum increbrescere murmur
Jam sibi tùm curvis malè temperat unda carinis,
Cùm medio celeres revolant ex æquore mergi,
Clamoremque ferunt ad littora ; cumque marinæ

Livre I.

tie du ciel répondent les planetes de Saturne & de Mercure.

Ne manquez pas d'honorer les Dieux tous les ans à la fin de l'hyver. Lorsque le printemps a ramené les beaux jours, sacrifiez à Cérès sur un autel de gazon. Alors les agneaux sont gras, & les vins nouveaux se boivent avec plaisir. Alors on dort agréablement sur les côteaux, à l'ombre d'un épais feuillage. Que dans cette saison toute la Jeunesse de la campagne vienne adorer la Déesse qui préside aux moissons ; qu'on fasse en son honneur des libations de vin, de miel, & de lait. Que la victime qui doit lui être offerte, soit promenée trois fois autour des moissons, & que la Divinité soit hautement invoquée dans une assemblée publique de tous les habitants du hameau. Enfin que la faucille ne s'exerce jamais sur les bleds avant que le moissonneur, couronné de feuillages de chêne, ait célébré la fête de Cérès par des danses & des chants *.

Afin que des signes certains nous fissent prévoir la chaleur, la pluie, & les vents froids, Jupiter a voulu que la Lune tous les mois nous annonçât l'avenir, & que les différentes constellations nous indiquassent les vents dangereux, afin que les Laboureurs, avertis par ces signes ne souffrent pas que leurs troupeaux s'éloignent de leurs étables. Bientôt les eaux de la mer commencent à s'enfler ; les rivages retentissent au loin du bruit des flots écumants : les vents mugissent sur la cime des montagnes, & dans les forêts tous les arbres murmurent. Les oiseaux de mer viennent avec des cris aigus se refugier sur les côtes. Les poules d'eau secouent leur ailes le

* La danse, si suspecte dans notre Religion, étoit consacrée dans celle des Païens.

In ficco ludunt fulicæ ; notafque paludes ,
Deferit, aque altam fuprà volat ardea nubem.
  Sæpè etiam ftellas, vento impendente, videbis
Præcipites cœlo labi, noctifque per umbras
Flammarum longos à tergo albefcere tractus :
Sæpè levem paleam, & frondes volitare caducas,
Aut summâ nantes in aquâ colludere plumas.
At Boreæ de parte trucis cùm fulminat, & cùm
Eurique Zephyrique tonat domus ; omnia plenis
Rura natant foffis, atque omnis navita ponto
Humida vela legit. Nunquam imprudentibus imber
Obfuit : aut illum furgentem vallibus imis
Aëriæ fugere grues ; aut bucula cœlum
Sufpiciens, patulis captavit naribus auras ;
Aut arguta lacus circumvolitavit hirundo,
Et veterem in limo ranæ cecinere querelam.
Sæpius & tectis penetralibus extulit ova
Anguftum formica terens iter ; & bibit ingens
Arcus ; & è paftu decedens agmine magno
Corvorum increpuit denfis exercitus alis.
Jam varias pelagi volucres, & quæ Afia circùm
Dulcibus in ftagnis rimantur prata Cayftri,
Certatim largos humeris infundere rores ;
Nunc caput objectare fretis, nunc currere in undas,
Et ftudio incaffum videas geftire lavandi :
Tùm cornix plenâ pluviam vocat improba voce,
Et fola in ficcâ fecum fpatiatur arenâ.
Nec nocturna quidem carpentes penfa puellæ
Nefcivêre hyemem, teftâ cùm ardente viderent
Scintillare oleum, & putres concrefcere fungos.

long du rivage, & le heron quitte les marais, pour s'élever dans les nues. Que les Vaisseaux qui voguent alors sur les mers, sont en danger d'être engloutis dans le sein des eaux!

Souvent aussi des étoiles paroissent tomber du ciel, & former dans l'ombre de la nuit de longues traces de lumiere. Vous voyez des pailles & des feuilles voltiger dans les airs, & des plumes s'élever sur les ondes. Tout cela vous annonce un orage. Si le tonnerre gronde au Septentrion & retentit à l'Orient & à l'Occident, les campagnes vont être inondées d'un déluge de pluie : le pâle Matelot plie déja toutes ses voiles.

Personne n'est surpris par l'orage : tout l'annonce, & les hommes les moins précautionnés savent s'en garantir. On voit les grues s'élever des profondes vallées, & fuir dans les airs ; les génisses lever la tête, regarder le ciel, & ouvrir de larges nazeaux pour respirer. L'hirondelle rase la surface des eaux ; la grenouille coasse dans les marais ; la fourmi, le long d'un sentier étroit, transporte ses œufs hors de sa fourmilliere ; l'arc-en-ciel tracé dans la nue, boit les eaux de la mer ; & une armée de corbeaux fait retentir les airs du battement de leurs ailes. Divers oiseaux de mer, & sur-tout ceux qui paissent dans les prairies du Caïstre, ou sur les bords du Lac Asia, pressentent la tempête. Tantôt ils mouillent vainement leur plumage, tantôt ils offrent leur tête au flot écumant qui bat le rivage, tantôt ils s'élancent dans l'eau. On voit aussi la corneille se promener seule sur le sable, & par ses cris aigus appeller la pluie. Les jeunes filles, qui le soir filent à la lumiere d'une lampe, savent la deviner & la prédire, en voyant l'huile

Nec minùs ex imbri Soles & aperta serena
Prospicere, & certis poteris cognoscere signis.
Nam neque tùm stellis acies obtusa videtur,
Nec fratris radiis obnoxia surgere Luna,
Tenuia nec lanæ per cœlum vellera ferri.
Non tepidum ad Solem pennas in littore pandunt
Dilectæ Thetidi Alcyones : non ore solutos
Immundi meminere sues jactare maniplos :
At nebulæ magis ima petunt, campoque recum‑
  bunt ;
Solis & occasum servans, de culmine summo
Nequicquam seros exercet noctua cantus :
Apparet liquido sublimis in aëre Nisus,
Et pro purpureo pœnas dat Scylla capillo.
Quàcumque illa levem fugiens secat æthera pennis,
Ecce inimicus atrox magno stridore per auras,
Insequitur Nisus quâ se fert Nisus ad auras,
Illa levem fugiens raptim secat æthera pennis.
Tum liquidas corvi presso ter gutture voces,
Aut quater ingeminant : & sæpe cubilibus altis,
Nescio quâ præter solitum dulcedine læti
Inter se foliis strepitant : juvat, imbribus actis,
Progeniem parvam, dulcesque revisere nidos.
Haud equidem credo, quia sit divinitus illis
Ingenium, aut rerum fato prudentia major.
Verum ubi tempestas, & cœli mobilis humor
Mutavere vias, & Jupiter humidus Austris
Densat, erant quæ rara modò, & quæ densa re‑
  laxat ;
Vertuntur species animorum, & pectora motus
Nunc alios, alios, dùm nubila ventus agebat,
Concipiunt : hinc ille avium concentus in agris,
Et lætæ pecudes, & ovantes gutture corvi.

pétiller, & une espece de moufferons fe former à la meche.

Le beau temps fe prévoit comme la pluie. Les étoiles font brillantes : la Lune a une clarté fi vive, qu'elle n'en paroît point redevable à fon frere : les nuées ne femblent plus à de la laine flottante au gré des vents. Les Alcyons, oifeaux fi chers à Thétis, n'étendent plus leurs ailes au Soleil fur le rivage. On ne voit plus les pourceaux inquiets diffiper avec leur grouin la paille qui leur fert de litiere. Les nuées font baffes, & tombent en brouillards. La chouette, qui, fur le fommet des maifons attend le coucher du Soleil, ne fait plus entendre fes cris funebres. Nifus fous la forme de l'épervier traverfe les airs, & pourfuit la perfide Scylla, qui l'a trahi en livrant le cheveu fatal. De quelque côté qu'elle fuie, le redoutable Nifus la fuit d'un vol rapide. Mais la légere Scylla fend les airs, & fes ailes la dérobent à la vengeance de fon ennemi. Alors les corbeaux perchés fur les arbres, témoignent leur joie par leurs croaffements & leur agitation fous les feuillages. La ceffation de la pluie les invite à aller voir leurs petits.

Ce n'eft pas que je croie que ces divers animaux font doués d'un efprit prophétique, ni que leur prévoyance puiffe rien changer au cours de la nature. Mais lorfque la température de l'air a varié, & que le fouffle des vents l'a condenfé ou raréfié, il fe fait alors une différente impreffion fur les organes de ces animaux, caufée par les divers mouvements de l'air. Voilà ce qui occafionne le chant des oifeaux dans les campagnes, l'agitation des corbeaux fous les feuillages, & la joie de tous les troupeaux dans les prairies.

Si vous êtes attentif au cours du Soleil & de

Si verò Solem ad rapidum, Lunasque sequentes
Ordine respicies, nunquam te crastina fallet
Hora neque insidiis noctis capiere serenæ.
Luna revertentes cùm primum colligit ignes,
Si nigrum obscuro comprenderit aëra cornu,
Maximus agricolis pelagoque parabitur imber.
At si virgineum suffuderit ore ruborem,
Ventus erit : vento semper rubet aurea Phœbe.
Sin ortu in quarto (namque is certissimus autor)
Pura, nec obtusis per cœlum cornibus ibit,
Totus & ille dies, & qui nascentur ab illo,
Exactum ad mensem, pluviâ ventisque carebunt :
Votaque servati solvent in littore nautæ
Glauco, & Panopeæ, & Inoo Melicertæ.

   Sol quoque & exoriens, & cùm se condit in un-
     das,
Signa dabit : Solem certissima signa sequentur,
Et quæ manè refert, & quæ surgentibus astris.
Ille ubi nascentem maculis variaverit ortum,
Conditus in nubem, medioque refugerit orbe;
Suspecti tibi sint imbres : namque urget ab alto
Arboribusque satisque Notus, pecorisque sinister.
Aut ubi sub lucem densa inter nubila sese
Diversi erumpent radii, aut ubi pallida surget
Tithoni croceum linquens Aurora cubile ;
Heu, malè tum mites defendet pampinus uvas :
Tam multa in tectis crepitans salit horrida grando.

   Hoc etiam, emenso cùm jam decedet Olympo,
Profuerit meminisse magis : nam sæpe videmus
Ipsius in vultu varios errare colores.

la Lune, jamais vous ne serez trompé sur le temps du lendemain, & la sérénité de la nuit ne vous en imposera point. Le premier jour que la Lune recueillant de nouveaux rayons du Soleil, commence à renaître sur l'horison, si son croissant obscurci par les nuages laisse régner les ténebres, les campagnes & les mers sont menacées d'un temps pluvieux. Si la Lune paroît avoir cette rougeur qui sied aux filles, craignez le vent : toujours il fait rougir la belle Phébé. Si au quatrieme jour elle est claire & lumineuse, ce jour & tous les jours suivants, jusqu'à la fin du mois, seront sereins; les Matelots garantis du naufrage, & arrivés au port, accompliront leurs vœux adressés pendant la tempête à Glaucus, à Panope, & à Mélicerte.

Lorsque le Soleil se leve ou descend sous l'horison, il nous annonce toujours le temps qu'il doit faire, & ce présage est certain. Par exemple, si au moment qu'il se leve, il paroît couvert de taches, ou entouré d'un nuage qui ne laisse appercevoir que le milieu de son disque, vous pourrez alors soupçonner qu'il tombera de la pluie. Bientôt il va s'élever du côté de la mer un vent de Midi fatal aux arbres, aux moissons, & aux troupeaux. Si au lever de cet astre vous voyez ses rayons perçant un nuage épais, s'échapper à droite & à gauche : si en même temps l'Aurore sortant du lit doré de Tithon, paroît pâle, ah ! quelle horrible grêle fera retentir les toits ! Que le raisin sera peu garanti par le pampre qui le couvre !

Observez encore plus attentivement le Soleil, lorsqu'après avoir achevé sa carriere, il est sur le point de se dérober à nos regards. Son globe est tantôt d'une couleur & tantôt d'une autre. S'il

Cœruleus pluviam denunciat, igneus Euros:
Sin maculæ incipient rutilo immiscerier igni,
Omnia tunc pariter vento nimbisque videbis
Fervere : non illà quisquam me nocte per altum
Ire, neque à terrâ moneat convellere funem.
At si cum referetque diem, condetque relatum,
Lucidus orbis erit ; frustra terrebere nimbis,
Et claro sylvas cernes aquilone moveri.
Denique, quid Vesper serus vehat, undè serenas
Ventus agat nubes, quid cogitet humidus Auster,
Sol tibi signa dabit : Solem quis dicere falsum
Audeat ? Ille etiam cœcos instare tumultus
Sæpe monet, fraudemque, & operta tumescere
 bella.
 Ille etiam extincto miseratus Cæsare Romam,
Cùm caput obscurâ nitidum ferrugine texit,
Impiaque æternam timuerunt sæcula noctem.
Tempore quanquam illo tellus quoque, & æquora
 ponti,
Obscœnique canes, importunæque volucres
Signa dabant. Quoties Cyclopum effervere in agros
Vidimus undantem ruptis fornacibus Ætnam,
Flammarumque globos, liquefactaque volvere
 saxa ?
Armorum sonitum toto Germania cœlo
Audiit : insolitis tremuerunt motibus Alpes.
Vox quoque per lucos vulgo exaudita silentes
Ingens, & simulacra modis pallentia miris
Visa sub obscurum noctis : pecudesque locutæ.
Infandum : sistunt amnes, terræque dehiscunt :
Et mœstum illacrymat templis ebur, æraque su-
 dant.
Proluit insano contorquens vertice sylvas
Fluviorum rex Eridanus, camposque per omnes

Cum

paroît d'un bleu foncé, craignez la pluie ; s'il se couche dans une nuée de couleur de feu, attendez-vous à du vent. S'il est tout ensemble bleu & rouge, vous êtes menacé de vent & de pluie. Lorsque j'aurai observé ces signes, jamais rien ne pourra m'engager la nuit suivante, à m'exposer sur la mer. Au contraire si le Soleil à son lever & à son coucher est brillant, les nuages ne m'alarmeront point ; bientôt l'Aquilon les dissipera. Enfin le Soleil en se couchant annonce toujours quel vent pourra s'élever pendant la nuit, de quel côté il poussera les nues, & si le souffle orageux du midi régnera dans les airs. Qui oseroit dire que le Soleil est trompeur ? Souvent même il annonce des conspirations, des guerres, des révolutions.

Après la mort de César, cet Astre fut touché du sort de Rome, & sembla présager nos malheurs. Son front se couvrit de ténebres ; & les mortels coupables craignirent de se voir plongés dans une éternelle nuit. La terre, la mer, les chiens même par d'affreux hurlements, & les oiseaux par des cris funebres annoncerent nos désastres. Combien de fois vîmes-nous dans les pays des Cyclopes le mont Etna, brisant ses ardentes fournaises, vomir des torrents de flammes, & des roches calcinées ? Le Germain entendit un bruit guerrier dans les airs ; les Alpes éprouverent des tremblements de terre qui leur étoient inconnus ; les forêts retentirent de voix effrayantes ; les spectres apparurent durant la nuit ; les bêtes parlerent ; le cours des fleuves fut suspendu, & la terre s'entrouvrit. Dans les Temples on vit suer & pleurer les statues de bronze & d'yvoire ; le Pô, ce Roi des fleuves, se débordà, déracina les arbres, ravagea les campa-

Cum stabulis armenta tulit : nec tempore eodem
Tristibus aut extis fibræ apparere minaces,
Aut puteis manare cruor cessavit, & altè
Per noctem resonare lupis ululantibus urbes.
Non aliàs cœlo ceciderunt plura sereno
Fulgura, nec diri toties arsere cometæ.
Ergo inter sese paribus concurrere telis
Romanas acies iterum videre Philippi.
Nec fuit indignum Superis, bis sanguine nostro
Emathiam, & latos Æmi pinguescere campos.
Scilicet & tempus veniet, cum finibus illis
Agricola, incurvo terram molitus aratro,
Exesa inveniet scabrâ rubigine pila :
Aut gravibus rastris galeas pulsabit inanes,
Grandiaque effossis mirabitur ossa sepulcris.
 Dii patrii, Indigetes, & Romule, Vestaque mater,
Quæ Tuscum Tiberim, & Romana Palatia servas,
Hunc saltem everso juvenem succurrere sæclo
Ne prohibete : satis jampridem sanguine nostro
Laomedonteæ luimus perjuria Trojæ.
Jampridem nobis cœli te regia, Cæsar,
Invidet, atque hominum queritur curare triumphos.
Quippe ubi fas versum atque nefas, tot bella per orbem,
Tam multæ scelerum facies; Non ullus aratro
Dignus honos ; squallent abductis arva colonis :
Et curvæ rigidum falces conflantur in ensem.
Hinc movet Euphrates, illinc Germania bellum :

gnes, & entraîna les étables & les troupeaux. Les entrailles des victimes n'offrirent aux regards des Aruspices que des signes funestes du courroux des Dieux. On vit couler des sources de sang : les loups durant la nuit épouvanterent les villes par des hurlements affreux. Jamais la foudre ne tomba si souvent dans un temps serein ; jamais les redoutables Cometes n'effrayerent plus les Mortels.

Peu de temps après ces terribles phénomenes, les campagnes de Macédoine virent une seconde fois nos troupes rangées en bataille : les Dieux souffrirent que les Romains armés contre les Romains arrosassent encore de leur sang les champs de Macédoine. Un jour viendra que dans ces funestes contrées, le Laboureur, traçant des sillons, trouvera sous le soc de sa charrue des javelines rongées par la rouille, qu'il entraînera avec sa herse les casques de nos guerriers, & qu'il verra avec surprise les os exhumés de nos citoyens ensévelis dans son champ.

Dieux, protecteurs de Rome, Romulus, Vesta, qui veillez sur les eaux du Tibre & sur le Palais du Maître de Rome, permettez du moins que dans nos malheurs un jeune Héros soit notre appui. N'avons-nous pas assez expié par notre sang les parjures de la race de Laomédon ? O César ! depuis long-temps le ciel t'envie à la terre, & se plaint de te voir si ardent à mériter les honneurs du triomphe, & l'estime d'un siecle corrompu, où regne le désordre, où l'on ne voit que des guerres & des crimes. L'agriculture languissante n'est plus en honneur : nos campagnes sont négligées : la guerre a enlevé ceux qui les cultivoient & les instruments du labourage ont été convertis en épées. L'Euphrate d'un côté, &

Vicinæ ruptis inter se legibus urbes
Arma ferunt : sævit toto Mars impius orbe :
Ut cum carceribus sese effudere quadrigæ,
Addunt se in spatia, & frustra retinacula tendens.
Fertur equis auriga, neque audit currus habenas.

le Danube de l'autre arment contre Rome. Les villes, foulant aux pieds leurs loix & leurs traités, sont en armes les unes contre les autres. Le redoutable Mars a mis tout en feu. Ainsi dans les combats de la course, de vigoureux chevaux s'élançant de la barriere font voler un char impétueux. En vain leur conducteur prudent tâche de rallentir leur fougueuse ardeur: il est entraîné lui-même par ses coursiers indociles, que ni la voix, ni le frein ne peuvent retenir.

GEORGICON,
LIBER SECUNDUS.

Hactenus arvorum cultus, & sydera cœli:
Nunc te, Bacche, canam, nec non sylvestria tecum
Virgulta, & prolem tardè crescentis olivæ.
Hùc pater ô Lenæe (tuis hîc omnia plena
Muneribus: tibi pampineo gravidus autumno
Floret ager : spumat plenis vindemia labris)
Hùc pater ô Lenæe veni, nudataque musto
Tinge novo mecum direptis crura cothurnis.
 Principio arboribus varia est natura creandis.
Namque aliæ, nullis hominum cogentibus, ipsæ
Sponte suâ veniunt, camposque, & flumina latè
Curva tenent: ut molle siler, lentæque genistæ,
Populus, & glaucâ canentia fronde salicta.
Pars autem posito surgunt de semine, ut altæ
Castaneæ, nemorumque Jovi quæ maxima frondet
Æsculus, atque habitæ Graiis oracula quercus.
Pullulat ab radice aliis densissima sylva,
Ut cerasis, ulmisque : etiam Parnassia laurus
Parva sub ingenti matris se subjicit umbrâ.
Hos natura modos primùm dedit, his genus omne
Sylvarum, fruticumque viret nemorumque sacrorum.
 Sunt alii, quos ipse viâ sibi reperit usus.

LES GEORGIQUES,
LIVRE SECOND.

J'AI chanté jusqu'ici la culture des campagnes, & les Astres dont elle dépend. C'est toi, maintenant, ô Bacchus, que je chanterai, & avec toi, les vignobles, les vergers, & le fruit du tardif olivier. Vien, Bacchus, tout est ici comblé de tes richesses. Nos côteaux sont couverts de pampre ; voici le retour de l'automne ; déja ton jus écume dans les pressoirs. Dieu du vin, mets bas tes brodequins, & les jambes nues, viens fouler avec moi les raisins nouveaux.

Les arbres naissent de différentes manieres. Les uns ne dépendent point de la main des hommes. Ils croissent d'eux-mêmes dans les champs & au bord des eaux, comme l'osier, le genêt, le peuplier, & le saule. D'autres ont été semés, tels que le chataigner & le chêne, dont une espece est consacrée à Jupiter, & une autre rend des oracles dans la Grece [*]. Certains arbres poussent des rejettons dès leur racine, comme le cerisier, l'orme, le laurier, tendres enfants qui croissent à l'ombre de leurs meres. Voilà d'abord les différentes voies de la nature dans la production des arbres. Ainsi naissent les arbustes, les arbrisseaux, & les forêts sacrées.

L'expérience a trouvé d'autres moyens de

[*] Dans la forêt de Dodone, en Epire.

Hic plantas tenero abscindens de corpore matrum,
Deposuit sulcis : hic stirpes obruit arvo,
Quadrifidasque sudes, & acuto robore vallos :
Sylvarumque aliæ pressos propaginis arcus
Expectant, & viva suâ plantaria terrâ.
Nil radicis egent aliæ, summumque putator
Haud dubitat terræ referens mandare cacumen.
Quin & caudicibus sectis (mirabile dictu)
Truditur è sicco radix oleagina ligno :
Et sæpè alterius ramos impunè videmus
Vertere in alterius, mutatamque insita mala
Ferre pyrum, & prunis lapidosa rubescere corna.
Quare agite, ô proprios generatim discite cultus
Agricolæ, fructusque feros mollite colendo.
Neu segnes jaceant terræ : juvat Ismara Baccho
Conserere, atque oleâ magnum vestire Taburnum.
Tuque ades, inceptumque unâ decurre laborem,
O decus, ô famæ meritò pars maxima nostræ,
Mœcenas, pelagoque volans da vela patenti.
Non ego cuncta meis amplecti versibus opto.
Non, mihi si linguæ centum sint, oraque centum,
Ferrea vox. Ades, & primi lege littoris oram.
In manibus terræ ; non hîc te carmine ficto,
Atque per ambages, & longa exorsa tenebo.

 Sponte suâ quæ se tollunt in luminis auras,
Infœcunda quidem, sed læta, & fortia surgunt :
Quippe solo natura subest. Tamen hæc quoque si
 quis

multiplier

multiplier les arbres. Les uns arrachent des rejettons, & les plantent. Les autres déracinent entiérement les arbres, & les transportent ailleurs. D'autres fendent en quatre des branches, & les aiguisent par le pied, qu'ils enfoncent dans la terre. Il est d'autres arbres dont on courbe un sion, que l'on couvre de terre, pour le faire provigner dans le lieu même où il est né. D'autres viennent de bouture: après avoir été émondés, on peut les planter la tête en bas. Mais, (ô prodige!) un tronc sec d'olivier, dépouillé de toutes ses branches, étant mis dans la terre, reprend une nouvelle vie & pousse des racines. Souvent on fait une incision au tronc d'un arbre, & l'on y ente, sans lui nuire, la greffe d'un autre arbre d'espece différente, & qui communique sa qualité à ce tronc. Par ce moyen le pommier produit des poires, & le prunier des fruits rouges de cornouiller. Vous donc, habitants de la campagne, apprenez toutes les manieres de faire naître les arbres, & de corriger l'âcreté des fruits sauvages. Ne laissez aucune de vos terres incultes. On couvre de vignes la montagne d'Ismare, & d'oliviers celle de Taburne.

O toi, source de ma gloire, illustre Mécéne, daigne t'embarquer avec moi, & diriger ma course. Je ne prétends pas épuiser la matiere que je traite. Quand j'aurois cent langues & cent bouches, avec une voix de fer, pourrois-je y suffire? Vien donc, & côtoie avec moi ce rivage. Ne le perdons point de vue. Je ne te fatiguerai point par un long exorde, par de vaines fictions, ni par d'ennuyeux détours.

Tous les arbres qui poussent & s'élevent d'eux-mêmes, sont ordinairement stériles, mais aussi ils sont plus beaux & plus forts:

Tome I. L

Inserat aut scrobibus mandet mutata subactis,
Exuerint sylvestrem animum ; cultuque frequenti
In quascumque voces artes, haud tarda sequentur.
Nec non & sterilis, quæ stirpibus exit ab imis,
Hoc faciet, vacuos si sit digesta per agros.
Nunc altæ frondes, & rami matris opacant,
Crescentique adimunt fœtus, uruntque ferentem.
 Jam, quæ seminibus jactis se sustulit arbos,
Tarda venit, seris factura nepotibus umbram.
Pomaque degenerant succos oblita priores,
Et turpes avibus prædam fert uva racemos.
Scilicet omnibus est labor impendendus, & omnes
Cogendæ in sulcum, ac multa mercede domandæ.
 Sed truncis oleæ melius, propagine vites,
Respondent, solido Paphyæ de robore myrtus,
Plantis & duræ coryli nascuntur, & ingens
Fraxinus, Herculeæque arbos umbrosa coronæ,
Chaoniique patris glandes ; etiam ardua palma
Nascitur, & casus abies visura marinos.
Inseritur verò ex fœtu nucis arbutus horrida :
Et steriles platani malos geffere valentes,
Castaneæ fagos, ornusque incanuit albo
Flore pyri ; glandemque sues fregêre sub ulmis.
 Nec modus inferere, atque oculos imponere sim-
  plex :
Nam quâ se medio trudunt de cortice gemmæ,
Et tenues rumpunt tunicas angustus in ipso
Fit nodo sinus : huc alienâ ex arbore germen
Includunt, udoque docent inolescere libro.

la terre qui les a produits, leur fournit plus de suc. Cependant si on les tranſplante, & si on les greffe, ils dépouillent leur naturel ſauvage, & la culture leur fait porter les fruits que l'on veut. Ces rejettons mêmes, qui ſortent de la racine des arbres, étouffés ſous le feuillage de leur mere, & incapables de porter des fruits, en produiront, lorſque vous les aurez tranſplantés dans un champ découvert.

Tout arbre, que vous aurez ſemé, viendra lentement, & ne donnera de l'ombre qu'à vos derniers neveux. Au reſte, les plantes qui ne ſont point cultivées, dégénerent, & leurs fruits s'aigriſſent. La vigne vient à porter des raiſins, qui ne ſont plus bons que pour les oiſeaux. Un travail conſtant prévient ce déchet. Il faut remuer la terre autour du pied des arbres, & ne rien épargner pour les rendre féconds.

Les oliviers & les myrtes viennent mieux quand on les plante en entier, & la vigne, quand on la fait provigner. A l'égard des coudriers, des frênes, des peupliers dont on couronne Hercule, des chênes d'Epire conſacrés à Jupiter, des hauts palmiers, & des ſapins deſtinés à braver les flots, on tire tous ces arbres de la pepiniere pour les planter. L'arboiſier ſtérile eſt propre à recevoir la greffe d'un noyer franc, le plâne celle d'un chataignier : on voit ſouvent le hêtre & le frêne couverts de fleurs de poirier. Enfin les pourceaux trouvent quelquefois du gland ſous les ormes.

On ente les arbres de pluſieurs manieres, tantot en greffe, tantôt en écuſſon. Lorſqu'on écuſſonne, on choiſit un endroit de l'écorce du tronc, d'où ſort un bouton ; on y fait une inciſion, & l'on inocule le bouton d'un arbre

Aut rurfum enodes trunci refecantur, & altè
Finditur in folidum cuneis via ; deinde feraces
Plantæ immittuntur : nec longum tempus, & ingens
Exiit ad cœlum ramis felicibus arbor,
Miraturque novas frondes, & non fua poma.
 Præterea genus haud unum, nec fortibus ulmis,
Nec falici, lotoque, nec Idæis cypariffis.
Nec pingues unam in faciem nafcuntur olivæ,
Orchites, & radii, & amarâ paufia baccâ,
Pomaque, & Alcinoi fylvæ : nec furculus idem
Cruftumiis, Syriifque pyris, gravibufque volemis.
Non eadem arboribus pendet vindemia noftris,
Quam Methymnæo carpit de palmite Lesbos.
Sunt Thafiæ vites, funt & Mareotides albæ :
Pinguibus hæ terris habiles, levioribus illæ :
Et paffo Pfythia utilior, tenuifque Lageos
Tentatura pedes olim, vincturaque linguam ;
Purpureæ, preciæque : & quo te carmine dicam,
Rhetica ? nec cellis ideo contende Falernis.
Sunt etiam Amineæ vites, firmiffima vina ;
Tmolius affurgit quibus, & rex ipfe Phanæus,

étranger qui s'incorpore à celui auquel il est appliqué, & se nourrit de sa seve. Pour greffer, il faut faire une profonde fente au tronc de l'arbre, dans un endroit où il n'y ait point de nœuds. Là on insere le rejetton d'un arbre fertile. Bientôt des rameaux chargés de fruits s'elevent de ce stérile tronc, étonné lui-même de son nouveau feuillage, & de sa fécondité empruntée.

Chaque arbre se divise en plusieurs especes. Il y a des ormes, des saules, des lotos, & des cyprès d'une nature différente. Les oliviers ne produisent pas tous des fruits semblables. Les uns portent des olives rondes, & les autres d'ovales, ou d'ameres, qui doivent être broyées. Tels étoient les fruits des jardins d'Alcinoüs. Il y a aussi plusieurs sortes de poiriers : les uns portent du rousselet, les autres portent de la bergamotte, & d'autres du bon-chrétien. Nos raisins d'Italie sont bien différents des raisins de Lesbos. On recueille du vin blanc dans l'Isle de Thase*, ainsi que dans la Maréotide. Cependant ce dernier vient dans une terre grasse, tandis que l'autre croît dans une terre légere. Les côteaux de Psythie donnent d'excellent raisiné. Il y a des raisins gris, qui font aisément chanceler & begayer les buveurs ; des raisins de couleur de pourpre, & enfin des raisins précoces. Que dirai-je de vous, vins de Rhétie, inférieurs cependant à ceux de Falerne ? Puis-je passer sous silence les vins d'Aminé (vins forts, qui l'emportent sur celui de Tmole & même sur le vigoureux Phanée) & le vin léger d'Argos,

---

* L'Isle de Thase (aujourd'hui *Tasso*) est dans la mer Egée ou l'Archipel. Le vin de Maréotide est l'excellent vin d'Alexandrie. Ces deux vins représentent tous les bons vins blancs de Grece & d'Egypte.

Argitifque minor, cui non certaverit ulla,
Aut tantum fluere, aut totidem durare per annos.
Non ego te, Diis & menfis accepta fecundis,
Tranfierim, Rhodia, & tumidis, Bumafte, ra-
    cemis.
Sed neque quàm multæ fpecies, nec nomina quæ
    fint,
Eft numerus: neque enim numero comprehendere
    refert.
Quem qui fcire velit, Lybici velit æquoris idem
Difcere quàm multæ Zephyro turbentur arenæ,
Aut, ubi navigiis violentior incidit Eurus,
Noffe quot Ionii veniant ad littora fluctus.
   Nec verò terræ ferre omnes omnia poffunt.
Fluminibus falices, craffifque paludibus alni
Nafcuntur; fteriles faxofis montibus ormi :
Littora myrtetis lætiffima : denique apertos
Bacchus amat colles, aquilonem, & frigora taxi.
Afpice & extremis domitum cultoribus orbem,
Eoafque domos Arabum, pictofque Gelonos.
Divifæ arboribus patriæ : fola India nigrum
Fert ebenum : folis eft thurea virga Sabæis.
Quid tibi odorato referam fudantia ligno
Balfamaque, & baccas femper frondentis acanthi ?
Quid nemora Æthiopum molli canentia lana ?
Velleraque ut foliis depectant tenuia Seres ?
Aut quos Oceano propior gerit India lucos,
Extremi finus orbis ? ubi aëra vincere fummum
Arboris haud ullæ jactu potuere fagittæ :
Et gens illa quidem fumptis non tarda pharetris.
   Media fert triftes fuccos, tardumque faporem
Felicis mali, quo non præfentius ullum,
Pocula fi quando fævæ infecere novercæ,

le plus coulant de tous & qui se conserve le plus long-temps. Je ne vous oublierai point, précieuses grappes de l'Isle de Rhodes, dont la liqueur charme les Dieux & les Mortels, ni vous, gros raisin, que nous appellons Bumaste. Il m'est impossible & inutile de dire les noms de toutes les especes de raisins. Que celui qui est curieux de les connoître, le soit donc de savoir combien le vent d'Ouest souleve de grains de sable, ou combien de flots se brisent contre les rivages de la Mer Ionienne, agitée par le vent d'Est.

Toutes les terres ne produisent pas toute sorte de fruits. Les saules naissent sur le bord des eaux, les aulnes près des marais, les frênes sur des montagnes pierreuses, les myrtes le long des rivieres. La vigne aime les côteaux & le grand air, les ifs aiment le froid & les aquilons. Parcourez toutes les parties de la terre cultivées par leurs habitants, depuis le pays des Arabes, jusqu'à celui des Gelons, vous trouverez dans chaque climat des plantes différentes. L'Inde seule fournit l'ébene, & la seule Arabie l'encens. Que vous dirai-je de cette contrée qui produit la plante odoriférante du beaume, de celle où croît l'acanthe, arbuste toujours verd: des forêts d'Ethiopie, chargées de coton; des arbres du pays des Seres, dont les feuilles portent un duvet utile, qu'on recueille? Parlerai-je de ces grands arbres qui croissent à l'extrêmité de la terre sur les rivages de la mer des Indes, & dont la cime est si élevée, qu'aucune fleche ne peut l'atteindre, pas même celles des Indiens si exercés à tirer de l'arc?

La Médie produit une espece de pommier, agréable aux yeux, mais dont le fruit amer ne flatte point le goût. Lorsqu'une cruelle Ma-

Miscueruntque herbas, & non innoxia verba,
Auxilium venit, ac membris agit atra venena.
Ipsa ingens arbos, faciemque simillima lauro ;
Et, si non alium latè jactaret odorem,
Laurus erat : folia haud ullis labentia ventis ;
Flos apprima tenax : animas, & olentia Medi
Ora fovent illo, & senibus medicantur anhelis.

 Sed neque Medorum sylvæ, ditissima terra,
Nec pulcher Ganges, atque auro turbidus Hermus,
Laudibus Italiæ certent : non Bactra, neque Indi,
Totaque thuriferis Panchaïa pinguis arenis.
Hæc loca non tauri spirantes naribus ignem
Invertere, satis immanis dentibus Hydri ;
Nec galeis, densisque virûm seges horruit hastis.
Sed gravidæ fruges, & Bacchi Massicus humor
Implevere : tenent oleæque, armentaque læta.
Hinc bellator equus campo sese arduus infert,
Hinc albi, Clitumne, greges, & maxima taurus
Victima, sæpè tuo perfusi flumine sacro,
Romanos ad templa Deûm duxêre triumphos.
Hic ver assiduum, atque alienis mensibus æstas ;
Bis gravidæ pecudes, bis pomis utilis arbos.
At rabidæ tigres absunt, & sæva leonum
Semina ; nec miseros fallunt aconita legentes :
Nec rapit immensos orbes per humum, neque tanto
Squammeus in spiram tractu se colligit anguis.

râtre a empoisonné les enfants d'un autre lit, par des herbes funestes, & par des paroles magiques, il n'est point de plus prompt ni de plus puissant antidote. Cet arbre est fort haut, & ressemble parfaitement au laurier : & s'il ne répandoit au loin une odeur différente, on pourroit s'y méprendre. Ses feuilles ne tombent jamais ; elles bravent les vents, & ses fleurs demeurent toujours attachées à ses branches. Les Medes s'en servent pour corriger la mauvaise haleine, & les vieillards pour guérir leur toux asthmatique.

Cependant ni l'opulente Médie, ni le pays arrosé par le beau fleuve du Gange, ni les bords de l'Hermus dont les flots roulent de l'or, ni l'Inde, ni le pays des Bactriens, ni la fertile Panchaïe où croit l'encens, n'approchent pas de nos campagnes d'Italie. A la vérité elles n'ont jamais été labourées par des Taureaux qui jettassent le feu par les narines. Les dents d'un Dragon n'y ont point produit des moissons de Guerriers armés de casques & de javelots. Mais elle fournit en abondance des bleds, & elle donne du vin Massique. Ses champs sont couverts d'oliviers, & ses prairies de troupeaux. Des chevaux belliqueux foulent superbement ses gras pâturages. Heureux Clitumne, tu vois souvent se baigner dans tes eaux sacrées des taureaux blancs, victimes destinées aux Dieux, & qui ont conduit plus d'une fois nos Triomphateurs au Capitole. Là regne un printemps éternel, & presque tous les mois sont des mois d'été. Là les brebis & les arbres portent deux fois l'année. On n'y connoît ni les tigres ni les lions, & l'on n'y court point risque de cueillir des herbes vénéneuses. On n'y voit jamais d'affreux serpents ramper à replis tortueux, & s'entortiller de leur queue énorme.

Adde tot egregias urbes, operumque laborem,
Tot congesta manu præruptis oppida saxis,
Fluminaque antiquos subter labentia muros.
An mare, quod supra, memorem, quodque alluit
 infra ?
Anne lacus tantos? te, Lari maxime, teque
Fluctibus & fremitu assurgens, Benace, marino ?
An memorem portus, Lucrinoque addita claustra,
Atque indignatum magnis stridoribus æquor,
Julia quà ponto longe sonat unda refuso,
Tyrrenusque fretis immittitur æstus Avernis ?
  Hæc eadem argenti rivos ærisque metalla
Ostendit venis, atque auro plurima fluxit.
Hæc genus acre virûm, Marsos, pubemque Sa-
 bellam,
Assuetumque malo Ligurem, Volscosque verutos
Extulit : hæc Decios, Marios, magnosque Ca-
 millos,
Scipiadas duros bello : & te, maxime Cesar,
Qui nunc extremis Asiæ jam victor in oris
Imbellem avertis Romanis arcibus Indum.
Salve, magna parens frugum, Saturnia tellus,
Magna virûm : tibi res antiquæ laudis & artis
Ingredior, sanctos ausus recludere fontes,
Ascræumque cano Romana per oppida carmen.
  Nunc locus arvorum ingeniis : quæ robora cui-
 que,
Quis color, & quæ sit rebus natura ferendis.

Livre II.

De combien de villes superbes ce beau pays est orné, & quels édifices ! Que de Châteaux construits sur des montagnes escarpées ! Quels immenses travaux ont formé ces magnifiques égouts qui passent sous nos murs ! Que dirai-je des deux mers, qui baignent nos rivages au Midi & au Septentrion, de la vaste étendue de nos lacs, de celui de Côme & de celui de Garde, dont les flots s'enflent & frémissent comme ceux de la mer ? Que dirai-je de nos havres, de cette digue qui captive les eaux du lac Lucrin, & les sépare de la mer Thyrrhénienne, dont les ondes irritées battent vainement le môle qui les resserre ? C'est là que le fameux Port de Jule retentit au loin du bruit des vagues. C'est par là que les eaux de la mer vont se jetter dans l'Averne.

Cette terre renferme aussi dans son sein des mines d'or, d'argent & de cuivre. Elle a enfanté cent peuples belliqueux, les Marses, les Sabins, les Liguriens, les Volsques armés de dards. Elle a enfanté les Décius, les Marius, les illustres Camilles, les infatigables Scipions, & toi, César, le plus grand de tous, toi qui cueillant aujourd'hui des lauriers aux extrémités de l'Asie, éloignes de nos frontieres l'Indien désarmé. Je te salue, Terre de Saturne, pays fertile en moissons & en grands hommes. C'est pour toi que je chante cet art, qui fut en honneur parmi nos ancêtres, & qu'osant ouvrir les fontaines sacrées d'Hélicon, je donne à l'Italie les leçons que le Poëte d'Ascra donna autrefois à son pays.

Je vais parler maintenant des qualités des différents terroirs, de leur force, de leur couleur, & de ce qu'ils peuvent produire. Les terres ingrates & les collines pierreuses, couvertes d'argille & de buissons, conviennent

Difficiles primùm terræ, collesque maligni,
Tenuis ubi argilla, & dumosis calculus arvis,
Palladiâ gaudent sylvâ vivacis olivæ.
Indicio est tractu surgens oleaster eodem
Plurimus & strati baccis sylvestribus agri.
At quæ pinguis humus, dulcique uligine læta,
Quique frequens herbis, & fertilis ubere campus,
Qualem sæpè cava montis convalle solemus
Despicere : hùc summis liquuntur rupibus amnes,
Felicemque trahunt limum : quique editus Austro,
Et filicem curvis invisam pascit aratris.
Hic tibi prævalidas olim, multoque fluentes
Sufficiet baccho vites ; hic fertilis uvæ,
Hic laticis, qualem pateris libamus & auro,
Inflavit cùm pinguis ebur Thyrrenus ad aras,
Lancibus & pandis fumantia reddimus exta.

Sin armenta magis studium, vitulosque tueri,
Aut fœtus ovium, aut urentes culta capellas,
Saltus & Saturi petito longinqua Tarenti,
Et qualem infelix amisit Mantua campum,
Pascentem niveos herboso flumine cygnos.
Non liquidi gregibus fontes, non gramina desunt,
Et quantùm longis carpent armenta diebus,
Exiguâ tantùm gelidus ros nocte reponet.

Nigra ferè, & presso pinguis sub vomere terra,
Et cui putre solum (namque hoc imitamur arando)
Optima frumentis : non ullo ex æquore cernes
Plura domum tardis decedere plaustra juvencis :
Aut undè iratus sylvam devexit arator,
Et nemora evertit multos ignava per annos,
Antiquasque domos avium cum stirpibus imis

aux durables oliviers. Car c'eſt dans ces ſortes de terres, qu'on voit l'olivier ſauvage croître & couvrir les campagnes de ſes fruits. Mais lorſqu'un champ eſt gras & fangeux, lorſqu'il pouſſe beaucoup d'herbes, lorſque par ſa fécondité, il reſſemble à ces campagnes qu'on regarde du haut d'une montagne, & que l'on voit arroſées par des ruiſſeaux qui y répandent un limon bienfaiſant ; ſi ce champ eſt expoſé au midi, s'il produit de la fougere ennemie du labourage, ſachez qu'il eſt excellent pour les vignobles. Il donnera un vin délicieux, digne d'être verſé dans des coupes d'or, au ſon de la flûte d'un gros Etrurien, digne d'être offert aux Dieux, au milieu de la fumée des victimes palpitantes ſur leurs autels.

Si vous vous plaiſez à lever des troupeaux de bœufs, de brebis, ou de chevres, tranſportez-vous dans le pays de Tarente, à l'extrémité de l'Italie ; ou dans les herbages du Mantouan, pays, hélas ! enlevé à ſes malheureux habitants, délicieuſes campagnes, où tant de cygnes paiſſent ſur les bords du Mincio. Là, ni les claires fontaines, ni les gras pâturages ne manquent point aux troupeaux. Autant qu'ils peuvent brouter d'herbe dans les jours les plus longs, autant la fraîche roſée en fait-elle renaître dans les plus courtes nuits.

Les terres noirâtres, graſſes, molles, & fangeuſes (qualités que la culture s'efforce de donner) ſont excellentes pour le froment. Vous ne verrez d'aucun autre champ revenir des charrettes plus chargées de moiſſons. Les campagnes nouvellement défrichées ne ſont pas moins fertiles, lorſque l'on en a eſſarté tous les buiſſons & arraché tous les arbres ; lorſque l'on a détruit ces forêts ſi long-temps inutiles, ces antiques retaites des oiſeaux,

Eruit : illæ altum nidis petiere relictis.
At rudis enituit impulso vomere campus.
    Nam jejuna quidem clivosi glarea ruris
Vix humiles apibus casias, roremque ministrat :
Et tophus scaber, & nigris exesa chelydris
Creta negant alios æquè serpentibus agros
Dulcem ferre cibum ; & curvas præbere latebras.
Quæ tenuem exhalat nebulam, fumosque volucres ;
Et bibit humorem, &, cùm vult, ex se ipsa remittit ;
Quæque suo viridi semper se gramine vestit ;
Nec scabie, & salsâ lædit rubigine ferrum :
Illa tibi lætis intexit vitibus ulmos :
Illa ferax oleæ est : illam experiere colendo,
Et facilem pecori, & patientem vomeris unci.
Talem dives arat Capua, & vicina Vesevo
Ora jugo, & vacuis Clanius non æquus Acerris.
    Nunc, quo quamque modo possis cognoscere,
            dicam,
Rara sit, an supra morem si densa, requiras,
(Altera frumentis quoniam favet, altera Baccho.
Densa magis Cereri, rarissima quæque Lyæo)
Antè locum capies oculis, altèque jubebis
In solido puteum demitti, omnemque repones
Rursus humum, & pedibus summas æquabis arenas.
Si deerunt, rarum, pecorique & vitibus almis
Aptius uber erit : sin in sua posse negabunt
Ire loca, & scrobibus superabit terra repletis,
Spissus ager : glebas cunctantes, crassaque terga
Expecta, & validis terram proscinde juvencis.

qui chaſſés de leurs nids prennent l'eſſor dans les airs. Ces terres incultes, livrées au ſoc de la charrue, ſurpaſſent toutes les autres.

Un terroir ſec & plein de gravier, ſitué en pente, peut à peine fournir aſſez de lavande & de romarin pour les abeilles. Celui où abonde le tuf & la craie, n'eſt bon que pour nourrir & receler des ſerpents. Ces terres ſpongieuſes, d'où l'on voit de légeres vapeurs s'exhaler, qui rendent autant d'humidité qu'elles en reçoivent, & qui toujours couvertes de gazon, ne rouillent jamais le ſoc de la charrue; ces terres peuvent être deſtinées à pluſieurs uſages. Vous y pouvez marier la vigne à l'ormeau, y planter des oliviers, y labourer, y ſemer, ou y faire paître des troupeaux. Tels ſont les champs de Capoue, & les plaines voiſines de mont Veſuve; tels ſont encore les bords de l'Agno, fleuve redoutable aux habitants d'Acerra.

Je vais maintenant vous apprendre à connoître la nature d'une terre, à diſcerner ſi elle eſt forte ou légere. Il eſt important d'en être inſtruit : car les terres fortes doivent être enſemencées, & les vignobles conviennent aux terres légeres. Choiſiſſez dans votre champ un endroit où vous ferez creuſer une foſſe. Vous la comblerez enſuite avec la terre qui en aura été tirée, & pour l'aplanir & l'égaler à la ſuperficie du champ, vous la ferez fouler aux pieds. Si la terre s'enfonce, de maniere que la foſſe n'en puiſſe être comblée, croyez que c'eſt une terre légere, qui n'eſt propre que pour les pâturages, ou pour la vigne. Au contraire, ſi la terre ne peut rentrer entiérement dans la foſſe d'où elle eſt ſortie, quoique vous la fouliez, c'eſt une terre forte qu'il faut livrer à la charrue. Les terres ſalées & ameres

Salsa autem tellus, & quæ perhibetur amara,
Frugibus infelix (ea nec mansuescit arando,
Nec Baccho genus, aut pomis sua nomina servat)
Tale dabit specimen : tu spisso vimine qualos,
Colaque prælorum fumosis diripe tectis.
Hùc ager ille malus, dulcesque à fontibus undæ
Ad plenum calcentur : aqua eluctabitur omnis
Scilicet, & grandes ibunt per vimina guttæ ;
At sapor indicium faciet manifestus, & ora
Tristia tentatum sensu torquebit amaror.
Pinguis item quæ sit tellus, hoc denique pacto
Discimus, haud unquam manibus jactata satiscit,
Sed picis in morem ad digitos lentescit habendo.
Humida majores herbas alit: ipsaque justo
Lætior : ah ! nimiùm ne sit mihi fertilis illa,
Neu se prævalidam primis ostendat aristis !
Quæ gravis est, ipso tacitam se pondere prodit,
Quæque levis. Promptum est oculis prædiscere nigram,
Et quis cui color : at sceleratum exquirere frigus
Difficile est : piceæ tantùm, taxique nocentes
Interdùm, aut ederæ pandunt vestigia nigræ.

His animadversis, terram multò antè memento
Excoquere, & magnos scrobibus concidere montes :
Antè supinatas Aquiloni ostendere glebas,
Quàm lætum infodias vitis genus : optima putri
Arva solo : id venti curant, gelidæque pruinæ,
Et labefacta movens robustus jugera fossor.

At si quos haud ulla viros vigilantia fugit,
Antè locum similem exquirunt, ubi prima paretur
Arboribus seges, & quo mox digesta seratur ;

né valent rien, ni pour les vignobles, ni pour les vergers, qui y dégénerent toujours, quelque soin que l'on prenne de les cultiver. Voici le moyen de les connoître. Détachez de votre plancher enfumé vos corbeilles d'osier, ou prenez les couloirs de votre pressoir : remplissez-les de la terre que vous voulez éprouver, & versez-y de l'eau douce : toute l'eau pénétrera la terre, & s'écoulera goutte à goutte à travers l'osier. Goûtez de cette eau ; elle vous apprendra la qualité de la terre. Si cette terre est salée ou amere, l'eau le sera aussi. Un moyen de connoître si une terre est grasse, est d'examiner si elle ne se dissout point entre les doigts, & si elle s'y attache comme de la poix. Les terres humides se distinguent par la grandeur & la quantité des herbes qu'elles poussent. Craignez ces terres trop fécondes ; craignez l'abondance extrême des tuyaux qui portent les épis. La légéreté ou la force d'une terre se connoît au poids & se discerne même facilement par la couleur. Il est moins aisé de connoître les terres froides. Le seul indice sont les Picéas, les Ifs, ou le Lierre noir, qu'on y voit croître.

Après avoir fait ces observations, si vous voulez planter des vignes, commencez avant que d'enfouir le jeune plant, par faire labourer les côteaux que vous lui destinez, par y creuser des fosses, & par livrer les mottes aux froids Aquilons : les meilleures terres sont celles qui sont molles & tendres. On les rend telles, en les exposant aux vents & aux frimats, & en les faisant fouiller par un robuste Vigneron.

Ceux qui sont attentifs & vigilants, ont soin, lorsqu'ils veulent planter des vignes, de choisir un terrein qui soit de même nature que celui dont ils ont tiré leur plant, de peur que

Tome I. M

Mutatam ignorent subitò ne femina matrem.
Quinetiam cœli regionem in cortice signant :
Ut , quo quæque modo steterit , quâ parte calores
Austrinos tulerit , quæ terga obverterit Axi ,
Restituant : adeò in teneris consuescere multum est !
Collibus , an plano melius sit ponere vites ,
Quære priùs ; si pinguis agros metabere campi ,
Densa sere : in denso non segnior ubere Bacchus.
Sin tumulis acclive solum , collesque supinos ,
Indulge ordinibus : nec seciùs omnis in unguem
Arboribus positis secto via limite quadret.
Ut sæpè ingenti bello cùm longa cohortes
Explicuit legio , & campo stetit agmen aperto ,
Directæque acies , ac latè fluctuat omnis
Ære renidenti tellus , nec dùm horrida miscent
Prælia , sed dubius mediis Mars errat in armis.
Omnia sint paribus numeris dimensa viarum :
Non animum modò uti pascat prospectus inanem :
Sed quia non aliter vires dabit omnibus æquas
Terra , neque in vacuum poterunt se extendere
  rami.
  Forsitan , & scrobibus quæ sint fastigia , quæras :
Ausim vel tenui vitem committere sulco :
Altior ac penitùs terræ defigitur arbos ,
Æsculus imprimis , quæ quantùm vertice ad auras
Æthereas , tantùm radice in Tartara tendit.
Ergo non hyemes illam , non flabra , neque imbres
Convellunt : immota manet , multosque per annos
Multa virûm volvens durando sæcula vincit.
Tùm fortes latè ramos , & brachia tendens
Hùc illùc , media ipsa ingentem sustinet umbram.

séparé de son sep il ne dégénere. Quelques-uns même marquent sur l'écorce des marcottes, quelle étoit leur exposition, afin de leur en donner une pareille : tant les premieres habitudes ont de force ! Avant tout, examinez si les collines conviendroient mieux à votre plant, que les vallées. Si vous choisissez un terrein gras, serrez davantage vos plants : vos seps ne seront pas moins féconds. Si vous plantez dans un terrein en pente, ou sur de hautes collines, ayez soin de mettre des intervalles égaux entre les seps, & que tous ces espaces soient disposés régulièrement. C'est ainsi qu'un Général d'armée range en bataille ses légions. Un vaste champ est couvert de guerriers ; les armes étincelantes brillent de toutes parts. Le funeste signal n'est point encore donné, & le succès est incertain. Le cruel Mars passe successivement d'un camp à l'autre, pour animer les combattants. Imitez cet ordre dans la disposition des seps, non pour réjouir les yeux par une vaine symmétrie, mais afin que tous vos plants tirent de la terre une égale nourriture, & que votre vigne puisse utilement s'étendre.

Vous demanderez, peut-être, qu'elle doit être la profondeur des fosses pour planter la vigne. J'estime qu'il suffit de la planter dans de simples sillons. Il n'en est pas de cet arbuste comme des grands arbres, qui doivent être profondément enfoncés dans la terre, lorsqu'on les plante, sur-tout le chêne, dont les racines descendent autant vers le Tartare, que sa tête s'éleve vers le Ciel. Il brave les hyvers, les pluies, les vents ; il vit durant plusieurs siecles, son tronc est inébranlable, & il triomphe du temps. Il étend autour de lui ses bras vigoureux, & ses vastes rameaux ombragent tout le terrein qui l'environne.

Neve tibi ad folem vergant vineta cadentem :
Neve inter vites corylum fere : neve flagella
Summa pete : aut fummas defringe ex arbore plan-
  tas ;
(Tantus amor terræ) neu ferro læde retufo.
Semina : neve oleæ fylveftres infere truncos.
Nam fæpè incautis paftoribus excidit ignis,
Qui furtim pingui primùm fub cortice tectus
Robora comprendit, frondefque elapfus in altas
Ingentem cœlo fonitum dedit : indè fecutus
Per ramos victor, perque alta cacumina regnat,
Et totum involvit flammis nemus, & ruit atram
Ad cœlum piceâ craffus caligine nubem :
Præfertim fi tempeftas à vertice fylvis
Incubuit, glomeratque ferens incendia ventus.
Hoc ubi ; non à ftirpe valent, cæfæque reverti
Poffunt, atque imâ fimiles revirefcere terrâ :
Infelix fuperat foliis oleafter amaris.

Nec tibi tam prudens quifquam perfuadeat autor,
Tellurem Boreâ rigidam fpirante movere.
Rura gelu tùm claudit hyems : nec femine jacto
Concretam patitur radicem affigere terræ.
Optima vinetis fatio, cùm vere rubenti
Candida venit avis, longis invifa colubris ;
Prima vel autumni fub frigora, cùm rapidus Sol
Nundum hyemem contingit equis, jam præterit
  æftas.

Ver adeò frondi nemorum, ver utile fylvis :
Vere tument terræ, & genitalia femina pofcunt.
Tùm pater omnipotens fœcundis imbribus Æther

Ne plantez jamais vos vignes au Soleil couchant, & ne souffrez jamais croître le coudrier dans vos vignobles. Lorsqu'il s'agira de faire des provins, ne prenez pas les sarments du haut de la vigne; prenez plutôt ceux qui approchent du bas du sep : jamais pour faire des marcottes, vous ne devez couper les branches du sommet de l'arbre. Ce qui est plus proche de la terre, a plus de force. Gardez-vous de couper vos marcottes avec une mauvaise serpette, & d'entrelacer vos vignes d'oliviers sauvages. Il arrive quelquefois qu'un Berger imprudent met le feu à ces arbres. C'est une légere étincelle qui se glisse sous l'écorce, embrase le tronc, monte bientôt au sommet, & s'étend par toutes les branches. Ce bois huileux forme un vaste incendie, qui obscurcit l'air d'une fumée épaisse, sur-tout si le vent est haut & impétueux. Un si funeste accident fait périr les vignes : on les taillera vainement : elles ne pousseront plus de rejettons : il ne restera plus dans votre champ que quelques malheureux oliviers, échappés à la flamme.

Quelques conseils qu'on vous donne, ne vous avisez jamais de remuer la terre, lorsqu'elle est resserrée par le souffle de Borée. Son sein est alors fermé, & la gelée ne permet pas aux sucs de pénétrer la racine de la vigne nouvelle. La saison la plus propre pour la planter est celle du retour de ces Oiseaux qui font la guerre aux serpents, ou dans les premiers froids de l'automne, lorsque la chaleur est rallentie, & que le Soleil n'est pas encore arrivé au Tropique d'hyver.

Le printemps est de toutes les saisons la plus favorable. Il ranime la nature ; il rappelle les feuillages ; il enfle la terre, qui ne demande

Conjugis in gremium lætæ defcendit, & omnes
Magnus alit, magno, commiftus corpore, fœtus.
Avia tùm refonant avibus virgulta canoris,
Et venerem certis repetunt armenta diebus :
Parturit almus ager, Zephyrique tepentibus auris
Laxant arva finus, fuperat tener omnibus humor ;
Inque novos foles audent fe gramina tutò
Credere : nec metuit furgentes pampinus Auftros,
Aut actum cœlo magnis Aquilonibus imbrem ;
Sed trudit gemmas, & frondes explicat omnes.

 Non alios primâ crefcentis origine mundi
Illuxiffe dies, aliumve habuiffe tenorem
Crediderim ; ver illud erat, ver magnus agebat
Orbis, & hybernis parcebant flatibus Euri,
Cùm primùm lucem pecudes haufere, virûmque
Ferrea progenies duris caput extulit arvis ;
Immiffæque feræ fylvis, & fydera cœlo.
Nec res hunc teneræ poffent perferre laborem,
Si non tanta quies iret frigufque caloremque
Inter, & exciperet cœli indulgentia terras.

 Quod fupereft, quæcumque premes virgulta per
  agros,
Sparge fimo pingui, & multâ memor occule terrâ ;
Aut lapidem bibulum, aut fqualentes infode con-
  chas :
Inter enim labentur aquæ, tenuifque fubibit
Halitus, atque animos tollent fata. Jamque reperti,
Qui faxo fuper, atque ingentis pondere teftæ
Urgerent. hoc effufos munimen ad imbres :
Hoc, ubi hiulca fiti findit Canis æftifer arva.

 Seminibus pofitis, fupereft deducere terram
Sæpius ad capita, & duros jactare bidentes ;

alors que des semences pour enfanter les moiſſons. C'eſt dans cette ſaiſon que le grand Jupiter deſcend du Ciel, qu'il s'inſinue dans le ſein de la terre, & lui verſe une douce pluie qui la féconde. Uni à cette épouſe, il lui fait porter mille fruits. Alors les bocages retentiſſent du chant des oiſeaux : les troupeaux commencent à ſentir les feux de Vénus & brûlent de s'unir. Toutes les campagnes produiſent, & ouvrent leur ſein à la chaude haleine du Zéphyre. La terre fournit du ſuc à toutes les plantes, & les herbes tendres ne redoutent pas encore les ardeurs du Soleil. Le pampre ne craint ni les vents du midi, ni les pluies froides, conduites par l'Aquilon. La vigne pouſſe ſes bourgeons ſans danger, & commence à étaler tout ſon feuillage.

Tels furent les beaux jours qui parurent à la naiſſance du monde : ce fut au printemps qu'on le vit éclorre. Les vents d'hyver ne ſouffloient point, lorſque les animaux commencerent à voir la lumiere, lorſque les ſauvages humains ſortirent de la terre, que les bêtes féroces ſe répandirent dans les forêts, & que les aſtres commencerent à briller au firmament. Jamais les productions de la terre ne pourroient réſiſter à l'intempérie des ſaiſons, ſi le ciel n'avoit placé le doux printemps entre les frimats de l'hyver & les ardeurs de l'été.

Au reſte, lorſque vous aurez enfoui vos plants, ne manquez pas de les couvrir de fumier, & d'élever de la terre à l'entour. Mettez dans la foſſe des pierres ſpongieuſes ou des coquilles. Par ce moyen l'eau s'écoulera plus aiſément, l'air s'inſinuera autour de la racine, & fera pouſſer les ſurgeons. Il y a des Vignerons qui couvrent les nouveaux plants ou de pierres ou de têts de pots caſſés, pour les dé-

Aut preſſo exercere ſolum ſub vomere, & ipſa
Flectere luctantes inter vineta juvencos.
Tùm leves calamos, & raſæ haſtilia virgæ,
Fraxineaſque aptare ſudes, furcaſque bicornes :
Viribus eniti quarum, & contemnere ventos
Aſſueſcant, ſummaſque ſequi tabulata per ulmos.
Ac, dùm prima novis adoleſcit frondibus ætas,
Parcendum teneris, & dùm ſe lætus ad auras
Palmes agit, laxis per purum immiſſus habenis,
Ipſa acies falcis nondùm tentanda, ſed uncis
Carpendæ manibus frondes, interque legendæ.
Indè ubi jam validis amplexæ ſtirpibus ulmos
Exierint, tunc ſtringe comas, tunc brachia tonde;
Antè reformidant ferrum : tunc denique dura
Exerce imperia, & ramos compeſce fluentes.
Texendæ ſepes etiam, & pecus omne tenendum eſt ;
Præcipuè dùm frons tenera, imprudenſque labo-
  rum :
Cui, ſuper indignas hyemes, ſolemque potentem,
Sylveſtres uri aſſiduè, capreæque ſequaces
Illudunt : paſcuntur oves, avidæque Juvencæ.
Frigora nec tantùm canâ concreta pruinâ,
Aut gravis incumbens ſcopulis arentibus æſtas,
Quantum illi nocuere greges, durique venenum
Dentis, & admorſo ſignata in ſtirpe cicatrix.
  Non aliam ob culpam Baccho caper omnibus aris
Cæditur, & veteres ineunt proſcenia ludi :
Præmiaque ingentes pagos & compita circum
Theſeidæ poſuere : atque inter pocula læti
Mollibus in pratis unctos ſaliere per utres.
Nec non Auſonii, Trojâ gens miſſa, coloni

fendre

fendre des pluies orageuses, ou de la sécheresse de la Canicule.

Lorsque la vigne est plantée, il est nécessaire de ramener souvent la terre au pied du sep, & pour cet effet d'exercer la bêche ou le soc de la charrue, & de conduire les bœufs à travers les vignobles. Lorsque la jeune vigne commence à s'élever, il faut la soutenir ou avec des roseaux, ou avec des échalas, ou avec des fourches, afin qu'elle puisse résister aux vents, & monter jusqu'à la cime des ormes. Dans le temps qu'elle pousse ses premieres feuilles, ménagez un bois si tendre ; & même lorsqu'il est devenu plus fort, & qu'il s'est élevé plus haut, abstenez-vous d'y toucher avec le fer. Arrachez les feuilles adroitement avec la main. Mais quand le bois est devenu ferme & solide, & que les branches de votre vigne commencent à embrasser l'orme, alors ne craignez point de la tailler. N'épargnez ni son bois ni son feuillage : elle ne redoute plus le fer. Il faut entourer votre jeune plant d'une haie, afin d'empêcher les troupeaux d'en approcher. Car outre ce qu'elle doit craindre des rigueurs d'un grand froid, & des coups d'un Soleil brûlant, il arrive souvent que les busles & les chevreuils sortent des forêts pour l'insulter, & que les génisses & les brebis y causent un grand ravage. Les glaces, les frimats de l'hyver, les ardeurs excessives de l'été, sont moins funestes à la vigne, que la dent meurtriere de ces divers animaux.

C'est pour cela qu'en tous lieux on immole un bouc à Bacchus. De là vint aussi l'ancienne coutume des Athéniens, de célébrer des jeux dans les carrefours & dans les villages, où un bouc étoit le prix de la victoire. Les acteurs, animés par la liqueur de Bacchus, sau-

Verſibus incomptis ludunt, riſuque ſoluto,
Oraque corticibus ſumunt horrenda cavatis :
Et te, Bacche, vocant per carmina læta, tibique
Oſcilla ex altâ ſuſpendunt mollia pinu :
Hinc omnis largo pubeſcit vinea fœtu :
Complentur valleſque cavæ, saltuſque profundi,
Et quocunque Deus circum caput egit honeſtum.
Ergo ritè ſuum Baccho dicemus honorem
Carminibus patriis, lanceſque & liba feremus,
Et ductus cornu ſtabit ſacer hircus ad aram.
Pinguiaque in verubus torrebimus exta colurnis.
  Eſt etiam ille labor curandis vitibus alter,
Cui nunquam exauſti ſatis eſt : namque omne quo-
        tannis
Terque quaterque ſolum ſcindendum : glebaque
        verſis
Æternum frangenda bidentibus : omne levandum
Fronde nemus : redit agricolis labor actus in orbem,
Atque, in ſe ſua per veſtigia volvitur annus.
  Et jam olim ſeras poſuit cùm vinea frondes,
Frigidus & ſylvis Aquilo decuſſit honorem :
Jam tùm acer curas venientem extendit in annum
Ruſticus : & curvo Saturni dente relictam
Perſequitur vitem attondens, fingitque putando.
Primus humum fodito, primus devecta cremato
Sarmenta, & vallos primus ſub tecta referto :
Poſtremus metito : bis vitibus ingruit umbra.

toient à l'envi fur des outres de bouc frottés d'huile. Les Latins, iffus des Troyens, ont emprunté de la Grece ces mêmes jeux. On les voit dans les villages réciter des vers burlefques, qui font éclater de rire les fpectateurs : ils fe couvrent le vifage de mafques hideux, faits d'écorce d'arbres. Alors ils chantent vos louanges, ô Bacchus, par des airs gais, & ils attachent à des pins des efcarpolettes, où la jeuneffe fe balance. Ces honneurs rendus au Dieu du vin, leur obtiennent une heureufe vendange. Par-tout où l'on porte la statue refpectable du Dieu, elle eft fuivie d'une foule de peuple, qui inonde les vallées & les bois. Célébrons donc les louanges de Bacchus par des vers, tels que nos peres les chantoient. Offrons-lui des baffins chargés de fruits & de gâteaux : enfin, conduifons à fes autels un bouc facré, & que les entrailles fumantes de la victime foient rôties avec des branches de coudrier.

La vigne exige encore une autre forte de travail, qui ne doit jamais ceffer. Il faut trois ou quatre fois par an couper la terre avec la bêche, en brifer fouvent les mottes avec le hoyau, puis tailler & émonder la vigne. C'eft une fuite de travaux, qui occupent tour à tour le Vigneron. L'année s'écoule dans ces exercices périodiques.

Lorfque la vigne eft dépouillée de fes feuilles furannées, & que le froid Aquilon a enlevé aux arbres toute leur parure, le Vigneron attentif fe livre à de nouveaux foins pour l'année fuivante. Il reprend l'arme de Saturne, taille & façonne la vigne. Soyez donc le premier à bêcher la terre, à enlever le farment pour le brûler, & à remporter dans votre maifon les échalas. Cependant foyez le dernier à vendanger.

Bis segetem densis obducunt sentibus herbæ.
Durus uterque labor. Laudato ingentia rura,
Exiguum colito. Nec non etiam aspera rusci
Vimina per sylvam, & ripis fluvialis arundo
Cæditur, incultique exercet cura salicti.
Jam vinctæ vites : jam falcem arbusta reponunt :
Jam canit extremos effœtus vinitor antes :
Sollicitanda tamen tellus, pulvisque movendus,
Et jam maturis metuendus Jupiter uvis.
 Contrà non ulla est oleis cultura : neque illæ
Procurvam expectant falcem, rastrosque tenaces,
Cùm semel hæserunt arvis, aurasque tulerunt.
Ipsa satis tellus, cùm dente recluditur unco,
Sufficit humorem, & gravidas cum vomere fruges.
Hoc pinguem & placitam paci nutritor olivam.
Poma quoque ut primùm truncos sensere valentes,
Et vires habuere suas, ad sydera raptim
Vi propriâ nituntur, opisque haud indiga nostræ.
Nec minùs intereà fœtu nemus omne gravescit :
Sanguineisque inculta rubent aviaria baccis :
Tondentur cythisi : tædas sylva alta ministrat,
Pascunturque ignes nocturni, & lumina fundunt.
Et dubitant homines serere, atque impendere curam ?
 Quid majora sequar ? salices, humilesque genistæ,
Aut illæ pecori frondem, aut pastoribus umbram
Sufficiunt, sepemque satis, & pabula melli :

Deux fois l'année, les vignes font offufquées par les herbes qui croiffent au milieu d'elles : deux fois auffi elles font ombragées d'épais feuillages. C'eft un dur travail que d'avoir toujours le hoyau & la ferpe à la main, pour défricher & pour tailler. Vantez les grands vignobles, mais cultivez-en un petit. On coupe dans les forêts des branches de houx ou de faule, & l'on arrache au bord des fleuves des rofeaux, pour unir la vigne à l'ormeau. Mais déja elle eft liée à l'arbre, & la ferpe eft inutile : le Vigneron épuifé fe croit à la fin de fon travail, & chante de joie en façonnant fes derniers plants. Cependant il faut encore qu'il remue la terre, & lorfque les raifins font mûrs, il a encore l'intempérie de l'air à craindre.

Les Oliviers au contraire n'exigent aucune culture. Ils n'ont befoin ni de la ferpe ni du rateau. Lorfqu'ils font une fois plantés, & accoutumés au grand air, la terre remuée au pied avec le hoyau leur fournit affez de fuc pour les rendre féconds. C'eft là tout le travail néceffaire pour l'Olivier, ce précieux fymbole de la paix. A l'égard des autres arbres fruitiers, dès que leur tronc eft affermi, ils s'élevent d'eux-mêmes. Pendant ce temps-là les arbres des forêts & les buiffons, afyles des oifeaux, croiffent auffi fans être cultivés, & portent chaque année des feuilles & des fruits. Le cityfe fert de nourriture aux troupeaux. Les arbres réfineux fourniffent des flambeaux, qui brûlent & éclairent durant la nuit. Tout ce que la Terre produit eft utile : l'homme doit-il négliger fa culture ?

Sans parler des grands arbres, les petits, tels que les faules & les genêts ont leur prix. Ils fourniffent de l'ombre aux troupeaux & aux Bergers ; on en forme des haies pour en

Et juvat undantem buxo spectare Cytorum,
Nariciæque picis lucos : juvat arva videre.
Non rastris hominum, non ulli obnoxia curæ.
Ipsæ Caucaseo steriles in vertice sylvæ,
Quas animosi Euri assiduè franguntque, feruntque,
Dant alios aliæ fœtus : dant utile lignum
Navigiis pinos, domibus cedrosque, cupressosque.
Hinc radios trivêre rotis, hinc tympana plaustris
Agricolæ, & pandas ratibus posuere carinas.
Viminibus salices fœcundæ : frondibus ulmi.
At myrtus validis hastilibus, & bona bello
Cornus : Ituræos taxi torquentur in arcus.
Nec tiliæ leves, aut torno rasile buxum,
Non formam accipiunt, ferroque cavantur acuto.
Nec non & torrentem undam levis innatat alnus
Missa Pado : nec non & apes examina condunt,
Corticibusque cavis, vitiosæque ilicis alveo.
Quid memorandum æque Baccheïa dona tulerunt ?
Bacchus & ad culpam causas dedit : ille furentes
Centauros letho domuit, Rhætumque Pholumque,
Et magno Hylæum Lapithis cratere minantem.

O fortunatos nimiùm, sua si bona nôrint,
Agricolas : quibus ipsa procul discordibus armis,
Fundit humo facilem victum justissima tellus.
Si non ingentem foribus domus alta superbis
Manè salutantum totis vomit ædibus undam,
Nec varios inhiant pulchrâ testudine postes,

clorre les moissons, & de leur suc les abeilles composent leur miel. Quel spectacle agréable que tous les buis du mont Cytore, que les forêts d'arbres résineux près de la ville de Narice, & tant de champs pareils, qui portent des arbres que l'on ne cultive point ! Les arbres même du mont Caucase, quoique stériles, ces bois sans cesse battus des vents, sont utiles aux hommes : ils leur fournissent des sapins pour la construction des vaisseaux, des cedres & des cyprès pour les édifices, des roues pleines & des roues à rayons, pour les Laboureurs, & aux Navigateurs du bois pour la quille des navires. Les branches de saule fournissent des baguettes pliantes : le feuillage de l'orme donne une ombre agréable. Le myrte & le cornouiller servent à faire des piques & des javelots, & de l'if on fait des arcs. Le bois de tilleul & le buis prennent toute sorte de formes, & le fer peut les creuser. L'aulne sert à composer les nacelles qui voguent sur le Pô, & les troncs des vieux chênes logent des essaims d'abeilles. Les dons de Bacchus sont-ils plus utiles aux hommes, que tous ces présents de la nature ? Que de désordres il a causés, que de crimes il a fait commettre ! autrefois il arma les Centaures, & fit périr dans l'ivresse Rhétus, Pholus, & Hylée armé d'un broc de vin, dont il menaçoit de terrasser les Lapithes.

Heureux les habitants de la campagne, s'ils pouvoient connoître leur bonheur ! Loin du bruit des armes, la terre équitable récompense leurs travaux, en les faisant vivre aisément. S'ils ne voient pas le matin une foule de courtisans assiéger leur superbe palais, si les vastes portiques magnifiquement ornés, si les vases de Corinthe, les habits chamarrés d'or, la

Illusasque auro vestes, Ephyreiaque æra,
Alba nec Assyrio fucatur lana veneno,
Nec casiâ liquidi corrumpitur usus olivi :
At secura quies, & nescia fallere vita,
Dives opum variarum : at latis otia fundis,
Speluncæ, viviquæ lacus ; at frigida Tempe,
Mugitusque boum, mollesque sub arbore somni
Non absunt : illic saltus ac lustra ferarum,
Et patiens operum, parvoque assueta juventus :
Sacra Deûm, sanctique patres : extrema per illos
Justitia, excedens terris, vestigia fecit.

Me verò primùm dulces ante omnia Musæ,
Quarum sacra fero ingenti perculsus amore,
Accipiant, cœlique vias & sidera monstrent ;
Defectus Solis varios, Lunæque labores :
Undè tremor terris ; quâ vi maria alta tumescant
Obicibus ruptis ; rursusque in se ipsa resîdant :
Quid tantùm Oceano properent se tingere Soles
Hyberni, vel quæ tardis mora noctibus obstet.
Sin, has ne possim naturæ accedere partes,
Frigidus obstiterit circum præcordia sanguis ;
Rura mihi, & rigui placeant in vallibus amnes :
Flumina amem, sylvasque inglorius : ô ubi campi,
Sperchiusque, & virginibus bacchata Lacænis
Taygeta ! ô qui me gelidis in vallibus Hæmi
Sistat, & ingenti ramorum protegat umbrâ !

Felix, qui potuit rerum cognoscere causas,
Atque metus omnes, & inexorabile fatum
Subjecit pedibus, strepitumque Acherontis avari]

LIVRE II.

pourpre, les parfums, si tout cela leur est inconnu, ils jouissent en récompense d'une vie tranquille & innocente, source de mille biens. Ils sont paisibles dans les champs qui leur appartiennent : ils ont des grottes, des étangs, & des prairies arrosées par des ruisseaux ; ils y entendent les mugissements de leurs troupeaux ; & ils dorment tranquillement à l'ombre de leurs arbres. Là, au milieu des bois & des bêtes féroces qui les habitent, la jeunesse est laborieuse & sobre. Là, on honore les Dieux, & on respecte les parents. Ce fut parmi les Laboureurs, qu'Astrée, prête à quitter la terre, fit son dernier séjour.

Que les Muses, mes amours & mes premieres Divinités, me mettent au nombre de leurs favoris. Qu'elles daignent m'apprendre le mouvement des astres, les temps & la cause des éclipses du Soleil & de la Lune, celle des tremblements de terre, du flux & reflux de la mer ; pourquoi le Soleil se hâte en hyver de se plonger dans l'Océan, & pourquoi les nuits d'été sont si tardives. Mais si la froideur de mon sang, si la lenteur de mon esprit m'empêchent de pénétrer ces mysteres, je me bornerai à l'étude de l'agriculture : exempt d'ambition, je coulerai mes jours dans les bois, dans les vallons, au bord des ruisseaux. Que ne suis-je près des rivages délicieux du Sperchius, ou sur la montagne de Taygete, où jadis erroient les jeunes Bacchantes de Sparte ! Que ne suis-je transporté dans les vallons frais du mont Hémus, & à l'ombre de ses grands arbres !

Heureux qui peut approfondir la nature & connoître tous ses ressorts ! Heureux qui sait braver les frayeurs de l'inévitable trépas, & mépriser le vain bruit de l'avare Achéron !

Fortunatus & ille, Deos qui novit agrestes,
Panaque, Sylvanumque senem, Nymphasque sorores !
Illum non populi fasces, non purpura regum
Flexit, & infidos agitans discordia fratres,
Aut conjurato descendens Dacus ab Istro,
Non res Romanæ perituraque regna : neque ille
Aut doluit miserans inopem, aut invidit habenti.
Quos rami fructus, quos ipsa volentia rura
Sponte tulere suâ, carpsit : nec ferrea jura,
Insanumque forum, aut populi tabularia vidit.

Sollicitant alii remis freta cæca, ruuntque
In ferrum ; penetrant aulas, & limina regum.
Hic petit excidiis urbem, miserosque Penates,
Ut gemmâ bibat, & Sarrano dormiat ostro.
Condit opes alius, defossoque incubat auro.
Hic stupet attonitus Rostris : hunc plausus hiantem
Per cuneos (geminatur enim Plebisque Patrumque)
Corripuit : gaudent perfusi sanguine fratrum,
Exilioque domos, & dulcia limina mutant,
Atque alio patriam quærunt sub sole jacentem.

Agricola incurvo terram dimovit aratro.
Hinc anni labor, hinc patriam parvosque nepotes
Sustinet : hinc armenta boum, meritosque juvencos.
Nec requies, quin aut pomis exuberet annus,
Aut fœtu pecorum, aut Cerealis mergite culmi

Mais heureux auſſi, qui connoît le Divinités de la campagne, Pan, le vieux Sylvain & les Nymphes ! Il n'eſt touché ni de l'honneur des faiſceaux, ni de la pourpre des Rois. La mauvaiſe foi qui diviſe les freres, ne lui fait point éprouver les horreurs de la diſcorde. Il ſe met peu en peine de la ligue des Daces ſoulevés & prêts à franchir le Danube, des affaires de la République, & de toutes les révolutions des Empires. Il n'eſt ni ſenſible à la pauvreté des uns, ni jaloux de la richeſſe des autres. Borné à cueillir les fruits de ſes vergers, & les dons de la terre libérale, il ne connoît ni les actes du Dépôt public, ni la rigueur des Loix, ni les fureurs du Barreau.

Les uns fendent les flots d'une mer périlleuſe ; les autres cherchent la gloire dans les combats, ou par leurs intrigues ils pénetrent dans le palais des Rois. Celui-ci ſe plait à livrer au pillage une ville conquiſe, & à égorger de malheureux citoyens, afin de boire dans des vaſes précieux, & de dormir dans des lits de pourpre. Celui-là ne ſonge qu'à enfouir des tréſors, & eſt ſans ceſſe couché ſur l'or. Cet autre, épris des charmes de l'éloquence, eſt aſſidu à la tribune, & y admire nos Orateurs. Ce Poëte ſe repait au théatre des applaudiſſements réitérés du Sénat & du Peuple. Ceux-là triomphent d'avoir trempé leurs mains dans le ſang de leurs freres, attentat qui les force de chercher une nouvelle patrie ſous un autre Soleil.

Le Laboureur tranquille paſſe l'année à cultiver ſon champ. Ce travail ſoutient ſa patrie & ſa famille, nourrit ſes troupeaux, & engraiſſe ſes bœufs, à qui il eſt redevable de la culture de ſa terre. Il ne ſe repoſe point, qu'il ne voie ſes champs enſemencés, ſes arbres char-

Proventuque oneret fulcos, atque horrea vincat.
Venit hyems, teritur Sicyonia baccha trapetis;
Glande fues læti redeunt; dant arbuta fylvæ;
Et varios ponit fœtus autumnus, & altè
Mitis in apricis coquitur vindemia faxis.
  Intereà pendent dulces circum ofcula nati:
Cafta pudicitiam fervat domus: ubera vaccæ
Lactea demittunt pinguefque in gramine læto
Inter fe adverfis lactantur cornibus hœdi.
Ipfe dies agitat feftos, fufufque per herbam,
Ignis ubi in medio, & focii cratera coronant,
Te libans, Lenæe, vocat: pecorifque magiftris
Velocis jaculi certamina ponit in ulmo,
Corporaque agrefti nudant prædura palæftrâ.
  Hanc olim veteres vitam coluere Sabini:
Hanc Remus, & frater; fic fortis Hetruria crevit,
Scilicet & rerum facta eft pulcherrima Roma,
Septemque una fibi muro circumdedit arces.
Ante etiam fceptrum Dictæi regis, & ante
Impia quàm cæfis gens eft epulata juvencis,
Aureus hanc vitam in terris Saturnus agebat.
Nec dùm etiam audierant inflari claffica, nec dùm
Impofitos duris crepitare incudibus enfes.
Sed nos immenfum fpatiis confecimus æquor:
Et jam tempus equûm fumantia folvere colla.

gés de fruits, ses troupeaux féconds, & ses greniers pleins. L'hyver approche : alors il met ses olives sous le pressoir. Ses pourceaux gras retournent le soir à l'étable. L'arboisier lui donne son fruit sauvage, & tandis que le raisin acheve de mûrir sur les côteaux, il recueille tous les autres dons de l'automne.

Cependant il se voit tendrement caressé de ses chers enfants qui l'environnent : la pudeur regne dans toute sa maison. Ses vaches l'enrichissent de leur lait, tandis que ses chevreaux bondissants dans la prairie se heurtent de leurs cornes. Il ne manque point de célébrer les jours de fêtes. Couché sur l'herbe au milieu de ses amis, ou autour d'un feu, il vuide avec eux de larges coupes pleines de vin, & vous offre, ô Bacchus, les prémices de votre divine liqueur. Tantôt il propose des prix aux Bergers, pour couronner l'adresse à lancer le javelot, & il attache le but à un orme. Tantôt il voit leurs corps nuds & vigoureux s'exercer à la lutte.

Ainsi vivoient les anciens Sabins. Ainsi vécurent les freres Remus & Romulus. C'est par là que la belliqueuse Etrurie devint un Etat florissant. C'est par là que Rome commença de s'accroître, & que dans la suite devenue plus puissante, elle a renfermé sept montagnes dans ses murs. Telle fut la vie qu'on mena sous le regne de Saturne, avant que Jupiter l'eût détrôné, & que la race impie des Mortels se fût accoutumée à se nourrir de la chair des animaux. La trompette guerriere ne s'étoit point encore fait entendre, & l'enclume qui forge les épées, n'avoit point encore retenti sous les coups du marteau. Mais j'ai parcouru un assez vaste champ : il est temps que fatigués de leur course, & couverts de sueur, mes chevaux prennent haleine & se reposent.

GEORGICON,
LIBER TERTIUS.

TE quoque, magna Pales, & te memorande
  canemus
Paſtor ab Amphryſo : vos ſylvæ, amneſque Lycæi.
Cætera, quæ vacuas tenuiſſent carmina mentes,
Omnia jam vulgata. Quis aut Euryſthea durum,
Aut illaudati neſcit Buſiridis aras ?
Cui non dictus Hylas puer, & Latonia Delos,
Hippodameque, humeroque Pelops inſignis ebur-
  no,
Acer equis ? Tentanda via eſt, quâ me quoque
  poſſim
Tollere humo, victorque virûm volitare per ora.
Primus ego in patriam mecum (modò vita ſuperſit)
Aonio rediens deducam vertice Muſas :
Primus Idumæas referam tibi, Mantua, palmas,
Et viridi in campo templum de marmore ponam,
Propter aquam, tardis ingens ubi flexibus errat
Mincius, & tenerâ prætexit arundine ripas.
In medio mihi Cæſar erit, templumque tenebit.
Illi victor ego, & Tyrio conſpectus in oſtro,
Centum quadrijugos agitabo ad flumina currus.

LES GEORGIQUES,
LIVRE TROISIEME.

VÉnérable Palès, & toi, illuftre Pafteur d'Amphryfe, vous ferez auffi célébrés dans mes vers. Bois & fontaines du mont Licée, c'eft vous que je vais chanter. Tous les autres fujets de Poéfie, qui pouvoient plaire autrefois par leur nouveauté, font maintenant ufés. Qui ne connoît pas l'impitoyable Euryfthée, & les fanglants autels du déteftable Bufiris ? Qui eft-ce qui n'a pas chanté l'aventure d'Hylas, Latone dans l'Ifle de Delos, Hippodamie, & Pelops fi célebre par fon épaule d'ivoire, & par fon adreffe à conduire un char ?

Il faut aujourd'hui que je me fraie une nouvelle route, où je puiffe me diftinguer à mon tour & faire voler mon nom de bouche en bouche. Pourvu que le ciel prolonge mes jours, je retournerai dans ma patrie, & j'y emmenerai avec moi les Nymphes de l'Hélicon. O Mantoue ! je ferai le premier que tu verras chargé de palmes cueillies dans l'Idumée. J'élevrai un Temple de marbre dans tes vertes campagnes, où le Mincio ferpente lentement, au milieu des tendres rofeaux qu'il fait croître fur fon rivage. La ftatue de Céfar fera placée au milieu de ce Temple, dont il fera la divinité. C'eft là que dans la pompe d'un Triomphateur, & revêtu d'une robe de pourpre, je ferai voler, en fon honneur, fur les bords du fleuve,

Cuncta mihi, Alpheum linquens, lucosque Molorchi,
Curſibus, & crudo decernet Græcia cæſtu.
Ipſe caput tonſæ foliis ornatus olivæ
Dona feram : jam nunc ſolemnes ducere pompas
Ad delubra juvat, cæſoſque videre juvencos ;
Vel ſcena ut verſis diſcedat frontibus ; utque
Purpurea intexti tollant aulæa Britanni.
In foribus pugnam ex auro, ſolidoque elephanto
Gangaridûm faciam, victoriſque arma Quirini.
Atque hîc undantem bello, magnumque fluentem
Nilum, ac navali ſurgentes ære columnas.
Addam urbes Aſiæ domitas, pulſumque Niphatem.,
Fidentemque fugâ Parthum, verſiſque ſagittis ;
Et duo rapta manu diverſo ex hoſte trophæa,
Biſque triumphatas utroque ab littore gentes.
Stabunt & Parii lapides, ſpirantia ſigna :
Aſſaraci proles, demiſſæque ab Jove gentis
Nomina, Troſque parens, & Trojæ Cynthius autor.
Invidia infelix Furias, amnemque ſeverum
Cocyti metuet, tortoſque Ixionis angues,
Immanemque rotam, & non exſuperabile ſaxum.
Intereà Dryadum ſylvas, ſaltuſque ſequamur
Intactos, tua, Mæcenas, haud mollia juſſa.
Te ſine nil altum mens inchoat : en age ſegnes
Rumpe moras. Vocat ingenti clamore Cithæron,
Taygetique canes, domitrixque Epidaurus equorum,
Ex vox aſſenſu nemorum ingeminata remugit.
Mox tamen ardentes accingar dicere pugnas
Cæſaris, & nomen famâ tot ferre per annos,

cent

cent chars à quatre chevaux de front. Déja toute la Grece abandonne les rives de l'Alphée & les bois de Némée, pour assister à mes jeux, & y voir les combats de la course & du ceste. La tête ceinte d'une couronne d'olivier, je distribuerai les prix aux vainqueurs. Déja l'on s'avance en cérémonie vers le Temple, & l'on immole des taureaux. Les jeux Scéniques s'apprêtent ; le théatre change de décorations, & les captifs Bretons levent la toile, qui offre aux yeux les victoires remportées sur leur nation. Au frontispice du Temple, on verra représentés en or & en ivoire, les combats livrés aux Gangarides, les exploits de leur auguste Vainqueur, & le Nil enflé par le poids de nos vaisseaux de guerre. Les colonnes seront formées de l'airain enlevé à nos ennemis. J'y ajouterai les villes de l'Asie conquises, l'Arménien repoussé, le Parthe mettant son espoir dans sa fuite, enfin l'Orient & l'Occident soumis par les armes de César. Le marbre de Paros, sculpté par une docte main, fera revivre l'illustre race d'Assaracus issue de Jupiter. Tros son pere, & Apollon qui a bâti les murs de Troye, paroîtront animés. L'Envie infortunée redoutera les Furies vengeresses, le noir Cocyte, les serpents d'Ixion, son éternelle roue, & l'affreux rocher de Sisyphe.

En attendant vous m'ordonnez, illustre Mécene, de suivre les Dryades dans les bois, & de chanter les forêts inconnues à nos Muses Latines. Sans vous mon esprit ne peut rien entreprendre d'élevé. Triomphons d'une lâche paresse. Les cris du mont Cithéron, les chiens du Taygete, les chevaux d'Epidaure, & la voix des Echos m'appellent. Cependant je me disposerai bientôt à peindre les sanglantes batailles de César, & à faire vivre son nom

Tithoni primâ quot abeſt ab origine Cæſar.

Seu quis Olympiacæ miratus præmia palmæ
Paſcit equos; ſeu quis fortes ad aratra juvencos;
Corpora præcipuè matrum legat: optima torvæ
Forma bovis, cui turpe caput, cui plurima cervix,
Et crurum tenùs à mento palearia pendent.
Tùm longo nullus lateri modus: omnia magna:
Pes etiam, & camuris hirtæ ſub cornibus aures.
Nec mihi diſpliceat maculis inſignis, & albo,
Aut juga detrectans, interdumque aſpera cornu,
Et faciem tauro propior quæque ardua tota,
Et gradiens imâ verrit veſtigia caudâ.
Ætas Lucinam, juſtoſque pati Hymenæos
Definit ante decem, poſt quatuor incipit annos:
Cetera nec fœturæ habilis, nec fortis aratris.
Intereà, ſuperat gregibus dùm læta juventus,
Solve mares, mitte in Venerem pecuaria primus;
Atque aliam ex aliâ generando ſuffice prolem.
Optima quæque dies miſeris mortalibus ævi
Prima fugit: ſubeunt morbi, triſtiſque ſenectus,
Et labor, & duræ rapit inclementia mortis.

Semper erunt, quarum mutari corpora malis,
Semper enim refice: ac ne poſt amiſſa requiras,
Anteveni, & ſobolem armento ſortire quotannis.

Nec non & pecori eſt idem delectus equino.
Tu modò, quos in ſpem ſtatuis ſubmittere gentis,
Præcipuum jam indè à teneris impende laborem.

autant d'années qu'il s'en est écoulé depuis la naiſſance du vieux Tithon.

Soit qu'on éleve des chevaux pour les Jeux
Olympiques, ou des taureaux pour le labourage, on doit ſur-tout bien choiſir les meres,
afin d'avoir une bonne race. Les vaches les
plus eſtimées ont le regard farouche, la tête
groſſiere, le cou épais, le fanon pendant juſqu'aux genoux, le corps long, le pied large,
en un mot, tout grand, avec les oreilles hé-
riſſées de poil, & les cornes recourbées. J'aime
encore ces vaches tachetées de blanc, qui ſe-
couent le joug, qui de temps en temps menacent
de la corne, & tiennent du taureau ; qui portent la tête haute, & dont la longue queue balaie la pouſſiere. Les vaches commencent à
porter après quatre ans, & elles ceſſent avant
qu'elles en aient dix. Dans tout autre âge elles
ſont inhabiles à la génération, comme au labourage. Faites-leur donc voir des mâles, tandis qu'elles ſont jeunes, ſoyez le premier à les
exciter aux travaux de Vénus, & qu'elles ne
ceſſent de peupler vos étables. Hélas ! les plus
beaux jours de la vie, ſont les premiers qui s'é-
coulent. Ils ſont bientôt ſuivis des affreuſes maladies, de la triſte vieilleſſe, des ſouffrances, &
de l'impitoyable mort.

Il eſt toujours dans les étables de ces beſtiaux
devenus inutiles, dont il eſt à propos de ſe dé-
faire. Renouvellez ſouvent votre troupeau ; &
pour prévenir ſa ruine, tous les ans fourniſſez-
vous de géniſſes.

Il ne faut pas moins d'attention dans le choix
des chevaux. Appliquez-vous à bien connoître ceux que vous deſtinez à multiplier leur
eſpece. On fait cas des chevaux bai-bruns &
des gris-pommelés, & on mépriſe ceux de poil
blanc, & alezan clair. Un jeune Courſier de

Continuò pecoris generosi pullus in arvis
Altiùs ingreditur, & mollia crura reponit.
Primus & ire viam, & fluvios tentare minaces
Audet, & ignoto sese committere ponti ;
Nec vanos horret strepitus : illi ardua cervix,
Argutumque caput, brevis alvus, obesaque terga,
Luxuriatque tauris animosum pectus : honesti
Spadices, glaucique : color deterrimus albis,
Et gilvo. Tùm si qua sonum procul arma dedere,
Stare loco nescit, micat auribus, & tremit artus,
Collectumque premens volvit sub naribus ignem.
Densa juba, & dextro jactata recumbit in armo.
At duplex agitur per lumbos spina, cavatque
Tellurem, & solido graviter sonat ungula cornu.
Talis Amiclæi domitus Pollucis habenis
Cyllarus, & quorum Graii meminere Poëtæ,
Martis equi bijuges, & magni currus Achillis.
Talis & ipse jubam cervice effudit equinâ
Conjugis adventu pernix Saturnus, & altum
Pelion hinnitu fugiens implevit acuto.

 Hunc quoque, ubi aut morbo gravis, aut jam
  segnior annis
Deficit, abde domo ; nec turpi ignosce senectæ.
Frigidus in Venerem senior, frustraque laborem
Ingratum trahit : & si quando ad prælia ventum est,
Ut quondam in stipulis magnus sine viribus ignis,
Incassùm furit. Ergo animos, ævumque notabis
Præcipuè : hinc alias artes, prolemque parentum ;
Et quis cuique dolor victo, quæ gloria palmæ.
Nonne vides, cùm præcipiti certamine campum

bonne race marche fièrement dans la plaine, & y fait briller ses jarrets souples & déliés. Il est le premier à s'élancer dans la carriere; il ose tenter le passage des plus rapides fleuves : il marche sans crainte sur un pont inconnu : rien ne l'épouvante. Son encolure est droite & sa tête petite : il a peu de ventre, la croupe large, & les muscles du poitrail élevés. Entend-il de loin le bruit des armes ? Inquiet, impatient, il ne peut rester en place; il dresse ses oreilles; tous ses membres s'agitent. Le feu semble sortir de ses narines : sa criniere épaisse flotte sur son épaule droite; la double épine de son dos paroît se mouvoir. Il frappe la terre, qui retentit au loin sous ses pieds. Tel fut le cheval Cyllare, que Pollux sut domter : tels furent ceux de Mars & d'Achille, si célébrés par les Poëtes de la Grece. Tel enfin parut l'amoureux Saturne, lorsque surpris par Cybele, il s'enfuit tout à coup sous la forme d'un Cheval, & remplit le mont Pélion de ses hennissements.

Lorsque l'âge ou les maladies auront rendu le cheval foible & pesant, renfermez-le dans l'écurie; ménagez sa caducité, qui n'a rien qui le déshonore. La vieillesse glacée est inhabile aux exercices de Vénus : tous ses efforts sont impuissants. Si quelquefois elle est engagée dans un combat, son ardeur est comme un grand feu de paille, qui s'éteint bientôt. Que votre principale attention dans le choix que vous ferez d'un cheval, dont vous voulez avoir de la race, soit donc d'examiner son origine, son âge, sa vigueur, & toutes ses qualités; surtout s'il est sensible à la gloire de vaincre, & à la honte d'être vaincu. Lorsque dans les combats de la course, deux rapides chars s'élancent dans la carriere, voyez comme leurs jeu-

Corripuere, ruuntque effusi carcere currus,
Cùm spes arrectæ juvenum, exultantiaque haurit
Corda pavor pulsans ? illi instant verbere torto,
Et proni dant lora ; volat vi fervidus axis :
Jamque humiles, jamque elati sublime videntur
Aëra per vacuum ferri, atque assurgere in auras.
Nec mora, nec requies : at fulvæ nimbus arenæ
Tollitur : humescunt spumis, flatuque sequentum.
Tantus amor laudum, tantæ est victoria curæ !
  Primus Erichthonius currus, & quatuor ausus
Jungere equos, rapidisque rotis insistere victor.
Fræna Peletronii Lapithæ, gyrosque dedere
Impositi dorso : atque equitem docuere sub armis
Insultare solo, & gressus glomerare superbos.
Æquus uterque labor : æquè juvenemque magistri
Exquirunt, calidumque animis & cursibus acrem.
Quamvis sæpè fugâ versos ille egerit hostes,
Et patriam Epirum referat, fortesque Mycænas,
Neptunique ipsâ deducat origine gentem.
  His animadversis, instant sub tempus, & omnes
Impendunt curas, denso distendere pingui,
Quem legere ducem, & pecori dixere maritum :
Florentesque secant herbas, fluviosque ministrant,
Farraque, ne blando nequeant superesse labori,
Invalidique patrum referant jejunia nati.
Ipsa autem macie tenuant armenta volentes.
Atque ubi concubitus primos jam nota voluptas

nes conducteurs armés d'un fouet menaçant, espérant de vaincre, tremblant d'être vaincus, se penchent sur leurs coursiers, leur abandonnent les rênes ; tantôt se courbent, tantôt se dressent, & paroissent prendre leur essor pour fendre le vaste espace des airs. L'essieu s'allume, le char vole, un nuage de poussiere le dérobe aux regards. Les coursiers vainqueurs sont mouillés de l'écume & de l'humide haleine de ceux qui s'efforcent de les atteindre. Telle est dans tous les cœurs la passion de la gloire, & la soif de vaincre.

Erichthon a le premier inventé les chars. Il osa y atteler quatre chevaux de front, & porté sur des roues, il sut voler dans les plaines. Les Lapithes trouverent l'art de monter les chevaux, & de les rendre dociles au frein. Ils apprirent au cavalier armé, à marcher fiérement, à faire des voltes & des caracols. L'exercice du char & celui du manege sont également difficiles, & demandent l'un & l'autre des chevaux jeunes, ardents, & légers. On dédaigne ceux qui n'ont pas ces qualités, eussent-ils cent fois poursuivi des ennemis vaincus, fussent-ils d'Epire ou de Mycenes, ou issus du cheval que d'un coup de son trident Neptune fit sortir de la terre.

Lorsque les vaches sont en âge de porter, on commence par engraisser le taureau qui doit les couvrir. On le nourrit d'herbes tendres, & on lui donne du son mêlé avec de l'eau, afin qu'il en soutienne mieux les travaux de Vénus, & que les veaux qui en doivent naître, ne se ressentent point de la maigreur de leur pere famélique. On fait le contraire à l'égard des meres, on tâche de les rendre maigres ; & lorsque la volupté commence à leur faire sentir ses premiers aiguillons, on les prive de

Sollicitat, frondesque negant, & fontibus arcent.
Sæpè etiam cursu quatiunt, & Sole fatigant,
Cùm graviter tonsis gemit area frugibus, & cùm
Surgentem ad Zephyrum paleæ jactantur inanes.
Hoc faciunt, nimio ne luxu obtusior usus
Sit genitali arvo, & sulcos oblimet inertes;
Sed rapiat sitiens Venerem, interiusque recondat.
  Rursùs cura patrum cadere, & succedere matrum
Incipit, exactis gravidæ cum mensibus errant.
Non illas gravibus quisquam juga ducere plaustris,
Non saltu superare viam sit passus, & acri
Carpere prata fuga, fluviosque innare rapaces.
Saltibus in vacuis pascant, & plena secundùm
Flumina: muscus ubi, & viridissima gramine ripa
Speluncæque tegant, & saxea procubet umbra.
  Est lucos Silari circa, ilicibusque virentem
Plurimus Alburnum volitans, cui nomen Asilo
Romanum est; Oestron Graii vertere vocantes:
Asper, acerba sonans, quo tota exterrita sylvis
Diffugiunt armenta: furit mugitibus æther
Concussus, sylvæque, & sicci ripa Tanagri.
Hoc quondam monstro horribiles exercuit iras
Inachiæ Juno pestem meditata juvencæ.
Hunc quoque (nam mediis fervoribus acrior instat)
Arcebis gravido pecori, armentaque pasces
Sole recens orto, aut noctem ducentibus astris.
  Post partum, cura in vitulos traducitur omnis;
Continuòque notas & nomina gentis inurunt:

fourrage,

fourrage, on les éloigne des fontaines, on les exerce, on les fatigue, pendant la chaleur du jour, tandis que le grain gémit sous le fléau, & que les pailles brisées volent au gré des vents. On les traite de la sorte, de peur que la graisse ne leur rende les parties de la génération trop étroites, & ne bouche les voies, & afin qu'elles aient plus d'ardeur pour l'acte vénérien, & que la liqueur séminale pénetre plus aisément.

Lorsque les meres sont pleines, on doit négliger les peres : toute l'attention doit être pour elles. Qu'on ne s'avise point de les mettre sous le joug : qu'on les empêche de sauter, de courir dans les plaines, & de traverser des fleuves à la nage : qu'on les mette dans de gras pâturages, au milieu des bois, & le long des rivieres bordées de mousse, de gazon & de rochers, afin qu'elles puissent s'y reposer à l'ombre.

Dans les bois des monts Silare & Alburne, est une mouche, que les Latins nomment *Asilius*, & les Grecs *Oestros*. Cette mouche redoutable effraie les troupeaux par son bourdonnement, & les met en fuite. Alors tout retentit de mugissements dans les forêts & sur les rives du Tanagre. Ce cruel insecte fut autrefois l'instrument de la vengeance de Junon contre la fille d'Inachus changée en vache. Garantissez de ce terrible fléau les femelles de vos troupeaux, qui sont pleines. Sa fureur est sur-tout à craindre dans la chaleur du jour. Ainsi faites-les paître le matin au lever du soleil, & le soir quand le retour des étoiles amene la nuit.

Lorsque les vaches ont mis bas, c'est vers leurs veaux que vous devez tourner vos soins. Vous les marquerez d'abord d'un fer chaud pour en distinguer la race, pour reconnoître ceux que vous destinez à peupler le

Et quos aut pecori malint submittere habendo,
Aut aris servare sacris, aut scindere terram,
Et campum horrentem fractis invertere glebis ;
Cætera pascuntur virides armenta per herbas.
Tu, quos ad studium, atque usum formabis agres-
.tem,
Jam vitulos hortare, viamque insiste domandi,
Dùm faciles animi juvenum, dùm mobilis ætas.
Ac primùm laxos tenui, de vimine circlos
Cervici subnecte : dehinc, ubi libera colla
Servitio assuerint, ipsis è torquibus aptos
Junge pares, & coge gradum conferre juvencos :
Atque illis jam sæpe rotæ ducantur inanes
Per terram, & summo vestigia pulvere signent.
Post valido nitens sub pondere faginus axis
Instrepat, & junctos temo trahat æreus orbes.
Intereà pubi indomitæ non gramina tantùm,
Nec vescas salicum frondes, ulvamque palustrem ;
Sed frumenta manu carpes sata : nec tibi fœtæ
More patrum nivea implebunt mulctralia vaccæ :
Sed tota in dulces consument ubera natos.

Sin ad bella magis studium, turmasque feroces,
Aut Alphæa rotis prælabi flumina Pisæ,
Et Jovis in luco currus agitare volantes :
Primus equi labor est, animos atque arma videre
Bellantum, lituosque pati, tractuque gementem
Ferre rotam, & stabulo frænos audire sonantes ;
Tùm magis atque magis blandis gaudere magistri
Laudibus, & plausæ sonitum cervicis amare.
Atque hæc jam primo depulsus ab ubere matris,
Audiat, inque vicem det mollibus ora capistris

troupeau, à servir de Victimes dans les sacrifices, ou à labourer la terre. Pour les genisses, il suffit de les laisser paître. Mais à l'égard des jeunes taureaux, que vous réservez pour les travaux de l'agriculture, il faut les exciter & les domter de bonne-heure, tandis qu'ils sont encore dans un age docile. Faites d'abord flotter sur leur cou un colier d'osier ; dès qu'ils seront accoutumés à cette espece de joug, joignez ensemble deux taureaux de même grandeur, & faites-les marcher d'un pas égal ; faites-leur tirer souvent des charrettes vuides ; qu'ils volent, & que leurs pas soient à peine marqués sur la poussiere. Ne craignez point de leur faire traîner ensuite des charges pesantes, qui fassent gémir l'aissieu. Cependant nourrissez ces jeunes taureaux encore indomtés, non-seulement de menu fourrage, de vesce, de feuilles de saules & d'herbes de marais, mais d'un peu de bled verd. A l'égard des vaches qui ont des veaux, n'allez pas les traire, comme nos peres faisoient autrefois : conservez aux veaux tout le lait de leurs meres.

Si vous voulez élever des chevaux pour la guerre, & pour briller dans les champs de Mars, ou pour faire voler de rapides chars sur les bords du fleuve Alphée, près de la forêt consacrée à Jupiter, accoutumez de bonne heure vos jeunes coursiers à voir des combats ; faites leur entendre souvent le son de la trompette guerriere, le bruit des armes, des harnois, & des chariots : qu'ils aiment sur-tout à être flattés par leurs maîtres, & qu'ils soient sensibles aux applaudissements. Lorsqu'ils sont sevrés, il faut commencer à les dresser, & dès leur plus tendre jeunesse, les accoutumer au frein, tandis qu'ils sont encore foibles, craintifs, & sans expérience. Lorsque le pou-

Invalidus, etiamque tremens, etiam infcius ævi.
At, tribus exactis, ubi quarta accefferit æftas,
Carpere mox gyrum incipiat, gradibufque fonare
Compofitis, finuetque alterna volumina crurum,
Sitque laboranti fimilis : tùm curfibus auras
Provocet; ac per aperta volans, ceu liber habenis,
Æquora vix fummâ veftigia ponat arenâ.
Qualis Hyperboreis Aquilo cùm denfus ab oris
Incubuit, Scythiæque hyemes, atque arida differt
Nubila : tum fegetes altæ, campique natantes
Lenibus horrefcunt flabris, fummæque fonorem
Dant fylvæ, longique urgent ad littora fluctus :
Ille volat, fimul arva fugâ, fimul æquora verrens.
  Hic vel ad Elei metas, & maxima campi
Sudabit fpatia, & fpumas aget ore cruentas,
Belgica vel molli meliùs feret effeda collo.
Tùm demùm crafsâ magnum farragine corpus
Crefcere jam domitis finito : namque ante doman-
   dum
Ingentes tollent animos, prenfique negabunt
Verbera lenta pati, & duris parere lupatis.
  Sed non ulla magis vires induftria firmat,
Quàm venerem, & cæci ftimulos avertere amoris,
Sive boum, five eft cui gratior ufus equorum.
Atque ideò tauros procul, atque in fola relegant
Pafcua, poft montem oppofitum, & trans flumina
   lata :

lain aura trois ans, apprenez-lui à aller au pas, puis à faire des voltes & des courbettes fatigantes; ensuite à galopper à bride abattue, à voler dans la plaine, & à toucher à peine la terre de ses pieds légers : semblable à l'Aquilon qui soufflant des régions hyperborées, chasse devant lui les frimats & les nuages secs * de l'aride Scythie, son haleine fait flotter les hautes moissons dans les campagnes; les forêts retentissent de ses sifflements; les vagues s'élevent, & les flots agités battent les rivages. Il vole çà & là, & il balaie dans sa course la terre & les mers.

Un cheval ainsi dressé brillera un jour dans la vaste carriere des jeux Olympiques **. Couvert de sueur, & d'une sanglante écume, il parcourra légérement cet espace, & d'un pas vainqueur franchira la borne: ou bien attelé à un char Belgique ***, il se signalera dans les combats. Au reste on peut, sans inconvénient, lui donner alors la plus forte nourriture. Avant ce temps-là, si on le nourrissoit trop, il seroit indomtable, & il n'obéiroit ni à la main ni au fouet du cavalier.

Mais il n'est point de moyen plus sûr de conserver la vigueur, soit des chevaux, soit des taureaux, que de réprimer leur ardeur pour les plaisirs de Vénus. Il faut donc faire paître les jeunes taureaux dans des endroits écartés, & séparés par des montagnes où des rivieres;

* Le Poëte appelle ces nuages, *arida nubila*, parce qu'ils ne se résolvent jamais en pluies, tant que le vent de nord les chasse.
** Les Jeux Olympiques se célébroient dans l'Elide, *ad Elei campi metas*.
*** On ignore comment ces chars étoient faits : aucun ancien Auteur ne nous en a laissé la description. César parle de l'*essedum* des Bretons. *Bell. Gall.* L. 4.

Aut intus clausos satura ad præsepia servant.
Carpit enim vires paulatim, uritque videndo
Fœmina : nec nemorum patitur meminisse, nec
    herbæ.
Dulcibus illa quidem illecebris, & sæpè superbos
Cornibus inter se subigit decernere amantes.
Pascitur in magnâ sylvâ formosa juvenca :
Illi alternantes multâ vi prælia miscent
Vulneribus crebris ; lavit ater corpora sanguis,
Versaque in obnixos urgentur cornua vasto
Cum gemitu : reboant sylvæque & magnus Olym-
    pus.
Nec mos bellantes unà stabulare : sed alter
Victus abit, longèque ignotis exulat oris,
Multa gemens ignominiam, plagasque superbi
Victoris, tum quos amisit inultus amores,
Et stabula aspectans regnis excessit avitis.
Ergo omni cura vires exercet, & inter
Dura jacet pernox instrato saxa cubili,
Frondibus hirsutis, & carice pastus acutâ :
Et tentat sese, atque irasci in cornua discit
Arboris obnixus trunco, ventosque lacessit
Ictibus, & sparsâ ad pugnam proludit arenâ.
Post, ubi collectum robur, viresque receptæ,
Signa movet, præcepsque oblitum fertur in hostem :
Fluctus ut in medio cœpit cum albescere Ponto,
Longius ex altoque sinum trahit : utque volutus
Ad terras, immane sonat per saxa, nec ipso
Monte minor procumbit ; at ima exæstuat unda
Vorticibus, nigramque altè subjectat arenam.
   Omne adeò genus in terris hominumque, fera-
    rumque,
Et genus æquoreum, pecudes, pictæque volucres
In furias, ignemque ruunt : amor omnibus idem.

du reste du troupeau, ou bien les tenir enfermés dans l'étable. Car la vue de la femelle les brûle, & les dessèche, les bois & les herbages ne font plus rien pour eux. Tandis que la belle génisse paît tranquillement dans une vaste forêt, ses charmes allument souvent la guerre entre ses amants. Ils se battent à coups de corne, & se font mille blessures. Le sang coule le long de leurs flancs. Le ciel & tous les bois d'alentour retentissent de leurs douloureux mugissements. Après le combat, le vaincu ne retourne point à l'étable; il jette un dernier regard sur son ancienne demeure: il s'éloigne & s'exile lui-même. Il va dans des lieux inconnus déplorer sa défaite & sa honte, & regretter la perte de ses amours. Mais l'ardeur de la vengeance le suit en tous lieux. La nuit couché sur des rochers, le jour se nourrissant de feuillages & de joncs, il s'essaie, il s'exerce, il s'excite à la colere. Il heurte les arbres, il perce l'air de ses cornes; il fait voler la poussiere, & prélude ainsi pour un nouveau combat. Lorsqu'il se sent assez de forces, & qu'il se voit en état de prendre sa revanche, il part, & transporté d'une nouvelle ardeur, il se précipite tout à coup sur son rival qui l'avoit oublié. C'est ainsi qu'on voit venir de loin une vague écumante, qui haute comme une montagne, se roule à grand bruit vers le rivage, franchit les rochers, & tombe tout à coup. La mer en est émue jusques dans ses profonds abymes, & ses ondes bouillonnantes soulevent un sable noir enseveli dans ses gouffres.

Tous les êtres de la nature, les hommes, les bêtes féroces, les troupeaux, les poissons, les oiseaux sont en proie aux fureurs de l'amour: une même flamme les dévore tous. La lionne oubliant ses lionceaux, ne cause jamais de plus

Tempore non alio catulorum oblita leæna
Sævior erravit campis : nec funera vulgò
Tam multa informes ursi, stragemque dedere
Per sylvas : tùm sævus aper, tùm pessima tigris.
Heu malè tùm Lybiæ solis erratur in agris.
Nonne vides, ut tota tremor pertentet equorum
Corpora, si tantùm notas odor attulit auras ?
Ac neque eos jam fræna virûm, nec verbera sæva,
Non scopuli, rupesque cavæ, atque objecta retar-
    dant
Flumina correptos undâ torquentia montes.
Ipse ruit, dentesque Sabellicus exacuit sus,
Et pede profubigit terram ; fricat arbore costas,
Atque hinc, atque illinc humeros ad vulnera durat.
Quid juvenis, magnum cui versat in ossibus ignem
Durus amor ? nempè abruptis turbata procellis
Cæcâ nocte natat serus freta : quem super ingens
Porta tonat cœli, & scopulis illisa reclamant
Æquora : nec miseri possunt revocare parentes,
Nec moritura super crudeli funere virgo.
   Quid Lynces Bacchi variæ, & genus acre lu-
    porum
Atque canum ? quid, quæ imbelles dant prælia
    cervi ?
Scilicet, ante omnes furor est insignis equarum :
Et mentem Venus ipsa dedit, quo tempore Glauci
Potniades malis membra absumpsere quadrigæ.
Illas ducit amor trans Gargara, transque sonantem
Ascanium : superant montes, & flumina tranant.
Continuòque, avidis ubi subdita flamma medullis,
(Vere magis, quia vere calor redit ossibus) illæ
Ore omnes versæ in Zephyrum stant rupibus altis,

grands ravages dans les campagnes, que lorsqu'elle commence à sentir les feux de Vénus. Jamais les ours, les sangliers, & les tigres ne sont plus à craindre. Malheur à ceux qui errent alors dans les déserts de la Lybie. Voyez comme les chevaux frissonnent de tous leurs membres, s'ils viennent seulement à sentir l'odeur d'une cavale. Les freins, les fouets, les rochers, les précipices, ces rapides torrents qui entraînent dans leurs cours les débris des montagnes, ne peuvent les retenir. Le sanglier amoureux aiguise ses défenses, foule aux pieds sa bauge, se frotte contre le tronc des arbres, & tâche de se mettre en état de triompher de tous ses rivaux. Mais de quoi n'est pas capable un jeune homme, que le cruel amour dévore? Il ose dans la nuit la plus obscure traverser un bras de mer à la nage. Ni l'orage qui gronde sur sa tête *, ni les flots irrités qui se brisent avec fracas contre les rochers, ni la douleur de ses parents, ni le désespoir de son amante, s'il venoit à périr, rien ne peut l'arrêter.

Quelle est la fureur des Lynx de Bacchus, des loups, des chiens, & même des timides cerfs, que cette passion rend belliqueux? Mais rien n'égale les emportements des cavales. Vénus leur inspira cette rage, lorsque Glaucus fut déchiré par les quatre juments qui tiroient son char. Les montagnes les plus escarpées, les fleuves les plus rapides ne les arrêtent point; elles franchissent le mont Gargare, & passent à la nage le torrent d'Ascagne. Dès que ce feu s'allume dans leurs veines, sur-tout au prin-

---

* Il y a dans le texte, *Porta tonat cœli*. C'est la porte du Palais de Jupiter. Lucrece dit, *cœli tonitralia templa*, & Silius, L. 1. *tonat alti regia cœli*.

Exceptantque leves auras ; & sæpè sine ullis
Conjugiis vento gravidæ (mirabile dictu)
Saxa per & scopulos, & depressas convalles
Diffugiunt ; non, Eure, tuos, neque Solis ad ortus ;
In Boream, Caurumque, aut unde nigerrimus Auster
Nascitur, & pluvio contristat frigore cœlum.
Hinc demum, Hippomanes, vero quod nomine dicunt
Pastores lentum distillat ab inguine virus,
Hippomanes, quod sæpè malæ legere novercæ,
Miscueruntque herbas, & non innoxia verba.
Sed fugit intereà, fugit irreparabile tempus,
Singula dum capti circumvectamur amore.
 Hoc satis armentis : superat pars altera curæ,
Lanigeros agitare greges, hirtasque capellas.
Hic labor, hinc laudem fortes sperate coloni.
Nec sum animi dubius, verbis ea vincere magnum
Quàm sit, & angustis hunc addere rebus honorem.
Sed me Parnassi deserta per ardua dulcis
Raptat amor : juvat ire jugis, quà nulla priorum
Castaliam molli divertitur orbita clivo.
Nunc, veneranda Pales, magno nunc ore sonandum.
 Incipiens, stabulis edico in mollibus herbam
Carpere oves, dùm mox frondosa reducitur æstas :
Et multâ durum stipulâ, filicumque maniplis
Sternere subter humum ; glacies ne frigida lædat
Molle pecus, scabiemque ferat, turpesque podagras.

temps, (car c'est dans cette saison que la chaleur animale se ranime) elles grimpent sur les rochers : là, tournées vers le Soleil couchant, elles respirent l'air que le Zéphyre leur apporte ; & ce qui doit étonner, elles sont fécondées par ce vent. Aussi-tôt elles se précipitent dans les vallons, & courent sur les rochers, sans jamais se tourner ni vers le Soleil levant, ni au Septentrion, ni au Midi. Alors on voit distiller de leurs parties naturelles ce poison, que les Bergers nomment *Hippomanes*, poison dont se sert souvent une belle-mere barbare, en y mêlant de certaines herbes & en prononçant des paroles magiques. Mais tandis que je m'amuse à montrer le pouvoir de l'Amour, le temps irréparable s'enfuit.

J'ai assez parlé des grands troupeaux : il s'agit maintenant des chevres & des brebis. O vous ! robustes habitants des campagnes, occupez-vous du soin de les élever, & songez que votre honneur en dépend. (Je sais combien il est difficile d'exprimer noblement de si petites choses, de traiter noblement cette matiere, & de lui donner de la dignité. Mais entraîné par l'amour des Muses, j'aime à me frayer des routes écartées, & je veux arriver par un sentier inconnu à la Fontaine sacrée du Permesse. Vénérable Palès, c'est maintenant que je t'invoque ; j'ai besoin de ton secours. Daigne fortifier ma voix)

Je veux d'abord que durant l'hyver vous reteniez vos brebis dans la bergerie, où vous leur fournirez de l'herbe jusqu'au retour du printemps. Ne manquez pas d'étendre sous elles de la paille & de la fougere, de peur que le froid n'incommode ces animaux délicats, & ne leur cause de tristes maladies, telles que la gale ou la goutte. Je veux aussi que vous donniez

Post hinc digressus, jubeo frondentia capris
Arbuta sufficere, & fluvios præbere, recentes;
Et stabula à ventis hyberno opponere Soli
Ad medium conversa diem : cùm frigidus olim
Jam cadit, extremoque irrorat Aquarius anno.

 Hæc quoque non cura nobis leviore tuenda;
Nec minor usus erit : quamvis Milesia magno
Vellera mutentur, Tyrios incocta rubores.
Densior hinc soboles : hinc largi copia lactis.
Quo magis exhausto spumaverit ubere mulctra,
Læta magis pressis manabunt flumina mammis.
Nec minus intereà barbas, incanaque menta
Cinyphii tondent hirci, setasque comantes,
Usum in castrorum, & miseris velamina nautis.
Pascuntur verò sylvas, & summa Lycæi,
Horrentesque rubos, & amantes ardua dumos.
Atque ipsæ memores redeunt in tecta suosque
Ducunt, & gravido superant vix ubere limen.
Ergo omni studio glaciem, ventosque nivales,
Quò minùs est illis curæ mortalis egestas,
Avertes : victumque feres, & virgea lætus
Pabula, nec totâ claudes fœnilia brumâ.

 At verò Zephyris cùm læta vocantibus æstas,
In saltus utrumque gregem, atque in pascua mittes :
Luciferi primò cum sidere, frigida rura
Carpamus : dùm manè novum, dùm gramina ca-
 nent,
Et ros in tenerâ pecori gratissimus herba est.
Indè, ubi quarta sitim cœli collegerit hora,
Et cantu querulæ rumpent arbusta cicadæ,
Ad puteos, aut alta greges ad stagna jubeto
Currentem ilignis potare canalibus undam :
Æstibus at mediis umbrosam exquirere vallem,
Sicubi magna Jovis antiquo robore quercus

aux chevres des feuilles d'arboifier, & de l'eau fraîche. Que leurs étables foient à couvert des vents du Nord, & expofés au midi. Tenez-les ainfi renfermées jufques vers la fin de l'hyver, lorfque le Soleil commence à fortir du Verfeau.

Les chevres ne méritent pas moins d'attention que les brebis, & l'on n'en tire pas moins de profit. Elles ne donnent pas à la vérité cette laine, que la précieufe teinture de Tyr embellit d'une couleur éclatante ; mais outre qu'elles font plus fécondes, ce font des fources intariffables de lait. De leurs longs poils & de la barbe des mâles, on fait des habits pour les foldats & pour les matelots. D'ailleurs on les nourrit aifément ; elles paiffent dans les bois & fur le fommet des rochers, où elles broutent les ronces & les buiffons. Le foir elles reviennent au bercail fans conducteurs, & y ramenent leurs chevreaux : elles font alors fi chargées de lait, qu'à peine elles peuvent franchir le feuil de la porte. Soyez donc attentifs à les préferver des vents froids & de la gelée, d'autant plus qu'elles font incapables de fe garantir elles-mêmes des injures du temps, & de fe procurer leurs befoins. L'hyver, ayez foin de leur fournir dans leur étable des branches qu'elles puiffent brouter, & que vos greniers remplis de foin foient toujours ouverts pour elles.

Mais lorfque les Zéphyrs annoncent le retour du printemps, menez vos brebis & vos chevres dans les paturages & dans les bois. Faites-les fortir de leurs étables, dès que l'étoile du matin commence à paroître, tandis que la rofée, qui leur eft fi agréable, blanchit encore les tendres herbes. Quatre heures après le lever du Soleil, quand tous les bois retentiffent du bruit importun des cigales, quand la foif commence à tourmenter les troupeaux, conduifez les vôtres à

Ingentes tendat ramos, aut ficubi nigrum
Ilicibus crebris facrâ nemus accubet umbrâ.
Tùm tenues dare rursùs aquas, & pafcere rursùs
Solis ad occafum ; cum frigidus aëra Vefper
Temperat, & faltus reficit jam rofcida Luna,
Littoraque Alcyonem refonant, & Acanthida du-
    mi.
  Quid tibi paftores Libyæ, quid pafcua verfu
Profequar, & raris habitata mapalia tectis ?
Sæpè diem, noctemque, & totum ex ordine men-
    fem
Pafcitur, itque pecus longa in deferta fine ullis
Hofpitiis : tantum campi jacet. Omnia fecum
Armentarius Afer agit, tectumque, Laremque,
Armaque, Amyciæumque canem, Creffamque
    pharetram.
Non fecùs, ac patriis acer Romanus in armis,
Injufto fub fafce viam cùm carpit, & hofti
Ante expectatum pofitis ftat in agmine caftris.
  At non, quâ Scythiæ gentes, Mæoticaque unda,
Turbidus & torquens flaventes Ifter arenas,
Quàque redit medium Rhodope porrecta fub axem,
Illic claufa tenent ftabulis armenta ; neque ullæ
Aut herbæ campo apparent, aut arbore frondes:
Sed jacet aggeribus niveis informis, & alto
Terra gelu latè, feptemque affurgit in ulnas :
Semper hyems, femper fpirantes frigora Cauri.
Tùm Sol pallentes haud unquam difcutit umbras,
Nec cùm invectus equis altum petit æthera, nec
    cùm

l'eau d'un puits, ou à ces auges de bois où coule l'eau échappée d'un étang. Au milieu du jour mettez-les à l'ombre dans un sombre vallon, ou sous le feuillage épais d'un vieux chêne, ou dans ces bois sacrés, inaccessibles à la chaleur du midi. Faites-les boire & paître encore sur le soir, lorsque l'étoile du berger commence à rafraîchir l'air, que la Lune répand une agréable humidité sur les bois, & que les rivages de la mer retentissent du chant des Alcyons, & les buissons du ramage des Rossignols.

Que dirai-je des Pasteurs de la Libye, de leurs pacages, & de leurs cabanes éparses dans les champs. Souvent ils tiennent jour & nuit, & pendant des mois entiers, leurs troupeaux hors de l'étable. Ils les conduisent dans de vastes déserts, où il n'est pour eux aucune retraite. Le Berger Africain parcourt ces pays immenses, avec sa cabane, ses provisions, son chien fidele, ses armes, & son carquois : tel que le Soldat Romain, qui marche chargé d'un poids énorme, pour se présenter tout à coup à l'ennemi étonné, qui ne l'attend point.

Les Pasteurs de la Scythie suivent une méthode différente. Ces peuples dont les uns habitent les bords du Palus Méotis, les autres sont situés sur les rivages du Danube qui roule des sables d'or, ou vers le mont Rhodope qui s'étend jusques sous le Pole, tous ces peuples septentrionaux ont coutume de tenir leurs troupeaux renfermés dans les étables. Là on ne voit ni herbes dans les campagnes, ni feuilles sur les arbres. La terre tristement couverte de montagnes de neige, gémit sous sept coudées de glace. Il y regne un hyver éternel : c'est le séjour du vent Caurus. Jamais le Soleil n'y dissipe les brouillards, soit que son char monte au plus haut dégré de l'Olympe, soit qu'il se

Præcipitem Oceani rubro lavit æquore currum.
Concrefcunt fubitæ currenti in flumine cruftæ,
Undaque jam tergo ferratos fuftinet orbes,
Puppibus illa priùs patulis, nunc hofpita plauftris :
Æraque diffiliunt vulgò, veftefque rigefcunt
Indutæ : cæduntque fecuribus humida vina ;
Et totæ folidam in glaciem vertere lacunæ ;
Stiriaque impexis induruit horrida barbis.
Interea toto non feciùs aëre ningit :
Intereunt pecudes : ftant circumfufa pruinis
Corpora magna boum, confertoque agmine cervi
Torpent mole novâ, & fummis vix cornibus
    exftant.
Hos non immiffis canibus, non caffibus ullis,
Puniceæ-ve agitant pavidos formidine pennæ :
Sed fruftrà oppofitum trudentes pectore montem,
Cominus obtruncant ferro, graviterque rudentes
Cædunt, & magno læti clamore reportant.
    Ipfi in defoffis fpecubus, fecura fub altâ
Otia agunt terrâ ; congeftaque robora, totafque
Advolvere focis ulmos, ignique dedere.
Hîc noctem ludo ducunt, & pocula læti
Fermento, atque acidis imitantur vitea forbis.
Talis Hyperboreo feptem fubjecta trioni
Gens effræna virûm Riphæo tunditur Euro,
Et pecudum fulvis velantur corpora fetis.
    Si tibi lanicium curæ primùm afpera fylva,
Lappæque, tribulique abfint : fuge pabula læta,
Continuòque greges villis lege mollibus albos,
Illum autem, (quamvis aries fit candidus ipfe)

précipite

précipite dans l'Océan teint de ses feux. Là le cours du fleuve le plus rapide est tout à coup suspendu par des glaces qui enchaînent ses flots. Leur solide surface soutient alors le poids des chariots, & les traîneaux y prennent la place des navires. Souvent l'excès du froid fend l'airain, & glace les vêtements. On coupe avec la hache le vin gelé dans les tonneaux. Les eaux dormantes sont converties en cryftal. Tout, jusqu'à la barbe de ces peuples, est hériffé de glaçons. Les troupeaux périffent enfevelis fous la neige; les cerfs fuccombent fous cette maffe : à peine le bout de leur ramure paroît-il. Pour les prendre, on n'a befoin alors ni de chiens, ni de toiles, ni de fleches. On les tue de près, tandis que défefpérés ils s'efforcent vainement d'écarter ces montagnes de neige qui les environnent, & de fortir de leur prifon. Les Barbares, pouffant de grands cris, fe faififfent de leur proie, qu'ils emportent joyeufement dans leurs cavernes.

Ces peuples vivent fous terre *, dans des antres, où ils coulent des jours heureux. Ils brûlent des troncs d'arbres & des ormes entiers pour fe garantir du froid. Ils paffent les nuits à jouer & à boire d'une liqueur qui imite le vin, faite avec du froment ou des fruits fauvages. C'est ainfi qu'ils vivent fans loix & fans police, vêtus de peaux de bêtes féroces, en bute aux vents qui tombent des monts Riphées.

Si vous voulez avoir des laines parfaites, gardez-vous de conduire vos brebis dans des lieux couverts d'épines & de ronces, ni dans des paturages trop gras. Ne compofez votre

* Les peuples qui vivent fous terre, s'appellent Troglodytes. Il y en a dans tous les pays.

Tome I.   Q

Nigra ſubeſt udo tantùm cui lingua palato,
Rejice, ne maculis infuſcet vellera pullis
Naſcentum, plenoque alium circumſpice câmpo.
Munere ſic niveo lanæ (ſi credere dignum eſt)
Pan, Deus Arcadiæ, captam te, Luna, fefellit,
In nemora alta vocans : nec tu aſpernata vocan-
    tem.
    At cui lactis amor, cythiſum, lotoſque frequen-
    tes
Ipſe manu, falſaſque ferat præſepibus herbas.
Hinc & amant fluvios magis, & magis ubera ten-
    dunt,
Et ſalis occultum referunt in lacte ſaporem.
    Multi jam excretos prohibent à matribus hœdos,
Primaque ferratis præfigunt ora capiſtris.
    Quod ſurgente die mulſere, horiſque diurnis,
Nocte premunt : quod jam tenebris, & ſole ca-
    dente,
Sub lucem exportans calathis adit oppida paſtor,
Aut parco ſale contingunt, hyemique reponunt.
    Nec tibi cura canum fuerit poſtrema : ſed unà
Veloces Spartæ catulos, acremque Moloſſum
Paſce ſero pingui : numquam cuſtodibus illis
Nocturnum ſtabulis furem, incurſuſque luporum,
Aut impacatos à tergo horrebis Iberos.
Sæpe etiam curſu timidos agitabis onagros,
Et canibus leporem, canibus venabere damas :
Sæpe volutabris pulſos ſylveſtribus apros
Latratu turbabis agens, monteſque per altos

troupeau que de brebis dont la toison soit blanche & fine. Quelque blanche que soit celle d'un bélier, s'il a la langue noire, rejettez-le, de peur que les agneaux qui naîtront de lui ne fussent marqués de noir. Cherchez-en un autre pour le mettre dans votre troupeau. O Diane ! s'il est permis de le croire, ce fut sous la figure d'un bélier blanc, que le Dieu d'Arcadie éblouit vos yeux, & vous entraîna dans le fond d'un bois, où vous daignâtes répondre à ses vœux.

Quiconque veut tirer de ses troupeaux du lait en abondance, doit garnir ses étables de cythise, de lotos & d'herbes, dont les sels irritent la soif des chevres. Plus elles boivent, plus leurs mamelles s'emplissent : d'ailleurs le suc de ces herbes donne un goût excellent à leur lait.

Plusieurs ont coutume de sevrer les chevreaux, & pour cet effet, ils leurs mettent des muselieres garnies de pointes de fer.

Il faut faire cailler durant la nuit, le lait qu'on a tiré le matin & dans la chaleur du jour. Pour celui qu'on a tiré le soir, il ne le faut faire cailler que le lendemain au lever du Soleil. Alors le Berger va le porter à la ville dans des paniers d'osier, ou bien il le sale un peu & le conserve pour l'hyver.

Que les chiens destinés à la garde de vos troupeaux ne soient pas le dernier objet de vos soins. Ceux de Sparte si légers à la course, & ceux d'Epire, vous les nourrirez d'une pâte faite avec du petit lait. Sous ces gardiens attentifs & fideles, vous n'aurez à craindre ni l'incursion des loups, ni les voleurs de nuit, ni les surprises des brigands d'Ibérie. Vous pourrez tantôt forcer à la course les ânes sauvages si timides, les lievres, les daims, &

Ingentem clamore premes ad retia cervum.

Disce & odoratam stabulis accendere cedrum;
Galbaneoque agitare graves nidore chelidros.
Sæpè sub immotis præsepibus, aut mala tactu
Vipera delituit, cœlumque exterrita fugit:
Aut tecto assuetus coluber succedere, & umbræ,
Pestis acerba boum, pecorique aspergere virus,
Fovit humum : cape saxa manu, cape robora
    pastor,
Tollentemque minas, & sibila colla tumentem
Dejice : jamque fugâ timidum caput abdidit altè,
Cum medii nexus, extremæque agmina caudæ
Solvuntur, tardosque trahit sinus ultimus orbes.

Est etiam ille malus Calabris in saltibus anguis,
Squamea convolvens sublato pectore terga,
Atque notis longam maculosus grandibus alvum :
Qui dùm amnes ulli rumpuntur fontibus, & dùm
Vere madent udo terræ, ac pluvialibus Austris,
Stagna colit : ripisque habitans, hic piscibus atram
Improbus ingluviem, ranisque loquacibus explet.
Postquam exhausta palus, terræque ardore dehis-
    cunt,
Exilit in siccum ; & flammantia lumina torquens
Sævit agris, asperque siti, atque exterritus æstu.
Ne mihi tùm molles sub dio carpere somnos,
Neu dorso nemoris libeat jacuisse per herbas;
Cum positis novus exuviis, nitidusque juventâ
Volvitur, aut catulos tectis, aut ova relinquens,
Arduus ad Solem, & linguis micat ore trisulcis.

tantôt relancer un sanglier dans sa bauge, ou faire entrer dans vos toiles un cerf épouvanté par vos cris.

Ayez soin de parfumer vos étables de l'odeur du cedre & du galbanum, c'est le moyen d'en éloigner les serpents. La vipere, dont le seul attouchement est funeste, se cache souvent sous la crêche d'une étable, pour fuir la lumiere qui la trouble. La couleuvre, qui aime à être à couvert & à l'ombre, vient pareillement s'y refugier. Ces reptiles sont la peste des troupeaux, qu'ils infectent de leur venin. Berger, arme-toi de pierres & de bâtons, & poursuis ces dangereux ennemis: ne sois effrayé ni de leurs sifflements, ni de leurs menaces. Déja ils prennent la fuite & cachent leur tête dans des trous; mais on voit encore les anneaux de leurs corps tortueux: les plis tardifs de leur longue queue sont encore à découvert.

Il est dans les bois de la Calabre un serpent des plus dangereux. Couvert d'écailles, il rampe fiérement, dresse la tête, & offre un ventre long & tacheté. Quand les rivieres sont débordées, quand les terres sont abreuvées des pluies du printemps, il habite les marais, où il dévore les poissons & se rassasie de grenouilles. Mais lorsque les étangs sont desséchés, & qu'un Soleil brûlant entr'ouvre les terres de toutes parts, il s'élance dans les champs arides; il roule ses yeux enflammés, la chaleur & la soif le rendent furieux. Que le Ciel me préserve de me livrer alors au doux sommeil en pleine campagne, ou de me coucher sur l'herbe à l'ombre d'un bois, lorsque ce serpent dépouillé de sa peau, abandonnant ses petis ou ses œufs, & rampant hors de son trou, vient offrir sa tête rajeunie aux rayons du Soleil, & darder sa langue à trois pointes.

Morborum quoque te caufas, & figna docebo.
Turpis oves tentat fcabies, ubi frigidus imber
Altius ad vivum perfedit, & horrida cano
Bruma gelu, vel cum tonfis illotus adhæfit
Sudor, & hirfuti fecuerunt corpora vepres.
Dulcibus idcircò pluviis pecus omne magiftri
Perfundunt, udifque aries in gurgite villis
Merfatur, miffufque fecundo defluit amni :
Aut tonfum trifti contingunt corpus amurcâ,
Et fpumas mifcent argenti ac fulphura viva,
Idæafque pices, & pingues unguine ceras.
Scyllamque, elleborofque graves, nigrumque bi-
    tumen.
Non tamen ulla magis præfens fortuna laborum eft,
Quam fi quis ferro potuit refcindere fummum
Ulceris os : Alitur vitium, vivitque tegendo,
Dùm medicas adhibere manus ad vulnera paftor
Abnegat, & meliora Deos fedet omnia pofcens.
Quin etiam ima dolor balantum lapfus ad offa
Cùm furit, atque artus depafcitur arida febris,
Profuit incenfos æftus avertere, & inter
Ima ferire pedis falientem fanguine venam :
Bifaltæ quo more folent, acerque Gelonus,
Cùm fugit in Rhodopen, atque in deferta Geta-
    rum,
Et lac concretum cum fanguine potat equino.
  Quam procul aut molli fuccedere fæpius umbræ
Videris, aut fummas carpentem ignavius herbas,
Extremamque fequi, aut medio procumbere campo
Pafcentem, & feræ folam decedere nocti :

Je vous expliquerai maintenant les causes & les signes des maladies qui affligent les troupeaux. Souvent une honteuse gale infecte les brebis, lorsque la pluie ou le froid les ont pénétrées, ou lorsque nouvellement tondues elles ont sué sans être lavées, ou enfin lorsque leur peau a été déchirée par les ronces & les épines. C'est pour prévenir ce mal que les Bergers ont coutume de les baigner dans des ruisseaux, & qu'ils plongent les béliers dans des rivieres, où ils nagent en suivant le fil de l'eau. Le remede de cette maladie est un onguent composé de marc d'huile d'olive, de l'écume de l'argent, de soufre vif, de poix & de cire grasse. On y joint le suc d'oignons de mer, l'ellébore *, & le bitume noir. Mais le meilleur remede est de faire une incision, & de sacrifier l'endroit ulcéré. Plus le mal est caché, plus il s'entretient & s'augmente; sur-tout si le Pasteur tranquille en néglige la guérison, & s'il se contente d'implorer pieusement le secours des Dieux. Lorsque le poison a pénétré jusqu'aux os, & que la brebis est en proie à une brûlante fievre, une saignée au pied en éteindra le feu. C'est la méthode des Bisaltes, & des Gelons, errants dans la Gothie déserte & sur le mont Rhodope, de ces peuples qui boivent du lait mêlé avec le sang de leurs chevaux.

Si vous voyez quelqu'une de vos brebis se retirer souvent à l'ombre, brouter avec nonchalance l'extrêmité des herbes, marcher toujours derriere les autres, se coucher au milieu des pâturages, & revenir seule lentement à la bergerie, employez le fer pour guérir son

* Les anciens faisoient un grand usage de l'ellébore. *Tam promiscuum*, dit Pline; *ut plerique studiorum gratiâ, ad providenda acrius quæ commentabantur sæpius sumptitaverint*, L. 25.

Continuò culpam ferro compefce, priùs quàm
Dira per incautum ferpant contagia vulgus.
Non tam creber agens hyemem ruit æquore turbo,
Quàm multæ pecudum peftes: nec fingula morbi
Corpora corripiunt, fed tota æftiva repentè,
Spemque, gregemque fimul, cunctamque ab origine gentem.

Tùm fciat aërias Alpes, & Norica fi quis
Caftella in tumulis, & Iapidis arva Timavi
Nunc quoque poft tanto videat, defertaque regna
Paftorum, & longè faltus latèque vacantes.
Hîc quondam morbo coeli miferanda coorta eft
Tempeftas, totoque autumni incanduit æftu;
Et genus omne neci pecudum dedit, omne ferarum;
Corrupitque lacus; infecit pabula tabo.
Nec via mortis erat fimplex: fed ubi ignea venis
Omnibus acta fitis miferos adduxerat artus,
Rursùs abundabat fluidus liquor, omniaque in fe
Offa minutatiim morbo collapfa trahebat.
Sæpè in honore Deûm medio ftans hoftia ad aram,
Lanea dùm niveâ circumdatur infula vittâ,
Inter cunctantes cecidit moribunda miniftros:
Aut fi quam ferro mactaverat antè facerdos,
Inde neque impofitis ardent altaria fibris,
Nec refponfa poteft confultus reddere vates:
Ac vix fuppofiti tinguntur fanguine cultri,
Summaque jejunâ fanie infufcatur arena.
Hinc lætis vituli vulgò moriuntur in herbis,
Et dulces animas plena ad præfepia reddunt.
Hinc canibus blandis rabies venit, & quatit ægros

mal, avant que la contagion ne se répande sur tout votre troupeau. La mer n'est pas plus exposée aux tempêtes, que les animaux aux maladies. Elles n'attaquent pas seulement quelques bêtes en particulier : elles ravageront tout un troupeau, & ruineront toutes les espérances d'un malheureux Berger.

Si vous voulez voir un pareil désastre, parcourez les Alpes Juliennes, les Bourgs fortifiés de la Noricie, & les champs de l'Iapidie arrosés des eaux du Timave. Dans ces tristes contrées, où régna autrefois une affreuse mortalité, les pâturages & les bois sont encore aujourd'hui de vastes solitudes. La contagion vint de l'air corrompu par les chaleurs excessives de l'automne. Les fontaines & tous les herbages furent empoisonnés, & un venin mortel se glissa dans le sang de tous les animaux, & même des bêtes féroces. Tous périssoient, & leur mort n'étoit point ordinaire. Une ardente soif desséchoit leurs veines, & tous leurs membres. Leur sang n'étoit plus qu'une lymphe âcre, qui rongeoit leurs os déja consumés par la maladie. Souvent la victime, prête à être immolée au pied de l'autel, & déja ceinte de la bandelette sacrée, expiroit entre les mains du Sacrificateur trop lent à la frapper. Si le Prêtre en immoloit quelqu'une, l'infection ne permettoit pas d'en mettre les entrailles sur l'autel pour y être brûlées, & l'Auspice n'en pouvoit tirer aucun présage. A peine lui avoit-on donné le coup mortel, que la terre paroissoit teinte d'un sang noirâtre. Les jeunes taureaux mouroient au milieu des plus gras pâturages, ou venoient rendre les derniers soupirs dans leurs étables abondamment pourvues de toutes sortes de fourrages. Les chiens les plus doux étoient en proie à la rage ; la toux violente, jointe à l'enflure

Tome I.　　　　　　　　　　R

Tussis anhela sues, ac faucibus angit obesis.
Labitur infelix studiorum, atque immemor herbæ
Victor equus, fontesque avertitur, & pede terram
Crebra ferit : demissæ aures, incertus ibidem
Sudor, & ille quidem morituris frigidus : aret
Pellis, & ad tactum tractanti dura resistit.
 Hæc ante exitium primis dant signa diebus.
Sin in processu cœpit crudescere morbus,
Tùm verò ardentes oculi, atque attractus ab alto
Spiritus, interdùm gemitu gravis, imaque longo
Ilia singultu tendunt : it naribus ater
Sanguis, & obsessas fauces premit aspera lingua.
Profuit inserto latices infundere cornu
Lenæos : ea visa salus morientibus una.
Mox erat hoc ipsum exitio, furiisque refecti
Ardebant : Ipsique suos jam morte sub ægrâ
(Dii meliora piis, erroremque hostibus illum !).
Discissos nudis laniabant dentibus artus.
 Ecce autem duro fumans, sub vomere taurus
Concidit, & mixtum spumis vomit ore cruorem,
Extremosque ciet gemitus : it tristis arator,
Mœrentem abjungens fraternâ morte juvencum,
Atque opere in medio defixa relinquit aratra.
Non umbræ altorum nemorum, non mollia
 possunt
Prata movere animum, non qui per saxa volutus
Purior electro campum petit amnis : at ima
Solvuntur latera, atque oculos stupor urget inertes,

de la gorge, faisoit perdre la respiration aux pourceaux. Ces superbes coursiers, si souvent vainqueurs dans les combats de la course, abattus par le mal, dédaignoient l'herbe des prairies, & l'eau des fontaines. Ils frappoient la terre de leur pied languissant, & baissoient leurs tristes oreilles. Leur peau dénuée de suc étoit collée sur leurs os; ils paroissoient baignés d'une sueur, dont la cause étoit inconnue, & qui devenoit bientôt la sueur froide de la mort.

Tels étoient les premiers symptomes de la maladie dont ils étoient attaqués : mais ses progrès étoient encore plus terribles. Leurs yeux s'enflammoient, & ils ne respiroient qu'avec peine; ils poussoient de profonds gémissements, & leurs flancs étoient agités de battements continuels. Un sang noir couloit de leurs narines, & leur langue enflée comprimoit tous les vaisseaux de la gorge. D'abord on tenta avec quelque succès de leur faire avaler du vin par le moyen d'une corne; & l'on crut ce remede efficace & unique. Mais bientôt il devint funeste aux animaux malades, & se convertissant en poison, il les rendit furieux jusqu'à se déchirer eux-mêmes. (Grands Dieux, préservez Rome d'une telle fureur : inspirez-la plutôt à ses ennemis.)

D'une autre part, on voyoit un taureau fumant sous le joug, tomber tout à coup, vomir du sang & de l'écume, & rendre les derniers soupirs. Le triste Laboureur laissoit sa charrue & son travail, & dételloit son taureau affligé de la mort de son compagnon. Ni le salutaire ombrage des bois, ni l'agréable verdure des prairies, ni l'onde pure des ruisseaux, coulants sur du gravier & serpentant dans les campagnes, ne pouvoient réjouir les troupeaux foibles & languissants. On voyoit leurs flancs creusés,

Ad terramque fluit devexo pondere cervix.
Quid labor, aut benefacta juvant? quid vomere
 terras
Invertisse graves? atqui non Massica Bacchi
Munera, non illis epulæ nocuere repostæ:
Frondibus & victu pascuntur simplicis herbæ.
Pocula sunt fontes liquidi, atque exercita cursu
Flumina : nec somnos abrumpit cura salubres.
 Tempore non alio dicunt regionibus illis
Quæsitas ad sacra boves Junonis, & uris
Imparibus ductos alta ad donaria currus.
Ergo ægrè rastris terram rimantur, & ipsis
Unguibus infodiunt fruges : montesque per altos
Contentâ cervice trahunt stridentia plaustra.
Non lupus insidias explorat ovilia circùm,
Nec gregibus nocturnus obambulat : acrior illum
Cura domat : timidi damæ, cervique fugaces
Nunc interque canes, & circùm tecta vagantur.
 Jam maris immensi prolem, & genus omne na-
 tantum
Littore in extremo, ceu naufraga corpora, fluctus
Proluit ; insolitæ fugiunt in flumina Phocæ.
Interit & curvis frustrà defensa latebris
Vipera, & attoniti squammis astantibus hydri.

Livre III.

leurs yeux éteints, & leur tête panchée fuccomber fous fon propre poids. C'eſt en vain que leur travail pénible avoit enrichi leur maître, qui ne les pouvoit foulager. Cependant ni l'excès du vin maſſique, ni l'abondance des mets exquis ne leur avoient point cauſé ce mal redoutable. Les feuilles des arbres, l'herbe des prairies avoient été leur feule nourriture : leur breuvage n'étoit que l'eau tranſparente des fontaines, ou celle des rivieres que leur cours épure. Leur fommeil n'avoit point été troublé par d'affreufes inquiétudes.

Ce fut alors, dit-on, qu'on chercha dans ces contrées deux bœufs pareils, pour conduire au temple de Junon un chariot chargé de préfents pour la Déeſſe, & qu'on fut obligé de le faire traîner par des buffles de différente grandeur. Dans la difette de bœufs & de chevaux, le Laboureur fe vit réduit à remuer fon champ avec la bêche & le rateau, à faire avec fa main des fillons pour enfouir la femence dans la terre, & à traîner lui-même, chargé d'un collier, fes charrettes juſqu'au haut des montagnes. Alors le loup ne tendoit plus d'embûches aux troupeaux, & ne tâchoit point de furprendre les bergeries pendant la nuit, un autre mal que la faim le tourmentoit. Le daim timide, le cerf fugitif ne redoutoient plus les chiens, & fans crainte approchoient des maifons.

Les eaux de la mer fe reffentirent de la contagion. On vit les poiffons, & les monſtres qu'elle porte dans fon fein, flotter près de fes rivages, ou pouffés par le flot demeurer étendus fur le fable, tels que d'infortunés matelots qui ont fait naufrage. Les veaux marins entroient dans les fleuves, dont les eaux leur étoient inconnues. La vipere même & tous les ferpents, hériffant leurs écailles, expiroient dans leurs

Ipsis est aër avibus non æquus, & illæ
Præcipites altâ vitam sub nube relinquunt.
 Præstereà, nec jam mutari pabula refert ;
Quæsitæque nocent artes: cessere magistri
Phillyrides Chiron, Amythaoniusque Melampus.
Sævit & in lucem Stygiis emissa tenebris
Pallida Tisiphone, morbos agit ante metumque,
Inque dies avidum surgens caput altiùs effert.
Balatu pecorum, & crebris mugitibus amnes,
Arentesque sonant ripæ, collesque supini.
Jamque catervatim dat stragem, atque aggerat ipsis
In stabulis turpi dilapsa cadavera tabo :
Donec humo tegere, ac foveis abscondere discant.
Nam neque erat coriis usus, nec viscera quisquam
Aut undis abolere potest, aut vincere flammâ.
Nec tondere quidem morbo, illuvieque peresa
Vellera, nec telas possunt attingere putres.
Verùm etiam invisos si quis tentârat amictus,
Ardentes papulæ, atque immundus olentia sudor
Membra sequebatur : nec longo deinde moranti
Tempore, contactos artus sacer ignis edebat.

trous, tandis que les oiseaux, victimes de l'infection de l'air, périssoient au milieu des nues, & tomboient morts sur la terre.

Ce fut en vain qu'on fit changer de pâturages aux troupeaux. Tous les remedes, loin de guérir, devinrent nuisibles, & la force du mal triompha de toute la science des Chirons & des Mélampes. La pâle Tisiphone, échappée des enfers, causoit tous ces affreux ravages. Précédée des maladies & de la peur, elle parcouroit les campagnes & se rendoit de jour en jour plus redoutable. Les rivages desséchés, & les montagnes arides ne retentissoient que du triste bêlement des brebis, & du lamentable mugissement des taureaux. La cruelle furie sans cesse entassoit dans les champs & dans les étables les cadavres infects des animaux empoisonnés, que l'on enterroit ensuite dans des fosses profondes; car on ne pouvoit faire aucun usage de leurs peaux. Ni l'eau ni le feu ne pouvoit les purifier. On ne s'avisoit point non plus de vouloir profiter de la toison des brebis, que la contagion avoit fait périr. Si quelques-unes de ces laines avoient été travaillées, personne n'osoit y toucher, ni encore moins s'en revêtir. Quiconque étoit assez imprudent pour le faire, voyoit à l'instant son corps couvert de pustules ardentes, & inondé d'une sueur infecte; & bientôt il se sentoit consumé par un feu dévorant, que rien ne pouvoit éteindre.

GEORGICON,
LIBER QUARTUS.

PRotinus aërii mellis cœlestia dona
Exequar: hanc etiam, Mæcenas, afpice partem.
Admiranda tibi levium spectacula rerum,
Magnanimosque duces, totiusque ex ordine gentis
Mores, & studia, & populos, & prælia dicam.
In tenui labor, at tenuis non gloria : si quem
Numina læva sinunt, auditque vocatus Apollo.
 Principio, sedes apibus statioque petenda,
Quò neque sit ventis aditus (nam pabula venti
Ferre domum prohibent) neque oves, hœdique
  petulci,
Floribus insultent, aut errans bucula campo
Decutiat rorem, & surgentes atterat herbas.
Absint & picti squalentia terga lacerti
Pinguibus à stabulis, meropesque, aliæque volu-
  cres,
Et manibus Procne pectus signata cruentis.
Omnia nam latè vastant ipsasque volantes
Ore ferunt, dulcem nidis immitibus escam.
At liquidi fontes, & stagna virentia musco
Adsint, & tenuis fugiens per gramina rivus,
Palmaque vestibulum, aut ingens oleaster obum-
  bret :
Ut cùm prima novi ducent examina reges

LES GEORGIQUES,
LIVRE QUATRIEME.

JE chanterai maintenant le miel, ce préfent des Cieux dont la rofée eft le principe. O Mécene, jette encore les yeux fur cette partie de mon ouvrage. J'offre à tes regards de petits objets, mais dignes de ton admiration. Je vais peindre les mœurs & les travaux d'un peuple actif. Je parlerai de fes guerres, de fes combats, & de fes braves capitaines. Le fujet n'eft pas grand, mais la gloire le fera, fi le Ciel le permet, & fi Apollon, que l'Auteur invoque, daigne le favorifer.

Il faut d'abord choifir aux abeilles une demeure à l'abri des vents; car ils les empêchent de fortir pour aller chercher des vivres. Que les brebis, que les boucs téméraires refpectent les fleurs d'alentour, & que la geniffe errante çà & là ne foule point l'herbe naiffante, & n'en faffe point tomber la rofée. Que le lézard, la guêpe, l'hirondelle, & d'autres oifeaux n'approchent point des ruches. Ils y portent le ravage, & lorfque les abeilles volent, ils les enlevent pour la pâture de leurs petits. Mais qu'il y ait aux environs de claires fontaines, des étangs bordés de mouffe, des ruiffeaux fuyants dans les prairies, & qu'un palmier, ou un fauvage olivier ombragent leur demeure : afin que quand les nouveaux chefs des jeunes effaims commenceront au prin-

Vere suo, ludetque favis emissa juventus,
Vicina invitet decedere ripa calori,
Obviaque hospitiis teneat frondentibus arbos.
In medium, seu stabit iners, seu profluet humor,
Transversas salices, & grandia conjice saxa :
Pontibus ut crebris possint consistere, & alas
Pandere ad æstivum Solem, si fortè morantes
Sparserit, aut præceps Neptuno immerserit Eurus.
Hæc circum casiæ virides, & olentia latè
Serpilla, & graviter spirantis copia thymbræ.
Floreat, irriguumque bibant violaria fontem.
Ipsa autem, seu corticibus tibi suta cavatis,
Seu lento fuerint alvearia vimine texta,
Angustos habeant aditus : nam frigore mella
Cogit hyems, eademque calor liquefacta remittit.
Utraque vis apibus pariter metuenda : neque illæ
Nequicquam in tectis certatim tenuia cerâ
Spiramenta linunt, fucoque & floribus oras
Explent, collectumque hæc ipsa ad munera gluten,
Et visco, & Phrygiæ servant pice lentiùs Idæ.
Sæpe etiam effossis (si vera est fama) latebris,
Sub terrâ fodere larem, penitùsque repertæ
Pumicibusque cavis, exesæque arboris antro.
Tu tamen è levi rimosa cubilia limo
Unge, fovens circum, & raras super injice frondes.
Neu propiùs tectis taxum sine, neve rubentes
Ure foco cancros, altæ neu crede paludi :
Aut ubi odor cœni gravis, aut ubi concava pulsu
Saxa sonant, vocisque offensa resultat imago.

temps à se mettre en campagne, les bords d'un ruisseau voisin les invitent à se rafraîchir, & l'ombre d'un épais feuillage à se reposer. Soit que l'eau soit dormante, soit qu'elle coule dans les prairies, jettez-y de grosses pierres ou des branches de saules, qui servent de pont & d'asyle à vos mouches, & où elles puissent étendre & sécher leurs ailes, lorsqu'un vent impétueux les aura dispersées ou fait tomber dans l'eau. Que la lavande, la sariette, les violettes, & le serpolet croissent autour des ruches : que construites d'osier ou d'écorce d'arbre, elles soient parfumées de ces fortes odeurs, & que l'entrée en soit toujours étroite. Dans l'hyver, le grand froid gele le miel, & dans l'été, la chaleur le fond. L'un & l'autre est également à craindre pour les abeilles ; & ce n'est pas en vain qu'elles s'empressent de boucher soigneusement toutes les fentes de leur logement, avec une espece de glu composée du suc des herbes & des fleurs. C'est aussi pour cela qu'elles ont toujours une provision de liqueur plus visqueuse que la résine même du mont Ida. On prétend aussi que pour se garantir des injures de l'air, elles se creusent quelquefois une demeure sous terre. On en a trouvé souvent dans des trous de pierres poreuses, ou dans de vieux troncs d'arbres. Quoi qu'il en soit, prenez la peine d'enduire vous-même leurs ruches de terres grasses, & de les couvrir de quelques feuillages. S'il est des ifs aux environs, hâtez-vous de les arracher ; & ne vous avisez jamais de faire cuire des écrevisses près de leur demeure. Eloignez aussi vos abeilles de tout marais profond, de toute eau bourbeuse & de mauvaise odeur, & sur-tout de ces rochers retentissants, où l'Echo répete les sons divers dont ils sont frappés.

Quod fupereft, ubi pulfam hyemem Sol aureus
 egit
Sub terras, cœlumque æftivâ luce reclufit,
Illæ continuo faltus, fylvafque peragrant,
Purpureofque metunt flores, & flumina libant
Summa leves : hinc nefcio quâ dulcedine lætæ
Progeniem, nidofque fovent : hinc arte recentes
Excudunt ceras, & mella tenacia fingunt.

   Hinc, ubi jam emiffum caveis ad fidera cœli
Nare per æftatem liquidam fufpexeris agmen,
Obfcuramque trahi vento mirabere nubem,
Contemplator : aquas dulces, & frondea femper
Tecta petunt : hùc tu juffos afperge fapores,
Trita meliphylla, & cerinthæ ignobile gramen :
Tinnitufque cie, & matris quate cymbala circùm.
Ipfæ confident medicatis fedibus, ipfæ
Intima more fuo fefe in cunabula condent.

   Sin autem ad pugnam exierint (nam fæpè duobus
Regibus inceffit magno difcordia motu)
Continuòque animos vulgi, & trepidantia bello
Corda licet longè præfcifcere : namque morantes
Martius ille æris rauci canor increpat, & vox
Auditur, fractos fonitus imitata tubarum.
Tùm trepidæ inter fe coëunt, pennifque corufcant,
Spiculaque exacuunt roftris, aptantque lacertos,
Et circa regem, atque ipfa ad prætoria denfæ
Mifcentur, magnifque vocant clamoribus hoftem.
Ergo ubi ver nactæ fudum, campofque patentes,
Erumpunt portis, concurritur ; æthere in alto

Livre IV.

Lorsqu'un nouveau Soleil embellissant de ses rayons le vaste espace des Cieux, a relégué les frimats dans l'autre hémisphere, aussi-tôt les abeilles prennent l'essor. Elles se répandent sur les arbres & sur les buissons, elles vont butiner sur les fleurs, & raser la surface des eaux, où elles se défalterent. La vue des campagnes rajeunies, leur inspire une joie qu'elles rapportent dans leurs cellules, où elles travaillent à la multiplication de leur espece, & forment une nouvelle cire & un nouveau miel.

Dans un beau jour d'été, quand vous verrez un essaim sortir de sa retraite, s'élever dans les airs, & former une espece de nuée voltigeante au gré des vents, si vous y faites attention, vous remarquerez qu'elles cherchent les bords d'un ruisseau & l'ombre des arbres. Faites-leur alors sentir l'odeur de la mélisse ou de la paquette broyées ensemble : elles ne manqueront pas de s'arrêter dans le lieu que vous aurez ainsi parfumé. Si vous faites ensuite du bruit en frappant sur des vases d'airin, vous les ferez aussi-tôt rentrer dans leurs ruches.

Elles en sortent aussi quelquefois, transportées de l'ardeur de combattre. Car souvent il arrive que deux Rois dans la même ruche, excitent une guerre civile. On peut prévoir ces mouvements séditieux. Quand la discorde s'allume parmi elles, un bourdonnement, semblable au son de la trompette, est le signal de la guerre. Ce bruit martial réveille les moins belliqueuses. Toutes s'assemblent, & battent des ailes : elles aiguisent leurs dards avec leurs trompes, & se préparent au combat. On voit alors chaque parti s'attrouper autour de son chef, & le placer au centre de l'armée. Elles semblent se défier réciproquement par de grands cris. Enfin dès que le jour leur paroît assez beau

Fit sonitus; magnum mistæ glomerantur in orbem,
Præcipitesque cadunt : non densior aëre grando,
Nec de concussâ tantùm pluit ilice glandis.
Ipsi per medias acies, insignibus alis,
Ingentes animos angusto in pectore versant :
Usque adeò obnixi non cedere, dùm gravis aut hos,
Aut hos versa fugâ victor dare terga coëgit.
Hi motus animorum, atque hæc certamina tanta
Pulveris exigui jactu compressa quiescent.

Verum, ubi ductores acie revocaveris ambos,
Deterior qui visus, eum, ne prodigus obsit,
Dede neci : melior vacuâ sine regnet in aulâ.
Alter erit maculis auro squalentibus ardens :
(Nam duo sunt genera) hic melior, insignis & ore,
Et rutilis clarus squamis : ille horridus alter
Desidiâ, latamque trahens inglorius alvum.
Ut binæ regum facies, ita corpora gentis :
Namque aliæ turpes horrent, ceu pulvere ab alto
Cùm venit, & terram sicco spuit ore viator
Aridus : elucent aliæ, & fulgore coruscant,
Ardentes auro, & paribus lita corpora guttis.
Hæc potior soboles : hinc cœli tempore certo
Dulcia mella premes : nec tantùm dulcia, quantùm
Et liquida, & durum Bacchi domitura saporem.

At cùm incerta volant, cœloque examina ludunt,
Contemnuntque favos, & frigida tecta relinquunt,
Instabiles animos ludo prohibebis inani.

pour se mettre en campagne, elles sortent de leur camp, & un grand bruit se répand dans les airs. Bientôt on s'attaque ; les unes fondent sur les autres : on s'enfonce, on se mêle : c'est des deux côtés un affreux carnage. Vous voyez tomber les morts & les blessés, comme la grêle tombe du Ciel, ou comme le gland pleut d'un chêne secoué. Les deux Rois, que leurs ailes distinguent, voltigent au milieu de leurs bataillons. Ils ont un grand cœur dans un petit corps. Aucun ne cede à son ennemi jusqu'à ce que la victoire soit décidée par une entiere déroute. Malgré cette ardeur guerriere, jettez-leur un peu de poussiere, le combat cesse.

Lorsque les deux chefs se seront retirés, faites mourir le vaincu, qui ne feroit que consumer le miel. Que le vainqueur regne seul. Comme il y a deux sortes d'abeilles, celui que vous devez laisser vivre, a le corps couvert d'écailles dorées & brillantes. Il est mieux fait & plus fort. L'autre que vous devez immoler, a le ventre plus gros ; il est pesant, lâche, & paresseux. Comme les princes des abeilles sont différents, il y a aussi de la différence dans le peuple. Quelques mouches sont vilaines, & ressemblent à de la poussiere détrempée avec la salive d'un voyageur altéré, les autres sont luisantes, dorées, & tachetées. Cette derniere espece est la meilleure : elle donne un excellent miel dans la saison, un miel doux & encore plus fluide, propre à corriger la dureté du vin.

Si vos abeilles sortent de leurs ruches dégoûtées du travail ; si dédaignant leurs rayons, elles fuient leur triste demeure, & perdent le temps à voltiger aux environs, vous devez leur interdire cet amusement ; ce qui n'est pas difficile. Ayez soin d'arracher les ailes aux chefs

Nec magnus prohibere labor ; tu regibus alas
Eripe : non illis quifquam cunctantibus altum
Ire iter , aut caftris audebit vellere figna.

Invitent croceis halantes floribus horti ,
Et cuftos furum atque avium , cum falce faligna
Helefpontiaci fervet tutela Priapi.
Ipfe thymum , pinofque ferens de montibus altis
Tecta ferat late circùm , cui talia curæ :
Ipfe labore manum duro terat : ipfe feraces
Figat humo plantas , & amicos irriget imbres.

Atque equidem , extremo ni jam fub fine laborum
Vela traham , & terris feftinem advertere proram ,
Forfitan & pingues hortos quæ cura colendi
Ornaret , canerem , biferique rofaria Pæfti ;
Quoque modo potis gauderent intyba rivis ,
Et virides apio ripæ ; tortufque per herbam
Crefceret in ventrem cucumis ; nec fera comantem
Narciffum , aut flexi tacuiffem vimen acanthi ,
Pallentefque hederas , & amantes littora myrtos.

Namque fub Œbaliæ memini me turribus altis ,
Quà niger humectat flaventia culta Galefus ,
Corycium vidiffe fenem , cui pauca relicti
Jugera ruris erant ; nec fertilis illa juvencis ,
Nec pecori opportuna feges , nec commoda Baccho.
Hic rarum tamen in dumis olus , albaque circum
Lilia : verbenafque premens , vefcumque papaver ,
Regum æquabat opes animis , feráque revertens
Nocte domum , dapibus menfas onerabat inemptis.
Primus vere rofam , atque autumno carpere poma ;

de ces mouches. Lorsqu'ils demeureront renfermés dans le camp, jamais les troupes n'oseront lever les enseignes, ni se mettre en campagne.

Que les fleurs les plus odoriférantes les invitent à se reposer sur elles, & que le Dieu de Lampasque armé d'une faux les préserve des voleurs & des oiseaux. Que celui qui préside à vos ruches ne manque pas de semer du thym aux environs; qu'il y plante des pins & d'autres arbres; qu'il n'épargne point sa peine, & n'oublie pas de les arroser.

Si je n'étois pas presque à la fin de ma course, si je ne commençois pas à plier déja mes voiles, prêt d'arriver au port, peut-être enseignerois-je ici l'art de cultiver les jardins. Je chanterois les parterres de la Lucanie, où deux fois chaque année les rosiers fleurissent. J'enseignerois la maniere d'arroser les légumes, je peindrois des eaux bordées de persil, le concombre croissant sur l'herbe où il est couché, le narcisse, l'acanthe, le lierre blanc, & le myrte qui se plaît au bord des fontaines.

Près de la superbe ville de Tarente, dans cette contrée fertile qu'arrose le Galese, je me souviens d'avoir vu autrefois un vieillard de Cilicie, possesseur d'une terre abandonnée, qui n'étoit propre ni pour le labourage, ni pour le pâturage, ni pour le vignoble. Cependant il avoit fait de ce terrein ingrat un jardin agréable, où il semoit quelques légumes bordés de lys, de verveine, & de pavots. Ce jardin étoit son royaume : il y trouvoit toute l'opulence des Rois. Lorsque le soir il rentroit dans sa maison, il couvroit sa table frugale de simples mets, que son jardin & son travail lui fournissoient. Les premieres fleurs du printemps, les premiers fruits de l'automne naissoient pour

Et cùm triſtis hyems etiam nunc frigore ſaxa
Rumperet, & glacie curſus frænaret aquarum;
Ille comam mollis jam tùm tondebat acanthi,
Æſtatem increpitans feram, Zephyroſque morantes.
Ergo apibus fœtis idem, atque examine multo
Primus abundare, & ſpumantia cogere preſſis
Mella favis : illi tiliæ, atque uberrima pinus :
Quotque in flore novo pomis ſe fertilis arbos
Induerat, totidem autumno matura tenebat.
Ille etiam feras in verſam diſtulit ulmos,
Eduramque pyrum, & ſpinos jam pruna ferentes,
Jamque miniſtrantem platanum potantibus um-
    bram.
Verùm hæc ipſe equidem ſpatiis excluſus iniquis,
Prætereo, atque aliis poſt commemoranda relin-
    quo.
  Nunc age, naturas apibus quas Jupiter ipſe
Addidit, expediam : pro quâ mercede canoros
Curetum ſonitus, crepitantiaque æra ſecutæ,
Dictæo cœli regem pavere ſub antro.
  Solæ communes natos, conſortia tecta
Urbis habent, magniſque agitant ſub legibus
    ævum,
Et patriam ſolæ, & certos novere penates :
Venturæque hyemis memores, æſtate laborem
Experiuntur, & in medium quæſita reponunt.
Namque aliæ victu invigilant, & fœdere pacto
Exercentur agris : pars intra ſepta domorum
Narciſſi lacrymam, & lentum de cortice gluten,
Prima favis ponunt fundamina ; deinde tenaces
Suſpendunt ceras : aliæ ſpem gentis adultos

lui. Lorfque les rigueurs de l'hyver fendoient les pierres & fufpendoient le cours des fleuves, il émondoit déja fes acanthes ; déja il jouiffoit du printemps, & fe plaignoit de la lenteur de l'été. Il voyoit le premier fes abeilles fe multiplier, & il étoit le premier à tirer le miel de fes ruches. Son jardin étoit orné de pins & de tilleuls. Ses arbres fruitiers portoient en automne autant de fruits qu'au printemps ils avoient porté de fleurs. Il favoit tranfplanter & aligner des ormeaux déja avancés, des poiriers, des pruniers greffés fur l'épine, déja portant des fruits, & des planes déja touffus, à l'ombre defquels il régaloit fes amis. Mais les bornes de mon fujet ne me permettent pas de m'arrêter plus long-temps fur cette peinture, que je laiffe à d'autres à finir.

Je vais dire maintenant les qualités fingulieres que Jupiter accorda aux abeilles, pour reconnoître les foins qu'elles prirent de nourrir le Roi du Ciel dans l'antre du mont Dicté, où le fon des cymbales des Corybantes les affembla autour de fon berceau.

Un ruche eft une ville, où tous les enfants des citoyens appartiennent à la république. Seules de tous les animaux, les abeilles élevent leurs enfants en commun ; feules, elles ont une patrie & une demeure fixe. Logées fous le même toit, elles forment une efpece de communauté, où elles vivent fous des loix, qu'elles obfervent exactement. Leur prévoyance les rend laborieufes durant l'été, & leur fait amaffer des provifions pour l'hyver. Les unes font chargées d'aller chercher des vivres. Les autres font fédentaires, & leur devoir eft de travailler dans l'intérieur de la maifon. Pour fondement de leurs rayons, elles étendent le fuc du narciffe, & de la gomme cueillie fur l'écorce des

Educunt fœtus : aliæ puriffima mella
Stipant, & liquido diftendunt nectare cellas:
Sunt, quibus ad portas cecidit cuftodia forti,
Inque vicem fpeculantur aquas, & nubila cœli :
Aut onera accipiunt venientum, aut agmine facto,
Ignavum fucos pecus à præfepibus arcent.
Fervet opus, redolentque thymo fragrantia mella.
Ac veluti lentis Cyclopes fulmina maffis
Cùm properant, alii taurinis follibus auras
Accipiunt, redduntque : alii ftridentia tingunt
Æra lacu ; gemit impofitis incudibus Ætna :
Illi inter fefe magnâ vi brachia tollunt
In numerum, verfantque tenaci forcipe ferrum :
Non aliter (fi parva licet componere magnis)
Cecropias innatus apes amor urget habendi,
Munere quamque fuo : grandævis oppida curæ,
Et munire favos, & dædala fingere tecta.
At feffæ multâ referunt fe nocte minores,
Crura thymo plenæ : pafcuntur & arbuta paffim,
Et glaucas falices, cafiamque, crocumque ruben-
   tem,
Et pinguem tiliam, & ferrugineos hyacinthos.
Omnibus una quies operum, labor omnibus unus.
Manè ruunt portis, nufquam mora : rursùs eafdem
Vefper. ubi è paftu tandem decedere campis
Admonuit, tùm tecta petunt, tùm corpora curant.
Fit fonitus, muffantque oras & limina circùm.

arbres. Elles conftruifent enfuite les compartiments de cire, dont elles forment plufieurs étages. Elles y entaffent le miel, & rempliffent de ce nectar les alvéoles. D'autres prennent foin de l'éducation de la jeuneffe, l'efpérance de la république. D'autres font en faction à la porte de la ruche, & tour à tour en fentinelle, pour obferver les vents & la pluie. Tantôt elles reçoivent les fardeaux de celles qui, chargées de butin, viennent des champs; tantôt elles fe joignent enfemble, & donnent la chaffe aux pareffeux frêlons. Toutes travaillent fans relâche à la fabrication du miel, & tout l'air d'alentour eft embaumé de l'odeur du thym. C'eft ainfi que les Cyclopes forgent la foudre de Jupiter. Les uns gouvernent les foufflets, les autres font rougir le fer dans les fourneaux ; ceux-ci donnent la trempe au métal ; ceux-là levent tour à tour leurs bras chargés de lourds marteaux, & les laiffent tomber en cadence fur le fer embrafé que leurs tenailles ne ceffent de retourner. L'Etna retentit des coups redoublés qui font gémir les enclumes. S'il eft permis de comparer les petites chofes aux grandes, telle eft l'ardeur naturelle & le travail des abeilles, chacune dans fon pofte. Les anciennes préfident à l'intérieur de la ruche. Elles ont foin de la conftruction des alvéoles, & de la manufacture des rayons; les jeunes vont dans les champs, & reviennent le foir chargées de pouffieres, cueillies fur le thym, l'arboifier, les faules, la lavande, le fafran, les hyacinthes & les tilleuls. Toutes dans le même temps ceffent & recommencent de travailler. Dès le matin elles fortent enfemble. Lorfque l'étoile du foir les avertit de quitter les champs, elles retournent fous le toit pour s'y repofer. Un bourdonnement général autour de la ruche eft le

Poſt, ubi jam thalamis ſe compoſuere, ſiletur
In noctem, feſſoſque ſopor ſuus occupat artus.
 Nec verò à ſtabulis pluviâ impendente recedunt
Longius, aut credunt cœlo, adventantibus Euris:
Sed circùm tutæ ſub mœnibus urbis aquantur,
Excurſuſque breves tentant; & ſæpè lapillos,
Ut cymbæ inſtabiles fluctu jactante ſaburram,
Tollunt; his ſeſe per inania nubila librant.
 Illum adeò placuiſſe apibus mirabere morem,
Quòd nec concubitu indulgent, nec corpora ſegnes
In Venerem ſolvunt, aut fœtus nixibus edunt :
Verùm ipſe foliis natos, & ſuavibus herbis
Ore legunt : ipſæ regem, parvoſque Quirites
Sufficiunt, aulaſque, & cerea regna refingunt.
 Sæpè etiam duris errando in cotibus alas
Attrivere, ultròque animam ſub faſce dedere.
Tantus amor florum, & generandi gloria mellis !
Ergo ipſas quamvis anguſti terminus ævi
Excipiat (neque enim plus ſeptima ducitur æſtas)
At genus immortale manet, multoſque per annos
Stat fortuna domûs, & avi numerantur avorum.
 Præpereà regem non ſic Ægyptus, & ingens
Lydia, nec populi Parthorum, aut Medus Hy-
  daſpes
Obſervant : rege incolumi mens omnibus una eſt :

signal de la retraite. A peine sont-elles rentrées chacune dans leurs loges, que le bruit cesse. Un profond silence regne alors, & elles se livrent au sommeil durant toute la nuit.

Si le temps paroît menacer de pluie, ou s'il fait du vent, jamais elles ne s'éloigneront de leurs demeures; jamais elles ne prendront l'essor. Contentes de tenter de petites excursions, elles se tiendront, pour ainsi dire, sous leurs murailles, & iront se désaltérer dans un ruisseau prochain. Souvent elles se chargent de quelques grains de sable, qui leur servent comme de lest pour se soutenir dans l'air & résister au vent, à l'exemple des vaisseaux qu'on charge ainsi, afin qu'ils puissent résister aux flots.

Une chose admirable dans les abeilles est qu'elles perpétuent leur espece sans s'unir, sans s'énerver par les exercices de Vénus, & sans enfanter avec effort. Elles recueillent sur les fleurs & sur les herbes, avec leurs trompes, la semence qui les reproduit. Par ce moyen, elles se donnent de nouveaux citoyens & un nouveau Roi, pour rebâtir leurs maisons & soutenir leur empire.

Dans leurs courses il leur arrive souvent de rompre leurs ailes, en volant rapidement près des rochers, & quelquefois d'expirer sous le fardeau qu'elles portent, tant elles ont d'ardeur pour le butin & pour le travail. Quelque courte que soit leur vie, qui ne va guere au-delà de sept ans, elles sont en quelque sorte immortelles, puisque leur race ne s'éteint point, & que durant une longue suite d'années, elle subsiste par une chaîne éternelle de générations successives.

L'Egypte, la Lydie, les Parthes, les Medes réverent moins leur Souverain, que les abeilles ne respectent leur Roi. Tant qu'il vit, la con-

Amisso, rupere fidem : conſtructaque mella
Diripuere ipſæ, & crates ſolvere favorum.
Ille operum cuſtos : illum admirantur, & omnes
Circumſtant fremitu denſo, ſtipantque frequentes ;
Et ſæpè attollunt humeris ; & corpora bello
Objectant, pulchramque petunt per vulnera mor-
    tem.
  His quidam ſignis, atque hæc exempla ſecuti,
Eſſe apibus partem divinæ mentis, & hauſtus
Æthereos dixere : Deum namque ire per omnes
Terraſque, tractuſque maris, cœlumque profun-
    dum :
Hinc pecudes, armenta, viros, genus omne fera-
    rum,
Quemque ſibi tenues naſcentem arceſſere vitas.
Scilicet hùc reddi deinde, ac reſoluta referri
Omnia, nec morti eſſe locum ; ſed viva volare
Sideris in numerum atque alto ſuccedere cœlo.
  Si quandò ſedem anguſtam, ſervataque mella
Theſauris relines ; prius hauſtus ſparſus aquarum
Ore fove, fumoſque manu prætende ſequaces.
Bis gravidos cogunt fœtus : duo tempora meſſis :
Taygete ſimul os terris oſtendit honeſtum
Pleïas, & Oceani ſpretos pede reppulit amnes ;
Aut eadem ſidus fugiens ubi piſcis aquoſi
Triſtior hybernas cœlo deſcendit in undas;
Illis ira modum ſupra eſt, læſæque venenum
Morſibus inſpirant, & ſpicula cæca relinquunt
Affixæ venis, animaſque in vulnere ponunt.

corde

corde regne parmi elles. Eſt-il mort? Il n'y a plus d'ordre dans leur République. Elles diſſipent le miel qu'elles ont amaſſé ; elles briſent leurs rayons, & détruiſent leurs édifices. Le Roi préſide à leurs ouvrages : elles l'admirent, elles s'aſſemblent autour de lui, elles l'accompagnent en bourdonnant, & lui rendent toute ſorte d'honneurs. Souvent même elles le portent ſur leurs épaules, & dans les combats elles affrontent la mort pour lui ſauver la vie.

Quelques-uns, frappés de ces inclinations & de cette conduite des abeilles, ont cru qu'elles avoient de la raiſon, & que leur ame étoit une portion de l'Ame univerſelle, de cette Ame immenſe, répandue en tous lieux, dans les airs, ſur la terre, & dans la mer, de cette Ame à laquelle participent non-ſeulement les Humains, mais encore tout ce qui reſpire dans l'univers. Elle ſubſiſte après la diſſolution des corps, & ne meurt point ; elle ſe réunit à ſon principe, & s'envole au Ciel, où elle ſe place parmi les aſtres.

Lorſque vous voudrez tirer de vos ruches le tréſor que les abeilles y auront amaſſé, que votre bouche les arroſe d'une eau tiede ; en même temps préſentez-leur de la paille enflammée & fumante. Deux fois chaque année elles rempliſſent leurs ruches de miel, & deux fois on en fait la récolte : la premiere, lorſque les Pléiades commencent à ſortir de l'Océan & paroiſſent ſur l'horiſon : la ſeconde, lorſque cette Conſtellation fuyant le ſigne des Poiſſons, ſe plonge triſtement dans la mer. Cet enlévement de l'ouvrage des abeilles ne manque jamais de les mettre en fureur. Elles ſe jettent ſur le raviſſeur, & le percent de leur aiguillon qu'elles laiſſent dans la plaie, & meurent ainſi en ſe vengeant.

Tome I.

Sin duram metues hyemem, parcesque futuro,
Contusosque animos, & res miserabere fractas.
At suffire thymo, cerasque recidere inanes
Quis dubitet ? nam sæpè favos ignotus adedit
Stellio, lucifugis, congesta cubilia blattis,
Immunisque sedens aliena ad pabula fucus,
Aut asper crabro imparibus se immiscuit armis,
Aut durum tineæ genus, aut invisa Minervæ
In foribus laxos suspendit aranea casses.
Quò magis exhaustæ fuerint, hoc acriùs omnes
Incumbent generis lapsi sarcire ruinas,
Complebuntque foros & floribus horrea texent.
 Si verò (quoniam casus apibus quoque nostros
Vita tulit) tristi languebunt corpora morbo,
Quod jam non dubiis poteris cognoscere signis ;
Continuò est ægris alius color ; horrida vultum
Deformat macies ; tùm corpora luce carentum
Exportant tectis, & tristia funera ducunt.
Aut illæ pedibus connexæ ad limina pendent :
Aut intùs clausis cunctantur in ædibus omnes,
Ignavæque fame, & contracto frigore pigræ.
Tùm sonus auditur gravior, tractimque susurrant :
Frigidus ut quondam sylvis immurmurat Auster,
Ut mare sollicitum stridet refluentibus undis,
Æstuat ut clausis rapidus fornacibus ignis.
 Hîc jam galbaneos suadebo incendere odores,
Mellaque arundineis inferre canalibus, ultrò
Hortantem, & fessas ad pabula nota vocantem.

Si vous craignez, dans la saison de l'automne, qu'un rigoureux hyver ne désole vos ruches & n'y cause la famine, ayez pitié de leurs habitants. Laissez-leur une partie de leur miel, dont ils se nourriront. Mais enlevez toute la cire qui leur est inutile, & ayez soin de parfumer leur demeure de l'odeur du thym. Par ce moyen vous éloignerez les cloportes, les lézards, les bourdons qui se nourrissent aux dépens des abeilles, & les frélons qui viennent les attaquer avec des forces supérieures. Vous les délivrerez aussi des teignes, qui rongent leurs ruches, & sur-tout de l'insecte haï de Minerve, de l'araignée, qui tend sa toile à leur porte pour les surprendre. Enfin, plus vous leur aurez enlevé de miel & de cire, plus vous les rendrez laborieuses, & empressées à réparer les pertes de leur République, à remporter dans leurs magasins les dépouilles des fleurs, & à enrichir leurs rayons d'une nouvelle récolte.

Les abeilles sont, comme nous, sujettes aux maladies. Voici à quels signes vous reconnoîtrez que vos mouches sont malades. Elle changent de couleur ; elles paroissent maigres ; vous les voyez porter souvent hors de la ruche des abeilles mortes, & leur faire une espece de funérailles. Quelquefois elles se tiennent suspendues par les pieds à la porte de la ruche, ou elles y restent sans avoir le desir d'en sortir. Paresseuses & engourdies, elles ne se soucient point de nourriture. Leur bourdonnement sourd & entrecoupé ressemble, ou au murmure du vent dans les forêts, ou au bruit des flots lorsque la mer se retire, ou à celui de la flamme captive dans une fournaise.

Pour guérir vos mouches malades, je vous conseille de brûler du galbanum autour de la

Proderit & tunsum gallæ admiscere saporem,
Arentesque rosas, aut igni pinguia multo
Defruta, vel Psythiâ passos de vite racemos,
Cecropiumque thymum, & gravè olentia centau-
　rea.
Est etiam flos in pratis, cui nomen Amello
Fecere agricolæ ; facilis quærentibus herba :
Namque imo ingentem tollit de cespite sylvam,
Aureus ipse, sed in foliis, quæ plurima circùm
Funduntur, violæ sublucet purpura nigræ.
Sæpè Deûm nexis ornatæ torquibus aræ :
Asper in ore sapor : tonsis in vallibus illum
Pastores, & curva legunt prope flumina Mellæ.
Hujus odorato radices incoque Baccho,
Pabulaque in foribus plenis appone canistris.

　Sed, si quem proles subitò defecerit omnis,
Nec, genus undè novæ stirpis revocetur, habebit :
Tempus & Arcadii memoranda inventa magistri
Pandere, quoque modo cæsis jam sæpè juvencis
Insincerus apes tulerit cruor : altiùs omnem
Expediam, primâ repetens ab origine famam.

　Nam, quà Pellei gens fortunata Canopi
Accolit effuso stagnantem flumine Nilum,
Et circùm pictis vehitur sua rura phaselis,
Quàque pharetratæ vicinia Persidis urget,
Et viridem Ægiptum nigra fœcundat arenâ,
Et diversa ruens septem discurrit in ora,
Usque coloratis amnis devexus ab Indis :
Omnis in hac certam regio jacit arte salutem.

　Exiguus primum, atque ipsos contractus ad usus
Eligitur locus : hunc angustique imbrice tecti,
Parietibusque premunt arctis, & quatuor addunt
Quatuor à ventis obliquâ luce fenestras.

ruche, de remplir de miel des roseaux, & de faire un certain bruit, pour les inviter à venir s'en nourrir. Il sera bon aussi de leur présenter de la noix de galle pilée, des roses seches, du résiné bien cuit, des grappes de raisin, du thym & de la centaurée. Il est encore dans les champs une plante, que l'on appelle Amellum, & que l'on trouve aisément. Une seule racine en produit une grande quantité : sa fleur est de couleur d'or, & ses feuilles de violet pourpre. Souvent on en forme des guirlandes, dont on pare les Autels. Le goût de cette plante est âpre. Les Bergers la cueillent dans les vallées & sur les bords du fleuve Mella. Faites-en bouillir les racines dans du vin parfumé, & mettez-les dans des corbeilles, à l'entrée de vos ruches.

Cependant, si la race de vos abeilles vient tout à coup à périr sans ressource, je vais vous apprendre un secret, & révéler la mémorable découverte d'un Berger Arcadien, qui du sang corrompu d'un taureau égorgé, fit naître autrefois un essaim de nouvelles mouches. Je dirai ce qu'on raconte de ce fait merveilleux, & j'en commencerai le récit dès sa premiere origine.

Dans ces contrées, que le Nil, descendant de l'Ethiopie, fertilise par le débordement de ses eaux, où un peuple heureux parcourt les campagnes dans des gondoles peintes, où ce fleuve limonneux, après avoir arrosé les pays voisins de la Perse, engraisse les champs de la basse Egypte, & va se perdre dans la mer par sept embouchures : dans ces riches contrées l'art dont il s'agit est en usage ; c'est la seule ressource pour renouveller la race des abeilles.

On éleve d'abord un petit bâtiment étroit, couvert de tuiles, & percé de quatre fenêtres opposées, qui reçoivent le jour obliquement.

Tum vitulus bimâ curvans jam cornua fronte
Quæritur : huic geminæ nares & fpiritus oris
Multa reluctanti obftruitur : plagifque perempto,
Tunfa per integram folvuntur vifcera pellem.
Sic pofitum in claufo linquunt , & ramea coftis
Subjiciunt fragmenta , thymum , cafiafque recentes.
Hoc geritur, Zephyris primùm impellentibus undas :
Antè novis rubeant quàm prata coloribus , antè
Garrula quàm tignis nidum fufpendat hirundo.
Intereà teneris tepefactus in offibus humor
Æftuat, & vifenda modis animalia miris ,
Trunca pedum primò, mox & ftridentia pennis
Mifcentur , tenuemque magis , magis aëra carpunt;
Donec , ut æftivis effufus nubibus imber ,
Erupere , aut ut nervo pulfante fagittæ ,
Prima leves ineunt fi quandò prælia Parthi.
Quis Deus hanc , Mufæ , quis nobis extudit artem?
Undè nova ingreffus hominum experientia cepit ?

    Paftor Ariftæus, fugiens Peneïa Tempe,
Amiffis (ut fama) apibus, morboque fameque,
Triftis ad extremi facrum caput aftitit amnis ,
Multa querens ; atque hâc affatus voce parentem :
Mater Cyrene, mater, quæ gurgitis hujus
Ima tenes ; quid me præclara ftirpe Deorum
(Si modò, quem perhibes , pater eft Thymbræus
      Apollo)
Invifum fatis genuifti ? aut quò tibi noftri
Pulfus amor ? quid me coelum fperare jubebas ?
En etiam hunc ipfum vitæ mortalis honorem ,

Alors on choisit un jeune taureau de deux ans, que l'on saisit malgré sa résistance : on lui bouche les narines ; & on l'empêche de respirer. Ensuite on le bat, & on le fait mourir sous les coups redoublés. On lui conserve néanmoins sa peau, & dans cet état on l'enferme dans le lieu préparé, & on le couche sur de la ramée, du thym & de la lavande. Cela se pratique dès le commencement du printemps, avant la naissance des fleurs dans les prairies, avant que l'hirondelle ait construit son nid. Cependant les liqueurs s'échauffent & fermentent dans le corps du jeune animal. Par un prodige étonnant, on en voit sortir une foule d'insectes informes, sans pieds, mais avec des ailes, & qui essaient de voler. Bientôt c'est un essaim de mouches, qui prend l'essor, & s'échappe dans les airs. Leur nombre égale les gouttes de pluie qui tombent des nues dans un orage d'été, ou les fleches que lancent les Parthes dans le commencement d'un combat. O Muses ! quel Dieu enseigna aux mortels ce secret admirable ? Qui a fait le premier cette singuliere expérience ?

Le Berger Aristée ayant, dit-on, perdu toutes ses abeilles par la maladie & par la famine, abandonna la vallée de Tempé qu'arrose le Penée, & remontant jusqu'à la source du fleuve, il s'y arrêta. Là, désolé de sa perte, il poussa des gémissements, & adressa ces mots à sa mere : Cyerne, vous qui habitez au fond de ces eaux, Cyrene ma mere, s'il est vrai, comme vous me l'avez dit, qu'Apollon est mon pere, que me sert cette illustre origine, puisque le Destin m'est si contraire ? Pourquoi suis-je du sang des Dieux ? qu'est devenue votre tendresse pour moi ? falloit-il me faire espérer d'être un jour au nombre des habitants du Ciel ? Le seul bien où je mettois ma gloire sur la terre,

Quem mihi vix frugum, & pecudum custodia solers
Omnia tentanti extuderat, te matre, relinquo.
Quin age, & ipsa manu felices erue sylvas :
Fer stabulis inimicum ignem, atque interfice messes :
Ure sata, & validam in vites molire bipennem,
Tanta meæ si te ceperunt tædia laudis.

 At mater sonitum thalamo sub fluminis alti
Sensit : eam circum Milesia vellera Nymphæ
Carpebant, hyali saturo fucata colore :
Drymoque, Xanthoque, Ligæaque, Phyllodo-
  ceque,
Cæsariem effusæ nitidam per candida colla :
Nesæe, Spioque, Thaliaque, Cymodoceque,
Cydippeque, & flava Lycorias (altera virgo,
Altera tum primos Lucinæ experta labores)
Clioque, & Beroë soror, Oceanitides ambæ :
Ambæ auro, pictis incinctæ pellibus ambæ ;
Atque Ephyre, atque Opis, atque Asia, Deïopeja,
Et tantùm positis velox Arethusa sagittis.

 Inter quas curam Clymene narrabat inanem
Vulcani, Martisque dolos, & dulcia furta,
Atque Chao densos Divûm numerabat amores.
Carmine quo captæ, dùm fusis mollia pensa
Devolvunt, iterum maternas impulit aures
Luctus Aristæi ; vitreisque sedilibus omnes
Obstupuere : sed ante alias Arethusa sorores
Prospiciens, summâ flavum caput extulit undâ,
Et procul : O gemitu non frustra exterrita tanto,
Cyrene soror : ipse tibi, tua maxima cura
Tristis Aristæus, Penei, genitoris ad undam
Stat lacrymans, & te crudelem nomine dicit.

ce bien, l'objet de tant de peines, que je m'étois procuré au milieu de tous les travaux de l'agriculture & du soin pénible de mes troupeaux, je le perds ce bien, & vous êtes ma mere ? Puisque vous êtes si peu sensible à la gloire de votre fils, arrachez vous-même les arbres que j'ai plantés, livrez mes champs à la flamme, brûlez mes bergeries, détruisez mes moissons, coupez toutes mes vignes.

Cyrene, du fond de sa grotte, entendit le son de la voix d'Aristée. Elle avoit alors auprès d'elle plusieurs Nymphes, qui filoient de la laine fine teinte en verd; telles que Drymo, Xantho, Ligée, Phyllodoce, dont les cheveux épars flottoient sur leurs épaules d'albâtre; Nesée, Spio, Thalie, Cymodoce, Cydippe, qui étoit encore fille, & la blonde Lycorias, qui venoit pour la premiere fois d'éprouver les douleurs de Lucine; Clio & sa sœur Beroé, (ces deux filles de l'Océan étoient couvertes de peaux d'hermine attachées par des agraffes d'or) Ephire, Opis, Déjopée, fille d'Asius, & l'agile Aréthuse, nouvelle Naïade, qui avoit depuis peu renoncé aux exercices de Diane.

La Nymphe Climene, au milieu d'elles, les entretenoit des vaines précautions de Vulcain, des galantes ruses de Mars qui avoit trompé sa vigilance, & de mille autres aventures amoureuses de la troupe céleste, depuis la naissance du monde. Tandis que les Nymphes, charmées de ces récits, écoutoient attentivement, sans quitter leurs fuseaux, les plaintes d'Aristée vinrent pour la seconde fois frapper les oreilles de Cyrene. Tout le cercle fut ému. Aréthuse se leve la premiere, & pour regarder met sa belle tête hors de l'eau. » O ma sœur, » s'écria-t-elle, ce n'est pas vainement que » vous êtes alarmée des cris que vous avez

Huic perculsa novâ mentem formidine mater,
Duc age, duc ad nos : fas illi limina Divûm
Tangere, ait : simul alta jubet discedere latè
Flumina, quà juvenis gressus inferret : at illum
Curvata in montis faciem circumstetit unda,
Accepitque sinu vasto misitque sub amnem.
Jamque domum mirans genitricis, & humida
  regna,
Speluncisque lacus clausos, lucosque sonantes,
Ibat, & ingenti motu stupefactus aquarum,
Omnia sub magnâ labentia flumina terrâ
Spectabat, diversa locis, Phasimque Lycumque,
Et caput, undè altus primùm se erumpit Enipeus;
Undè pater Tiberinus, & undè Aniena fluenta,
Saxosumque sonans Hypanis, Mysusque Caïcus,
Et gemina auratus taurino cornua vultu
Eridanus : quo non alius per pinguia culta
In mare purpureum violentior influit amnis.

Postquam est in thalami pendentia pumice tecta
Perventum, & nati fletùs cognovit inanes
Cyrene, manibus liquidos dant ordine fontes
Germanæ, tonsisque ferunt mantilia villis.
Pars epulis onerant mensas, & plena reponunt
Pocula : Panchæis adolescunt ignibus aræ.
Et mater, Cape Mæonii carchesia Bacchi,
Oceano libemus, ait ; simul ipsa precatur
Oceanumque patrem rerum, Nymphasque sorores,
Centum quæ sylvas, centum quæ flumina servant.

» entendus. Votre cher fils Aristée est sur le
» bord de ce fleuve, où il verse des pleurs,
» & se plaint de votre cruauté. Qu'il vienne,
» qu'il approche, dit Cyrene saisie d'une nou-
» velle crainte, amenez-moi mon fils. Tous
» les Palais des Dieux lui sont ouverts «. Soudain elle commande aux flots de se séparer, & d'ouvrir un libre passage. Aristée fut reçu dans le sein d'un fleuve, entre deux espèces de montagnes, & il descendit jusqu'au fond des eaux. Il admire la superbe demeure de sa mere, & son humide empire. Il voit avec étonnement, les vastes réservoirs que les rochers enferment, & les racines des forêts, que le mouvement des eaux & le bruit des sources font retentir. Il voit couler dans les entrailles de la terre tous ces grands fleuves qui sortent de son sein, & se répandent sur sa surface ; le Phase, le Lycus, l'Enipée, le Tybre, l'Anio, le bruyant Hypanis, le Caïque, & enfin le Pô, ce fleuve dont le front est armé de deux cornes dorées, semblables à celles d'un taureau, & qui après avoir baigné de fertiles campagnes, se précipite dans la mer avec plus de rapidité que tous les autres fleuves.

Lorsqu'Aristée fut entré dans le Palais de sa mere, dont la voûte étoit formée de rocailles, & qu'elle eut connu le sujet frivole de son affliction, les Nymphes ses sœurs s'empressèrent de le servir. Les unes lui versent de l'eau sur les mains, lui présentent des serviettes pour les essuyer : d'autres couvrent la table, & d'autres le buffet : en même temps on brûle des parfums. Alors Cyrene lui dit : » Mon fils,
» prenez cette coupe, & répandez ce vin de
» Lydie en l'honneur de l'Océan «. Pendant la libation elle invoqua ce puissant Dieu, le pere de toutes choses, avec les Dryades & les Naïa-

Ter liquido ardentem perfudit nectare Vestam;
Ter flamma ad summum tecti subjecta reluxit.
Omine quo firmans animum, sic incipit ipsa :
  Est in Carpathio Neptuni gurgite vates
Cæruleus Proteus, magnum qui piscibus æquor,
Et juncto bipedum curru metitur equorum.
Hic nunc Emathiæ portus, patriamque revisit
Pallenen : hunc & Nymphæ veneramur, & ipse
Grandævus Nereus : novit namque omnia vates,
Quæ sint, quæ fuerint, quæ mox ventura trahantur.
Quippe ita Neptuno visum est, immania cujus
Armenta, & turpes pascit sub gurgite phocas.
Hic tibi, nate, priùs vinclis capiendus, ut omnem
Expediat morbi causam, eventusque secundet.
Nam sine vi non ulla dabit præcepta, neque illum
Orando flectes : vim duram, & vincula capto
Tende : doli circum hæc demùm frangentur inanes.
Ipsa ego te medios cùm Sol accenderit æstus,
Cùm sitiunt herbæ, & pecori jam gratior umbra
  est,
In secreta senis ducam, quò fessus ab undis
Se recipit ; facilè ut somno aggrediare jacentem.
Verùm, ubi correptum manibus, vinclisque tene-
  bis,
Tùm variæ illudent species, atque ora ferarum :
Fiet enim subitò sus horridus, atraque tigris,
Squamosusque draco, & fulva cervice leæna :
Aut acrem flammæ sonitum dabit ; atque ita vinclis
Excidet : aut in aquas tenues dilapsus abibit.

des. Trois fois elle répandit la liqueur sur le brasier, & trois fois la flamme s'éleva jusqu'à la voûte. Rassurée par cet heureux présage, elle tint ce discours à son fils :

» Mon fils, dit-elle, il y a dans la mer
» Carpathienne un fameux Devin, nommé
» Protée, qui parcourt les flots sur un char
» attelé de chevaux à deux pieds. Il s'avance
» actuellement vers l'Emathie, & va revoir
» Pallen où il est né. Les Nymphes de la mer,
» & le vieux Nérée lui-même, ont beaucoup
» d'égards pour ce Devin, qui connoît le passé,
» le présent & l'avenir. C'est un don de Nep-
» tune, qui par cette faveur a voulu récom-
» penser le soin qu'il prend de faire paître au
» fond de la mer ses troupeaux marins. Il faut,
» mon fils, que vous tâchiez de lier ce Protée,
» afin qu'il vous découvre la cause de votre
» malheur, & le moyen de le réparer. Si vous
» n'usez de violence, il ne vous dira rien, &
» toutes vos prieres seront inutiles. Sachez
» donc l'enchaîner, & le serrer étroitement.
» Alors toutes ses ruses seront vaines. Je veux
» vous guider moi-même. Lorsque le Soleil
» aura atteint le milieu de sa course, que les
» herbes seront seches, & les troupeaux reti-
» rés à l'ombre des bois, je vous conduirai à
» la grotte, où le vieillard, las d'avoir nagé,
» se reposera. Vous le trouverez endormi, &
» vous le surprendrez aisément. Dès qu'il se
» sentira saisi & lié, il s'efforcera de vous
» échapper en vous faisant illusion. Vous le verrez
» tantôt sous la forme d'un sanglier hérissé,
» d'un tigre furieux, d'un dragon armé d'écail-
» les, d'un lion terrible ; tantôt il vous paroî-
» tra comme un tourbillon de flamme, ou com-
» me une eau qui coule ; & sous l'une ou l'au-
» tre apparence, il semblera se dérober. Mais

Sed, quantò ille magis formas se vertet in omnes,
Tantò, nate, magis contende tenacia vincla :
Donec talis erit mutato corpore, qualem
Videris, incepto tegeret cùm lumina somno.
Hæc ait, & liquidum ambrosiæ diffudit odorem,
Quo totum nati corpus perduxit : at illi
Dulcis compositis spiravit crinibus aura,
Atque habilis membris venit vigor. Est specus in-
  gens
Exesi latere in montis, quò plurima vento
Cogitur, inque sinus scindit sese unda reductos,
Deprensis olim statio tutissima nautis.
Intùs se vasti Proteus tegit objice saxi.
Hic juvenem in latebris aversum à lumine Nym-
  pha
Collocat : ipsa procul nebulis obscura recessit.
 Jam rapidus torrens sitientes Sirius Indos
Ardebat cœlo, & medium Sol igneus orbem
Hauserat : arebant herbæ, & cava flumina siccis
Faucibus ad limum radii tepefacta coquebant.
Cùm Proteus consueta petens è fluctibus antra
Ibat : eum vasti circum gens humida ponti
Exultans, rorem latè dispergit amarum.
Sternunt se somno diversæ in littore phocæ.
Ipse, velut stabuli, custos in montibus olim,
Vesper ubi è pastu vitulos ad tecta reducit,
Auditisque lupos acuunt balatibus agni,
Consedit scopulo medius, numerumque recenset.
 Cujus Aristeo quoniam est oblata facultas,
Vix defessa senem passus componere membra,

„ plus il prendra de figures diverses, plus vous
„ serrerez ses liens, jusqu'à ce qu'il ait repris celle
„ qu'il avoit d'abord, lorsque vous le surprîtes dans
„ le sommeil «. Après avoir donné cette instruction
à son fils, elle répandit sur lui une essence d'ambroisie, qui parfuma ses cheveux & tout son corps d'une odeur divine, & lui donna une nouvelle vigueur.

Dans les flancs d'un rocher miné par les flots est un antre profond. Là se brisent les vagues, & les eaux de la mer se partageant, forment deux anses qui embrassent le rocher, & mettent les vaisseaux surpris par la tempête à l'abri des vents orageux. C'est sous ce rocher que Protée s'étoit retiré. Cyrene y place son fils dans l'endroit le plus obscur, & enveloppée d'un nuage qui la déroboit aux regards, elle s'éloigne de ce lieu.

Déja cette constellation qui brûle l'Indien, avoit répandu ses feux dans les airs ; deja le Soleil parvenu au plus haut degré de sa carriere avoit desséché les herbes, & échauffé le lit des plus profondes rivieres, lorsque Protée sortant du sein des eaux, s'approcha de cet antre, sa retraite ordinaire ; suivi de ses troupeaux bondissants, qui de toutes parts faisoient voler l'onde amere. Tandis que ses veaux marins s'étendoient en divers endroits le long du rivage, pour s'y livrer au sommeil, Protée s'assit vers le milieu du rocher, pour les compter comme fait un Berger, lorsque l'étoile de Vénus, signal de la retraite de ses troupeaux, les chasse vers leur étable, & que le bêlement des tendres agneaux fait sortir les loups du fond des bois.

A peine le vieux Protée commençoit à se coucher, qu'Aristée profitant de l'occasion favorable, se jetta sur lui en poussant un cri, &

Cum clamore ruit magno, manicifque jacentem
Occupat. Ille fuæ contra non immemor artis,
Omnia transformat fefe in miracula rerum,
Ignemque, horribilemque feram, fluviumque li-
  quentem.
Verùm, ubi nulla fugam repetit fallacia, victus
In fefe redit, atque hominis tandem ore locutus :
Nam quis te, juvenum confidentiffime, noftras
Juffit adire domos ? quid-ve hinc petis ? inquit. At
  ille :
Scis, Proteu, fcis ipfe, neque eft te fallere cui-
  quam :
Sed tu define velle. Deûm præcepta fecuti
Venimus hùc, lapfis quæfitum oracula rebus.
Tantùm effatus. Ad hæc Vates vi denique multâ,
Ardentes oculos intorfit lumine glauco,
Et graviter frendens, fic fatis ora refolvit.
  Non te nullius exercent numinis iræ :
Magna luis commiffa : tibi has miferabilis Orpheus
Haud quaquam ob meritum pœnas, nifi fata refif-
  tant,
Sufcitat, & raptâ graviter pro conjuge fævit.
  Illa quidem, dùm te fugeret per flumina præceps,
Immanem ante pedes hydrum moritura puella
Servantem ripas altâ non vidit in herbâ.
At chorus æqualis Dryadum clamore fupremos
Implerunt montes : flerunt Rhodopeïæ arces,
Altaque Pangea, & Rhefi Mavortia tellus,
Atque Getæ, atque Hebrus, atque Actias Ori-
  thyia.
Ipfe cavâ folans ægrum teftudine amorem,
Te, dulcis conjux, te folo in littore fecum,
Te veniente die, te decedente canebat.

lui

lui lia les mains. Protée eut recours à son artifice ordinaire : il se transforme en feu, en eau, en bête féroce. Mais voyant que tout son art étoit inutile, & qu'il ne pouvoit s'échapper, il reprit sa forme naturelle ; & d'une voix humaine, il parla ainsi à son vainqueur :

» Jeune téméraire, qui t'a conduit en ces » lieux ? Que prétends-tu ? Vous le savez, divin » Protée, répondit le Berger, vous le savez, » puisque rien ne vous est caché. Mais cessez » de vouloir vous dérober à mes yeux. C'est » par l'ordre du Ciel que je viens ici, pour » vous consulter dans ma triste situation «. Protée lança sur lui un regard terrible. Retenant néanmoins sa colere peinte dans ses yeux, il lui parla ainsi :

» C'est un Dieu qui exerce sur toi sa ven- » geance : tu portes la peine d'un grand crime. » Le déplorable Orphée, si les destins l'eussent » permis, t'auroit encore plus maltraité. C'est » son courroux que tu éprouves ; c'est sa chere » Eurydice qu'il venge. Le châtiment n'égale point » le forfait.

» Eurydice que tu poursuivois, fuyoit le » long d'un fleuve : elle n'apperçut point un » serpent redoutable, caché sous l'herbe ; elle » en fut piquée, & perdit la vie. Les Dryades » éplorées firent retentir de leurs cris les mon- » tagnes d'alentour. Les monts Rhodope & » Pangée en furent émus ; toute la Thrace » consacrée au Dieu Mars, le Pays des Ge- » tes, les contrées de l'Hebre & d'Orythie, » verserent des larmes. Le triste Orphée fuyant » le commerce des hommes, tâchoit par le » son de sa lyre de soulager sa douleur. Nuit » & jour sur un rivage désert, chere épouse, » il déploroit ta perte. Il osa même descendre » dans les gouffres du Tenare, pénétrer dans

Tome I. V

Tænarias etiam fauces, alta ostia Ditis,
Et caligantem nigrâ formidine lucum
Ingressus, Manesque adiit, Regemque tremendum,
Nesciaque humanis precibus mansuescere corda.

 At cantu commotæ Erebi de sedibus imis
Umbræ ibant tenues, simulacraque luce carentum ;
Quàm multa in sylvis avium se millia condunt,
Vesper ubi, aut hybernus agit de montibus imber :
Matres atque viri, defunctaque corpora vitâ
Magnanimûm Heroum, pueri, innuptæque puellæ,
Impositique rogis juvenes ante ora parentum ;
Quos circum limus niger, & deformis arundo
Cocyti, tardáque palus inamabilis undâ
Alligat, & novies Styx interfusa coërcet.

 Quin ipsæ stupuêre domus, atque intima lethi
Tartara, cæruleosque implexæ crinibus angues
Eumenides ; tenuitque inhians tria Cerberus ora ;
Atque Ixionii vento rota constitit orbis.

 Jamque pedem referens, casus evaserat omnes,
Redditaque Eurydice superas veniebat ad auras,
Ponè sequens (namque hanc dederat Proserpina le-
  gem)
Cùm subita incautum dementia cepit amantem :

LIVRE IV.

» le Royaume profond de Pluton, y traverser
» ces forêts ténébreuses où regne un éternel
» effroi, s'approcher du terrible Monarque des
» morts, & aborder ces lugubres Divinités,
» que les prieres des Mortels n'ont jamais flé-
» chies.

» Cependant toutes les ombres frappées de
» ses accords, sortirent de leurs profondes re-
» traites. Une foule de spectres s'assembla au-
» tour de lui, en aussi grand nombre que sur
» la fin du jour, ou au commencement d'un
» orage menaçant, on voit les oiseaux se re-
» fugier sous les feuillages. Cette troupe con-
» fuse étoit composée d'hommes, de femmes,
» de héros magnanimes, de jeunes garçons
» de jeunes filles, dont les corps avoient été
» mis sur le bûcher à la vue de leurs tristes pa-
» rents. Les eaux noires & limonneuses du Co-
» cyte, un marais bourbeux, & le fleuve
» odieux du Styx qui se replie neuf fois sur
» lui-même, sont les barrieres impénétrables
» qui retiennent les ombres dans cet affreux sé-
» jour.

» Cependant les sons de la lyre d'Orphée
» pénétrerent dans les plus profondes demeures du
» Tartare, & en surprirent tous les pâles habi-
» tants. Les oreilles même des Furies, dont les
» têtes sont armées de serpents, en furent char-
» mées. Le Cerbere fermant ses trois gueules,
» cessa d'aboyer, & le mouvement de la roue
» d'Ixion fut suspendu.

» Echappé de tous les dangers, Orphée re-
» venoit sur la terre. Eurydice qui lui avoit
» été rendue, marchoit après lui vers le sé-
» jour de la lumiere. Mais la Reine des Enfers
» lui avoit défendu de tourner la tête, & de
» jetter les yeux sur son épouse. Cependant
» un mouvement subit, dont il ne fut point

V. 2.

(Ignoscenda quidem, scirent si ignoscere Manes)
Restitit, Eurydicenque suam jam luce sub ipsâ,
Immemor, heu! victusque animi respexit : ibi omnis
Effusus labor, atque immitis rupta tyranni
Fœdera, terque fragor stagnis auditus Averni.
Illa, quis & me, inquit, miseram, & te perdidit,
  Orpheu?
Quis tantus furor ! en iterùm crudelia retrò
Fata vocant, conditque natantia lumina somnus.
Jamque vale : feror ingenti circumdata nocte,
Invalidasque tibi tendens, heu! non tua, palmas.
Dixit, & ex oculis subitò, ceu fumus in auras
Commistus tenues, fugit diversa : neque illum
Prensantem necquicquam umbras, & multa volentem
Dicere prætereà vidit ; nec portitor Orci
Ampliùs objectam passus transire paludem.
Quid faceret ? quò se raptâ bis conjuge ferret ?
Quo fletu Manes, quâ numina voce moveret ?
Illa quidem Stygiâ nabat jam frigida cymbâ.

 Septem illum totos perhibent ex ordine menses
Rupe sub aëriâ, deserti ad Strymonis ùndam
Flevisse, & gelidis hæc evolvisse sub antris,
Mulcentem tigres & agentem carmine quercus.
Qualis populeâ mœrens Philomela sub umbrâ
Amissos queritur fœtus, quos durus arator
Observans nido implumes detraxit : at illa
Flet noctem, ramoque sedens, miserabile carmen

» le maître, lui fit oublier la loi : Faute par-
» donnable, si les Enfers savoient pardonner.
» Il s'arrêta, & lorsqu'il étoit sur le point de
» revoir la lumiere, vaincu par son ardeur, il
» voulut voir sa chere Eurydice. Il perdit en un
» instant tout le fruit de ses peines : son traité
» avec l'impitoyable Tyran des ombres fut rom-
» pu, & les étangs de l'Averne retentirent par
» trois fois d'un bruit affreux. Hélas ! s'écria la
» malheureuse Eurydice, qui nous arrache ainsi
» l'un à l'autre ? Quelle barbarie ! Le cruel destin
» me rappelle dans le sombre empire des morts :
» le sommeil du trépas ferme pour toujours mes
» yeux à la lumiere. Adieu, cher époux : c'est
» en vain que je vous tends les bras ; je ne suis
» plus à vous ; on m'entraîne dans les ténebres éter-
» nelles. Elle dit, & disparut, comme une légere
» vapeur.

» Orphée courut après elle pour la joindre,
» & lui parler. Vains efforts ! il ne la revit
» plus. Le nocher de la fatale barque ne lui
» permit point de repasser l'Achéron. Que fera-
» t-il dans cette triste conjoncture ? Que de-
» viendra-t-il, après avoir deux fois perdu sa
» chere épouse ? Essaiera-t-il encore de tou-
» cher les Divinités infernales ? Il n'est plus
» temps : l'ombre d'Eurydice est déja embarquée
» sur le Styx.

» On dit que le malheureux époux passa
» sept mois entiers au pied d'un rocher, sur
» les rives désertes du Strymon, à pleurer sans
» cesse & à faire retentir les antres de ses gé-
» missements. Au son de sa voix plaintive, ma-
» riée avec la lyre, les tigres parurent s'adou-
» cir, & les chênes se mouvoir en cadence.
» Ainsi la triste Philomele désolée de la perte
» de ses petits, qu'un barbare oiseleur lui a
» enlevés, passe les nuits dans les bois à gémir,

Integrat, & mœstis latè loca queſtibus implet.
Nulla Venus, nullique animum flexere Hymenæi.
Solus Hyperboreas glacies, Tanaimque nivalem,
Arvaque Riphæis nunquam-viduata pruinis
Luſtrabat, raptam Eurydicen, atque irrita Ditis
Dona querens. Spretæ Ciconum quo munere ma-
   tres,
Inter ſacra Deûm, nocturnique Orgia Bacchi
Diſcerptum latos juvenem ſparſere per agros.
Tùm quoque marmoreâ caput à cervice revulſum,
Gurgite cùm medio portans Oeagrius Hebrus
Volveret, Eurydicen vox ipſa, & frigida lingua,
Ah! miſeram Eurydicen, animâ fugiente vocabat:
Eurydicen toto referebant flumine ripæ.

   Hæc Proteus: & ſe jactu dedit æquor in altum;
Quàque dedit, ſpumantem undam ſub vertice
   torſit.
At non Cyrene: namque ultrò affata timentem.
Nate, licet triſtes animo deponere curas,
Hæc omnis morbi cauſa: hinc miſerabile Nymphæ,
Cum quibus illa choros lucis agitabat in altis,
Exitium miſere apibus: tu munera ſupplex
Tende, petens pacem, & faciles venerare Napæas:
Namque dabunt veniam votis, iraſque remittent.
Sed, modus orandi quis ſit, priùs ordine dicam.
Quatuor eximios præſtanti corpore tauros,
Qui tibi nunc viridis depaſcunt ſumma Lycæi,
Delige, & intactâ totidem cervice juvencas.

LIVRE IV.

» & fait retentir de ses plaintes tous les lieux
» d'alentour. Depuis cette funeste aventure, Or-
» phée fut insensible aux charmes de l'amour,
» & aux douceurs de l'hymen. Solitaire, au mi-
» lieu des glaces de la Scythie, il erroit sur les
» bords du Tanaïs, & autour des monts Ri-
» phées, environnés d'éternels frimats. Là, se
» rappellant toujours sa chere Eurydice, il dé-
» ploroit sa disgrace, & les vaines faveurs du Dieu
» des Enfers.

» Cependant les femmes de Thrace, qu'il
» avoit dédaignées, exercerent sur lui leur cruelle
» vengeance, dans les jours solemnels des Or-
» gies. Transportées de la fureur de Bacchus,
» elles se jetterent sur lui, le déchirerent, dis-
» perserent ses membres dans les campagnes,
» & jetterent sa tête dans l'Hebre. Tandis qu'el-
» le flottoit, on entendit sa langue prononcer en-
» core le nom d'Eurydice, & les échos du rivage
» le répéter.

A ces mots Protée s'élança dans les flots
écumants, & disparut. Cyrene voyant Aristée
effrayé de son discours, ne l'abandonna point.
» Mon fils, lui dit-elle, vous pouvez à pré-
» sent vous consoler : vous connoissez la cau-
» se de votre malheur. Les Nymphes, com-
» pagnes d'Eurydice, qui dansoient avec elle
» dans les forêts, se sont vengées sur vos
» abeilles, qu'elles ont fait périr. Offrez à ces
» Déesses indulgentes des vœux & des sacri-
» fices dans leur Temple : votre soumission
» pourra calmer leur courroux, & obtenir
» votre grace. Mais sachez de quelle ma-
» niere vous devez les invoquer. Dans vos
» troupeaux qui paissent sur le mont Lycée,
» choisissez quatre beaux taureaux, & quatre
» genisses, qui n'aient point encore porté le
» joug. Elevez ensuite aux Nymphes quatre

Quatuor his aras alta ad delubra Dearum
Conſtitue, & ſacrum jugulis demitte cruorem,
Corporaque ipſa boum frondoſo deſere luco.
Poſt, ubi nona ſuos aurora oſtenderit ortus,
Inferias Orphei Lethæa papavera mittes;
Placatam Eurydicen vitulâ venerabere cæsâ.
Et nigram mactabis ovem, lucumque reviſes.

　　Haud mora: continuò matris præcepta faceſſit:
Ad delubra venit; monſtratas excitat aras:
Quatuor eximios præſtanti corpore tauros
Ducit, & intactâ totidem cervice juvencas.
Poſt, ubi nona ſuos aurora induxerat ortus,
Inferias Orphei mittit, lucumque reviſit.
Hîc verò ſubitum ac dictu mirabile monſtrum
Aſpiciunt; liquefacta boum per viſcera toto
Stridere apes utero, & ruptis effervere coſtis;
Immenſaſque trahi nubes, jamque arbore ſummâ
Confluere, & lentis uvam demittere ramis.

　　Hæc ſuper aryorum cultu, pecorumque canebam,
Et ſuper arboribus: Cæſar dum magnus ad altum
Fulminat Euphratem bello, victorque volentes
Per populos dat jura, viamque affectat Olympo.
Illo VIRGILIUM me tempore dulcis alebat
Parthenope, ſtudiis florentem ignobilis otî:
Carmina qui luſi paſtorum, audaxque juventâ,
Tityre, te patulæ cecini ſub tegmine fagi.

1× autels

» autels, sur lesquels vous répandrez le sang de
» vos victimes, & après les avoir immolées,
» laissez-les au milieu de la forêt. Au bout de
» neuf jours, vous vous rendrez au lieu du sa-
» crifice, dans la même forêt où vous aviez laissé
» vos victimes. Alors vous offrirez à Orphée
» des pavots, & vous sacrifierez à Eurydice une
» genisse, avec une brebis noire «.

Aristée exécuta fidélement les ordres de sa
mere. Il se rend au Temple des Nymphes, & fait
dresser quatre autels, comme on le lui avoit pres-
crit. Il y conduit quatre taureaux choisis, & autant de genisses telles qu'on les lui avoit mar-
quées. Ayant laissé neuf jours s'écouler, il re-
tourna au même lieu, & appaisa les manes d'Orphée. Alors parut un nouveau prodige. On entend
d'abord un essaim d'abeilles bourdonner dans le
ventre des taureaux immolés; on les voit ensuite
percer les flancs de ces mêmes taureaux, prendre
leur essor dans les airs, former un nuage, & s'aller
reposer sur un arbre, en forme de grappe de raisin.

Tels sont les vers que je chantois sur la culture
des champs, & sur le soin des arbres & des troupeaux; tandis que César foudroyoit les peuples de
l'Euphrate, tandis qu'il dictoit ses loix à des nations qui se soumettoient d'elles-mêmes à son Empire, & que par ses exploits il se préparoit à être un
jour au rang des Dieux. J'étois alors dans le délicieux pays de Naples, où je jouissois dans une retraite obscure, d'un doux loisir que je consacrois aux
Muses. C'est ce Virgile qui dans sa jeunesse osa chanter sur le ton des Bergers, & te représenter, ô Tityre, couché sous l'épais feuillage d'un hêtre.

PUBLII VIRGILII MARONIS
ÆNEIDOS.
LIBER PRIMUS.

ILLE ego, qui quondam gracili modulatus avenâ
Carmen, & egressus sylvis, vicina coëgi,
Ut, quamvis avido, parerent arva colono,
Gratum opus agricolis : at nunc horrentia Martis
Arma, virumque cano, Trojæ qui primus ab oris
Italiam, fato profugus, Lavinaque venit
Littora : multùm ille & terris jactatus, & alto,
Vi superûm, sævæ memorem Junonis ob iram.
Multa quoque & bello passus, dum conderet urbem,
Inferretque Deos Latio : genus unde Latinum,
Albanique patres, atque altæ mœnia Romæ.
   Musa, mihi causas memora, quo numine læso,

L'ÉNÉIDE
DE
VIRGILE.
LIVRE PREMIER.

JE fis autrefois retentir les forêts du son de mes chalumeaux. Ensuite, quittant les bois, je consacrai mes chants à l'avide Laboureur, qui prit plaisir à les entendre, & je forçai les champs qu'il cultive, à seconder ses travaux & ses desirs. Je chante aujourd'hui les terribles combats, & ce chef des Troyens, qui, forcé par le Destin de s'exiler de sa patrie, vint aborder aux rivages de Lavinium. Objet de la vengeance des Dieux, que le ressentiment de Junon avoit armés contre lui, il éprouva sur la terre & sur la mer tout ce que le courroux de la Déesse put lui susciter de traverses. Il eut beaucoup à souffrir des fureurs de la guerre, tandis qu'il transportoit ses Dieux dans le Latium, & qu'il y élevoit les murs d'une Ville, qui a été le berceau du nouvel empire des Latins, & d'où sont sortis les Rois d'Albe & les fondateurs de la superbe Rome.

Muse, dis-moi quelle Divinité le Prince

Quid-ve dolens Regina Deûm tot volvere casus
Insignem pietate virum, tot adire labores
Impulerit : tantæne animis cœlestibus iræ ?

   Urbs antiqua fuit (Tyrii tenuere coloni)
Carthago, Italiam contra, Tiberinaque longè
Ostia, dives opum, studiisque asperrima belli :
Quam Juno fertur terris magis omnibus unam
Posthabitâ coluisse Samo : hîc illius arma,
Hîc currus fuit : Hoc regnum Dea gentibus esse,
Si quà fata sinant, jam tum tenditque, fovetque.
Progeniem sed enim Trojano à sanguine duci
Audierat, Tyrias olim quæ verteret arces.
Hinc populum latè regem, belloque superbum
Venturum excidio Libyæ : sic volvere Parcas.
Id metuens, veterisque memor Saturnia belli,
Prima quod ad Trojam pro charis gesserat Argis ;
Necdum etiam causæ irarum, sævique dolores
Exciderant animo : manet altâ mente repostum
Judicium Paridis, spretæque injuria formæ,
Et genus invisum, & rapti Ganymedis honores.
His accensa super, jactatos æquore toto
Troas, relliquias Danaûm, atque immitis Achillei
Arcebat longè Latio, multosque per annos
Errabant acti fatis maria omnia circùm.
Tantæ molis erat Romanam condere gentem !

   Vix è conspectu Siculæ telluris in altum
Vela dabant læti, & spumas salis ære ruebant :
Cùm Juno æternum servans sub pectore vulnus,
Hæc secum : Mene incepto desistere victam ?
Nec posse Italiâ Teucrorum avertere regem ?

Troyen avoit offenſée : dis-moi la cauſe de cette haine implacable de Junon, qui fit eſſuyer tant de périls & de malheurs à ce pieux Héros. Les Dieux ſe livrent-ils ainſi aux tranſports de la colere ?

Carthage, bâtie anciennement par une Colonie de Tyriens, ſur les côtes d'Afrique oppoſées à celles d'Italie, & vis-à-vis l'embouchure du Tibre, fut une Ville opulente & guerriere. On dit que la Reine des Dieux l'avoit préférée à ſon Iſle de Samos. Là étoient ſon char & ſes armes ; & ſi elle eût pu changer les décrets du Deſtin, cette Ville qu'elle protégeoit, ſeroit un jour devenue la maîtreſſe du monde. Mais elle avoit appris qu'une nation iſſue du ſang Troyen devoit renverſer les murs de Carthage, & que ce peuple belliqueux & triomphant, donnant par-tout la loi, ſubjugueroit un jour la Libye : que tel étoit le ſort que les Parques lui réſervoient. Alarmée pour ſa Ville favorite, & ſe rappellant tout ce que lui avoient coûté la guerre de Troie & la victoire des Grecs, elle portoit encore dans ſon cœur d'autres motifs de haine, qui nourriſſoient ſon cruel reſſentiment. Le jugement de Pâris, ſi injurieux à ſa beauté, & l'enlévement de Ganymede, étoient ſur-tout gravés dans ſa mémoire. Voilà quelles étoient les ſources de ſa haine. Ainſi ce malheureux reſte de la nation Troyenne, échappé aux fureurs du cruel Achille & de la Grece conjurée, erroit depuis long-temps de mers en mers, jouet du Deſtin, & en bute au courroux d'une Déeſſe irritée, qui l'éloignoit ſans ceſſe de l'Italie. Tant il étoit difficile de fonder l'Empire Romain.

La flotte Troyenne, joyeuſe de ſon départ, étoit encore à la vue des côtes de la Sicile ; elle commençoit à peine à voguer en pleine mer, & à fendre les flots écumants, lorſque Junon, en proie à ſon éternelle haine, ſe dit à elle-

Quippe vetor fatis. Pallasne exurere classem
Argivûm, atque ipsos potuit submergere Ponto
Unius ob noxam, & furias Ajacis Oilei ?
Ipsa Jovis rapidum jaculata è nubibus ignem,
Disjecitque rates, evertitque æquora ventis :
Illum expirantem transfixo pectore flammas
Turbine corripuit, scopuloque infixit acuto.
Ast ego, quæ Divûm incedo regina, Jovisque
Et soror & conjux, unâ cum gente tot annos
Bella gero ; & quisquam numen Junonis adoret
Præterea, aut supplex aris imponat honorem ?
 Talia flammato secum Dea corde volutans,
Nimborum in patriam, loca fœta furentibus Aus-
 tris,
Æoliam venit : hîc vasto rex Æolus antro
Luctantes ventos, tempestatesque sonoras
Imperio premit, ac vinclis & carcere frænat.
Illi indignantes, magno cum murmure, montis
Circum claustra fremunt : celsâ sedet Æolus arce
Sceptra tenens, mollitque animos, & temperat iras.
Ni faciat, maria, ac terras, cœlumque profundum
Quippe ferant rapidi secum, verrantque per auras.
Sed pater omnipotens speluncis abdidit atris,

même : » Faudra-t-il que j'abandonne mon en-
» treprise, & le Chef des Troyens fugitifs abor-
» dera-t-il malgré moi en Italie ? Quoi, les Des-
» tins me feront la loi ! Pallas aura pu embraser
» la flotte des Grecs, pour punir le seul Ajax qui
» l'avoit irritée * ! Armée du rapide foudre de
» Jupiter, elle le lança du haut des nues, dissipa
» les navires, & excita une affreuse tempête.
» Enveloppé dans un tourbillon de flammes,
» & jetté sur la pointe d'un rocher, Ajax ex-
» pira aux yeux de la Déesse. Et moi, Reine
» des Dieux, moi, femme & sœur de Jupiter,
» je poursuis vainement depuis tant d'années
» une seule nation ! Qui voudra désormais adorer
» Junon, encenser ses autels, & lui offrir des
» vœux ? «

Junon, roulant ces pensées de vengeance dans
son esprit enflammé, se transporte dans les Isles
Eoliennes, séjour des vents furieux, patrie
des nuages & des tempêtes. C'est là que regne
Eole, qui dans un antre vaste & profond, tient
enchaînés les vents séditieux & les bruyants
orages. Tandis que les vents irrités gémissent
dans leurs prisons, & font retentir de leurs mugissements la montagne qui les renferme, ce
Dieu, son sceptre à la main, assis sur la plus
élevée des montagnes, appaise leur furie, &
s'oppose à leurs efforts. S'il cessoit un moment
de veiller sur eux, leurs rapides efforts boule-
verseroient la mer, la terre & les cieux. La
sagesse de Jupiter, qui a prévenu ce danger,
les a plongés dans des cavernes obscures, & les

* Ajax, fils d'Oïlée, Roi des Locriens, le jour de la
prise de Troie avoit profané le Temple de Pallas, d'où il
avoit tiré avec violence la Prêtresse Cassandre, & l'avoit
déshonorée. La Déesse se vengea de cet outrage, de la
maniere qui est décrite en cet endroit, d'après Homere.

Hoc metuens, molemque & montes insuperaltos
Imposuit, regemque dedit, qui fœdere certo
Et premere, & laxas sciret dare jussus habenas.
 Ad quem tùm Juno supplex his vocibus usa est:
Æole (namque tibi Divûm pater, atque hominum rex
Et mulcere dedit fluctus, & tollere ventos)
Gens inimica mihi Tyrrhenum navigat æquor,
Ilium in Italiam portans, victosque penates.
Incute vim ventis, submersasque obrue puppes:
Aut age diversas, & disjice corpora ponto.
Sunt mihi bis septem præstanti corpore Nymphæ,
Quarum quæ formâ pulcherrimâ Deïopeam
Connubio jungam stabili, propriamque dicabo:
Omnes ut tecum meritis pro talibus annos
Exigat, & pulchrâ faciat te prole parentem.
 Æolus hæc contra: Tuus, ô regina, quid optes
Explorare labor, mihi jussa capessere fas est.
Tu mihi quodcumque hoc regni, tu sceptra, Jo-
  vemque
Concilias, tu das epulis accumbere Divûm,
Nimborumque facis, tempestatumque potentem.
 Hæc ubi dicta, cavum conversâ cuspide montem
Impulit in latus: ac venti, velut agmine facto,
Quà data porta ruunt, & terras turbine perflant.
Incubuere mari, totumque à sedibus imis
Unà Eurusque Notusque ruunt, creberque procel-
  lis
Africus, & vastos volvunt ad littora fluctus.
Insequitur clamorque virûm, stridorque ruden-
  tum.

a chargés de l'énorme poids des plus hautes montagnes, & à des conditions. Il leur a donné un Roi, qui suivant les ordres qu'il recevroit, sut ou les retenir captifs, ou les mettre en liberté.

Junon s'adresse à ce Dieu d'un air suppliant : " Eole, lui dit-elle, vous que le pere des " Dieux a rendu l'arbitre du calme & de l'ora- " ge, voyez cette flotte qui vogue sur la mer " de Toscane : ce sont mes ennemis ; ce sont " les Troyens vaincus, qui veulent aborder en " Italie & s'y établir. Déchaînez vos vents, " submergez ou dispersez ces vaisseaux, & que " ceux qui les montent soient le jouet de la " tempête. J'ai quatorze Nymphes d'une beau- " té parfaite : Déjopée, qui l'emporte sur " toutes les autres, sera le prix du service que " vous m'aurez rendu. Je vous unirai ensem- " ble pour toujours, & les enfants qui naîtront " de cet heureux hyménée, seront beaux com- " me elle.

" Déesse, lui répondit Eole, c'est à vous de " commander, & à moi de recevoir vos ordres. " Si Jupiter me protege, si les vents & les orages " sont soumis à mon pouvoir, si je me vois admis " à la table des Dieux, c'est à vous que je dois ces " honneurs ".

Il dit, & aussi-tôt ayant tourné sa lance, il la tourne contre le flanc de la montagne. A l'instant tous les vents en foule * sortent impétueusement de leurs cavernes, & se répandant sur la terre & sur la mer, y excitent la plus affreuse tempête. Le jour fuit, des nuages épais dérobent le Ciel aux Troyens, & les

---

* On n'a pas cru devoir nommer dans la Traduction les vents nommés dans le texte, c'est-à-dire, les vents d'Est, de Sud, & de Sud-est, *Eurus*, *Notus*, *Africus*.

Eripiunt subitò nubes, cœlumque diemque
Teucrorum ex oculis : ponto nox incubat atra.
Intonuere poli, & crebris micat ignibus æther,
Præsentemque viris intentant omnia mortem.
Extemplo Æneæ solvuntur frigore membra ;
Ingemit, & duplices tendens ad sidera palmas,
Talia voce refert : O terque quaterque beati,
Queis ante ora patrum, Trojæ sub mœnibus altis,
Contigit oppetere. O Danaûm fortissime gentis
Tydeide, mene Iliacis occumbere campis
Non potuisse, tuáque animam hanc effundere dex-
 trâ,
Sævus ubi Æacide telo jacet Hector, ubi ingens
Sarpedon, ubi tot Simoïs correpta sub undis
Scuta virûm, galeasque & fortia corpora volvit ?
 Talia jactanti, stridens Aquilone procella
Velum adversa ferit, fluctusque ad sidera tollit.
Franguntur remi ; tùm prora avertit, & undis
Dat latus : insequitur cumulo præruptus aquæ mons.
Hi summo in fluctu pendent : his unda dehiscens
Terram inter fluctus aperit : furit æstus arenis.
Tres Notus abreptas in saxa latentia torquet,
(Saxa vocant Itali mediis quæ in fluctibus, Aras)
Dorsum immane, mari summo : tres Eurus ab alto
In brevia, & Syrtes urget (miserabile visu)
Illiditque vadis, atque aggere cingit arenæ.
Unam, quæ Lycios, fidumque vehebat Orontem,
Ipsius ante oculos, ingens à vertice Pontus

LIVRE I.

plongent dans les ténebres. Les cris des matelots, le bruit des cordages, la nuit répandue sur les ondes, les fréquents éclairs dont l'air est enflammé, le tonnerre qui gronde au Septentrion & au Midi, tout offre l'image d'une mort inévitable.

Dans un danger si grand, Enée pâlit * & soupire. ″Heureux, s'écrie-t-il, levant les mains ″ au ciel, heureux les Troyens ensevelis sous les ″ superbes murs de leur patrie, en combattant ″ pour elle aux yeux de leurs Peres ! O brave ″ Diomede, le plus courageux des Grecs, que ″ n'ai-je expiré sous tes coups, dans les champs ″ de Troie, où Hector a péri par la main d'A-″ chille **, où le grand Sarpedon *** a perdu ″ la vie, & où le Simoïs a roulé avec ses flots les ″ corps sanglants, les boucliers, & les casques de ″ tant d'illustres guerriers ! ″

Tandis qu'il parle la tempête augmente, & l'Aquilon, luttant contre les voiles, déploie ses fureurs. Il éleve les vagues jusqu'aux nues, & brise les rames. La proue des navires se renverse, & ils prêtent le flanc aux vagues, qui comme de hautes montagnes les accablent. Les navires semblent tantôt plongés dans le sein de la mer, & tantôt élevés jusqu'aux nues. Trois furent jettés par le vent du Sud sur des bancs de sable, & contre ces vastes rochers à fleur d'eau, que nous appellons Autels. Trois furent emportés par le vent d'Est vers les Syrtes, où ils toucherent les sables & échouerent. Celui qui portoit le fidele Oronte & les Lyciens,

---

* Le frisson le saisit. Voyez la remarque sur cet endroit, & la justification de cet effroi d'Enée.

** Achille est appellé *Eacides*, parce qu'il étoit petit-fils d'*Eacus*, Roi de l'Isle d'Egine.

*** Sarpedon, Roi de Lycie, est tué par Patrocle dans l'Iliade.

In puppim ferit : excutitur , pronusque magister
Volvitur in caput, ast illam ter fluctus ibidem
Torquet agens circùm , & rapidus vorat æquore
   vortex.
Apparent rari nantes in gurgite vasto ,
Arma virûm, tabulæque , & Troïa gaza per undas.
Jam validam Ilionei navem , jam fortis Achatæ ,
Et quâ vectus Abas , & quâ grandævus Alethes ,
Vicit hyems : laxis laterum compagibus omnes
Accipiunt inimicum imbrem , rimisque fatiscunt.
   Intereà magno misceri murmure Pontum ,
Emissamque hyemem sensit Neptunus , & imis
Stagna refusa vadis : graviter commotus , & alto
Prospiciens , summâ placidum caput extulit undâ.
Disjectam Æneæ toto videt æquore classem ,
Fluctibus oppressos Troas , cœlique ruinâ.
Nec latuere doli fratrem Junonis , & iræ.
Eurum ad se, Zephyrumque vocat ; dehinc talia
   fatur :
   Tantane vos generis tenuit fiducia vestri ?
Jam cœlum terramque meo sine numine , venti ,
Miscere , & tantas audetis tollere moles ?
Quos ego... sed motos præstat componere fluctus.
Post mihi non simili pœnâ commissa luetis :
Maturate fugam , regique hæc dicite vestro ;
Non illi imperium pelagi , sævumque tridentem ,
Sed mihi sorte datum : tenet ille immania saxa ,
Vestras , Eure , domos : illâ se jactet in aulâ
Æolus , & clauso ventorum carcere regnet.
   Sic ait : & dicto citiùs tumida æquora placat,
Collectasque fugat nubes, Solemque reducit.

reçut un coup de vague qui submergea sa poupe dans les flots. Le pilote tombe, le vaisseau tourne, & est bientôt enseveli dans les gouffres de Neptune. A peine un petit nombre de ceux qui le montoient put-il se sauver à la nage : on voit flotter autour d'eux les débris de leur naufrage. Déja les navires d'Ilionée, d'Achate, d'Abas, & du vieux Aléthés succombent sous les fureurs de la tempête. Tous enfin fracassés & entr'ouverts font eau de toutes parts, & sont près d'être engloutis.

Cependant Neptune s'apperçut du désordre qui régnoit dans son empire, & du bouleversement de ses ondes. Surpris & indigné, il leve sa tête majestueuse au-dessus des flots, & porte de tous côtés ses regards. Il voit la flotte Troyenne dispersée, le ciel & la mer conspirés contre elle. Le frere de Junon reconnut aussi-tôt la supercherie vindicative de la Déesse. Il appelle les vents *, & leur parle de la sorte :

» Race téméraire, qui vous inspire tant
» d'audace ? Vents, vous osez sans mon aveu
» troubler le ciel & la terre, & ravager mon
» empire ! Si je vous traitois comme vous le
» méritez.... mais il s'agit de calmer les flots :
» un pareil attentat ne demeurera pas une au-
» trefois impuni. Retirez-vous promptement,
» & allez dire à votre Roi, que l'empire des
» mers ne lui appartient point, que j'en suis
» le souverain arbitre, & que c'est à moi seul
» que le redoutable Trident a été donné. Qu'Eo-
» le se contente de régner sur ses rochers,
» & d'exercer son pouvoir dans vos sombres ca-
» chots.

A ces mots la tempête cesse, les nuages se dissipent, & le Soleil reparoît. La Nymphe

* *Eurum, Zephirumque*, les vents d'Est & d'Ouest.

Cymothoë simul, & Triton annixus acuto
Detrudunt naves scopulo : levat ipse tridenti,
Et vastas aperit Syrtes, & temperat æquor,
Atque rotis summas levibus perlabitur undas.

Ac veluti magno in populo cùm sæpè coorta est
Seditio, sævitque animis ignobile vulgus;
Jamque faces & saxa volant : furor arma ministrat.
Tùm pietate gravem ac meritis si fortè virum quem
Conspexere, silent, arrectisque auribus astant :
Ille regit dictis animos, & pectora mulcet.
Sic cunctus pelagi cecidit fragor, æquora postquam
Prospiciens Genitor, cœloque invectus aperto,
Flectit equos, curruque volans dat lora secundo.

Defessi Æneadæ, quæ proxima littora, cursu
Contendunt petere, & Libyæ vertuntur ad oras.
Est in secessu longo locus : insula portum
Efficit objectu laterum, quibus omnis ab alto
Frangitur, inque sinus scindit sese unda reductos.
Hinc atque hinc vastæ rupes, geminique minantur
In cœlum scopuli, quorum sub vertice latè
Æquora tuta silent : tum sylvis scena coruscis
Desuper, horrentique atrum nemus imminet um-
   brâ.
Fronte sub adversa scopulis pendentibus antrum :
Intus aquæ dulces, vivoque sedilia saxo,
Nympharum domus : hîc fessas non vincula naves
Ulla tenent, unco non alligat anchora morsu.

Hùc septem Æneas collectis navibus omni

Cymothoé & Triton font leurs efforts pour sauver les navires échoués. Neptune lui-même les souleve avec son trident, & les fait passer en sûreté au milieu des Syrtes *. Il appaise enfin la mer agitée, & fait voler son char léger sur sa tranquille surface.

Dans une émeute populaire, lorsque les esprits sont le plus échauffés, lorsque la fureur qui transporte une populace mutinée, lui met les armes à la main, que les pierres & les tisons enflammés volent de toutes parts; si alors un homme respectable se présente à leurs yeux, on se tait, on l'écoute, & bientôt la sédition est appaisée. C'est ainsi que la présence de Neptune, assis sur son char, & promenant ses regards sur son vaste empire, calme les flots irrités.

Les Troyens, dont la tempête avoit épuisé les forces, tâchoient d'aborder au rivage le plus proche, & tournoient leurs proues vers les côtes de la Lybie. Ils apperçurent une baie assez profonde, & à son entrée une Isle, qui met les vaisseaux à l'abri des vents & forme un Port naturel. Les flots de la mer se brisent contre les rivages de cette Isle. A droite & à gauche sont de vastes rochers, dont deux semblent toucher le ciel, & entretiennent le calme dans ce Port. D'un côté, s'élève une épaisse forêt en forme d'amphithéatre, & vis-à-vis on voit une grotte, où coule une eau douce, autour de laquelle sont des sieges, que la nature a formés dans la pierre vive. C'est la retraite des Nymphes de ces lieux. Dans cette rade les vaisseaux n'ont besoin ni d'ancre ni de cables, pour se garantir de la fureur des vents.

Enée ayant relâché en cet endroit, avec sept

* Banc de sable mouvant.

Ex numero subit, ac magno telluris amore
Egressi, optatâ potiuntur Troës arenâ,
Et sale tabentes artus in littore ponunt.
Ac primùm silicis scintillam excudit Achates,
Suscepitque ignem foliis, atque arida circùm
Nutrimenta dedit, rapuitque in fomite flammam.
Tum Cererem corruptam undis, Cerealiaque arma
Expediunt fessi rerum, frugesque receptas
Et torrere parant flammis, & frangere saxo.
 Æneas scopulum interea conscendit, & omnem
Prospectum latè pelago petit, Anthea si quem
Jactatum vento videat, Phrygiasque biremes,
Aut Capyn, aut celsis in puppibus arma Caïci.
Navem in conspectu nullam; tres littore cervos
Prospicit errantes : hos tota armenta sequuntur
A tergo, & longum per valles pascitur agmen.
Constitit hîc, arcumque manu, celeresque sagittas
Corripuit, fidus quæ tela gerebat Achates :
Ductoresque ipsos primùm, capita alta ferentes,
Cornibus arboreis sternit; tum vulgus, & omnem
Miscet agens telis nemora inter frondea turbam,
Nec prius absistit, quam septem ingentia victor
Corpora fundat humi, & numerum cum navibus
 æquet.
Hinc portum petit, & socios partitur in omnes.
Vina, bonus quæ deinde cadis onerarat Acestes
Littore Trinacrio, dederatque abeuntibus heros,
Dividit, & dictis mœrentia pectora mulcet.
 O socii, (neque enim ignari sumus ante-malo-
 rum)
O passi graviora, dabit Deus his quoque finem.
Vos & Scyllæam rabiem, penitùsque sonantes

de ſes navires préſervés du naufrage, ſes compagnons, charmés de revoir la terre, deſcendirent avec empreſſement. Accablés de laſſitude, ils ſe coucherent d'abord ſur le rivage. Tandis qu'ils ſe repoſoient, Achate fit ſortir des étincelles des veines d'un caillou, & par le moyen de quelques feuilles ſeches & d'autres matieres combuſtibles, il alluma promptement du feu. On va auſſi-tôt retirer des vaiſſeaux les vivres que l'eau de la mer avoit endommagés, avec les inſtruments pour faire du pain * : on rôtit le bled & on le broie.

Pendant ce temps-là, Enée monte ſur un rocher, & jette la vue ſur la vaſte étendue de la mer, pour découvrir, s'il peut, quelques-uns de ſes vaiſſeaux que la tempête aura épargnés, ou celui d'Anthée, ou celui de Capys, ou celui de Caïcus. Il ne voit rien paroître, mais il apperçoit trois cerfs errants ſur le rivage, ſuivis d'un grand nombre d'autres qui paiſſoient dans la vallée. Il s'arrête, prend ſon arc & ſes fleches, que portoit le fidele Achate, & perce les trois premiers, fiers de la haute ramure qui paroit leur tête. Il pourſuit enſuite les autres dans les bois, juſqu'à ce qu'il en ait abattu ſept, c'eſt-à-dire, un nombre égal à celui de ſes vaiſſeaux. Il revint auſſi-tôt trouver ſes compagnons, partagea entr'eux ſa chaſſe, & leur fit diſtribuer du vin, dont le bon Roi Aceſte avoit chargé ſes vaiſſeaux, à ſon départ de Sicile. Enſuite pour les conſoler, il leur parla de cette maniere.

„Vous ſavez, mes chers compagnons, combien de maux vous avez ſoufferts juſqu'à pré-

---

* On piloit dans un mortier le bled rôti, ou bien on le broyoit ſur une pierre. Voyez la remarque ſur cet endroit.

Accestis scopulos : vos & Cyclopea saxa
Experti. Revocate animos, mœstumque timorem
Mittite : forsan & hæc olim meminisse juvabit.
Per varios casus, per tot discrimina rerum
Tendimus in Latium, sedes ubi fata quietas
Ostendunt: illic fas regna resurgere Trojæ.
Durate, & vosmet rebus servate secundis.
Talia voce refert, curisque ingentibus æger
Spem vultu simulat, premit altum corde dolorem.
   Illi se prædæ accingunt, dapibusque futuris.
Tergora diripiunt costis, & viscera nudant.
Pars in frusta secant, verubusque trementia figunt;
Littore ahena locant alii, flammasque ministrant.
Tum victu revocant vires, fusique per herbam,
Implentur veteris Bacchi, pinguisque ferinæ.
Postquam exempta fames epulis, mensæque re-
   motæ,
Amissos longo socios sermone requirunt:
Spemque metumque inter dubii, seu vivere cre-
   dant,
Sive extrema pati, nec jam exaudire vocatos.
Præcipuè pius Æneas, nunc acris Orontis,
Nunc Amyci casum gemit, & crudelia secum
Fata Lyci, fortemque Gyan, fortemque Cloan-
   thum.

» fent, & que vous avez été encore plus à
» plaindre que vous ne l'êtes aujourd'hui.
» Espérons que le ciel fera enfin cesser nos
» malheurs. Vous avez passé près de ces ro-
» chers retentissants, qui environnent le redou-
» table écueil de Scylla ; vous avez côtoyé le
» funeste rivage habité par les cruels Cyclo-
» pes ; vous avez échappé à mille autres dan-
» gers. Rappellez votre courage, & bannissez
» la crainte. Vous vous souviendrez peut-être
» un jour, avec quelque plaisir, de tout ce que
» vous avez souffert. C'est en triomphant de mille
» obstacles qu'il faut que nous abordions en Ita-
» lie, où les destins nous appellent. C'est là
» que les oracles des Dieux nous promettent
» un sort tranquille, & que nous releverons
» les murs de notre patrie. Supportez donc vos
» maux avec constance, & conservez-vous pour
» un avenir heureux «. C'est ainsi qu'Enée, dissimulant son inquiétude, cachoit sous un air serein & tranquille, la douleur profonde dont il
étoit pénétré.

Cependant les Troyens apprêtent le gibier
qu'Enée leur avoit distribué. Les uns dépouillent les cerfs, les autres les coupent par mor-
ceaux, & font rôtir leurs membres encore palpitants : d'autres en font bouillir une partie dans
des vases d'airain. Bientôt après, couchés sur
l'herbe, ils appaisent la faim qui les presse, &
le vin excellent qu'ils boivent, répare leurs forces épuisées. Après avoir satisfait à ce besoin,
ils donnent des regrets à la perte de leurs compagnons. Flottants entre l'espérance & la crainte, tantôt ils se figurent qu'ils ont résisté aux
efforts de la tempête, & tantôt qu'ensevelis dans
les ondes, ils sont insensibles à leurs larmes. Enée
regrette sur-tout Oronte, Amycus, Gyas, Lycus
& Cloanthe.

Et jam finis erat, cùm Jupiter æthere summo
Despiciens mare velivolum, terrasque jacentes,
Littoraque, & latos populos, sic vertice cœli
Constitit, & Libyæ defixit lumina regnis.
Atque illum tales jactantem pectore curas,
Tristior, & lacrymis oculos suffusa nitentes
Alloquitur Venus. O qui res hominumque, Deûm-
    que,
Æternis regis imperiis, & fulmine terres,
Quid meus Æneas in te committere tantum,
Quid Troës potuere, quibus tot funera passis
Cunctus ob Italiam terrarum clauditur orbis ?
Certè hinc Romanos olim, volventibus annis,
Hinc fore ductores, revocato à sanguine Teucri,
Qui mare, qui terras omni ditione tenerent,
Pollicitus : quæ te, genitor, sententia vertit ?
Hoc equidem occasum Trojæ, tristesque ruinas
Solabar, fatis contraria fata rependens.
Nunc eadem fortuna viros tot casibus actos
Insequitur : quem das finem, Rex magne, labo-
    rum ?
Antenor potuit, mediis elapsus Achivis,
Illyricos penetrare sinus, atque intima tutus
Regna Liburnorum, & fontem superare Timavi :
Unde per ora novem vasto cum murmure montis
It mare proruptum, & pelago premit arva sonanti.
Hîc tamen ille urbem Patavi, sedesque locavit
Teucrorum, & genti nomen dedit, armaque fixit
Troïa : nunc placidâ compostus pace quiescit.
Nos, tua progenies, cœli quibus annuis arcem,
Navibus, infandum, amissis, unius ob iram
Prodimur, atque Italis longè disjungimur oris.

LIVRE I.

Jupiter pendant ce temps-là observoit du haut du ciel ce qui se passoit sur la terre. Les mers & leurs rivages, les pays divers & leurs nombreux habitants s'offroient à ses yeux attentifs. Après avoir porté ses regards de tous côtés, il les fixa sur les royaumes d'Afrique. Alors Vénus s'approchant de lui, d'un air triste & les larmes aux yeux, lui parla ainsi : ″ Puissant ″ Maître des Dieux & des hommes, dont la ″ foudre fait trembler l'Univers, mon fils ″ Enée & les Troyens vous ont-ils offensé ? ″ Quel est leur crime ? Après tant de maux ″ qu'ils ont soufferts, faut-il que parce qu'ils ″ veulent aller en Italie, tous les chemins de ″ l'Univers leur soient fermés ? C'est là que ″ vous avez promis qu'ils s'établiroient, & ″ que d'eux sortiroit un peuple puissant, à qui ″ toute la terre obéiroit. Qui a pu, mon pere, ″ vous faire changer de résolution ? Cette es-″ pérance me consoloit de la ruine de Troie, ″ & de la dispersion de ses habitants. Cependant ″ leurs malheurs ne cessent point. Dureront-″ ils encore long-temps ? Antenor échappé à la ″ fureur des Grecs a bien pu pénétrer dans le ″ Golfe de l'Illyrie, entrer dans le pays des ″ Liburniens, & franchir la source du Timave, ″ qui sortant avec impétuosité d'une montagne ″ par neuf ouvertures, semblable à une mer, ″ inonde les campagnes de ses flots bruyants. ″ Il a fondé une colonie de Troyens en ce ″ pays-là ; il a bâti la ville de Padoue ; il ″ a donné son nom aux peuples qu'il a sou-″ mis, & il regne tranquillement dans ses nou-″ veaux Etats. Et nous, qui sommes vos en-″ fants, nous à qui vous destinez des honneurs ″ célestes, victime éternelle d'une Déesse ir-″ ritée, après avoir perdu la plus grande par-″ tie de nos vaisseaux, nous sommes poussés

Hic pietatis honos, sic nos in sceptra reponis ?
  Olli subridens hominum sator atque Deorum,
Vultu, quo cœlum tempestatesque serenat,
Oscula libavit natæ, dehinc talia fatur :
Parce metu, Cytherea ; manent immota tuorum
Fata tibi : cernes urbem, & promissa Lavinî
Mœnia, sublimemque feres ad sidera cœli
Magnanimum Æneam, neque me sententia vertit.
Hic (tibi fabor enim, quando hæc te cura remor-
    det,
Longiùs & volvens fatorum arcana movebo)
Bellum ingens geret Italiâ, populosque feroces
Contundet, moresque viris & mœnia ponet :
Tertia dum Latio regnantem viderit æstas,
Ternaque transierint Rutulis hyberna subactis.
At puer Ascanius, cui nunc cognomen Iülo
Additur, (Ilus erat, dùm res stetit Ilia regno)
Triginta magnos volvendis mensibus orbes
Imperio explebit, regnumque à sede Lavinî
Transferet, & longam multâ vi muniet Albam.
Hîc jam tercentum totos regnabitur annos,
Gente sub Hectoreâ : donec regina sacerdos,
Marte gravis, geminam partu dabit Ilia prolem.
Inde lupæ fulvo nutricis tegmine lætus
Romulus excipiet gentem, & Mavortia condet
Mœnia, Romanosque suo de nomine dicet.
His ego nec metas rerum nec tempora pono :
Imperium sine fine dedi. Quin aspera Juno,
  Quæ mare nunc, terrasque metu, cœlumque fati-
    gat,
Consilia in melius referet, mecumque fovebit,
Romanos rerum dominos, gentemque togatam.

» loin de l'Italie, & jettés sur un rivage ennemi.
» Est-ce ainsi que vous recompensez la piété, &
» que vous rétablissez l'empire de Troie ?

Le pere des Dieux, souriant avec cet air
de douceur qui répand la sérénité dans les airs,
embrassa sa fille, & lui répondit : » Ne vous
» alarmez point, Reine de Cythere ; les des-
» tinées des Troyens, pour qui vous vous in-
» téressez, ne changeront point. Vous ver-
» rez les murs de Lavinium s'élever, comme
» je vous l'ai promis ; vous verrez votre fils
» Enée couvert de gloire, & mis un jour
» au rang des Immortels. Mais, pour vous
» rassurer entiérement, je vais vous dévoiler
» tous les secrets de sa destinée. Il arrivera
» en Italie, & y soutiendra une guerre dan-
» gereuse. Il y domtera des peuples féroces,
» les rassemblera dans sa ville, leur donnera
» des loix, & régnera paisiblement trois an-
» nées dans le Latium. Le jeune Ascagne son
» fils, qui porte aujourd'hui le nom d'Iule,
» & qu'on nommoit Ilus lorsqu'Ilion subsistoit,
» succédera à son pere, & régnera trente ans. Il
» bâtira & fortifiera la Ville d'Albe, où ses
» descendants seront durant trois cents ans sur
» le Trône ; jusqu'au temps qu'une Vestale,
» fille d'un Roi d'Albe, après avoir eu com-
» merce avec le Dieu Mars, mettra au monde
» deux jumeaux. L'un des deux, nommé Ro-
» mulus, couvert de la peau d'une louve sa
» nourrice, sera le fondateur d'un nouveau
» peuple, auquel il donnera son nom, ainsi
» qu'à la ville qu'il bâtira, & qui sera consacrée
» au Dieu Mars. La puissance & la durée de
» cet empire seront sans bornes. Junon même,
» l'ennemie mortelle des Troyens, qui arme
» aujourd'hui contr'eux le ciel, la terre &
» la mer, deviendra la protectrice des Ro-

Sic placitum : veniet luftris labentibus ætas,
Cùm domus Affaraci Phthiam, clarafque Mycenas.
Servitio premet, ac victis dominabitur Argis.
Nafcetur pulchrâ Trojanus origine Cæfar,
Imperium Oceano, famam qui terminet aftris,
Julius, à magno demiffum nomen Iulo.
Hunc tu olim cœlo fpoliis Orientis onuftum
Accipies fecura : vocabitur hic quoque votis.
Afpera tum pofitis mitefcent fæcula bellis,
Cana fides, & Vefta, Remo cum fratre Quirinus
Jura dabunt : diræ ferro, & compagibus arctis
Claudentur belli portæ. Furor impius intùs
Sæva fedens fuper arma, & centum vinctus ahenis
Poft tergum nodis, fremet horridus ore cruento.

 Hæc ait, & Maïa genitum demittit ab alto,
Ut terræ, utque novæ pateant Carthaginis arces
Hofpitio Teucris, ne fati nefcia Dido
Finibus arceret : volat ille per aëra magnum
Remigio alarum, ac Libyæ citus aftitit oris.
Et jam juffa facit, ponuntque ferocia Pœni
Corda, volente Deo : in primis Regina quietum
Accipit in Teucros animum, mentemque beni-
 gnam.

 At pius Æneas per noctem plurima volvens,
Ut primum lux alma data eft, exire, locofque
Explorare novos, quas vento accefferit oras,
Qui teneant (nam inculta videt) hominefne, fe-
 ræne,

mains,

» mains, & les favorisera comme moi. Telle
» est ma volonté. Après un certain nombre de
» lustres, les descendants des Troyens asservi-
» ront la Grece. Phthie, Mycenes & Argos
» obéiront à la postérité d'Assaracus. Jules Cé-
» sar, rejetton de cette illustre tige, & tirant
» son nom d'Iulus, fils d'Enée, étendra ses con-
» quêtes jusqu'à l'Océan, & la gloire de son
» nom s'élevera jusqu'aux astres. Vous le re-
» cevrez vous-même un jour dans le Ciel,
» chargé des dépouilles de l'Orient, & vous
» le verrez invoqué comme un Dieu par les
» mortels. Alors des siecles de paix succéde-
» ront à la férocité guerriere. La Candeur, la
» Probité, la Religion, un nouveau Romulus
» avec Remus son frere, dicteront leurs loix
» aux peuples soumis à leur empire. Les portes
» du Temple de la Guerre seront fermées : l'af-
» freuse Discorde, assise sur de cruelles armes,
» les mains liées derriere le dos, chargée de cent
» chaînes d'airain, la bouche teinte de sang, fré-
» mira de rage «.

Il ordonna en même temps à Mercure de se rendre à Carthage pour y faire recevoir les Troyens, & empêcher la Reine Didon, qui ignoroit leur destinée, de leur refuser un asyle. Mercure fend aussi-tôt les airs, vole vers la Libye, & exécute l'ordre du Maître des Dieux. Bientôt les Phéniciens, dociles à la volonté de Jupiter, se dépouillent de leur férocité; & leur Reine commence à être disposée favorablement à l'égard des malheureux étrangers qui viennent d'aborder dans ses Etats.

Cependant Enée avoit passé la nuit dans une cruelle inquiétude, ignorant sur quel rivage la tempête l'avoit jetté. Dès que le jour parut, il prit la résolution d'aller lui-même reconnoître le pays, pour savoir s'il étoit habité par des

Tome I. Z

Quærere conftituit, fociifque exacta referre.
Claffem in convexo nemorum, fub rupe cavatâ,
Arboribus claufam circum, atque horrentibus umbris,
Occulit : ipfe uno graditur comitatus Achate,
Bina manu lato crifpans haftilia ferro.
Cui mater mediâ fefe tulit obvia fylvâ,
Virginis os, habitumque gerens, & virginis arma
Spartanæ : vel qualis equos Threïffa fatigat
Harpalice, volucremque fugâ prævertitur Hebrum.
Namque humeris de more habilem fufpenderat arcum
Venatrix, dederatque comas diffundere ventis :
Nuda genu, nodoque finus collecta fluentes.

 Ac prior : Heus, inquit, juvenes, monftrate, mearum
Vidiftis fi quam hîc errantem forte fororum,
Succinctam pharetrâ, & maculofæ tegmine lyncis,
Aut fpumantis apri curfum clamore prementem.
Sic Venus : at Veneris contra fic filius orfus ;
Nulla tuarum audita mihi, neque vifa fororum.
O quam te memorem virgo ? namque haud tibi vultus
Mortalis, nec vox hominum fonat : ô Dea certe.
An Phœbi foror, an Nympharum fanguinis una ?
Sis felix noftrumque leves quæcumque laborem :
Et quo fub cœlo tandem, quibus orbis in oris
Jactemur, doceas : ignari hominumque, locorumque
Erramus, vento hùc vaftis & fluctibus acti :
Multa tibi ante aras noftrâ cadet hoftia dextrâ.

 Tum Venus : Haud equidem tali me dignor honore.

hommes, ou feulement par des bêtes fauvages, & d'en faire le rapport à fes compagnons; car il n'avoit encore apperçu que des terres incultes. Après avoir mis fes vaiffeaux en fûreté le long de la côte, qui étoit bordée de bois & de rochers, il s'avança dans les terres, fuivi feulement du fidele Achate, & tenant en fa main deux Javelots armés d'un large fer. A peine étoit-il vers le milieu de la forêt, que Vénus fa mere s'offrit à fes yeux, fous l'air d'une Chaffeufe, vêtue & armée comme une fille de Sparte, ou telle qu'on repréfente la célebre Amazone Harpalice, Reine de Thrace, piquant les flancs d'un cheval plus rapide que les flots de l'Hebre. Sa chevelure voltigeoit au gré du vent; fes épaules étoient chargées d'un arc & d'un carquois, & fa robe étoit retrouffée jufqu'aux genoux, qu'elle avoit nuds.

,, Guerriers, dit-elle, n'avez-vous point
,, apperçu dans cette forêt quelqu'une de mes
,, compagnes, couverte d'une peau de lynx,
,, portant un carquois fur l'épaule, ou pourfui-
,, vant un fanglier ? Aucune de vos compagnes
,, ne s'eft offerte à nos yeux, lui répondit
,, Enée. Mais quel nom vous donnerai-je ?
,, Etes-vous une mortelle ? Vous n'en avez ni
,, l'air ni la voix. Vous êtes fans doute la fœur
,, d'Apollon, ou au moins une Nymphe de
,, ces bois. Prenez pitié de nos maux, & ap-
,, prenez-nous dans quelle contrée nous fom-
,, mes. La fureur des vents & des flots nous a
,, jettés fur cette côte, où nous errons, fans
,, connoître ni le pays ni fes habitants. Déeffe,
,, daignez nous éclaircir. Nous vous promettons de
,, verfer au pied de vos autels le fang de mille
,, victimes.

,, Ces honneurs ne me font pas dûs, repli-
,, qua Vénus. L'ufage des filles de Tyr eft de

Virginibus Tyriis mos est gestare pharetram,
Purpureoque alte suras vincire cothurno.
Punica regna vides, Tyrios, & Agenoris urbem:
Sed fines Libyci, genus intractabile bello,
Imperium Dido Tyriâ regit urbe profecta,
Germanum fugiens; longa est injuria, longæ
Ambages; sed summa sequar fastigia rerum.
 Huic conjux Sichæus erat, ditissimus agri
Phænicum, & magno miseræ dilectus amore,
Cui pater intactam dederat, primisque jugârat
Ominibus: sed regna Tyri germanus habebat
Pygmalion, scelere ante alios immanior omnes,
Quos inter medius venit furor: ille Sichæum
Impius ante aras, atque auri cœcus amore,
Clam ferro incautum superat, securus amorum
Germanæ, factumque diu celavit, & ægram,
Multa malus simulans, vanâ spe lusit amantem.
Ipsa sed in somnis inhumati venit imago
Conjugis, ora modis attollens pallida miris;
Crudeles aras, trajectaque pectora ferro
Nudavit, cœcumque domus scelus omne retexit.
Tum scelerare fugam, patriâque excedere suadet,
Auxiliumque viæ, veteres tellure recludit
Thesauros, ignotum argenti pondus & auri.

Livre I.

« porter un carquois sur l'épaule, & leur chaus-
» sure ordinaire est un cothurne de pourpre.
» Vous êtes dans le Royaume des Phé-
» niciens, près de la ville bâtie par Didon,
» Princesse issue du sang d'Agénor. Le pays
» d'alentour est la Libye, habitée par une
» nation féroce & guerriere. Didon, pour se
» soustraire à la cruauté de son frere, a con-
» duit une colonie de Tyriens en ces lieux,
» où elle fonde un nouvel empire. L'histoire de
» cette Princesse est longue ; j'en supprimerai
» plusieurs traits, pour vous la raconter en peu
» de mots.

» Belus, Roi de Tyr, avoit marié Didon sa
» fille à Sichée, le plus riche de tous les Phé-
» niciens, qui brûloit pour elle du plus tendre
» amour. Elle étoit vierge lorsqu'il l'épousa,
» & les premiers auspices de l'hyménée furent
» pris pour cette union. Pygmalion, fils de
» Belus, monta sur le trône de Tyr après la
» mort de son pere. Ce Prince, aveuglé par
» la passion des richesses, surprit un jour
» Sichée, dans le temps qu'il faisoit un sacri-
» fice en secret, & il l'assassina au pied de
» l'autel, sans se mettre en peine de la dou-
» leur que sa sœur auroit de la perte d'un époux
» si tendrement chéri. Il cacha long-temps ce
» meurtre, flattant sa sœur d'une vaine espé-
» rance, & lui faisant accroire qu'elle re-
» verroit bientôt son époux. Mais l'ombre
» de Sichée, privée des honneurs de la sépul-
» ture, apparut en songe à Didon, avec un
» visage pâle & défiguré. Il lui montra l'autel
» au pied duquel il avoit été immolé, lui dé-
» couvrit sa poitrine percée d'un coup mortel,
» & lui révéla le fatal secret du crime com-
» mis dans sa maison. En même temps il lui con-
» seilla de s'éloigner de sa patrie, & d'empor-

His commota fugam Dido, sociosque parabat :
Conveniunt, quibus aut odium crudele tyranni,
Aut metus acer erat : naves, quæ fortè paratæ,
Corripiunt, onerantque auro : portantur avari
Pygmalionis opes pelago : dux fœmina facti.
Devenere locos, ubi nunc ingentia cernes
Mœnia, surgentemque novæ Carthaginis arcem :
Mercatique solum, facti de nomine Byrsam,
Taurino quantum possent circumdare tergo.
Sed vos qui tandem ? quibus aut venistis ab oris ?
Quò-ve tenetis iter ? Quærenti talibus ille
Suspirans, imoque trahens à pectore vocem :
 O Dea, si primâ repetens ab origine Pergam ;
Et vacet annales nostrorum audire laborum,
Ante diem clauso componet vesper olympo.
Nos Trojâ antiquâ (si vestras forte per aures
Trojæ nomen iit,) diversa per æquora vectos
Forte suâ Libycis tempestas appulit oris.
Sum pius Æneas, raptos qui ex hoste Penatés
Classe veho mecum, famâ super æthera notus :
Italiam quæro patriam, & genus ab Jove summo.
Bis denis Phrygium conscendi navibus æquor,
Matre Deâ monstrante viam, data fata secutus :
Vix septem convulsæ undis, Euroque supersunt,

LIVRE I.

» ter avec elle des tréſors, cachés depuis
» long-temps dans un endroit qu'il lui indiqua.
» Didon à ſon réveil ſurpriſe & effrayée, pré-
» para ſa fuite, & en concerta le projet avec
» ceux qui haïſſoient ou craignoient le Tyran.
» On s'aſſura des vaiſſeaux qui étoient dans
» le Port, & on y embarqua, avec les ri-
» cheſſes de Sichée, celles de l'avare Pygma-
» lion. Le chef de l'entrepriſe fut une fem-
» me. Ils aborderent aux lieux où vous allez
» voir une nouvelle ville qui s'éleve. Pour
» fixer ſon enceinte, ils ont acheté autant de
» terrein que la peau d'un bœuf coupée en
» courroies peut en contenir; ce qui a fait donner
» à la citadelle le nom de Byrſa. Mais vous, ô
» étrangers, ajouta-t-elle, qui êtes-vous, d'où
» venez-vous, & quel eſt le terme de votre
» voyage?

» O Déeſſe, répondit Enée en ſoupirant,
» ſi je vous racontois l'origine de nos malheurs,
» & ſi vous aviez le loiſir d'en écouter la dé-
» plorable hiſtoire, la nuit auroit ſuccédé
» au jour, avant que j'euſſe achevé ce triſte
» récit. Vous avez peut-être oui parler de la
» fameuſe Troie. Reſtes fugitifs de ſes infor-
» tunés habitants, & errants de mer en mer,
» au gré des vents, nous avons été jettés ſur
» cette côte par une tempête violente. Je
» ſuis cet Enée, qui fait profeſſion d'une
» piété ſinguliere envers les Dieux, & dont
» le nom eſt connu dans le Ciel. Mon deſſein
» eſt d'aborder en Italie, d'y porter mes Dieux
» ſauvés de l'incendie de Troie, & de m'é-
» tablir dans cette contrée, d'où ſont ſortis
» mes ancêtres, iſſus du grand Jupiter. Sous
» la conduite de Vénus ma mere, je me ſuis
» embarqué ſur la mer de Phrygie, conduiſant
» vingt vaiſſeaux, dont à peine ſept ont pu

Ipse ignotus, egens, Libyæ deserta peragro,
Europâ, atque Asiâ pulsus. Nec plura querentem
Passa Venus, medio sic interfata dolore est.
    Quisquis es, haud, credo, invisus cœlestibus auras
Vitales carpis, Tyriam qui adveneris urbem.
Perge modo, atque hinc te reginæ ad limina perfer.
Namque tibi reduces socios, classemque relatam,
Nuncio, & in tutum versis Aquilonibus actam:
Ni frustra augurium vani docuere parentes.
Aspice bis senos lætantes agmine cygnos,
Æthereâ quos lapsa plagâ Jovis ales aperto
Turbabat cœlo : nunc terras ordine longo
Aut capere, aut captas jam despectare videntur.
Ut reduces illi ludunt stridentibus alis,
Et cœtu cinxere polum, cantusque dedere;
Haud aliter puppesque tuæ, pubêsque tuorum
Aut portum tenet, aut pleno subit ostia velo.
Perge modò, & quà te ducit via, dirige gressum.
    Dixit : & avertens roseâ cervice refulsit,
Ambrosiæque comæ divinum vertice odorem
Spiravere : pedes vestis defluxit ad imos :
Et vera incessu patuit Dea. Ille ubi matrem
Agnovit, tali fugientem est voce secutus.
Quid natum toties crudelis tu quoque falsis
Ludis imaginibus ? cur dextræ jungere dextram
Non datur, ac veras audire, & reddere voces ?
Talibus incusat, gressumque ad mœnia tendit.
At Venus obscuro gradientes aëre sepsit,
Et multo nebulæ circum Dea fudit amictu :

» échapper à la fureur des ondes. Chaſſé de l'Aſie
» & de l'Europe, dépourvu de tout, me voici,
» comme un malheureux inconnu, au milieu
» des déſerts de la Libye.

» Qui que vous ſoyez, interrompit Vénus,
» vous n'êtes point haï des Dieux, puiſque
» vous êtes arrivé près des murs de Carthage.
» Continuez votre route, & rendez-vous au
» Palais de la Reine. Votre flotte eſt en ſûreté,
» & vous reverrez bientôt vos Compagnons.
» Je vous dis la vérité, à moins que l'art des
» Augures, que mes parents m'ont appris,
» ne ſoit un art trompeur. Regardez ces douze
» Cygnes qui volent gaiement. Un Aigle fon-
» dant ſur eux du haut des nues, les avoit
» diſperſés. Ils volent à préſent tous enſemble,
» & paroiſſent chercher, ou avoir déja choiſi
» le lieu où ils doivent ſe repoſer. Comme vous
» les voyez former un cercle dans l'air, chan-
» ter, & battre des ailes, joyeux d'avoir
» échappé au danger; de même vos vaiſſeaux
» diſperſés, ſont maintenant dans le Port, ou
» y entrent à pleines voiles. Allez, & hâtez-
» vous d'arriver au lieu où ce chemin abou-
» tit «.

Elle dit, & en ſe retournant, ſa tête parut
rayonnante. Ses cheveux répandirent dans l'air
une odeur céleſte: ſa robe s'abattit, & ſa
démarche la trahiſſant, on vit clairement la
Déeſſe. Enée reconnut ſa Mere, & s'écria:
» Quoi, vous auſſi, ma Mere, vous êtes aſſez
» cruelle pour tromper votre fils! Pourquoi
» ne m'eſt-il pas permis de vous embraſſer, de
» vous entendre me parler ſans feinte, & de
» vous répondre «? En faiſant ces plaintes,
il s'avançoit du côté de Carthage, avec ſon
cher Achate. La Déeſſe, après les avoir enveloppés d'un nuage, pour les dérober aux re-

Cernere ne quis eos, neu quis contingere poſſet,
Moliri-ve moram, aut veniendi poſcere cauſas.
Ipſa Paphum ſublimis abit, ſedeſque reviſit
Læta ſuas: ubi templum illi, centumque Sabæo
Thure calent aræ, ſertiſque recentibus halant.
Corripuere viam intereà quà ſemita monſtrat.

 Jamque aſcendebant collem, qui plurimus urbi
Imminet, adverſaſque aſpectat deſuper arces.
Miratur molem Æneas, magalia quondam;
Miratur portas, ſtrepitumque, & ſtrata viarum.
Inſtant ardentes Tyrii. Pars ducere muros,
Molirique arcem, & manibus ſubvolvere ſaxa:
Pars optare locum tecto, & concludere ſulco.
Jura, magiſtratuſque legunt, ſanctumque ſenatum.
Hîc portus alii effodiunt: hîc alta theatris
Fundamenta locant alii; immaneſque columnas
Rupibus excidunt, ſcenis decora alta futuris.

 Qualis apes æſtate novâ per florea rura
Exercet ſub ſole labor, cùm gentis adultos
Educunt fœtus; aut cùm liquentia mella
Stipant, & dulci diſtendunt nectare cellas;
Aut onera accipiunt venientum, aut agmine facto,
Ignavum fucos pecus à præſepibus arcent.
Fervet opus, redolentque thymo fragrantia mella.

 O fortunati, quorum jam mœnia ſurgunt,
Æneas ait, & faſtigia ſuſpicit urbis.

gards & à la curiosité des Tyriens, s'envole à Paphos. C'est là que dans un Temple, où cent autels lui sont dressés, fume un éternel encens, & que l'air est embaumé de l'odeur de mille fleurs nouvelles. Cependant Enée & Achate suivirent un sentier qui conduisoit à la nouvelle Cité.

Déja ils avoient monté la colline qui domine la ville, & d'où on la découvre entiérement. Enée regarde avec étonnement tant d'édifices, élevés à la place des cabanes qui étoient autrefois en ces lieux. Il est frappé des portes magnifiques, des rues pavées, & de la bruyante multitude des laborieux habitants. Les uns élevent les murs de la citadelle, d'autres roulent de grosses pierres. Ceux-là demandent un terrein pour se bâtir une maison, & ils en tracent le plan. Ici on fait l'élection des Magistrats, & l'on forme le corps sacré du Sénat. Là on creuse le Port ; ailleurs on jette les fondements d'un Théatre, & l'on taille de grandes colones pour en former les décorations.

C'est ainsi qu'au printemps & dans un beau jour, les abeilles se répandent dans les campagnes fleuries, & font sortir les jeunes mouches de la ruche. Les unes s'occupent au-dedans à ramasser le miel & à remplir leurs alvéoles de ce doux nectar ; les autres reçoivent le butin de celles qui arrivent. Tantôt elles forment une armée volante, pour livrer un combat aux paresseux & importuns frêlons, & les éloigner de leur demeure. Toutes sont appliquées à leur travail, & leur miel composé de thym parfume l'air d'alentour.

„ Heureux, s'écria Enée en considérant les
„ travaux des Tyriens, heureux ceux qui
„ voient les murs de leur ville s'élever ! «

Infert se septus nebulâ (mirabile dictu)
Per medios, miscetque viris, neque cernitur ulli.
Lucus in urbe fuit mediâ, lætissimus umbrâ,
Quò primum jactati undis & turbine Pœni
Effodere loco signum, quod regia Juno
Monstrarat, caput acris equi : sic nam fore bello
Egregiam, & facilem victu per sæcula gentem.
Hic templum Junoni ingens Sidonia Dido
Condebat, donis opulentum, & numine Divæ;
Ærea cui gradibus surgebant limina, nexæque
Ærę trabes : foribus cardo stridebat ahenis.
 Hoc primùm in luco nova res oblata timorem
Leniit : hîc primùm Æneas sperare salutem
Ausus, & afflictis melius confidere rebus.
Namque sub ingenti lustrat dum singula templo,
Reginam opperiens; dum quæ fortuna sit urbi,
Artificumque manus inter se, operumque labores
Miratur, videt Iliacas ex ordine pugnas,
Bellaque jam famâ totum vulgata per orbem :
 Atridas, Priamumque, & sævum ambobus Achillem.
 Constitit, & lacrymans : Quis jam locus (inquit) Achate,
Quæ regio in terris nostri non plena laboris ?
En Priamus : sunt hîc etiam sua præmia laudi,
Sunt lacrymæ rerum, & mentem mortalia tangunt.
Solve metus : feret hæc aliquam tibi fama salutem.
 Sic ait, atque animum picturâ pascit inani,
Multa gemens, largoque humectat flumine vultum.

En disant ces mots il entre dans Carthage, où, à la faveur d'un nuage qui le couvre, il se mêle dans la foule du peuple, sans être vu. Il y avoit au milieu de la ville un bois agréable. Les Phéniciens, que la tempête avoit autrefois fait échouer sur cette côte, vinrent d'abord se reposer en cet endroit. En creusant la terre, ils trouverent la tête d'un cheval, qu'ils regarderent comme un signe de la volonté de Junon, qui leur ordonnoit de s'arrêter en ce lieu, où la ville qu'ils bâtiroient se rendroit illustre par les armes. C'étoit là que Didon faisoit bâtir un Temple magnifique, consacré à la Déesse. On y montoit par des dégrés qui conduisoient à un vestibule revêtu de lames de bronze; les gonds de la porte étoient de bronze pareillement, & les poutres liées ensemble par des plaques du même métal.

Un spectacle qui s'offrit alors aux yeux d'Enée, en attendant l'arrivée de la Reine, calma ses inquiétudes, & ranima ses espérances. Tandis qu'il considéroit toutes les magnificences du Temple, & qu'il admiroit les travaux de la nouvelle colonie, il apperçut une suite de tableaux, où les combats livrés sous les murs de Troie, & tous les événements de ce fameux siege étoient représentés. On y voyoit les Atrides, Priam, & le fier Achille, également redoutable à l'un & à l'autre. Enée, à cette vue, ne put retenir ses pleurs. ,, En quel pays som-
,, mes-nous, mon cher Achate, dit-il? Dans
,, quel lieu nos malheurs sont-ils ignorés? Voici
,, l'infortuné Priam. La vertu malheureuse trou-
,, ve ici des cœurs sensibles. Rassurons-nous:
,, La renommée de Troie sera notre salut en ces
,, lieux ,,.

Cependant ces vaines images continuoient de lui arracher des soupirs & des larmes. Ici

Namque videbat, uti bellantes Pergama circum,
Hàc fugerent Graii premeret Trojana juventus:
Hàc Phryges, inftaret curru criftatus Achilles.
Nec procul hinc Rhefi niveis tentoria velis
Agnofcit lacrymans : primo quæ prodita fomno
Tydeides multâ vaftabat cæde cruentus,
Ardentefque avertit equos in caftra, priùs quàm
Pabula guftaffent Trojæ, Xanthumque bibiffent.
Parte aliâ fugiens amiffis Troïlus armis,
Infelix puer, atque impar congreffus Achilli,
Fertur equis, curruque hæret refupinus inani,
Lora tenens tamen: huic cervixque, comæque trahuntur
Per terram, & verfâ pulvis infcribitur haftâ.
 Intereà ad templum non æquæ Palladis ibant
Crinibus Iliades paffis, peplumque ferebant
Suppliciter triftes, & tunfæ pectora palmis.
Diva folo fixos oculos averfa tenebat.
Ter circum Iliacos raptaverat Hectora muros,
Exanimumque auro corpus vendebat Achilles.
Tum verò ingentem gemitum dat pectore ab imo,
Ut fpolia, ut currus, utque ipfum corpus amici,
Tendentemque manus Priamum confpexit inermes.
Se quoque principibus permixtum agnovit Achivis,
Eoafque acies, & nigri Memnonis arma.
Ducit Amazonidum lunatis agmina peltis
Penthefilea furens, mediifque in millibus ardet,

il voyoit les Grecs repoussés par la jeunesse Troyenne. Là c'étoit le fier Achille reconnoissable à son aigrette, qui, monté sur son char, poursuivoit les Troyens effrayés. Il reconnut les pavillons blancs de Rhésus, & il ne put voir sans gémir le camp de ce Roi de Thrace en proie à la fureur de Diomede, qui, l'ayant attaqué dans le temps du premier sommeil, se baigna dans le sang de ses soldats endormis, & lui enleva ses chevaux, avant qu'ils eussent goûté des pâturages de Troie, & bu des eaux du Xanthe. On voyoit près de là le jeune & imprudent Troïle, qui avoit osé proposer un défi à l'indomtable fils de Pélée. Troïle désarmé étoit emporté par ses chevaux. Son corps paroissoit suspendu hors de son char, sa tête renversée, ses cheveux traînants dans la poussiere, la javeline dont il étoit percé y traçant un long sillon, & sa main tenant encore les rênes de ses chevaux.

D'un autre côté les Dames Troyennes, les cheveux épars, d'un air suppliant & abattu, & se frappant la poitrine, alloient au Temple de Pallas, pour offrir une robe à la Déesse, qui ne daignoit pas les regarder. On voyoit ailleurs l'impitoyable Achille, qui, après avoir traîné trois fois autour des murs d'Ilion le corps d'Hector qu'il avoit tué, le vendoit chérement. Enée ne put voir sans soupirer le char, les dépouilles, le corps sanglant de son ami, & le vieux Priam sans armes, suppliant humblement le vainqueur de lui remettre le corps de son fils. Enfin il se vit lui-même combattant contre les Capitaines de la Grece. Il vit aussi les troupes de l'Inde & de l'Ethiopie conduites par Memnon, & l'ardente Penthésilée, à la tête d'un bataillon d'Amazones armées de légers boucliers en forme de croissant. Cette belli-

Aurea subnectens exertæ cingula mammæ,
Bellatrix, audetque viris concurrere virgo.
  Hæc dum Dardanio Æneæ miranda videntur,
Dum stupet obtutuque hæret defixus in uno,
Regina ad templum formâ pulcherrima Dido
Incessit, magnâ juvenum stipante catervâ.
Qualis in Eurotæ ripis, aut per juga Cynthi
Exercet Diana choros, quam mille secutæ
Hinc atque hinc glomerantur Oreades : illa phare-
      tram
Fert humero, gradiensque Deas supereminet om-
      nes :
Latonæ tacitum pertentant gaudia pectus.
Talis erat Dido, talem se læta ferebat
Per medios instans operi, regnisque futuris.
Tum foribus Divæ, mediâ testudine templi,
Septa armis, folioque alte subnixa resedit.
Jura dabat, legesque viris, operumque laborem
Partibus æquabat justis, aut forte trahebat.
Cùm subito Æneas concursu accedere magno
Antea, Sergestumque videt, fortemque Cloan-
      thum,
Teucrorumque alios : ater quos æquore turbo
Dispulerat, penitusque alias advexerat oras.
Obstupuit simul ipse, simul perculsus Achates :
Lætitiáque, metuque avidi conjungere dextras
Ardebant : sed res animos incognita turbat.
Dissimulant, & nube cavâ speculantur amicti,
Quæ fortuna viris, classem quo littore linquant,
Quid veniant : cunctis nam lecti navibus ibant,
Orantes veniam, & templum clamore petebant.

queuse

queuse fille, ceinte d'un écharpe d'or, & le sein découvert, paroissoit dans la mêlée, osant attaquer tous les Guerriers.

Dans le temps qu'Enée considéroit dans une espece de ravissement toutes ces peintures, la Reine Didon, suivie de la jeunesse de Carthage, entra dans le Temple. Sa beauté éclatante charmoit tous les yeux. Elle ressembloit à la Déesse des bois, dansant sur les bords de l'Eurotas, ou sur le mont Cynthus, au milieu des Nymphes des montagnes. Elle porte un carquois sur l'épaule, & surpasse de la tête toutes les Nymphes de sa suite. Son air majestueux & ses graces pénetrent de joie Latone sa mere. Ainsi parut au milieu de sa cour la Reine de Carthage, attentive à hâter les édifices de sa ville, & à affermir son nouvel empire. Environnée de sa garde, elle s'avança jusqu'au milieu du Temple, à l'entrée du sanctuaire, où elle s'assit sur un trône élevé. Tandis qu'elle donnoit ses ordres pour les travaux, & qu'elle faisoit tirer au sort la distribution des ouvrages, rendant en même temps la justice à ses sujets, & leur prescrivant de sages loix, on vit arriver, au milieu d'une foule de Tyriens, Anthée, Sergeste, Cloanthe & quelques autres Troyens, que la tempête avoit séparés du reste de la flotte. A cette vue, saisis d'étonnement, de crainte, & de joie, Enée & Achate brûloient du désir de les aller embrasser. Mais leur incertitude sur la disposition des Tyriens, les empêcha de satisfaire leur impatience. Enveloppés du nuage qui les déroboit à tous les yeux, ils résolurent d'observer ce qui se passeroit, & d'écouter ce que les Troyens diroient, touchant le sort de leurs compagnons, & l'état de la flotte. Ils virent donc ces députés s'avancer, à grand bruit, vers le Temple,

Tome I. A a

Poſtquam introgreſſi, & coram data copia fandi,
Maximus Ilioneus placido ſic pectore cœpit :
O Regina novam cui condere Jupiter urbem ,
Juſtitiâque dedit gentes frænare ſuperbas ,
Troës te miſeri , ventis maria omnia vecti ,
Oramus : prohibe infandos à navibus ignes ;
Parce pio generi , & propiùs res aſpice noſtras.
Non nos aut ferro Libycos populare penates
Venimus, aut raptas ad littora vertere prædas :
Non ea vis animo, nec tanta ſuperbia victis.
Eſt locus (Heſperiam Graii cognomine dicunt)
Terra antiqua, potens armis, atque ubere glebæ :
Œnotrii coluere viri ; nunc fama , minores
Italiam dixiſſe , ducis de nomine , gentem ,
Huc curſus fuit.
Cùm ſubito aſſurgens fluctu nimboſus Orion
In vada cæca tulit , penituſque procacibus Auſtris,
Perque undas , ſuperante ſalo , perque invia ſaxa
Diſpulit : huc pauci veſtris adnavimus oris.
Quod genus hoc hominum , quæve hunc tam barbara morem
Permittit patriâ ? hoſpitio prohibemur arenæ.
Bella cient , primâque vetant conſiſtere terrâ.
Si genus humanum , & mortalia temnitis arma ,
At ſperate Deos memores fandi , atque nefandi.

pour implorer la protection de la Reine.

Ayant paru devant elle & obtenu la permission de parler, Ilionée, qui étoit le plus âgé, lui adressa ce discours : ″Grande Reine, qui ″par la faveur de Jupiter avez fondé en ces ″lieux une nouvelle ville, vous dont la droi-″ture a gagné les cœurs d'une nation barbare, ″vous voyez devant vous de malheureux ″Troyens, victimes de la fureur des flots, qui ″les a fait échouer sur vos côtes. Ils vous ″supplient d'épargner les débris de leur nau-″frage, & de leur conserver leurs vaisseaux. ″Daignez, grande Reine, protéger des hom-″mes qui révèrent les Dieux, & soyez tou-″chée de leur malheur. Nous ne sommes pas ″venus pour ravager la Libye, ni comme un ″essaim de pirates, pour piller vos terres & ″nous charger de butin. D'infortunés vain-″cus n'ont pas assez de forces ni d'audace, ″pour former ces téméraires entreprises. Il ″est un pays, que les Grecs nomment Hes-″périe, célèbre par l'ancienneté & la valeur ″de ses habitants, & par la fertilité de son ″terroir. Œnotrus y fonda autrefois une co-″lonie, & lui donna son nom, & l'on dit ″qu'Italus, Roi de ce même pays, lui a depuis ″donné le sien. C'étoit dans cette contrée ″que nous allions, pour nous y établir, ″lorsque tout à coup l'orageuse constellation ″d'Orion, exitant une affreuse tempête, a ″jetté nos vaisseaux sur des bancs de sable & ″contre des rochers, & nous a tous dispersés. ″Un petit nombre a échoué sur les côtes de ″la Libye. Mais quels hommes habitent ce ″rivage ? Est-il dans l'univers un pays aussi ″barbare ? Battus par la tempête, on prend ″les armes, pour nous empêcher d'aborder : ″on nous refuse l'asyle. Libyens, si vous

Rex erat Æneas nobis, quo juſtior alter
Nec pietate fuit, nec bello major, & armis;
Quem ſi fata virum ſervant, ſi veſcitur aurâ
Æthereâ, nec adhuc crudelibus occubat umbris,
Non metus; officio nec te certaſſe priorem
Pœniteat. Sunt & Siculis regionibus urbes,
Armaque, Trojanoque à ſanguine clarus Aceſtes.
Quaſſatam ventis liceat ſubducere claſſem,
Et ſylvis aptare trabes, & ſtringere remos.
Si datur Italiam, ſociis & rege recepto,
Tendere, ut Italiam læti Latiumque petamus.
Sin abſumpta ſalus, & te, pater optime Teucrûm,
Pontus habet Libyæ, nec ſpes jam reſtat Iüli,
At freta Sicaniæ ſaltem, ſedeſque paratas,
Unde huc advecti, regemque petamus Aceſtem.
Talibus Ilioneus : cuncti ſimul ore fremebant
Dardanidæ.

 Tum breviter Dido, vultum demiſſa, profatur:
Solvite corde metum, Teucri, ſecludite curas.
Res dura, & regni novitas me talia cogunt
Moliri, & latè fines cuſtode tueri.
Quis genus Æneadum, quis Trojæ neſciat urbem,
Virtuteſque, viroſque, aut tanti incendia belli ?
Non obtuſa adeò geſtamus pectora Pœni,
Nec tam averſus equos Tyriâ ſol jungit ab urbe,
Seu vos Heſperiam magnam, Saturniaque arva,

» méprisez les hommes, craignez au moins
» les Dieux qui voient le bien & le mal. Nous
» avions un chef nommé Enée, Prince re-
» commandable par sa piété, sa droiture, &
» sa valeur. S'il vit encore, si l'onde ne l'a
» point englouti, comptez sur sa vive recon-
» noissance. Vous ne vous repentirez point,
» grande Reine, de nous avoir prévenus par
» vos bienfaits. Nous avons encore des res-
» sources dans la Sicile, où regne le Roi Aceste
» issu du sang Troyen. Nous ne vous deman-
» dons pour toute grace, que la liberté de
» tirer à terre nos galeres fracassées pour les
» radouber, & la permission de nous pourvoir
» de rames, afin de reprendre ensuite la route
» d'Italie, en cas que nous puissions retrouver
» notre Chef & nos compagnons. Mais si
» nous avons perdu toute espérance, si la mer
» de Libye, cher Prince, t'a enseveli dans
» son sein, & si ton fils Ascagne a péri avec
» toi, notre dessein est de retourner en Si-
» cile, d'où nous venons, & de nous établir
» dans les Etats du Roi Aceste «. Ainsi parla
Ilionée, au nom des Troyens qui l'accompa-
gnoient.

Didon, d'un air grave & modeste, répondit en peu de mots : » Troyens, dit-elle, cessez
» de vous alarmer. La crainte d'une surprise,
» dans les commencements d'un nouvel éta-
» blissement, m'oblige à mettre des gardes
» sur les frontieres de mon Royaume, pour
» en défendre l'entrée aux étrangers. Qui ne
» connoît pas les Troyens & leur fameuse
» Ville ? qui n'a pas entendu parler du long
» siege qu'elle a soutenu, & du courage de ses
» illustres défenseurs ? Tyr n'est pas assez éloi-
» gnée de Troie, & les Phéniciens ne sont
» pas un peuple assez grossier, pour n'avoir

Sive Erycis fines, regemque optatis Acestem,
Auxilio tutos dimittam, opibusque juvabo.
Vultis & his mecum pariter considere regnis?
Urbem quam statuo vestra est, subducite naves;
Tros, Tyriusque mihi nullo discrimine agetur.
Atque utinam rex ipse, noto compulsus eodem,
Afforet Æneas! equidem per littora certos
Dimittam, & Libyæ lustrare extrema jubebo,
Si quibus ejectus sylvis, aut urbibus errat.

 His animum arrecti dictis, & fortis Achates,
Et pater Æneas jamdudum erumpere nubem
Ardebant: prior Æneam compellat Achates.
Nate Deâ, quæ nunc animo sententia surgit?
Omnia tuta vides, classem, sociosque receptos.
Unus abest, medio in fluctu quem vidimus ipsi
Submersum; dictis respondent cætera matris.

 Vix ea fatus erat, cùm circumfusa repente
Scindit se nubes, & in æthera purgat apertum.
Restitit Æneas, claráque in luce refulsit,
Os, humerosque Deo similis: namque ipsa decoram
Cæsariem nato genitrix, lumenque juventæ
Purpureum, & lætos oculis afflarat honores.
Quale manus addunt ebori decus, aut ubi flavo
Argentum, Parius-ve lapis circumdatur auro.

 Tum sic reginam alloquitur, cunctisque repente
Improvisus ait: Coram, quem quæritis, adsum,
Troïus Æneas, Libycis ereptus ab undis.
O sola infandos Trojæ miserata labores!

» pris aucune part à cet événement célebre.
» Ainſi, ſoit que vous formiez le deſſein de
» vous rendre dans la grande Heſpérie, où
» Saturne a régné, ſoit que vous vouliez vous
» retirer en Sicile, & vous rendre les ſujets
» d'Aceſte, je vous laiſſerai partir librement,
» & mes ſecours faciliteront votre voyage.
» Voulez-vous vous fixer ici ? La ville que je
» bâtis, ſera votre aſyle ; j'aurai pour vous la
» même affection que pour les Tyriens. Plût
» au Ciel, que le vent qui vous a pouſſés vers
» ce rivage, y eût auſſi conduit votre Prince.
» Je vais envoyer le long de la côte, & juſqu'aux
» confins de la Libye, pour découvrir s'il n'eſt
» point égaré dans quelque forêt, ou arrêté dans
» quelque ville.

Enée & Achate, réjouis de cette réponſe, brûloient d'impatience de ſortir du nuage. Fils
» de Vénus, dit alors Achate, que penſez-vous ?
» Vous voyez que nous avons recouvré nos
» vaiſſeaux & nos compagnons : nous n'avons
» perdu que le ſeul navire ſubmergé à nos yeux ;
» la prédiction de Vénus s'accomplit pour tout le
» reſte.

A l'inſtant, le nuage s'ouvre & ſe diſſipe, & Enée paroît. A ſa taille, à ſon air, on l'auroit pris pour un Dieu. Vénus ſa mere avoit orné ſa tête d'une belle chevelure, & mis ſur ſon viſage & dans ſes yeux les graces & la vivacité de la jeuneſſe. C'eſt ainſi que la main de l'ouvrier emploie l'or, pour embellir l'yvoire, l'argent, ou le marbre.

Enée, dont la préſence ſurprit toute l'aſſemblée, s'avança vers la Reine : » Je ſuis,
» dit-il, cet Enée, dont on eſt en peine : j'ai
» échappé à la fureur de la mer de Libye. Sen-
» ſible aux malheurs de Troie, vous voulez
» bien, généreuſe Princeſſe, recueillir ſes

Quæ nos, relliquias Danaûm, terræque marifque
Omnibus exhauftos jam cafibus, omnium egenos,
Urbe, domo focias. Grates perfolvere dignas
Non opis eft noftræ, Dido, nec quicquid ubique eft
Gentis Dardaniæ, magnum quæ fparfa per orbem.
Dii tibi (fi qua pios refpectant numina, fi quid
Ufquam juftitiæ eft) & mens fibi confcia recti
Præmia digna ferant. Quæ te tam læta tulerunt
Sæcula, qui tanti talem genuere parentes ?
In freta dum fluvii current, dum montibus umbræ
Luftrabunt convexa, polus dum fidera pafcet,
Semper honos, nomenque tuum, laudefque ma‑
  nebunt,
Quæ mecumque vocant terræ. Sic fatus, amicum
Ilionea petit dextrâ, levâque Sereftum,
Poft alios, fortemque Gyan, fortemque Cloan‑
  thum.
  Oftupuit primo afpectu Sidonia Dido,
Cafu deinde viri tanto; & fic ore locuta eft.
Quis te, nate Deâ, per tanta pericula cafus
Infequitur, quæ vis immanibus applicatoris ?
Tune ille Æneas, quem Dardanio Anchifæ
Alma Venus Phrygii genuit Simoëntis ad undam ?
Atque equidem Teucrum memini Sidona venire,
Finibus expulfum patriis, nova regna petentem,
Auxilio Beli : genitor tum Belus opimam
Vaftabat Cyprum, & victor ditione tenebat.

déplorables

» déplorables restes , & recevoir dans vos
» Etats un peuple fugitif , dépourvu de tout
» secours , & en butte à tous les revers de la
» fortune. Comment pourrons-nous vous té-
» moigner notre juste reconnoissance ? Tous
» les Troyens dispersés dans l'Univers ne pour-
» ront jamais s'acquitter envers vous. Puissent
» les Dieux , toujours rémunérateurs de la
» justice & de l'humanité , vous récompenser
» dignement ! puissiez - vous sentir le plaisir
» secret attaché aux actions vertueuses ! Quel-
» le gloire pour les auteurs de votre naissance !
» En quelque lieu que j'aille m'établir , tant
» que les fleuves porteront leurs eaux à la
» mer , tant que les ombres feront le tour des
» montagnes, tant que les astres brilleront au
» firmament, votre nom, grande Reine, sera
» toujours dans ma mémoire , & je ne cesse-
» rai de publier vos louanges & vos bienfaits «.
Enée, après ce discours , tendit la main à son
ami Ilionée , à Sereste, à Gyas, & aux autres
Troyens.

Didon, que l'arrivée soudaine du Prince &
sa triste situation étonnoient, ayant été quelque temps sans répondre , lui parla ainsi :
» Fils d'une Déesse, quel malheur vous pour-
» suit, & vous a fait échouer sur un rivage
» barbare ? Etes - vous donc cet Enée , à
» qui Anchise & Vénus ont donné la naissance
» sur les bords du Simoïs ? Je me souviens
» que Teucer, exilé de Salamine par son pere
» Thélamon, vint autrefois à Sidon implorer
» la protection de Bélus, le priant de le se-
» conder pour la fondation d'une ville dans
» l'Isle de Cypre, dont mon pere s'étoit ren-
» du le maître par la force des armes. Je fus
» alors instruite des malheurs de Troie ; j'ap-
» pris votre nom, & celui de tous les Capi-

Tempore jam ex illo cafus mihi cognitus urbis
Trojanæ, nomenque tuum, regefque Pelafgi.
Ipfe hoftis Teucros infigni laude ferebat,
Seque ortum antiquâ Teucrorum à ftirpe volebat.
Quare agite, ô tectis, juvenes, fuccedite noftris.
Me quoque per multos fimilis fortuna labores
Jactatam hâc demum voluit confiftere terrâ.
Non ignara mali miferis fuccurrere difco.

 Sic memorat: fimul Æneam in regia ducit
Tecta: fimul Divûm templis indicit honorem.
Nec minus intereà fociis ad littora mittit
Vigenti tauros, magnorum horrentia centum
Terga fuum, pingues centum cum matribus agnos:
Munera, lætitiamque Dei.
At domus interior, regali fplendida luxu,
Inftruitur, mediifque parant convivia tectis.
Arte laboratæ veftes, oftroque fuperbo:
Ingens argentum menfis, cælataque in auro
Fortia facta patrum, feries longiffima rerum,
Per tot ducta viros antiquæ ab origine gentis.

 Æneas (neque enim patrius confiftere mentem
Paffus amor) rapidum ad naves præmittit Acha-
  tem,
Afcanio ferat hæc, ipfumque ad mœnia ducat.
Omnis in Afcanio chari ftat cura parentis.
Munera præterea Iliacis erepta ruinis
Ferre jubet: pallam fignis, auroque rigentem,
Et circumtextum croceo velamen acantho,
Ornatus Argivæ Helenæ, quos illa Mycenis,
Pergama cùm peteret, inconceffofque Hymenæos,
Extulerat, matris Ledæ mirabile donum.
Præterea fceptrum, Ilione quod gefferat olim,
Maxima natarum Priami colloque monile

» taines de la Grece. Teucer, quoique votre
» ennemi, rendoit justice à la valeur des
» Troyens, & se glorifioit d'être issu du sang
» de vos anciens Rois. Vous donc, ô Etran-
» gers, pour qui je m'intéresse, venez vous
» reposer dans ma ville. Après avoir essuyé,
» comme vous, de grands périls, je me vois
» enfin établie dans cette contrée. Mes mal-
» heurs m'ont appris à secourir les malheu-
» reux «.

A ces mots, elle se leve & conduit Enée dans son Palais. En même temps elle ordonne de faire des sacrifices dans tous les Temples, & elle envoie aux Troyens, qui étoient restés sur les vaisseaux, vingt bœufs, cent cochons, & cent agneaux gras, avec autant de brebis, & d'excellent vin en abondance. Cependant on prépara une fête magnifique. Les appartements furent tapissés d'étoffes brodées & de pourpre. On dressa des tables au milieu du Palais; on chargea les buffets de vaisselle d'argent, & de vases d'or ciselés, représentant tous les exploits des ancêtres de Didon.

Pendant ce temps-là, Enée, pressé par la tendresse paternelle, envoya Achate en diligence vers la flotte, afin d'informer son fils, objet de son amour & de ses soins, de ce qui s'étoit passé à Carthage, avec ordre de l'amener à la Cour. Il ordonna en même temps qu'on tirât des vaisseaux plusieurs choses précieuses, sauvées de l'incendie de Troie, pour en faire présent à la Reine, telles qu'une robe de drap d'or, ornée d'une magnifique broderie, & un voile bordé de feuilles d'achante d'or; présents que Léda avoit faits à sa fille Hélene, qui les avoit apportés à Troie, lorsqu'elle s'enfuit de Sparte avec son indigne amant: un sceptre que portoit Ilione, l'ainée des filles de Priam,

Baccatum, & duplicem gemmis auroque coronam.
Hæc celerans, iter ad naves tendebat Achates.
　At Cytherea novas artes, nova pectore versat
Consilia; ut faciem mutatus & ora Cupido
Pro dulci Ascanio veniat, donisque furentem
Incendat reginam, atque ossibus implicet ignem.
Quippe domum timet ambiguam, Tyriosque bi-
　　lingues;
Urit atrox Juno, & sub noctem cura recursat.
Ergo his aligerum dictis affatur Amorem.
Nate, meæ vires : mea magna potentia solus,
Nate, patris summi qui tela Typhoëa temnis ;
Ad te confugio, & supplex tua numina posco.
Frater ut Æneas pelago tuus omnia circum
Littora jactetur, odiis Junonis iniquæ,
Nota tibi, & nostro doluisti sæpe dolore.
Hunc Phœnissa tenet Dido, blandisque moratur
Vocibus : & vereor, quò se Junonia vertant
Hospitia, haud tanto cessabit cardine rerum.
Quocirca capere ante dolis, & cingere flammâ
Reginam meditor, ne quo se numine mutet ;
Sed magno Æneæ mecum teneatur amore.
Quâ facere id possis, nostram nunc accipe mentem.
　Regius, accitu chari genitoris, ad urbem
Sidoniam puer ire parat, mea maxima cura,
Dona ferens pelago, & flammis restantia Trojæ.
Hunc ego sopitum somno super alta Cythera,
Aut super Idalium sacratâ sede recondam :
Ne quâ scire dolos, mediusve occurrere possit.

son collier de perles, & sa couronne d'or, ornée d'un double rang de pierres précieuses. Achate exécuta les ordres de son Prince, & se rendit promptement à bord des vaisseaux.

Pendant ce temps-là Vénus rouloit dans son esprit de nouvelles pensées, & méditoit un coup de son art. Pour prévenir l'inconstance de la Reine, la perfidie des Carthaginois, & plus encore les stratagêmes de la vindicative Junon, elle veut que son fils Cupidon prenne la figure du jeune Ascagne, & que sous cette forme il porte les présents à la Reine, afin d'enflammer son cœur. ,, Mon fils, dit-elle à Cu-
,, pidon, vous qui faites toute ma puissance,
,, & qui seul bravez la foudre de Jupiter, j'ai
,, aujourd'hui recours à vous, & j'implore votre
,, pouvoir. Vous savez que votre frere Enée,
,, objet éternel de la haine de Junon, erre
,, sur la mer de rivage en rivage, & vous avez
,, souvent partagé la douleur que me cause son
,, infortune. Il est actuellement à la Cour de
,, la Reine de Carthage, qui lui a fait un ac-
,, cueil favorable. Mais je crains qu'une ville
,, toute dévouée à Junon, ne devienne pour les
,, Troyens une retraite funeste. La Déesse im-
,, placable ne s'endormira pas dans cette con-
,, jonĉture. Pour prévenir ses desseins, il faut,
,, mon fils, séduire la Reine, & lui inspirer
,, une si vive ardeur pour Enée, que Junon
,, même ne puisse changer son cœur. Voilà mon
,, projet, & voici ce que vous devez faire pour
,, le seconder.

,, Ascagne, que j'aime tendrement, se pré-
,, pare, suivant les ordres de son pere, à
,, partir pour Carthage, où il doit porter à
,, Didon les présents qu'Enée lui destine, &
,, que les flammes de Troie & les flots de la
,, mer ont épargnés Je vais le transporter

Tu faciem illius, noctem non ampliùs unam,
Falle dolo, & notos pueri puer indue vultus:
Ut, cùm te gremio accipiet lætissima Dido,
Regales inter mensas, laticemque Lyæum,
Cum dabit amplexus, atque oscula dulcia figet,
Occultum inspires ignem, fallasque veneno.
　Paret Amor dictis charæ genitricis, & alas
Exuit, & gressu gaudens incedit Iuli.
At Venus Ascanio placidam per membra quietem
Irrigat, & fotum gremio Dea tollit in altos
Idaliæ lucos, ubi mollis amaracus illum
Floribus, & dulci aspirans complectitur umbrâ.
Iamque ibat dicto parens, & dona Cupido
Regia portabat Tyriis, duce lætus Achate.
Cum venit, aulæis jam se Regina superbis
Aureâ composuit spondâ, mediamque locavit.
Jam pater Æneas, & jam Trojana juventus
Conveniunt, stratoque super discumbitur ostro.
Dant famuli manibus lymphas, Cereremque ca-
　　niſtris
Expediunt, tonſiſque ferunt mantilia villis.
Quinquaginta intus famulæ, quibus ordine longo
Cura penum struere, & flammis adolere Penates.
Centum aliæ, totidemque pares ætate ministri,
Qui dapibus mensas onerent, & pocula ponant.
Necnon & Tyrii per limina læta frequentes
Convenere, toris jussi discumbere pictis.
　Mirantur dona Æneæ, mirantur Iulum,
Flagrantesque Dei vultus, simulataque verba,
Pallamque, & pictum croceo velamen Acantho.

» endormi sur les montagnes de Cythere,
» ou dans les bois sacrés d'Idalie, de peur
» qu'il ne sache l'artifice que je veux em-
» ployer, & que sa présence ne trouble mes
» desseins. Prenez donc, mon fils, pour une
» nuit seulement, le visage & l'air de cet
» enfant que vous connoissez, & lorsque Di-
» don, au milieu des délices du festin, & de
» la joie que le vin inspire, vous caressera,
» vous embrassera, vous serrera entre ses
» bras, allumez un feu secret dans son ame,
» faites couler dans son cœur un poison per-
» fide «.

L'Amour obéit : il met bas ses ailes, & prend la figure & l'air d'Ascagne, que Vénus aussi-tôt plongea dans les langueurs d'un doux sommeil. Elle le prend alors entre ses bras, & l'emporte dans les bois d'Idalie, où elle le fait reposer à l'ombre, sur un lit de fleurs. Cupidon, sous la conduite d'Achate, se met en chemin, & arrive à la Cour de Carthage, avec les présents destinés pour Didon. Lorsqu'il entra dans la salle du festin, la Reine venoit de se placer à table, sous un pavillon superbe, appuyée sur des coussins de drap d'or, au milieu d'Enée & des autres Troyens couchés sur des lits de pourpre. On présente, selon l'usage, l'eau & les serviettes. Cinquante femmes au-dedans du Palais avoient soin de régler le service, & de brûler des parfums en l'honneur des Dieux Pénates. Cent jeunes filles & autant de jeunes garçons mettoient les mets sur les tables, & versoient le vin. Un grand nombre de Seigneurs Tyriens avoit été invités à cette fête.

Les présents d'Enée furent trouvés magnifiques, sur-tout le manteau de drap d'or & le voile bordé de feuilles d'achante. Mais la beauté & les graces du faux Ascagne éblouirent

Præcipue infelix, pesti devota futuræ,
Expleri mentem nequit, ardescitque tuendo
Phœnissa, & puero pariter, donisque movetur.
  Ille, ubi complexu Æneæ, colloque pependit,
Et magnum falsi implevit genitoris amorem,
Reginam petit: hæc oculis, hæc pectore toto
Hæret, & interdum gremio fovet, inscia Dido
Insideat quantus miseræ Deus: at memor ille
Matris Acidaliæ, paulatim abolere Sichæum
Incipit, & vivo tentat prævertere amore.
Jampridem resides animos, desuetaque corda.
  Postquam prima quies epulis, mensæque remotæ,
Crateras magnos statuunt, & vina coronant.
Fit strepitus tectis, vocemque per ampla volutant
Atria: dependent lychni laquearibus aureis
Incensi, & noctem flammis funalia vincunt.
Hîc regina gravem gemmis, auroque poposcit,
Implevitque mero pateram: quam Belus, & omnes
A Belo soliti: tum facta silentia tectis.
Jupiter (hospitibus nam te dare jura loquuntur)
Hunc lætum Tyriisque diem, Trojâque profectis
Esse velis, nostrosque hujus meminisse minores.
Adsit lætitiæ Bacchus dator, & bona Juno!
Et vos ô cœtum, Tyrii, celebrate faventes.
  Dixit, & in mensâ laticum libavit honorem,

toute l'assemblée. Le feu de ses yeux, l'éclat de son teint, la douceur de sa voix, charmoient tous les Tyriens. La malheureuse Didon, qui doit bientôt brûler d'une fatale ardeur, admire tantôt les présents du pere, tantôt les charmes du fils. Cette vue qui l'enflamme, ne peut la rassasier.

Le prétendu Ascagne, après avoir embrassé son pere, qui le caressa tendrement comme son fils, s'approcha de la Reine. Elle fixe sur lui ses regards, elle l'approche de son sein, elle le met sur ses genoux. Princesse infortunée, qui ignore que le plus redoutable des Dieux est entre ses bras ! Fidele aux ordres de sa mere, l'Amour peu à peu efface dans l'esprit de Didon le souvenir de Sichée, & prépare son cœur refroidi à brûler de la plus vive ardeur.

Vers la fin du repas on apporta de grandes coupes, que l'on remplit de vin. A cet aspect la joie redoubla, & les voix des conviés firent retentir les plafonds dorés de la salle, où des lustres suspendus répandoient de tous côtés une lumiere éclatante. La Reine demanda une grande coupe d'or enrichie de pierreries, dont l'ancien Belus & ses successeurs s'étoient toujours servis pour les libations. On fit silence : alors la Reine adressa cette priere à Jupiter. " Puissant Dieu, qui présidez à l'hospitalité, " rendez ce jour également heureux pour les " Tyriens & pour les Troyens, que nos der- " niers neveux en conservent la mémoire. Que " Bacchus, pere de la gaieté, que Junon, qui " nous protege, exaucent nos vœux, & vous, " ô Tyriens, célébrez avec moi cette journée " mémorable ".

A ces mots, elle répandit du vin sur la table, & après cette libation sacrée, elle trempa

Primaque libato summo tenus attigit ore.
Tum Bitiæ dedit increpitans: ille impiger hausit
Spumantem pateram, & pleno se proluit auro.
Post alii proceres: cithará crinitus Iopas
Personat auratá, docuit quæ maximus Atlas.
Hic canit errantem Lunam, Solisque labores:
Unde hominum genus, & pecudes, unde imber,
   & ignes;
Arcturum, pluviasque Hyadas, geminosque
   Triones:
Quid tantùm Oceano properent se tingere Soles
Hyberni, vel quæ tardis mora noctibus obstet.
Ingeminant plausum Tyrii Troësque sequuntur.
   Nec non & vario noctem sermone trahebat
Infelix Dido, longumque bibebat amorem,
Multa super Priamo rogitans, super Hectore multa:
Nunc, quibus Auroræ venisset filius armis:
Nunc, quales Diomedis equi: nunc, quantus
   Achilles.
Imo age, & à primá dic, hospes, origine nobis
Insidias, inquit, Danaûm, casusque tuorum,
Erroresque tuos: nam te jam septima portat
Omnibus errantem terris & fluctibus æstas.

légérement ſes levres dans la coupe, qu'elle donna auſſi-tôt à Bitias, en l'excitant à boire. Bitias la prend & avale ſur le champ la liqueur mouſſeuſe. Tous les autres Seigneurs Tyriens & Troyens boivent après lui. Pendant ce temps-là Iopas chantoit ſur ſa lyre d'or les ſublimes leçons du ſavant Atlas, le cours de la Lune, les éclipſes du Soleil, l'origine des hommes & des animaux, la cauſe de la pluie & du tonnerre, les influences du Bouvier, des Hyades & des deux Ourſes; pourquoi dans l'hyver le Soleil ſe hâte de ſe plonger dans l'Océan, & pourquoi les nuits d'été ſont ſi tardives. Les Tyriens & les Troyens étoient charmés de ces chants.

Cependant Didon ne ſe laſſoit point d'entretenir Enée, & avaloit à longs traits le poiſon de l'amour. Elle lui parle tantôt du vieux Priam, tantôt du brave Hector. Elle lui demande comment étoit armé le fils de l'Aurore, lorſqu'il vint au ſecours de Troie; & quels étoient ces chevaux rares que Diomede enleva à Rhéſus: elle l'interroge enfin ſur les célebres exploits du grand Achille. ,, Mais ſatisfaites entiérement notre curioſité, ,, dit-elle; apprenez-nous par quel ſtratagême les ,, Grecs ont ſurpris la ville de Troie. Racontez- ,, nous tout ce qui vous eſt arrivé, depuis ſept ,, ans que vous errez ſur les flots, & que vous ,, parcourez tant de rivages ,,.

PUBLII VIRGILII MARONIS ÆNEIDOS.
LIBER SECUNDUS.

CONTICUERE omnes, intentique ora tenebant;
Inde toro pater Æneas sic orsus ab alto :
Infandum, Regina, jubes renovare dolorem ;
Trojanas ut opes, & lamentabile regnum
Eruerint Danai ; quæque ipse miserrima vidi ,
Et quorum pars magna fui. Quis talia fando
Myrmidonum, Dolopum-ve, aut duri miles
  Ulyssei
Temperet à lacrymis ? & jam nox humida cœlo
Præcipitat, suadentque cadentia sidera somnos.
Sed si tantus amor casus cognoscere nostros,
Et breviter Trojæ supremum audire laborem,
Quanquam animus meminisse horret, luctuque re-
  fugit,
Incipiam. Fracti bello, fatisque repulsi
Ductores Danaûm, tot jam labentibus annis,

L'ÉNÉIDE
DE
VIRGILE.
LIVRE SECOND.

ON se tait, & chacun se dispose à écouter attentivement le récit d'Enée, qui élevé sur le lit où il étoit placé, commença ainsi : Vous m'ordonnez, grande Reine, de rappeller un douloureux souvenir; de vous représenter la destruction de Troie, & la chûte déplorable d'un puissant Empire : cruelle catastrophe, dont j'ai été le témoin, & où je n'ai eu que trop de part. Les soldats même d'Achille ou d'Ulysse pourroient-ils raconter cet événement, sans verser des larmes ? Mais quoique la nuit déja avancée & les étoiles qui se couchent, nous invitent au repos, quoique je ne puisse sans horreur me retracer de si affreuses images, cependant, Princesse, puisque vous vous intéressez à nos malheurs, & que vous exigez que je vous dépeigne la derniere journée de Troie, je vais vous obéir.

Les Capitaines de la Grece, lassés d'un siege qui duroit depuis tant d'années, & rebutés par tant de vaines attaques, où le destin leur avoit été contraire, eurent recours à un stratagême.

Instar montis æquum, divinâ Palladis arte,
Ædificant, sectáque intexunt abiete costas.
Votum pro reditu simulant : ea fama vagatur.
Huc delecta virûm sortiti corpora furtim.
Includunt cæco lateri, penitusque cavernas
Ingentes, uterumque armato milite complent.

 Est in conspectu Tenedos, notissima famâ
Insula, dives opum, Priami dum regna manebant :
Nunc tantùm sinus, & statio malefida carinis.
Huc se provecti deserto in littore condunt :
Nos abiisse rati, & vento petiisse Mycænas.
Ergo omnis longo solvit se Teucria luctu :
Panduntur portæ : juvat ire, & Dorica castra,
Desertosque videre locos, littusque relictum.
Hîc Dolopum manus, hîc sævus tendebat Achilles :
Classibus hîc locus, hîc acies certare solebant.

 Pars stupet innuptæ donum exitiale Minervæ,
Et molem mirantur equi : primusque Thymœtes
Duci intra muros hortatur, & arce locari :
Sive dolo, seu jam Trojæ sic fata ferebant.
At Capys, & quorum melior sententia menti,
Aut pelago Danaûm insidias, suspectaque dona
Præcipitare jubent, subjectisque urere flammis ;
Aut terebrare cavas uteri, & tentare latebras.

 Scinditur incertum studia in contraria vulgus.
Primus ibi ante omnes, magnâ comitante catervâ,
Laocoon ardens summâ decurrit ab arce :

Ils s'aviserent de construire, suivant les leçons de Pallas, un cheval énorme, haut comme une montagne, composé de planches de sapin artistement jointes ensemble, & ils publierent que c'étoit une offrande qu'ils consacroient à cette Déesse, pour obtenir un heureux retour. On tira ensuite au sort les soldats qui devoient être enfermés dans les vastes flancs de ce cheval.

Vis-à vis de Troie est l'Isle de Ténédos, Isle fameuse & riche sous le regne de Priam, mais dont le port détruit n'a plus aujourd'hui qu'une rade peu sûre. Ce fut derriere cette Isle déserte, que les Grecs allerent se cacher. Nous crûmes qu'ils étoient partis pour se rendre dans la Grece. Tous les Troyens, depuis si long-temps plongés dans la tristesse, se livrent à la joie. On ouvre les portes de la ville; on se répand dans la campagne; on voit avec plaisir tous les postes abandonnés par les Grecs. C'étoit là, disoit-on, que campoient les Doloppes : là étoit la tente du redoutable Achille : voilà le champ où tant de combats ont été livrés : c'étoit ici que les vaisseaux étoient à l'ancre.

Cependant le fatal présent offert à Minerve attiroit les regards du peuple, qui ne se lassoit point d'admirer le colosse. Thymete dit le premier qu'il falloit le faire entrer dans la ville, & le placer dans la citadelle ; soit qu'il fût d'intelligence avec l'ennemi, soit que telle fût la malheureuse destinée de Troie. Mais Capys, & ceux qui étoient les plus sensés furent d'avis qu'il falloit jetter cette machine suspecte dans la mer, ou la brûler ; qu'on devoit au moins en percer les flancs, & la sonder.

Tandis que le peuple incertain ne savoit à quoi se déterminer, on vit Laocoon accourir

Et procul : O miseri, quæ tanta infania, cives ?
Creditis avectos hostes, aut ullâ putatis
Dona carere dolis Danaûm ! sic notus Ulysses ?
Aut hoc inclusi ligno occultantur Achivi ;
Aut hæc in nostros fabricata est machina muros,
Inspectura domos, venturaque desuper urbi ;
Aut aliquis latet error : equo ne credite Teucri.
Quicquid id est, timeo Danaos & dona ferentes.
Sic fatus, validis ingentem viribus hastam
In latus, inque feri curvam compagibus alvum
Contorsit : stetit illa tremens, uteroque recusso,
Insonuere cavæ, gemitumque dedere cavernæ.
Et, si fata Deûm, si mens non læva fuisset,
Impulerat ferro Argolicas fœdare latebras :
Trojaque nunc stares, Priamique arx alta maneres.

 Ecce, manus juvenem interea post terga re-
  vinctum
Pastores magno ad regem clamore trahebant
Dardanidæ, qui se ignotum venientibus ultro,
Hoc ipsum ut strueret, Trojamque aperiret Achi-
  vis,
Obtulerat, fidens animi, atque in utrumque para-
  tus,
Seu versare dolos, seu certæ occumbere morti.
Undique visendi studio Trojana juventus
Circumfusa ruit, certantque illudere capto.
Accipe nunc Danaûm insidias, & crimine ab uno
Disce omnes.
 Namque, ut conspectu in medio turbatus, inermis

avec ardeur du haut de la citadelle, suivi d'un grand nombre de Troyens. ″Malheureux ci-
″toyens, s'écria-t-il de loin, avez-vous per-
″du la raison ? Croyez-vous que les ennemis
″soient éloignés ? Vous pensez que les Grecs
″peuvent faire des présents, exempts d'artifi-
″ce ! Est-ce là connoître Ulysse ? Soyez
″assurés qu'il y a des soldats cachés dans le
″corps de ce cheval, ou que c'est une machine
″de guerre, pour renverser nos murailles,
″pour dominer sur nos maisons, ou pour
″quelque surprise. Croyez, Troyens, que
″c'est un piege qu'on vous tend ; ne vous
″y fiez point : je crains les Grecs, même
″lorsqu'ils font des présents ″. En parlant
ainsi, il lança de toute sa force une longue
javeline contre les flancs du cheval. La javeline y resta, & leur profonde concavité retentit de la violence du coup. Hélas ! si les Dieux
ne nous avoient pas été contraires, si nous
n'avions pas été frappés d'aveuglement, nous
eussions suivi cet exemple : nous eussions ouvert avec le fer la fatale machine. Murs de
Troie, superbe Palais de Priam, vous subsisteriez
encore.

 Cependant une troupe de Bergers, poussant
de grands cris, amenerent devant le Roi un
jeune homme, les mains liées derriere le dos.
Cet inconnu s'étoit exprès laissé prendre, dans
le dessein de livrer Troie aux ennemis, résolu
de périr, ou de faire réussir le stratagême. La
curiosité avoit assemblé autour de lui une foule
de peuple, & le nouveau Captif servoit de
jouet à la jeunesse Troyenne. Apprenez ici,
grande Reine, jusqu'où les Grecs portent la
fourberie, & jugez par ce trait, de quoi cette
nation est capable.

 Dès que le jeune homme, sans défense, se

Constitit, atque oculis Phrygia agmina circumspexit,
Heu! quæ nunc tellus, inquit, quæ me æquora possunt
Accipere, aut quid jam misero mihi denique restat?
Cui neque apud Danaos usquam locus : insuper ipsi
Dardanidæ infensi pœnas cum sanguine poscunt.
Quo gemitu conversi animi, compressus & omnis
Impetus : hortamur fari, quo sanguine cretus,
Quid-ve ferat, memoret ; quæ sit fiducia capto.
    Ille hæc, depositâ tandem formidine, fatur.
Cuncta equidem tibi, Rex, fuerint quæcunque fatebor,
Vera, inquit ; neque me Argolicâ de gente negabo.
Hoc primùm : nec, si miserum fortuna Sinonem
Finxit, vanum etiam, mendacemque improba finget.
Fando aliquid, si fortè tuas pervenit ad aures.
Belidæ nomen Palamedis, & inclyta famâ
Gloria, quem falsâ sub proditione Pelasgi
Insontem, infando indicio, quia bella vetabat,
Dimisere neci ; nunc cassum lumine lugent.
Illi me comitem & consanguinitate propinquum
Pauper in arma pater primis huc misit ab annis.
Dum stabat regno incolumis, regnumque vigebat
Consiliis, & nos aliquod nomenque decusque
Gessimus. Invidiâ, postquam pellacis Ulyssei
(Haud ignota loquor) superis concessit ab oris,
Afflictus vitam in tenebris luctuque trahebam,

vit au milieu de cette multitude de Phrygiens qui l'environnoient, il parut interdit. »Hélas! » s'écria-t-il, où pourrai-je me réfugier? » quelle reſſource me reſte-t-il? Je ne puis être » en ſûreté parmi les Grecs, & voilà les Troyens » qui vont me faire mourir «. Ces paroles frapperent les eſprits, & rendirent le peuple plus tranquille. On l'exhorta à s'expliquer, à déclarer ſon pays & ſa naiſſance, à dire ce qu'il ſavoit, & à faire connoître ſi l'on pouvoit ſe fier à ſes paroles.

Après être un peu revenu de ſa frayeur, il parla ainſi au Roi *: Grand Prince, dit-il, » quoi qu'il en puiſſe arriver, je vais vous dé- » couvrir la vérité. Je vous avouerai d'abord » que je ſuis Grec. Si la fortune a rendu Si- » non malheureux, au moins elle n'en fera » jamais un menteur, ni un fourbe. Vous avez » peut-être oui parler du fameux Palamede, » iſſu du ſang de Belus, que les Grecs ont fait » mourir, ſous prétexte de trahiſon, parce » qu'il condamnoit la guerre déclarée aux » Troyens. Aujourd'hui ils le regrettent. Mon » pere qui étoit pauvre & ſon parent, me » mit auprès de lui dès ma premiere jeuneſſe, » & par ſes ordres, je l'accompagnai au ſiege » de cette Ville. Tant que Palamede a vécu, » tant que la Grece a fleuri par ſes conſeils, » je me ſuis vu conſidéré. Mais depuis que » ce Prince a été la victime du perfide Ulyſſe, » (je ne vous dis rien qui ne ſoit public) » j'ai traîné une vie miſérable & obſcure, ne

---

* Ce diſcours de Sinon eſt d'un fourbe conſommé, & de l'eſpion le plus habile. Ce qu'il dit d'abord au ſujet de Palamede, étoit ſu de tous les Troyens. Tout ce qu'il ajoute eſt plauſible. Sa crainte, ſa fuite de l'Autel, ſa haine contre Ulyſſe, ſes timides aveux, tout eſt ſéduiſant. On ne peut mieux jouer le déſerteur.

Et casum insontis mecum indignabar amici.
Nec tacui demens : & me , fors si qua tulisset ,
Si patrios unquam remeassem victor ad Argos ,
Promisi ultorem , & verbis odia aspera movi.
Hinc mihi prima mali labes : hinc semper Ulysses
Criminibus terrere novis : hinc spargere voces
In vulgum ambiguas , & quærere conscius arma.
Nec requievit enim , donec Calchante ministro....
Sed quid ego hæc autem nequicquam ingrata re-
    volvo ?
Quid-ve moror , si omnes uno ordine habetis
    Achivos ?
Idque audire sat est : jamdudum sumite pœnas :
Hoc Ithacus velit , & magno mercentur Atridæ.
    Tum vero ardemus scitari , & quærere causas,
Ignari scelerum tantorum , artisque Pelasgæ.
Prosequitur pavitans , & ficto pectore fatur.
Sæpe fugam Danai Trojâ cupiere relictâ
Moliri , & longo fessi discedere bello.
Fecissentque utinam ! sæpè illos aspera Ponti
Interclusit hyems , & terruit Auster euntes.
Præcipue cùm jam hic trabibus contextus acernis
Staret equus , toto sonuerunt æthere nimbi.
Suspensi Eurypylum scitatum oracula Phœbi
Mittimus : isque adytis hæc tristia dicta reportat.
Sanguine placastis ventos , & virgine cæsâ ,
Cùm primùm Iliacas Danai venistis ad auras :
Sanguine quærendi reditus , animâque litandum

LIVRE II.

» ceſſant de pleurer la mort d'un illuſtre ami,
» injuſtement condamné. Inſenſé ! je n'ai pu
» me taire : j'ai menacé de venger un jour ſa
» mort, lorſque je ſerois de retour dans la
» Grece : enfin je me ſuis fait par mes diſcours
» le plus cruel des ennemis. Voilà l'origine de
» mes malheurs. Ulyſſe a intenté contre moi
» mille accuſations ; il m'a noirci par des diſ-
» cours dont il ſavoit la fauſſeté, & m'a at-
» taqué avec ſes armes ordinaires. Il a enfin en-
» gagé Calchas.... Mais à quoi ſert de vous en-
» tretenir de mes infortunes ? Si vous regardez
» tous les Grecs du même œil, il eſt inutile
» que je continue de parler. Faites-moi mou-
» rir : vous obligerez le Roi d'Ithaque, & les
» deux fils d'Atrée vous paieront chérement mon
» ſupplice.

Ces paroles augmentant notre curioſité,
nous lui demandâmes pourquoi il n'avoit pas
ſuivi l'armée dans ſa retraite. Car nous n'a-
vions aucun ſoupçon de ſa fourberie, ni du
noir artifice des Grecs. Sinon affectant un air
tremblant, pourſuivit ainſi : » Les Grecs, en-
» nuyés d'une ſi longue guerre, avoient ſou-
» vent eu envie de lever le ſiege, & de s'en
» retourner dans leur patrie. Plût au ciel qu'ils
» l'euſſent fait ! Mais lorſqu'ils étoient ſur le
» point de s'embarquer, le mauvais temps &
» les vents contraires les effrayoient. Sur-tout,
» depuis que ce monſtrueux cheval de bois
» eut été conſtruit, le ciel fut couvert de nua-
» ges, & on entendit ſouvent gronder le ton-
» nerre. Incertains ſur le parti que nous de-
» vions prendre, nous envoyâmes Eurypyle
» conſulter Apollon, qui de ſon ſanctuaire
» rendit ce triſte oracle : *Grecs, lorſque vous*
» *vous embarquâtes pour aller à Troie, vous im-*
» *molâtes une Grecque, afin d'avoir un vent*

Argolicâ. Vulgi quæ vox ut venit ad aures,
Obstupuere animi, gelidusque per ima cucurrit
Ossa tremor; cui fata parent, quem poscat Appollo.
Hîc Ithacus vatem magno Calchanta tumultu
Protrahit in medios : quæ sint ea numina Divûm
Flagitat : & mihi jam multi crudele canebant
Artificis scelus, & taciti ventura videbant.
Bis quinos silet ille dies, tectusque recusat
Prodere voce suâ quemquam, aut opponere morti.
Vix tandem magnis Ithaci clamoribus actus,
Composito rumpit vocem, & me destinat aræ.
Assensere omnes : & quæ sibi quisque timebat,
Unius in miseri exitium conversa tulere.

Jamque dies infanda aderat : mihi sacra parari,
Et salsæ fruges, & circum tempora vittæ.
Eripui, fateor, letho me, & vincula rupi,
Limosoque lacu per noctem obscurus in ulvâ
Delitui, dum vela darent, si forte dedissent.
Nec mihi jam patriam antiquam spes ulla videndi,
Nec dulces natos, exoptatumque parentem ;
Quos illi fors ad pœnas ob nostra repofcent
Effugia, & culpam hanc miferorum morte piabunt.
Quod te per superos, & conscia numina veri,
Per, siqua est quæ restat adhuc mortalibus usquam
Intemerata fides, oro : miserere laborum
Tantorum, miserere animi non digna ferentis.

His lacrymis vitam damus, & miserescimus ultro.
Ipse viro primus manicas atque arcta levari
Vincla jubet Priamus, dictisque ita fatur amicis.

Livre II.

» favorable, ſi vous voulez obtenir un heureux re-
» tour, immolez un Grec.

» Quand on eut appris dans le camp cette
» fatale réponſe du Dieu, la crainte s'empara
» de tous les cœurs, & chacun trembla pour
» ſa vie. Ulyſſe preſſa Calchas de déclarer pu-
» bliquement celui que l'Oracle demandoit pour
» victime. Pluſieurs m'annonçoient en ſecret le
» deſſein de mon artificieux ennemi, & le
» ſort qu'il me préparoit. Calchas ſe tut durant
» dix jours, & ſe tenant caché, il refuſa de nom-
» mer celui qu'il falloit ſacrifier, ne voulant, di-
» ſoit-il, cauſer la mort de perſonne. Forcé en-
» fin par les clameurs d'Ulyſſe, & de concert
» avec lui, il déclara que c'étoit Sinon que
» l'Oracle demandoit. Toute l'armée vit avec joie
» tomber ſur moi le ſort, que chacun redoutoit
» pour ſoi-même.

» Déja le jour funeſte étoit arrivé. Déja
» on avoit préparé tout ce qui étoit néceſſaire
» pour le ſacrifice ; j'avois déja les tempes
» ceintes de la bandelette ſacrée. Je vous l'a-
» vouerai : je rompis mes liens, je me déro-
» bai à la mort, & j'allai pendant la nuit me
» cacher dans un marais, en attendant que
» l'armée s'embarquât, en cas qu'elle prît
» cette réſolution. Les Grecs ſont partis : je
» n'ai plus d'eſpérance de revoir ni ma patrie,
» ni mon pere, ni mes chers enfants. Peut-
» être qu'ils vengeront ſur eux ma fuite, &
» qu'ils les feront mourir. Je vous conjure
» au nom des Dieux, qui connoiſſent la vérité
» de tout ce que je vous dis, & au nom de
» la juſtice, s'il y en a encore ſur la terre,
» d'avoir pitié d'un malheureux digne d'un autre
» ſort.

Touchés de ſes larmes, nous lui accordâmes
la vie. Priam lui-même ordonna le premier de

Quisquis es, amissos hinc jam oblivifcere Graios:
Noster eris, mihique hæc ediffere vera roganti.
Quò molem hanc immanis equi statuere? quis au-
    tor?
Quid-ve petunt? quæ relligio? aut quæ machinæ
    belli?
Dixerat. Ille dolis instructus, & arte Pelafgâ,
Sustulit exutas vinclis ad sidera palmas.
Vos æterni ignes, & non violabile vestrum
Testor numen, ait: vos aræ, ensesque nefandi,
Quos fugi, vittæque Deûm, quas hostia gessi:
Fas mihi Graiorum sacrata resolvere jura,
Fas odisse viros, atque omnia ferre sub auras,
Si qua tegunt: teneor patriæ nec legibus ullis.
Tu modo promissis maneas servataque serves
Troja fidem, si vera feram, si magna rependam.
    Omnis spes Danaûm, & cœpti fiducia belli
Palladis auxiliis semper stetit: impius ex quo
Tydides, sed enim, scelerumque inventor Ulysses
Fatale aggressi sacrato avellere templo
Palladium, cæsis summæ custodibus arcis,
Corripuere sacram effigiem, manibusque cruentis
Virgineas ausi Divæ contingere vittas;
Ex illo fluere, ac retro sublapsa referri
Spes Danaûm: fractæ vires, aversa Deæ mens.
Nec dubiis ea signa dedit Tritonia monstris.
Vix positum castris simulacrum: arsere coruscæ
Luminibus flammæ arrectis, falsusque per artus
Sudor iit: terque ipsa solo (mirabile dictu)

lui ôter ses liens, & lui parla ainsi avec douceur: ,, Qui que vous soyez, oubliez les Grecs;
,, vous serez parmi nous comme un Troyen.
,, Mais dites-moi la vérité sur ce que je vais
,, vous demander. Pourquoi les Grecs ont-ils
,, construit ce cheval prodigieux? Qui leur a
,, donné ce conseil? Que prétendent-ils? Est-
,, ce un vœu? est-ce une machine de guerre? ,,
Sinon, savant dans l'art de feindre, & instruit
à l'école des Grecs, leva ses mains libres au
ciel, & s'écria: ,, Astres éternels, Divinités
,, inviolables, saints Autels, funeste couteau
,, auquel je me suis dérobé, & vous, bande-
,, lettes que j'ai portées en qualité de vic-
,, time, je vous atteste ici. Qu'il me soit per-
,, mis de violer une loi sacrée, de haïr mes
,, oppresseurs, & de révéler ici tous leurs se-
,, crets: je ne dois plus rien à ma patrie. Mais
,, vous, Troyens, si je vous dis la vérité, si je
,, vous rends un service important, si je sauve cet
,, empire, tenez-moi la parole que vous m'a-
,, vez donnée.

,, Lorsque les Grecs, continua-t-il, entre-
,, prirent la guerre contre Troie, leur prin-
,, cipal espoir étoit fondé sur le secours de
,, Pallas. Mais depuis que l'impie Diomede,
,, & qu'Ulysse, l'inventeur de tous les crimes,
,, eurent égorgé la garde du Temple de la
,, Déesse, qu'ils eurent enlevé son auguste
,, image, & osé la toucher avec des mains
,, ensanglantées, les Grecs virent leurs espé-
,, rances s'évanouir, & leurs forces s'affoiblir
,, de jour en jour. Pallas retira son appui, &
,, leur témoigna son indignation par des signes
,, éclatants. A peine sa statue fut-elle dans le
,, camp, que l'on vit des flammes sortir de ses
,, yeux étincelants. Une sueur se répandit sur

Emicuit, parmamque ferens, haſtamque trementem.
Extemplò tentanda fugâ canit æquora Calchas,
Nec poſſe Argolicis exſcindi Pergama telis,
Omnia ni repetant Argis, numenque reducant,
Quod pelago, & curvis ſecum advexere carinis.
 Et nunc, quod patrias vento petiere Mycenas,
Arma, Deoſque parant comites, pelagoque remenſo
Improviſi aderunt : ita digerit omnia Calchas.
Hanc pro Paladio moniti, pro numine læſo
Effigiem ſtatuere, nefas quæ triſte piaret.
Hanc tamen immenſam Calchas attollere molem
Roboribus textis, cœloque educere juſſit ;
Ne recipi portis, aut duci in mœnia poſſet,
Neu populum antiquâ ſub relligione tueri.
Nam ſi veſtra manus violaſſet dona Minervæ,
Tum magnum exitium (quod Dii priùs omen in ipſum
Convertant) Priami imperio, Phrygibuſque futurum.
Sin manibus veſtris veſtram aſcendiſſet in urbem,
Ultro Aſiam magno Pelopeia ad mœnia bello
Venturam, & noſtros ea fata manere nepotes.
Talibus inſidiis, perjurique arte Sinonis
Credita res ; captique dolis, lacrymiſque coactis,
Quos neque Tydides, nec Lariſſæus Achilles,
Non anni domuere decem, non mille carinæ.

» tout son corps, & trois fois elle se leva, re-
» muant sa lance & son égide. A cette vue, Cal-
» chas s'écria : Fuyez, Grecs, fuyez, retournez
» dans votre patrie. Si vous n'allez dans la
» Grece prendre de nouveaux auspices, pour rap-
» porter la statue de Pallas que vos vaisseaux ont
» transportée dans la Grece, comme autrefois
» vous y êtes venus, vous ne serez jamais les maî-
» tres de Troie.

» Sachez donc, Troyens, poursuivit Si-
» non, que si les Grecs s'en sont retournés
» dans leur pays, ce n'est que pour y appai-
» ser les Dieux & revenir ensuite vous assié-
» ger, lorsque vous vous y attendrez le moins :
» c'est ainsi que Calchas l'a réglé. On leur a
» conseillé de construire ce cheval, pour ex-
» pier la profanation de l'image de Pallas. Cal-
» chas à voulu qu'il fût d'une grandeur pro-
» digieuse, afin qu'il ne pût entrer par les por-
» tes de votre ville, où il remplaceroit le Pal-
» ladium, & auroit le même effet pour la du-
» rée de votre empire. Si les Troyens, disoit-
» il, s'avisent de causer quelque dommage
» au cheval consacré à la Déesse, c'en est fait
» de leur ville. (Veuillent les Dieux faire tom-
» ber sur les Grecs un si funeste présage.) Si
» au contraire ils placent au milieu de leurs
» murs ce monument sacré, les Phrygiens, li-
» gués avec tous les peuples de l'Asie, vien-
» dront un jour dans le Péloponnese porter le
» feu de la guerre, & accabler nos descen-
» dants «. Le discours du perfide Sinon nous
persuada. Ceux que ni Diomede, ni Achille, ni
un siege de dix années, ni une flotte de mille vaisseaux n'avoient pu vaincre, furent vaincus par la
supercherie & par les larmes feintes d'un misérable
imposteur.

Hîc aliud majus miseris, multòque tremendum
Objicitur magis, atque improvida pectora turbat:
Laocoon, ductus Neptuno forte sacerdos
Solemnes taurum ingentem mactabat ad aras.
Ecce autem gemini à Tenedo tranquilla per alta
(Horresco referens) immensis orbibus angues
Incumbunt pelago, pariterque ad littora tendunt:
Pectora quorum inter fluctus arrecta, jubæque
Sanguineæ exsuperant undas : pars cætera pontum
Pone legit, sinuatque immensa volumine terga.
Fit sonitus spumante salo : jamque arva tenebant;
Ardentesque oculos suffecti sanguine & igni,
Sibila lambebant linguis vibrantibus ora.
Diffugimus visu exsangues : illi agmine certo
Laocoonta petunt : & primùm parva duorum
Corpora natorum serpens amplexus uterque
Implicat, & miseros morsu depascitur artus.
Post ipsum auxilio subeuntem, ac tela ferentem
Corripiunt, spirisque ligant ingentibus : & jam
Bis medium amplexi, bis collo squamea circum
Terga dati, superant capite, & cervicibus altis.
Ille simul manibus tendit divellere nodos,
Perfusus sanie vittas, atroque veneno,
Clamores simul horrendos ad sidera tollit :
Quales mugitus, fugit cùm socius aram
Taurus, & incertam excussit cervice securim.
At gemini lapsu delubra ad summa dracones
Effugiunt, sævæque petunt Tritonidis arcem;
Sub pedibusque Deæ, clypeique sub orbe teguntur.

Un autre objet qui s'offrit alors à nos yeux surpris, nous glaça de frayeur. Laocoon, que le fort avoit fait Grand-Prêtre de Neptune, sacrifioit ce jour-là un taureau sur l'autel de ce Dieu. Pendant la cérémonie, deux épouvantables serpents (j'en frémis encore) sortirent, par un temps calme, de l'Isle de Ténédos, & s'avancerent vers le port. Leur tête dressée & rouge de sang s'élevoit au-dessus des flots ; le reste de leur corps formant des cercles immenses, sembloit glisser sur la surface des eaux, & fendoit à grand bruit l'onde écumante. Ils s'élancent sur le rivage, & s'approchent avec des yeux étincelants & des sifflements terribles. Le peuple effrayé prend la fuite. Les deux serpents vont droit à Laocoon, & commencent par se jetter sur ses deux petits enfants, pour les dévorer. Leur pere armé de dards vient à leur secours : & ils se jettent de même sur lui, l'embrassent, se replient autour de son corps, & élevent leur tête au-dessus de la sienne. Couvert de leur venin, il fait de vains efforts pour se dégager, & pousse vers le ciel des cris affreux. Ainsi mugit un taureau, qui prend la fuite, blessé devant l'autel par un bras mal assuré. Les deux dragons se retirent ensuite dans le Temple de Pallas, & s'étant glissés sous ses pieds, ils vont se cacher sous son bouclier.

Alors une nouvelle frayeur s'empara de tous les Troyens. On disoit hautement, que s'étoit un châtiment que Laocoon avoit mérité, lui dont la main sacrilege avoit osé insulter le cheval sacré, offert à Pallas. Le peuple s'écria, qu'il falloit sans différer le conduire dans le lieu qui lui étoit destiné, & supplier la Déesse de nous être favorable. Aussi-tôt on abat une partie des murailles de la ville. Chacun met

Tùm verò tremefacta novus per pectora cunctis
Infinuat pavor ; & fcelus expendiffe merentem
Laocoonta ferunt , facrum qui cufpide robur
Læferit , & tergo fceleratam intorferit haftam.
Ducendum ad fedes fimulacrum, orandaque Divæ
Numina , conclamant.
Dividimus muros , & mœnia pandimus urbis.
Accingunt omnes operi, pedibufque rotarum
Subjiciunt lapfus, & ftupea vincula collo
Intendunt : fcandit fatalis machina muros ,
Fœta armis : circum pueri, innuptæque puellæ
Sacra canunt, funemque manu contingere gaudent.
Illa fubit , mediæque minans illabitur urbi.
O patria , ô Divûm domus Ilium, & inclyta bello
Mœnia Dardanidum ! Quater ipfo in limine portæ
Subftitit, atque utero fonitum quater arma dedere.
Inftamus tamen immemores , cæcique furore,
Et monftrum infelix facratâ fiftimus arce.
Tunc etiam fatis aperit Caffandra futuris
Ora, Dei juffu, non unquam credita Teucris.
Nos delubra Deûm miferi, quibus ultimus effet
Ille dies, feftâ velamus fronde per urbem.

Vertitur interea cœlum , & ruit Oceano nox,
Involvens umbrâ magnâ terramque, polumque,
Myrmidonumque dolos : fufi per mœnia Teucri
Conticuere : fopor feffos complectitur artus.
Et jam Argiva phalanx inftructis navibus ibat
A Tenedo , tacitæ per amica filentia Lunæ ,
Littora nota petens, flammas cùm regia puppis
Extulerat, fatifque Deûm defenfus iniquis,
Inclufos utero Danaos , & pinea furtim
Laxat clauftra Sinon : illos patefactus ad auras

la main à l'ouvrage. Les uns élevent le coloſſe ſur des madriers ſoutenus par des aiſſieux & des roues ; les autres lui attachent des cordes au cou, pour le traîner. La funeſte machine, portant un bataillon dans ſon ſein, franchit nos murailles. De jeunes garçons & de jeunes filles chantent à l'entour des hymnes, & s'empreſſent de toucher les cordes qui ſervent à la tirer. Elle entre enfin dans la ville. O Ilion, ô ma chere patrie, ô murs célebres par tant d'exploits ! Le cheval fut quatre fois arrêté à l'entrée de la ville. Nous l'entendîmes quatre fois retentir du bruit des armes qu'il renfermoit. Rien ne put nous deſſiller les yeux, & nous plaçâmes ce monſtre fatal à la porte du Temple de Minerve. Caſſandre nous prédit alors nos malheurs. Mais Apollon nous faiſoit mépriſer toutes ces prédictions. Ce jour-là nous ornâmes nos Temples de feuillages & de fleurs, comme dans un jour de fête. Hélas ! nous ignorions que ce devoit être le dernier de nos jours.

Cependant le ciel change, & la nuit, ſortie du ſein de l'Océan, enveloppe de ſes ombres le ciel, la terre, & le piege fatal que les Grecs nous avoient tendu. Les Troyens fatigués ſe livrent au ſommeil. Ce fut alors que la flotte des Grecs, à la faveur du profond ſilence qui régnoit ſur la terre, & de la Lune qui les éclairoit, partit de Ténédos, & s'avança vers le rivage de Troie qui leur étoit ſi connu. Le vaiſſeau d'Agamemnon, portant un fanal, étoit à leur tête. Ils débarquent ſans bruit, & dans le meme temps le fourbe Sinon, que les Dieux avoient conſervé pour notre malheur, s'approche furtivement du cheval de bois : il en ouvre les flancs, & fait ſortir les Grecs qui y étoient cachés. Tiſſandre, Sthénélus, Ulyſſe,

Reddit equus, lætique cavo se robore promunt
Tissandrus, Sthenelusque duces, & dirus Ulysses,
Demissum lapsi per funem, Athamasque, Thoasque,
Pelidesque Neoptolemus, primusque Machaon,
Et Menelaus, & ipse doli fabricator Epeus.
Invadunt urbem, somno, vinoque sepultam.
Cæduntur vigiles, portisque patentibus omnes
Accipiunt socios, atque agmina conscia jungunt.
    Tempus erat, quo prima quies mortalibus ægris
Incipit, & dono Divûm gratissima serpit.
In somnis ecce ante oculos mœstissimus Hector
Visus adesse mihi, largosque effundere fletus,
Raptatus bigis, ut quondam, aterque cruento
Pulvere, perque pedes trajectus lora tumentes.
Hei mihi qualis erat! quantùm mutatus ab illo
Hectore, qui redit exuvias indutus Achillis,
Vel Danaûm Phrygios jaculatus puppibus ignes!
Squallentem barbam, & concretos sanguine crines,
Vulneraque illa gerens, quæ circum plurima muros
Accepit patrios : ultro flens ipse videbar
Compellare virum, & mœstas expromere voces :
    O lux Dardaniæ, spes ô fidissima Teucrûm,
Quæ tantæ tenuere moræ? quibus, Hector, ab oris
Exspectate venis? ut te post multa tuorum
Funera post varios hominumque urbisque labores
Defessi aspicimus! quæ causa indigna serenos
Fœdavit vultus, aut cur hæc vulnera cerno?
Ille nihil ; nec me quærentem vana moratur :
Sed graviter gemitus imo de pectore ducens,

Livre II.

Athamas, Thoas, Pyrrhus, Machaon, Ménélas, & Epeus, l'inventeur du ſtratagême, deſcendent par le moyen d'un cable. Ils ſe répandent dans la ville, où tout étoit enſeveli dans le vin & le ſommeil : ils égorgent la garde, s'emparent des portes, les ouvrent, & introduiſent l'armée ennemie dans nos murs.

C'étoit l'heure de la nuit où les hommes, fatigués des travaux du jour, commencent à ſe livrer au ſommeil, doux préſent des Dieux. Il me ſembla voir Hector devant moi, le viſage abattu, les yeux noyés dans un torrent de larmes, & tel que je l'avois vu autrefois, les pieds percés, attaché par une courroie au char de l'impitoyable Achille, indignement traîné autour de nos murailles, & tout couvert de ſang & de pouſſiere. Hélas ! dans quel état je le voyois ! Ce n'étoit point cet Hector vainqueur de Patrocle, & chargé des dépouilles d'Achille, ou la flamme à la main, embraſant la flotte des Grecs. Sa barbe & ſes cheveux étoient ſouillés de ſang, & ſon corps portoit encore les marques de toutes les bleſſures qu'il reçut ſous les murs de Troie. Il me ſembla que les larmes aux yeux je lui adreſſois ces triſtes paroles :

» Prince, la gloire & le plus ferme appui
» des Troyens, pourquoi êtes-vous abſent
» depuis ſi long-temps ? De quelle contrée ve-
» nez-vous ? Que votre retour a été ſouhaité !
» Mais après la perte de tant de Troyens qui
» ont péri dans les combats, après tant de
» malheurs que votre patrie a eſſuyés en vo-
» tre abſence, en quel état revenez-vous ?
» Pourquoi ce ſang & cette pouſſiere défigu-
» rent-ils votre viſage ? D'où viennent ces
» plaies dont vous êtes couvert ? « Hector ne répondoit rien à ces queſtions inutiles ; mais

Heu fuge, nate Deâ, teque his, ait, eripe flammis.
Hostis habet muros : ruit alto à culmine Troja.
Sat patriæ Priamoque datum : si Pergama dextrâ
Defendi possent, etiam hâc defensa fuissent.
Sacra, suosque tibi commendat Troja Penates.
Hos cape fatorum comites : his mœnia quære
Magna, pererrato statues quæ denique Ponto.
Sic ait, & manibus vittas, Vestamque potentem,
Æternumque adytis effert penetralibus ignem.
 Diverso interea miscentur mœnia luctu :
Et magis atque magis (quanquam secreta parentis
Anchisæ domus, arboribusque obtecta recessit)
Clarescunt sonitus, armorumque ingruit horror.
Excutior somno, & summi fastigia tecti
Ascensu supero, atque arrectis auribus asto.
In segetem veluti cum flamma furentibus Austris
Incidit, aut rapidus montano flumine torrens
Sternit agros, sternit sata læta, boumque labores,
Præcipitesque trahit sylvas : stupet inscius alto
Accipiens sonitum saxi de vertice pastor.
 Tum vero manifesta fides, Danaûmque patescunt
Insidiæ : jam Deiphobi dedit ampla ruinam,
Vulcano superante, domus : jam proximus ardet
Ucalegon : Sigea igni freta lata relucent.
Exoritur clamorque virûm, clangorque tubarum.
Arma amens capio ; nec sat rationis in armis ;
Sed glomerare manum bello, & concurrere in arcem
Cum sociis ardent animi : furor, iraque mentem

poussant de profonds soupirs : „ Fuyez, me dit-
„ il, dérobez-vous aux flammes. L'ennemi est
„ dans nos murs ; c'en est fait de Troie ; nous
„ avons assez combattu pour elle ; si elle avoit
„ pu être sauvée, elle l'eût été par mon bras.
„ Troie vous confie ses Dieux tutélaires : Qu'ils
„ vous accompagnent dans votre retraite, éta-
„ blissez-les dans une fameuse ville que vous bâ-
„ tirez au-delà des mers «. Il me parla ainsi, & en
même temps il emporta la statue de Vesta avec
son bandeau sacré, & le feu éternel conservé dans
son Temple.

Cependant le désordre & le carnage régnoient
dans nos murs, & toute la ville retentissoit de
cris affreux. Le bruit qui augmentoit à chaque
instant, pénétra jusqu'à la maison de mon pere
Anchise, quoiqu'elle fût située dans un lieu écar-
té, & entourée d'arbres. Réveillé en sursaut,
je me leve, je monte sur la plate-forme, &
j'écoute avec attention. Ainsi, quand une moisson est dévorée par la flamme qu'un vent furieux y a portée, ou lorsqu'un champ est inondé d'un torrent, qui du haut des montagnes se
précipite dans les vallons, déracine les arbres,
& ruine les travaux des Laboureurs ; le Berger inquiet, placé sur la cime d'un rocher,
ignore & cherche la cause du bruit qui l'é-
tonne.

Alors je compris ce qui se passoit dans la ville, & que nous étions trahis. Déja la maison
de Deïphobe étoit en proie à la flamme, qui
s'étoit communiquée à celle d'Ucalegon. Le
port de Sigé étoit éclairé par les feux allumés
de toutes parts. J'entendis en même temps des
cris confus, & le son des trompettes. A l'instant la fureur me saisit ; je brûle de combattre ;
je prends mes armes sans délibérer, dans le dessein de rassembler des combattants, de courir

Præcipitant, pulchrumque mori succurrit in armis.
  Ecce autem telis Pantheus elapsus Achivûm,
Pantheus Othryades, arcis Phœbique sacerdos,
Sacra manu, victosque Deos, parvumque nepotem
Ipse trahit, cursuque amens ad littora tendit.
Quo res summa loco, Pantheu? quam prendimus
  arcem?
Vix ea fatus eram, gemitu cum talia reddit:
Venit summa dies, & ineluctabile tempus
Dardaniæ: fuimus Troës, fuit Ilium, & ingens
Gloria Teucrorum: ferus omnia Jupiter Argos
Transtulit: incensâ Danai dominantur in urbe.
Arduus armatos mediis in mœnibus astans
Fundit equus, victorque Sinon incendia miscet
Insultans: portis alii bipatentibus adsunt,
Millia quot magnis unquam venere Mycenis.
Obsedere alii telis angusta viarum
Oppositi: stat ferri acies mucrone corusco
Stricta, parata neci: vix primi prælia tentant
Portarum vigiles, & cæco Marte resistunt.
  Talibus Othryadæ dictis & numine Divûm,
In flammas & in arma feror, quò tristis Erynnis,
Quò fremitus vocat, & sublatus ad æthera clamor.
Addunt se socios Ripheus, & maximus armis
Iphitus, oblati per lunam, Hypanisque, Dymasque,
Et lateri agglomerant nostro; juvenisque Chorœ-
  bus
Mygdonides, illis qui ad Trojam fortè diebus
Venerat, insano Cassandræ incensus amore,

à la citadelle pour la défendre, & d'avoir au moins la gloire de mourir les armes à la main.

A peine fus-je descendu, que Panthée, Prêtre d'Apollon, s'offrit à mes yeux. Il avoit passé au travers des ennemis, portant d'une main les vases sacrés de son Temple & ses Dieux domestiques, & de l'autre traînant son petit-fils ; & tout hors de lui-même il fuyoit du côté de la mer. ″Panthée, m'écriai-je en ″ le voyant, en quel état sommes-nous ? ″ Avons-nous encore quelque Fort où nous ″ nous défendions ? Hélas, me répondit-il, ″ le dernier jour de Troie, ce jour inévitable ″ est arrivé. Ilion n'est plus, & il n'y a plus ″ de Troyens. L'impitoyable Jupiter fait triom- ″ pher Argos, & tout plie sous les Grecs ″ dans notre ville embrasée. Ce Cheval fu- ″ neste, introduit dans nos murs, vomit des ″ soldats. Le fourbe Sinon, la flamme à la main, ″ insulte à notre crédulité. La ville est inon- ″ dée d'autant d'ennemis que la Grece en a ″ jamais envoyé sur ces bords. Les uns sont ″ aux portes dont ils se sont rendus maîtres, ″ les autres occupent les défilés : par-tout ″ brille le fer meurtrier. Au milieu du désor- ″ dre & des ténèbres, à peine ceux qui gar- ″ dent les portes ont-ils fait quelque résistan- ″ ce ″.

Animé par ce discours de Panthée, & plein d'un courage inspiré par les Dieux, je me jette au milieu des armes & des flammes, partout où je me sens appellé par le tumulte, par les cris des vainqueurs ou des vaincus, par la fureur qui me transporte. Ayant apperçu à la clarté de la Lune, Riphée, Iphite, Hypanis, Dymas, Corebe, je leur dis de me suivre. Corebe, épris d'un fol amour pour Cassandre, étoit venu depuis quelques jours à Troie, pour

Et gener auxilium Priamo, Phrygibufque ferebat:
Infelix, qui non fponfæ præcepta furentis
Audierat.

Quos ubi confertos audere in prælia vidi,
Incipio fuper his: Juvenes fortiffima fruftra
Pectora, fi vobis audentem extrema cupido eft
Certa fequi (quæ fit rebus fortuna, videtis;
Excefsêre omnes adytis, arifque relictis
Dii, quibus imperium hoc fteterat) fuccurritis urbi
Incenfæ: moriamur, & in media arma ruamus.
Una falus victis nullam fperare falutem.

Sic animis juvenum furor additus. Inde lupi ceu
Raptores atrâ in nebulâ, quos improba ventris
Exegit cæcos rabies, catulique relicti
Faucibus exfpectant ficcis: per tela, per hoftes
Vadimus haud dubiam in mortem, mediæque te-
  nemus
Urbis iter: nox atra cavâ circumvolat umbrâ.
Quis cladem illius noctis, quis funera fando
Explicet, aut poffit lacrymis æquare labores?
Urbs antiqua ruit, multos dominata per annos,
Plurima perque vias fternuntur inertia paffim
Corpora, perque domos, & religiofa Deorum
Limina. Nec foli pœnas dant fanguine Teucri:
Quondam etiam victis redit in præcordia virtus,
Victorefque cadunt Danai: crudelis ubique
Luctus, ubique pavor, & plurima mortis imago.

Primus fe Danaûm, magnâ comitante catervâ,
Androgeos offert nobis, focia agmina credens,

offrir son secours au Roi, dont il comptoit d'épouser la fille. Malheureux amant, qui ne voulut jamais ajouter foi aux prédictions de son amante !

Voyant cette petite troupe déterminée à combattre : ″ Guerriers, leur dis-je, je plains ″ votre courage impuissant. Vous voyez l'af- ″ freux état où Troie est réduite. Les Dieux ″ protecteurs de cet empire ont abandonné ″ leurs temples & leurs autels. Ne vous ″ flattez point de sauver une ville en proie aux ″ flammes. Je vais cependant affronter tous ″ les dangers. Si vous avez la même résolu- ″ tion, mourons en attaquant les vainqueurs. ″ Le désespoir est la seule ressource des vain- ″ cus.

Ces mots les enflammerent d'une nouvelle ardeur. Semblables à des loups pressés de la faim, qui sortent de leur retraite dans une nuit obscure, pour ravir la proie qu'attendent leurs petits affamés, nous nous jettons au milieu des lances & des dards, sans redouter la mort, & nous traversons la ville, à la faveur des ténebres. Qui pourroit exprimer le carnage de cette cruelle nuit ? Qui pourroit verser assez de larmes, pour pleurer un si affreux désastre ? Une ville puissante & fameuse est réduite en cendres, & ses habitants impitoyablement massacrés forment des monceaux de morts, dans les rues, dans les maisons, dans les temples. Cependant les Troyens ne périssent pas seuls sous le fer vengeur. Leur courage se réveille, & les vainqueurs sont quelquefois la victime des vaincus. Enfin, on n'entend que des cris lamentables : la mort offre par-tout sa terrible image.

Le premier des Grecs que nous rencontrâmes, fut Androgée, à la tête d'une troupe

Inscius, atque ultro verbis compellat amicis.
Festinate viri : nam quæ tam sera moratur
Segnities? alii rapiunt incensa, feruntque
Pergama : vos cellis nunc primùm à navibus itis !
Dixit : & extemplo (neque enim responsa dabantur
Fida satis) sensit medios delapsus in hostes.
Obstupuit, retroque pedem cum voce repressit.
Improvisum aspris veluti qui sentibus anguem
Pressit humi nitens, trepidusque repente refugit
Attollentem iras, & cærula colla tumentem :
Haud secus Androgeos visu tremefactus abibat.
Irruimus, densis & circumfundimur armis ;
Ignarosque loci passim, & formidine captos
Sternimus : aspirat primo fortuna labori.
Atque hic exultans successu, animisque Chorœbus ;
O socii, quæ prima, inquit, fortuna salutis.
Monstrat iter, quàque ostendit se dextra, sequamur.
Mutemus clypeos, Danaûmque insignia nobis
Aptemus : dolus, an virtus, quis in hoste requirat ?
Arma dabunt ipsi. Sic fatus, deinde comantem
Androgei galeam, clypeique insigne decorum
Induitur, laterique Argivum accommodat ensem.
Hoc Ripheus, hoc ipse Dymas, omnisque juventus
Læta facit : spoliis se quisque recentibus armat.
Vadimus immisti Danais, haud numine nostro,
Multaque per cæcam congressi prælia noctem
Conserimus ; multos Danaûm dimittimus Orco.
Diffugiunt alii ad naves, & littora cursu
Fida petunt : pars ingentem formidine turpi
Scandunt rursus equum, & notâ conduntur in alvo.
Heu ! nihil invitis fas quemquam fidere divis.

nombreuse,

nombreuſe. » Nous prenant pour des Grecs :
» Amis , nous dit-il, que vous êtes lents !
» Les autres ont déja enlevé du butin, & vous
» arrivez à peine du Port « ! A notre réponſe
équivoque , il s'apperçut auſſi-tôt qu'il s'étoit
mépris, & voulut ſe retirer : ſemblable à un
voyageur, qui a marché ſur un ſerpent caché
ſous des ronces ; il fuit ſoudain à l'aſpect du
reptile, qui dreſſe ſa tête, s'enfle, & le menace. Ainſi recula Androgée. Nous fondîmes ſur
lui & ſur ſa troupe, & nous les enfonçâmes.
Troublés par la crainte, & ne ſachant où ſe
refugier, la plupart expirerent ſous nos coups.
» Mes amis, dit alors Corebe, animé par ce
» ſuccès, la fortune ſeconde nos premiers ef-
» forts, ſuivons le chemin qu'elle nous mon-
» tre. Changeons nos boucliers, & couvrons-
» nous des armes des Grecs. Qu'importe à la
» guerre que ce ſoit la ruſe ou la valeur qui
» donne la victoire ? Nos ennemis eux-mêmes
» vont nous fournir des armes «. Il prend
auſſi-tôt le caſque, le bouclier, & l'épée d'Androgée. Son exemple eſt ſuivi de Riphée, de
Dymas, & de toute notre troupe : chacun
s'arme à la Grecque. Sous ce déguiſement,
nous nous mêlâmes parmi les Grecs, & malgré les Dieux ennemis de Troie, nous livrâmes
pluſieurs combats avec avantage. Un grand
nombre d'ennemis tomba ſous nos coups : les
uns ſe ſauvent vers le port ; quelques autres,
frappés d'une honteuſe épouvante, rentrent dans
les flancs du cheval. Mais quand les Dieux ſont
contraires, doit-on compter ſur aucun ſuccès. *

---

* Cette réflexion pieuſe ſert de tranſition pour ce qui ſuit.
Les anciens n'uſent jamais que de tranſitions naturelles &
ſimples : autrement, ils aiment mieux s'en paſſer. En effet, rien n'eſt plus ridicule qu'une tranſition affectée.

Ecce trahebatur passis Priameia virgo
Crinibus à templo Cassandra, adytisque Minervæ,
Ad cœlum tendens ardentia lumina frustra ;
Lumina, nam teneras arcebant vincula palmas.
Non tulit hanc speciem furiatâ mente Chorœbus,
Et sese medium injecit moriturus in agmen.
Consequimur cuncti, & densis incurrimus armis.
Hîc primum ex alto delubri culmine telis
Nostrorum obruimur, oriturque miserrima cædes,
Armorum facie, & Graiarum errore jubarum.
Tum Danai gemitu, atque ereptæ virginis irâ,
Undique collecti invadunt : acerrimus Ajax,
Et gemini Atridæ, Dolopumque exercitus omnis.
Adversi rupto ceu quondam turbine venti
Confligunt, zephyrusque, notusque, & lætus eois
Eurus equis : stridunt sylvæ, sævitque tridenti
Spumeus, atque imo Nereus ciet æquora fundo.
Illi etiam, si quos obscurâ nocte per umbram
Fudimus insidiis, totáque agitavimus urbe,
Apparent : primi clypeos, mentitaque tela
Agnoscunt, atque ora sono discordia signant.
Ilicet obruimur numero : primusque Chorœbus
Penelei dextrâ, Divæ armipotentis ad aram
Procumbit : cadit & Ripheus, justissimus unus
Qui fuit in Teucris, & servantissimus æqui :
Diis aliter visum. Pereunt Hypanisque, Dymas-
que,
Confixi à sociis : nec te tua plurima, Pantheu,
Labentem pietas, nec Apollinis infula texit.
Iliaci cineres, & flamma extrema meorum,
Testor, in occasu vestro, nec tela, nec ullas
Vitavisse vices Danaûm, & si fata fuissent

Cassandre s'offrit alors à nos yeux. Arrachée du temple de Pallas, les cheveux épars, & les mains enchaînées, elle levoit les yeux vers le ciel. Corebe ne put soutenir ce spectacle. Furieux, il se jette sur les ravisseurs de son amante; nous le suivons tous, & nous chargeons avec lui. Mais alors les Troyens qui étoient postés sur la plate-forme du Temple, trompés par la forme de nos boucliers & de nos aigrettes, tirerent sur nous, & nous accablerent de traits. En même temps les Grecs, honteux de se voir enlever leur captive, se rallient & nous investissent. Ajax, les deux Atrides, & tous les Dolopes viennent fondre sur notre troupe. Ainsi des vents impetueux luttent les uns contre les autres, divisent les nuages, agitent les forêts, & bouleversent l'empire de Neptune. Ceux mêmes que nous avions mis en déroute & dispersés dans la ville, reviennent à la charge; ils s'apperçoivent de notre déguisement & de la différence de notre langage. Nous fûmes donc attaqués de toutes parts, & forcés de plier sous le nombre. Corebe succombe le premier sous les coups de Penelée devant l'autel de Minerve. Riphée, le plus juste des Troyens, fut tué aussi, & les Dieux n'eurent aucun égard à ses vertus. Hypanis, Dymas, périrent par les mains de leurs concitoyens: & vous, Panthée, ni votre piété, ni le sacré bandeau d'Apollon, ne purent vous sauver la vie. Cendres d'Ilion, Manes des Troyens soyez témoins que dans cette nuit funeste, je m'exposai à tous les traits de l'ennemi, que j'affrontai les plus grands périls, & que si c'eût été ma destinée d'y trouver la mort, j'en fis assez pour y perdre la vie.

Je me retirai enfin, suivi d'Iphite & de Pélias. Le premier étoit fort âgé, & l'autre blessé

Ut caderem, meruisse manu. Divellimur inde
Iphitus & Pelias mecum, quorum Iphitus ævo
Jam gravior, Pelias & vulnere tardus Ulyssei.
Protinus ad sedes Priami clamore vocati.
Hic verò ingentem pugnam, ceu cætera nusquam
Bella forent, nulli totâ morerentur in urbe :
Sic Martem indomitum, Danaosque ad tecta ruen-
    tes.
Cernimus, obsessumque actâ testudine limen.
Hærent parietibus scalæ, postesque sub ipsos
Nituntur gradibus, clypeosque ad tela sinistris
Protecti objiciunt, prensant fastigia dextris.
Dardanidæ contra turres ac tecta domorum
Culmina convellunt (his se, quando ultima cer-
    nunt,
Extremâ jam in morte parant defendere telis)
Auratasque trabes, veterum decora alta parentum,
Devolvunt : alii strictis mucronibus imas
Obsedere fores : has servant agmine denso.
    Instaurati animi Regis succurrere tectis,
Auxilioque levare viros, vimque addere victis.
Limen erat, cæcæque fores, & pervius usus
Tectorum inter se Priami, postesque relicti
A tergo, infelix quà se, dum regna manebant,
Sæpius Andromache ferre incomitata solebat
Ad soceros, & avo puerum Astyanacta trahebat.
Evado ad summi fastigia culminis ; unde
Tela manu miseri jactabant irrita Teucri.
Turrim in præcipiti stantem, summisque sub astra
Eductam tectis, unde omnis Troja videri,

par Ulysse marchoit avec peine. Alors un grand bruit nous attira vers le palais de Priam. Nous vîmes en cet endroit un combat si furieux, qu'il sembloit que toute l'armée des Grecs y fût rassemblée, qu'on ne combattît point ailleurs, & que ce fût là seulement que régnât le meurtre & le carnage. Les uns formant une espece de tortue, assiégeoient la porte du palais; les autres montant à l'escalade, présentoient d'une main leur bouclier qui les couvroit, & de l'autre faisoient leurs efforts pour grimper jusqu'au faîte, & s'y tenir suspendus. Les Troyens de leur côté tâchoient d'écraser les assaillants sous la chûte des tours, & sous la ruine des toits. Dans le péril extrême où ils se trouvoient, & réduits au désespoir, il ne leur restoit que cette ressource. Les poutres & les lambris dorés, superbes ornements de la demeure de nos anciens Rois, étoient arrachés & jettés sur l'ennemi. D'autres, l'épée à la main, gardoient les premieres portes, & se tenant étroitement serrés, en défendoient l'entrée.

Ce spectacle ralumant mon courage, j'y volai aussi-tôt pour sauver le palais du Roi, & en fortifier les défenseurs prêts à succomber. Il y avoit une porte secrete qui formoit la communication des divers bâtiments de son enceinte avec le logement du Roi : c'étoit par cette porte que l'infortunée Andromaque avoit autrefois coutume de se rendre sans suite dans l'appartement de Priam son beau-pere, & dans celui d'Hecube, portant entre ses bras son cher Astyanax. J'entrai par cette porte inconnue à l'ennemi, & je montai jusqu'au faîte, d'où les malheureux Troyens lançoient en vain des traits. Il y avoit une tour extrêmement haute, d'où l'on voyoit toute la ville, & d'où pendant le siege nous découvrions ce qui se

Et Danaûm folitæ naves, & Achaïca caftra,
Aggreffi ferro circùm, quà fumma labantes
Junéturas tabulata dabant, convellimus altis
Sedibus, impulimufque : ea lapfa repente ruinam
Cum fonitu trahit, & Danaûm fuper agmina late
Incidit : aft alii fubeunt ; nec faxa, nec ullum
Telorum interea ceffat genus.

 Veftibulum ante ipfum, primoque in limine
  Pyrrhus
Exultat telis, & luce corufcus ahenâ.
Qualis ubi in lucem coluber, mala gramina paftus,
Frigida fub terrâ tumidum quem bruma tegebat,
Nunc pofitis novus exuviis, nitidufque juventâ,
Lubrica convolvit fublato pectore terga,
Arduus ad folem, & linguis micat ore trifulcis.
Unà ingens Periphas, & equorum agitator Achillis
Armiger Automedon, unà omnis Scyria pubes
Succedunt tecto, & flammas ad culmina jactant.
Ipfe inter primos correptâ dura bipenni
Limina perrumpit, poftefque à cardine vellit
Æratos : jamque excisâ trabe firma cavavit
Robora, & ingentem lato dedit ore feneftram.
Apparet domus intus, & atria longa patefcunt :
Apparent Priami, & veterum penetralia regum ;
Armatofque vident ftantes in limine primo.
At domus interior gemitu, miferoque tumultu
Mifcetur, penitufque cavæ plangoribus ædes
Foemineis ululant : ferit aurea fidera clamor.
Tum pavidæ tectis matres ingentibus errant,
Amplexæque tenent poftes, atque ofcula figunt.
 Inftat vi patriâ Pyrrhus, nec clauftra, nec ipfi

paſſoit dans le camp & ſur les vaiſſeaux des Grecs. Nous entreprîmes d'arracher la charpente de cette tour, & de la renverſer ſur les ennemis. Elle tomba avec un fracas horrible, & en écraſa un grand nombre. Mais d'autres prennent leur place: on fait auſſi-tôt pleuvoir ſur ces nouveaux aſſaillants une grêle de pierres & de tous ſortes de matieres.

Devant la grande porte du palais, Pyrrhus, qui commandoit l'attaque, faiſoit briller ſa lance, & ſe diſtinguoit par l'éclat de ſon armure d'airain. Semblable à un ſerpent, qui au retour du printemps ſort d'un lieu obſcur où, enflé de ſucs venimeux, il s'eſt tenu caché durant les rigueurs de l'hyver: aujourd'hui, revêtu d'une peau nouvelle & rajeuni, il brille aux rayons du ſoleil; il ſe meut légérement, ſe replie avec agilité, leve ſa tête altiere, & darde ſa langue à trois pointes. Pyrrhus, ſuivi du grand Periphas, d'Automedon, l'Ecuyer d'Achille, & de toute la jeuneſſe de Scyros, preſſe l'attaque du veſtibule, & lance des feux juſques ſur les toits. Il prend lui-même une hache à deux tranchants; il briſe la porte qui étoit d'un bois dur garni d'airain; il en ébranle les gonds, & y fait une large ouverture, qui découvre aux yeux des ennemis, l'intérieur du palais, ſes longues ſalles, & tout l'appartement de Priam & de nos anciens Rois. Cependant une troupe de Troyens étoit poſtée derriere la porte du veſtibule, pour défendre l'entrée d'un lieu où tout étoit dans le trouble & la confuſion, & où l'on entendoit des gémiſſements de toutes parts. Les femmes éplorées pouſſoient des cris lamentables; elles erroient çà & là dans ce vaſte palais; elles en embraſſoient les portes, & y coloient tendrement leur bouche.

Pyrrhus, dans les combats auſſi ardent que

Cuſtodes ſufferre valent : labat ariete crebro,
Janua, & emoti procumbunt cardine poſtes.
Fit via vi : rumpunt aditus, primoſque trucidant
Immiſſi Danai, & late loca milite complent.
Non ſic, aggeribus ruptis, cum ſpumeus amnis
Exiit, oppoſitaſque evicit gurgite moles,
Fertur in arva furens cumulo, campoſque per omnes
Cum ſtabulis armenta trahit : vidi ipſe furentem
Cæde Neoptolemum, geminoſque in limine Atridas :
Vidi Hecubam, centumque nurus, Priamumque per aras
Sanguine fœdantem quos ipſe ſacraverat ignes.
Quinquaginta illi thalami, ſpes tanta nepotum,
Barbarico poſtes auro, ſpoliiſque ſuperbi
Procubuere : tenent Danaï, quà deficit ignis.

 Forſitan, & Priami fuerint quæ fata requiras.
Urbis ubi captæ caſum, convulſaque vidit
Limina tectorum, & medium in penetralibus hoſtem,
Arma diu ſenior deſueta trementibus ævo
Circumdat nequicquam humeris, & inutile ferrum
Cingitur, ac denſos fertur moriturus in hoſtes.
Ædibus in mediis, nudoque ſub ætheris axe
Ingens ara fuit, juxtaque veterrima laurus
Incumbens aræ, atque umbrâ complexa Penates.
Hîc Hecuba, & natæ nequicquam altaria circum,
Præcipites atrâ ceu tempeſtate columbæ,
Condenſæ, & Divûm amplexæ ſimulacra ſedebant.

Livre II.

son pere, donne le dernier assaut. Ni les barricades, ni ceux qui les défendent, ne peuvent plus résister. Les coups redoublés du bélier renversent la porte ; tous les retranchements sont un vain obstacle : la force s'ouvre un passage ; on entre impétueusement, on pénetre, on massacre tout ce qui se présente, & bientôt tout le Palais est inondé de soldats. C'est avec moins de fureur que se dérobe un fleuve rapide, qui rompt ses digues, & dont les flots répandus dans les campagnes, entraînent les étables & les troupeaux. Je vis le furieux Pyrrhus & les deux Atrides entrer dans le Palais, & s'y baigner dans le sang des malheureux vaincus. Je vis Hécube plongée dans le désespoir, au milieu de toutes ses filles désolées, & le sang de Priam éteindre le feu qu'il avoit consacré. Ce Palais magnifique où logeoient les cinquante filles du Roi, ce Palais enrichi de l'or & des dépouilles des Barbares, fut dans cette nuit funeste entiérement détruit. Tout ce que la flamme épargnoit, étoit la proie du soldat avide.

Mais peut-être souhaitez-vous, Princesse, que je vous peigne la triste fin du malheureux Priam. Lorsqu'il eut vu la ville de Troie livrée aux Grecs, & l'ennemi vainqueur au milieu de son Palais, il s'arme d'un fer inutile, & se couvre en vain d'une cuirasse, dont ses foibles & tremblantes épaules n'étoient plus accoutumées à soutenir le poids. Il s'avance en cet état vers l'ennemi, résolu de mourir les armes à la main. Dans une cour du Palais, il y avoit un grand autel, consacré aux Dieux Pénates, & ombragé par un vieux laurier. C'étoit au pied de cet autel qu'Hécube & ses filles s'étoient refugiées, telles que de timides colombes, effrayées d'un violent orage. Elles

Ipsum autem sumptis Priamum juvenilibus armis
Ut vidit: quæ mens tam dira, miserrime conjux,
Impulit his cingi telis, aut quò ruis ? inquit.
Non tali auxilio, nec defensoribus istis
Tempus eget: non, si ipse meus nunc afforet Hector,
Huc tandem concede ; hæc ara tuebitur omnes ;
Aut moriere simul : sic ore effata, recepit
Ad sese, & sacrâ longævum in sede locavit.
 Ecce autem elapsus Pyrrhi de cæde Polites,
Unus natorum Priami, per tela, per hostes,
Porticibus longis fugit, & vacua atria lustrat
Saucius : illum ardens infesto vulnere Pyrrhus
Insequitur : jam jamque manu tenet, & premit
  hastâ.
Ut tandem ante oculos evasit & ora parentum,
Concidit, ac multo vitam cum sanguine fudit.
Hîc Priamus, quamquam in mediâ jam morte te-
  netur,
Non tamen abstinuit, nec voci iræque pepercit.
At tibi pro scelere, exclamat, pro talibus ausis,
Dii (si qua est cœlo pietas, quæ talia curet)
Persolvant grates dignas, & præmia reddant
Debita, qui nati coram me cernere lethum
Fecisti, & patrios fœdasti funere vultus.
At non ille, satum quo te mentiris, Achilles
Talis in hoste fuit Priamo : sed jura, fidemque
Supplicis erubuit, corpusque exangue sepulchro
Reddidit Hectoreum, meque in mea regna remisit.
Sic fatus senior, telumque imbelle sine ictu
Conjecit : rauco quod protinus ære repulsum,
Et summo clypei nequicquam umbone pependit.
Cui Pyrrhus : Referes ergo hæc, & nuncius ibis
Pelidæ genitori ; illi mea tristia facta,

Livre II.

étoient immobiles autour de l'autel qu'elles embraſſoient. Hécube voyant le vieux Roi couvert des armes d'un jeune homme : « Malheureux » époux, lui dit-elle, par quelle manie êtes-» vous armé de la ſorte ? Que prétendez-vous ? » Ce n'eſt pas d'un tel ſecours ni d'un pareil » défenſeur que nous avons beſoin aujourd'hui. » Hector lui-même, Hector mon fils, ne pour-» roit nous garantir du ſort qui nous menace. » Venez, venez plutôt vous refugier avec nous » dans cet aſyle. Cet autel nous ſauvera la vie, » ou nous la perdrons enſemble «. En même temps elle arrêta le Vieillard, & le retint auprès d'elle.

Cependant Polite, l'un des enfants de Priam, fuyoit dans les ſalles du Palais, pourſuivi par Pyrrhus qui l'avoit bleſſé. Sur le point d'être percé une ſeconde fois, il tombe près de l'autel, & expire aux pieds du Roi & de la Reine. Priam, prêt d'expirer lui-même, ne put retenir ſa colere. « Barbare, dit-il à Pyrrhus, s'il » y a quelque juſtice dans le Ciel qui puniſſe » les crimes, que les Dieux vengent l'action » inhumaine que tu viens de commettre. Tu » as oſé tuer un fils, aux yeux de ſon pere ! » Autrefois Achille, dont tu te vantes d'être » le fils, n'en uſa pas ainſi avec moi. Je l'a-» lai trouver dans ſa tente : touché de me voir » à ſes pieds, il me rendit généreuſement le » corps défiguré de mon fils Hector : fidele à » ſa parole & au droit des gens, il me laiſſa » partir librement «. En diſant ces mots, Priam, d'une main impuiſſante, lança contre Pyrrhus un trait, qui à peine toucha ſon bouclier, & qui tomba à ſes pieds. « Va te plain-» dre à mon pere, répondit Pyrrhus ; racon-» te-lui mes honteuſes actions, & dis-lui » qu'il a un fils qui déshonore ſon ſang «. A

Degeneremque Neoptolemum narrare memento.
Nunc morere. Hæc dicens, altaria ad ipsa trementem
Traxit, & in multo lapsantem sanguine nati,
Implicuitque comam lævâ, dextrâque coruscum
Extulit, ac lateri capulo tenus abdidit ensem.
Hæc finis Priami fatorum : hic exitus illum
Sorte tulit, Trojam incensam, & prolapsa videntem
Pergama, tot quondam populis, terrisque superbum
Regnatorem Asiæ : jacet ingens littore truncus,
Avulsumque humeris caput, & sine nomine corpus.
 At me tum primum sævus circumstetit horror.
Obstupui : subiit chari genitoris imago,
Ut regem æquævum crudeli vulnere vidi
Vitam exhalantem : subiit deserta Creüsa,
Et direpta domus, & parvi casus Iüli.
Respicio, &, quæ sit me circum copia, lustro.
Deseruere omnes defessi, & corpora saltu
Ad terram misere, aut ignibus ægra dedere.
 [Jamque adeo super unus eram ; cùm limina Vestæ
Servantem, & tacitam secretâ in sede latentem
Tyndarida aspicio : dant clara incendia lucem
Erranti, passimque oculos per cuncta ferenti.
Illa sibi infestos eversa ob Pergama Teucros,
Et pœnas Danaûm, & deserti conjugis iras
Permetuens, Trojæ & patriæ communis Erynnis,
Abdiderat sese, atque aris invisa sedebat.
Exarsere ignes animo : subit ira, cadentem
Ulcisci patriam, & sceleratas sumere pœnas.
Scilicet hæc Spartam incolumis, patriasque Mycenas
Aspiciet ? partoque ibit regina triumpho ?

LIVRE II. 341

ces mots, sans respecter l'autel, il se jette sans pitié sur l'infortuné Vieillard, dont les pas chanceloient sur le marbre inondé du sang de son fils: il saisit d'une main ses cheveux blancs, & de l'autre tirant son épée, il la lui plonge dans le sein. Telle fut la fin de Priam, de ce puissant Roi de l'Asie, à qui tant de peuples étoient soumis. En une seule nuit son trône est renversé, son empire détruit, & sa capitale réduite en cendres. Les Grecs lui couperent la tête, & son coprs étendu sur le rivage est resté confondu dans la foule des morts.

Je frémis à la vue de ce respectable Vieillard égorgé à mes yeux: ce tragique spectacle me rappella l'idée de mon pere. Je me représentai la situation de Créüse mon épouse que j'avois abandonnée, celle de mon fils Ascagne, & de toute ma maison qui alloit être saccagée. Mais je ne vis près de moi personne en état de me seconder: mes compagnons m'avoient quitté. Las de survivre au malheur de leur patrie, ils s'étoient précipités du faîte du Palais, ou jettés à travers les flammes.

[J'errois seul, & à la faveur des feux allumés je promenois mes regards, lorsque j'apperçus Hélene dans le sanctuaire de Vesta, où elle se tenoit à l'écart. Cette indigne femme, la furie d'Argos & de Troie, la cause de tous les malheurs de ma patrie & de la sienne, se flattoit que dans cet asyle elle échapperoit à la vengeance des Troyens & des Grecs, & qu'elle y seroit à couvert du ressentiment de Ménélas. A sa vue, je me sentis transporté de fureur, & je fus sur le point de venger sur elle tous nos désastres. " Quoi! me disois-je, cette » femme, qui nous a attiré une si funeste » guerre, va donc être ramenée à Sparte com- » me en triomphe, suivie de nos femmes de-

F f 3

Conjugiumque, domumque, patres, natosque
 videbit,
Iliadum turbâ, & Phrygiis comitata ministris?
Occiderit ferro Priamus? Troja arserit igni?
Dardanium toties sudârit sanguine littus?
Non ita: namque, etsi nullum memorabile nomen
Fœmineâ in pœna est, nec habet victoria laudem,
Extinxisse nefas tamen, & sumpsisse merentis
Laudabor pœnas; animumque explésse juvabit
Ultricis flammæ, & cineres satiasse meorum.]
 Talia jactabam, & furiata mente ferebar:
Cùm mihi se, non ante oculis tam clara videndam
Obtulit, & purâ per noctem in luce refulsit
Alma parens, confessa Deam, qualisque videri
Cœlicolis, & quanta solet; dextrâque prehensum
Continuit, roseoque hæc insuper addidit ore.
Nate, quis indomitas tantus dolor excitat iras?
Quid furis? aut quonam nostri tibi cura recessit?
Non priùs aspicies, ubi fessum ætate parentem
Liqueris Anchisen? superet conjux-ne Creüsa,
Ascaniusque puer? quos omnes undique Graiæ
Circum errant acies, &, ni mea cura resistat,
Jam flammæ tulerint, inimicus & hauserit ensis.
Non tibi Tyndaridis facies invisa Lacænæ,
Culpatus-ve Paris; Divûm, inclementia Divûm
Has evertit opes, sternitque à culmine Trojam.
Aspice (namque omnem, quæ nunc obducta tuenti
Mortales hebetat visus tibi, & humida circum
Caligat, nubem eripiam: tu ne qua parentis
Jussa time, neu præceptis parere recusa.)
Hîc ubi disjectas moles, avulsaque saxis
Saxa vides, mistoque undantem pulvere fumum,

„ venues ses esclaves ; elle y reverra son époux,
„ sa maison, ses enfants, ses parents. Cepen-
„ dant c'est pour elle que Troie est réduite en
„ cendres, que Priam a été immolé, & que ce
„ rivage a été tant de fois inondé du sang des
„ Troyens : il faut qu'elle périsse. S'il n'est pas
„ glorieux d'égorger une femme, au moins on
„ m'applaudira d'avoir détruit un monstre, &
„ vengé ma patrie «.]

 Transporté de fureur, je me livrois à ces mouvemens, lorsque Vénus parut tout à coup à mes yeux, au milieu des ténèbres, plus brillante que je ne l'avois jamais vue, & telle qu'elle a coutume de se faire voir aux Immortels. Elle me saisit le bras & me parla ainsi :
„ Mon fils, quel objet allume votre colere ?
„ D'où vient cette fureur ? Avez-vous oublié
„ votre famille ? M'avez-vous oubliée moi-
„ même ? Quoi ! vous ne pensez point à vo-
„ tre pere Anchise, que sa vieillesse met hors
„ d'état de se défendre, ni à Créüse votre
„ épouse, ni à votre fils Ascagne ? Ils sont
„ assiégés de toutes parts, & sans le soin que
„ j'ai pris de les garantir, ils auroient déja
„ péri ou par le feu ou par le fer. Ne vous
„ en prenez aujourd'hui ni à Hélene, ni à
„ Pâris. Ce sont les Dieux irrités, oui les
„ Dieux qui causent la ruine de Troie, &
„ qui détruisent cet empire. Je vais dissiper le
„ nuage qui dérobe à vos foibles yeux un
„ grand spectacle. Mais faites ce que je vous
„ dirai ensuite, & ne résistez point à mes or-
„ dres. Dans cet endroit où vous voyez cet
„ amas de pierres, & tant de poussiere & de
„ fumée, Neptune, armé de son Trident,
„ sappe vos murailles à coups redoublés, &
„ renverse vos remparts. Voyez à la porte
„ Scée Junon en fureur, armée d'un glaive,

Neptunus muros, magnoque emota tridenti
Fundamenta quatit, totamque à sedibus urbem
Eruit : hîc Juno Scæas sævissima portas
Prima tenet, sociumque furens à navibus agmen
Ferro accincta vocat.
 Jam summas arces Tritonia (respice) Pallas
Insedit, nimbo effulgens, & Gorgone sævâ.
Ipse Pater Danais animos, viresque secundas
Sufficit : ipse Deos, in Dardana suscitat arma.
Eripe, nate, fugam, finemque impone labori :
Nusquam abero, & tutum patrio te limine sistam.
Dixerat, & spissis noctis se condidit umbris.
 Apparent diræ facies, inimicaque Trojæ
Numina magna Deûm.
Tum verò omne mihi visum considere in ignes
Ilium, & ex imo verti Neptunia Troja.
Ac veluti summis antiquam in montibus ornum,
Cum ferro accisam, crebrisque bipennibus instant
Eruere agricolæ certatim : illa usque minatur,
Et tremefacta comam concusso vertice nutat ;
Vulneribus donec paulatim evicta, supremum
Congemuit, traxitque jugis avulsa ruinam.
 Descendo, ac ducente Deo, flammam inter &
 hostes
Expedior : dant tela locum, flammæque recedunt.
Ast ubi jam patriæ perventum ad limina sedis,
Antiquasque domos ; genitor, quem tollere in altos
Optabam primum montes, primumque petebam,
Abnegat excisâ vitam producere Trojâ,
Exiliumque pati. Vos ô quibus integer ævi
Sanguis, ait, solidæque suo stant robore vires,
Vos agitate fugam.
Me si cœlicolæ voluissent ducere vitam

» qui appelle les troupes ennemies. Regardez
» de ce côté-ci : voyez Pallas avec son Egide re-
» doutable, assise, dans un nuage éclatant, sur
» le sommet de la citadelle. Jupiter lui-même
» anime les Grecs, seconde leur courage, &
» suscite les Dieux contre les Troyens. Reti-
» rez-vous donc, mon fils, fuyez & cessez de
» faire une vaine résistance. Je ne vous abandon-
» nerai point, & je vais vous conduire en sûreté
» dans la maison de votre pere «. A ces mots elle
disparut.

Cependant la flamme s'étendoit dans toute la
ville. Je vis alors les Furies, & tous les Dieux
ennemis de Troie hâter sa ruine. Ainsi, sur le
sommet d'une haute montagne, gémit un frêne
sauvage sous les coups redoublés des bûche-
rons. L'arbre résiste, & secoue sa cime ébran-
lée : mais à force de blessures il succombe ; il
éclate, tombe, & roule avec fracas dans les
vallons.

Je pris donc le parti de me rendre à la maison
de mon pere, & sous la protection de Vénus,
je passai sans danger à travers les feux & les
ennemis. Lorsque je fus arrivé, mon pere,
que je souhaitois sauver le premier, & mettre
en sûreté dans les montagnes voisines, déclara
qu'il ne vouloit ni survivre à sa patrie, ni quitter
la maison. » Fuyez, nous dit-il, vous qui
» êtes encore à la fleur de votre âge, & qui
» avez toute la vigueur de la jeunesse. Si les
» Dieux eussent voulu me laisser jouir d'une
» vie plus longue, ils auroient conservé ma
» patrie. C'est assez, & même trop pour moi,
» d'avoir déja vu une fois cette ville sacca-
» gée, & d'avoir survécu à un pareil désastre.
» Laissez-moi mourir ici : prononcez sur mon
» corps les adieux funebres, & partez. Je
» saurai me délivrer de la vie, & l'ennemi,

Has mihi servassent sedes : satis una superque
Vidimus excidia, & captæ superavimus urbi.
Sic, ô sic positum affati discedite corpus.
Ipse manu mortem inveniam ; miserebitur hostis,
Exuviasque petet : facilis jactura sepulchri est.
Jampridem invisus Divis, & inutilis annos
Demoror ; ex quo me Divûm pater, atque homi-
    num rex
Fulminis afflavit ventis, & contigit igni.
Talia perstabat memorans, fixusque manebat.
Nos contra effusi lacrymis, conjuxque Creüsa,
Ascaniusque, omnisque domus, ne vertere secum
Cuncta pater, fatoque urgenti incumbere vellet.
Abnegat, inceptoque, & sedibus hæret in iisdem.
    Rursus in arma feror, mortemque miserrimus
    opto.
Nam quod consilium, aut quæ jam fortuna dabatur ?
Mene efferre pedem, genitor, te posse relicto
Sperasti, tantumque nefas patrio excidit ore ?
Si nihil ex tantâ superis placet urbe relinqui,
Et sedet hoc animo, periturææque addere Trojæ
Teque, tuosque juvat : patet isti janua letho.
Jamque aderit multo Priami de sanguine Pyrrhus,
Natum ante ora patris, patrem qui obtruncat ad aras.
Hoc erat, alma parens, quo me per tela, per ignes
Eripis, ut mediis hostem in penetralibus, utque
Ascaniumque, patremque meum, juxtaque Creü-
    sam,
Alterum in alterius mactatos sanguine cernam ?
Arma viri, ferte arma : vocat lux ultima victos.
Reddite me Danais, sinite instaurata revisam

„ pour enlever ma dépouille, me rendra ce fer-
„ vice. Ce n'eſt pas un grand malheur que
„ d'être privé des honneurs de la ſepulture.
„ Depuis que la foudre du ſouverain Maître
„ des Dieux & des hommes m'a fait ſentir
„ ſes feux, objet de la haine céleſte, je n'ai
„ traîné qu'une vie inutile «. Il parloit de la
ſorte, & perſiſtoit dans ſa réſolution. Créüſe
mon épouſe, mon fils Aſcagne, & toute la maiſon, fondoient en larmes. Nous le conjurâmes
de ne point s'abandonner lui-même. Nous lui
repréſentâmes que ſa perte entraîneroit celle de
toute ſa famille. Rien ne l'ébranla; rien ne le put
engager à changer de ſentiment, & à quitter ſa
maiſon.

Dans le déſeſpoir où me jetta cette réſiſtance
de mon pere, je ſouhaitai la mort, & je réſo-
lus de l'aller chercher parmi les ennemis. Car
quel autre parti pouvois-je prendre? Dans
quelle ſituation me voyois-je? „ Ah! mon pere,
„ lui dis-je, avez-vous pu penſer que je fuirois
„ ſans vous? Avez-vous pu me croire capable
„ d'un ſi grand crime? Si les Dieux veulent
„ qu'il ne réchappe aucun Troyen, ſi vous-mê-
„ me avez réſolu d'ajouter la ruine entiere de
„ votre famille à celle de votre patrie, voici
„ la porte par où la mort entrera bientôt en ces
„ lieux. Pyrrhus, couvert du ſang de Priam, va
„ paroître, Pyrrhus, qui vient d'immoler le
„ fils aux yeux du pere, & d'égorger le pere
„ au pied de l'autel. O ma mere, eſt-ce pour
„ voir périr toute ma famille, que vous m'a-
„ vez préſervé du feu & du fer des ennemis?
„ Etoit-ce pour être le triſte ſpectateur du maſ-
„ ſacre de mon pere, de ma femme, de mon
„ fils? Je les verrai donc égorger devant moi?
„ Qu'on me donne mes armes: la mort eſt
„ la reſſource des vaincus. Rendez-moi aux

Prælia : numquam omnes hodie moriemur inulti.
Hìc ferro accingor rursus, clypeoque sinistram
Insertabam aptans, meque extra tecta ferebam.
Ecce autem complexa pedes in limine conjux
Hærebat, parvumque patri tendebat Iülum.
Si periturus abis, & nos rape in omnia tecum :
Sin aliquam expertus sumptis spem ponis in armis,
Hanc primum tutare domum, cui parvus Iülus,
Cui pater, & conjux, quondam tua dicta, relinquor.

 Talia vociferans, gemitu tectum omne replebat :
Cum subitum dictuque oritur mirabile monstrum.
Namque manus inter, mœstorumque ora parentum,
Ecce levis summo de vertice visus Iüli
Fundere lumen apex, tactuque innoxia molli
Lambere flamma comas, & circum tempora pasci.
Nos pavidi trepidare metu, crinemque flagrantem
Excutere, & sanctos restinguere fontibus ignes.
At pater Anchises oculos ad sidera lætus
Extulit, & cœlo palmas cum voce tetendit.
Jupiter omnipotens, precibus si flecteris ullis,
Aspice nos, hoc tantum, & si pietate meremur,
Da deinde auxilium, pater, atque hæc omnia
  firma.

 Vix ea fatus erat senior, subitoque fragore
Intonuit lævum, & de cœlo lapsa per umbras
Stella facem ducens multâ cum luce cucurrit.
Illam summa super labentem culmina tecti
Cernimus Idæâ claram se condere sylvâ,
Signantemque vias : tum longo limite sulcus
Dat lucem, & late circum loca sulphure fumant.
Hìc verò victus genitor se tollit ad auras,

„ Grecs; laiſſez-moi retourner au combat: mais
„ ne mourons pas tous aujourd'hui ſans vengean-
„ ce «. A ces mots, je reprends mon épée & mon
bouclier, & je ſors. Créüſe m'arrêta en ſe jet-
tant à mes pieds, & me préſentant mon fils: „ Si
„ vous allez chercher la mort, me dit-elle, per-
„ mettez-nous de vous accompagner. Mais ſi vous
„ croyez que votre bras puiſſe nous ſauver, au
„ lieu d'aller combattre, défendez-nous; défen-
„ dez un pere, un fils, une épouſe que vous avez
„ aimée «.

Pendant que toute la maiſon retentiſſoit de
ſes gémiſſements & de ſes cris, un prodige s'offrit tout à coup à nos yeux. Sur la tête du jeune
Aſcagne nous vîmes briller une flamme légere,
voltigeant autour de ſon front & de ſa chevelure. La crainte nous ſaiſit: dans le trouble qui
nous agite, nous lui donnons du ſecours, & nous
tâchons d'éteindre avec de l'eau cette flamme céleſte. Mais Anchiſe, frappé de ce ſpectacle, &
réjoui du préſage, leva les yeux & les mains
au ciel: „ Puiſſant Jupiter, s'écria-t-il, ſi nos
„ prieres peuvent vous fléchir, jettez ſeulement
„ ſur nous un regard favorable; enſuite, ſi notre
„ piété mérite votre ſecours, daignez nous l'accor-
„ der, & confirmer en notre faveur cet heureux
„ préſage «.

A peine eut-il achevé cette priere, qu'on entendit à gauche un grand éclat de tonnerre: en
même temps nous vîmes au milieu des téné-
bres, tomber ſur notre maiſon une étoile brillante, qui, après avoir touché légérement le
faîte, traça dans l'air un long ſillon de lumiere,
& répandant de tous côtés une fumée ſulfu-
reuſe, alla ſe perdre dans la forêt du mont
Ida. Mon pere, vaincu par tous ces prodiges,
ſe leve auſſi-tôt, invoque les Dieux, & adore
l'étoile ſacrée. „ Allons, dit-il, je ne balance

Affaturque Deos, & sanctum sidus adorat.
Jam jam nulla mora est, sequor, & qua ducitis,
  adsum,
Dii patrii servate domum, servate nepotem:
Vestrum hoc augurium, vestroque in numine Tro-
  ja est.
Cedo equidem, nec, nate, tibi comes ire recuso.
  Dixerat ille: & jam per moenia clarior ignis
Auditur, propiusque æstus incendia volvunt.
Ergo age, chare pater, cervici imponere nostræ;
Ipse subibo humeris, nec me labor iste gravabit:
Quo res cumque cadent, unum & commune pe-
  riclum,
Una salus ambobus erit: mihi parvus Iülus
Sit comes, & longè servet vestigia conjux.
Vos famuli, quæ dicam, animis advertite vestris.
  Est urbe egressis tumulus, templumque vetus-
  tum
Desertæ Cereris, juxtaque antiqua cupressus,
Religione patrum multos servata per annos:
Hanc ex diverso sedem veniemus in unam.
Tu, genitor, cape sacra manu, patriosque Penates.
Me bello è tanto digressum, & cæde recenti,
Attrectare nefas, donec me flumine vivo
Abluero.
  Hæc fatus, latos humeros, subjectaque colla
Veste super, fulvique insternor pelle leonis,
Succedoque oneri: dextræ se parvus Iülus
Implicuit, sequiturque patrem non passibus æquis.
Pone subit conjux, ferimur per opaca locorum:
Et me, quem dudum non ulla injecta movebant
Tela, neque adverso glomerati ex agmine Graii,
Nunc omnes terrent auræ, sonus excitat omnis

» plus ; j'irai où vous voudrez. Dieux de ma
» patrie, conservez ma famille, & sur-tout mon
» petit-fils Ascagne. Ce présage vient de vous : c'est
» à vous de l'accomplir. Je cede donc, ô mon fils,
» & je ne refuse plus de vous accompagner dans
» votre retraite.

Cependant le bruit & la clarté de l'incendie
augmentoient, & les tourbillons de flammes
commençoient à menacer notre maison. Je dis
à mon pere, qu'il étoit temps de fuir. » Met-
» tez-vous, lui dis-je, sur mes épaules ; ce sera
» pour moi un doux fardeau : quoi qu'il arrive,
» ou nous périrons, ou nous nous sauverons en-
» semble. Que mon fils Ascagne marche à côté
» de moi, & vous, Créüse, suivez-moi, & ne
» me perdez pas de vue. Vous, mes domesti-
» ques, écoutez attentivement ce que je vais vous
» dire.

» Au sortir de la ville, on trouve sur une
» hauteur un ancien temple de Cérès qui est
» abandonné, & près de ce temple un vieux
» cyprès que la religion de nos peres a con-
» servé. C'est là qu'il faut que nous nous ren-
» dions tous par des chemins différents. Vous,
» ô mon pere, chargez-vous des Dieux de la
» patrie. Pour moi, dont les mains sont teintes
» de sang, il ne m'est pas permis d'y toucher,
» avant que de m'être purifié dans une source
» d'eau vive «.

En achevant ces mots, je me revêtis d'une
peau de lion, & je me baissai pour faciliter à
mon pere le moyen de se mettre sur mes épaules. Mon fils que je pris par la main, marchoit près de moi à pas inégaux. Créüse me
suivoit, & nous allâmes par les rues les plus
sombres. Moi, qui peu de temps auparavant af-
frontois tous les dangers, moi, qui sans crainte
marchois au milieu des bataillons ennemis ,

Suspensum, & pariter comitique onerique timen-
tem.
  Jamque propinquabam portis, omnemque vi-
debar
Evasisse viam : subitò cum creber ad aures
Visus adesse pedum sonitus ; genitorque per um-
bram
Prospiciens, nate, exclamat, fuge, nate, propin-
quant :
Ardentes clypeos, atque æra micantia cerno.
Hîc mihi nescio quod trepido male numen amicum
Confusam eripuit mentem : namque avia cursu
Dum sequor, & notâ excedo regione viarum,
Heu ! misero conjux fato-ne erepta Creüsa
Substitit, erravit-ne viâ, seu lassa recedit,
Incertum : nec post oculis est reddita nostris.
Nec priùs amissam respexi, animumque reflexi,
Quàm tumulum antiquæ Cereris, sedemque sa-
cratam
Venimus : hîc demum, collectis omnibus, una
Defuit, & comites, natumque, virumque fefellit.
Quem non incusavi amens hominumque, Deo-
rumque ?
Aut quid in eversâ vidi crudelius urbe ?
Ascanium, Anchisemque patrem, Teucrosque
Penates
Commendo sociis, & curvâ valle recondo.
Ipse urbem repeto, & cingor fulgentibus armis.
Stat casus renovare omnes, omnemque reverti
Per Trojam, & rursus caput objectare periclis.
Principio muros, obscuraque limina portæ,
Quâ gressum extuleram, repeto ; & vestigia retro
Observata sequor per noctem, & lumine lustro
Horror ubique animos, simul ipsa silentia terrent.

je tremble alors au moindre bruit; un souffle m'effraie: je crains pour mon pere & pour mon fils.

Déja nous approchions de la porte de la ville, & il me sembloit que j'avois échappé à tous les dangers, quand tout à coup j'entendis courir derriere moi. Mon pere ayant tourné la tête, s'écria: Allons vite, mon fils, les ennemis s'approchent, je vois reluire des boucliers, & briller des épées. Ma raison se troubla dans ce moment: je pris des routes inconnues, & je quittai le chemin ordinaire. Hélas ! je ne sai par quel malheur je perdis alors ma chere Créüse. J'ignore si elle s'égara, ou si elle tomba de lassitude. Depuis ce temps-là je ne l'ai point vue. Je ne m'apperçus de sa perte, que lorsque je fus arrivé au temple de Cérès. Ce fut là que toute ma troupe s'étant rassemblée, nous vîmes que Créüse nous manquoit. Quelle fut la surprise & l'embarras de toute la famille ! Quelle fut ma douleur ! Je me plaignis & des Dieux & des hommes. Troie en cendres n'avoit rien offert à mes yeux qui eût fait tant d'impression sur mon ame. Je mets mon pere, mon fils & mes Dieux dans un vallon, & je recommande à mes domestiques de ne les point abandonner. Je reprends mes armes & je retourne à Troie, résolu d'affronter encore tous les dangers, & de parcourir toutes les rues. Je me rends près de la porte de la ville par où j'étois sorti, & ensuite je m'avance dans les rues où j'avois passé. Je regarde de tous côtés. Les ténebres, & le silence même, inspiroient la terreur. J'aillai jusqu'à la maison de mon pere, supposant que Créüse auroit pu y être retournée. Mais je trouvai que les ennemis s'en étoient rendus les maîtres, & y avoient déja mis le feu. Je la vis toute environnée de

Tome I. G g

Inde domum, si fortè pedem, si fortè tulisset,
Me refero : irruerant Danai, & tectum omne tene-
bant.
Ilicet ignis edax summa ad fastigia vento
Volvitur ; exsuperant flammæ, furit æstus ad auras.
Procedo ad Priami sedes, arcemque reviso.
Et jam porticibus vacuis, Junonis asylo,
Custodes lecti Phœnix, & dirus Ulysses,
Prædam asservabant : huc undique Troïa gaza
Incensis erepta adytis, mensæque Deorum,
Crateresque auro solidi, captivaque vestis
Congeritur : pueri & pavidæ longo ordine matres
Stant circum.
Ausus quin etiam voces jactare per umbram,
Implevi clamore vias ; mœstusque Creüsam
Nequicquam ingeminans, iterumque iterumque
vocavi.
Quærenti, & tectis urbis sine fine furenti
Infelix simulacrum atque ipsius umbra Creüsæ
Visa mihi ante oculos, & notâ major imago.
Obstupui, steteruntque comæ, & vox faucibus
hæsit.
Tum sic affari, & curas his demere dictis :
Quid tantum insano juvat indulgere labori,
O dulcis conjux ? non hæc sine numine Divûm
Eveniunt, nec te hinc comitem asportare Creüsam
Fas : haud ille sinit superi regnator Olympi.
Longa tibi exilia, & vastum maris æquor arandum.
Ad terram Hesperiam venies : ubi Lydius, arva
Inter opima virûm, leni fluit agmine Tibris.
Illîc res lætæ, regnumque, & regia conjux
Parta tibi : lacrymas dilectæ pelle Creüsæ.
Non ego Myrmidonum sedes Dolopum-ve superbas

flammes, que le vent élevoit jusqu'au ciel. Je marche du côté du palais du Roi & jusqu'à la citadelle. Les portiques du temple de Junon étoient le lieu où les Grecs avoient assemblé tout leur butin, sous la garde d'Ulysse & de Phénix. C'étoient des meubles précieux, des tables destinées aux sacrifices, des coupes d'or, & de superbes étoffes, avec une foule de femmes & d'enfants, malheureux captifs rassemblés & rangés dans le même lieu. J'osai appeller à haute voix Créüse dans les rues, & répéter plusieurs fois son nom. Mes pas, mes recherches, mes cris furent inutiles.

Pendant que je parcourois ainsi toute la ville, voici l'ombre de Créüse qui s'offre à moi, d'une grandeur au-dessus de sa taille. Ce phantôme m'effraya ; mes cheveux se dresserent, & je perdis la parole. » Mon cher époux, me » dit Créüse, pourquoi vous livrez-vous à » votre douleur ? Les Dieux l'ordonnent ainsi. » Jupiter ne veut pas que Créüse vous ac- » compagne dans votre fuite. Vous errerez » long-temps sur la mer, & vous arriverez en- » fin en Italie, dans ce pays fertile que le Ti- » bre arrose de ses tranquilles eaux. Là, vous » commencerez à être heureux ; vous y for- » merez un royaume, & vous y épouserez » une Princesse. Cessez de pleurer Créüse. Je » ne verrai point le pays des Myrmidons, ni » celui des Dolopes : Princesse Troyenne & » belle-fille de Vénus, je ne serai-point es- » clave des femmes de la Grece. Cybele me » retient dans ces lieux. Adieu, cher époux : » continuez d'aimer notre fils Ascagne «. A ces mots elle disparut & me quitta, sans attendre que je lui eusse parlé. Trois fois je tâchai de l'embrasser, & trois fois je ne saisis qu'une ombre vaine, qu'une figure qui s'échappoit aussi

Aspiciam, aut Graiis servitum matribus ibo
Dardanis, & divæ Veneris nurus:
Sed me magna Deûm genitrix his detinet oris.
Jamque vale, & nati serva communis amorem.
Hæc ubi dicta dedit, lacrymantem, & multa volentem
Dicere, deseruit, tenuesque recessit in auras.
Ter conatus ibi collo dare brachia circum;
Ter frustra comprensa manus effugit imago,
Par levibus ventis, volucrique simillima somno.

Sic demum socios, consumptâ nocte, reviso.
Atque hîc ingentem comitum affluxisse novorum
Invenio admirans numerum, matresque, virosque,
Collectam exilio pubem, miserabile vulgus.
Undique convenere, animis, opibusque parati,
In quascumque velim pelago deducere terras.

Jamque jugis summæ surgebat Lucifer Idæ,
Ducebatque diem, Danaique obsessa tenebant
Limina portarum, nec spes opis ulla dabatur.
Cessi, & sublato montem genitore petivi.

légere que le vent, aussi fugitive qu'un songe.

Ayant ainsi passé la nuit, j'allai retrouver mes compagnons, & je vis avec étonnement que leur nombre s'étoit considérablement augmenté. Une foule d'hommes & de femmes de tout âge & de toute sorte d'états, troupe digne de compassion, s'étoit rendue en ce lieu, chargés de tout ce qu'ils avoient pu emporter, & disposés à me suivre par-tout où je voudrois les conduire.

Déja l'étoile du matin commençoit à paroître au-dessus du mont Ida. Les Grecs étoient les maîtres de la ville, & il n'y avoit plus d'espérance de lui donner aucun secours. Ayant donc chargé mon pere sur mes épaules, je me retirai sur la montagne avec ma troupe.

PUBLII VIRGILII MARONIS ÆNEIDOS.
LIBER TERTIUS.

Postquam res Asiæ, Priamique evertere gentem
Immeritam visum superis, ceciditque superbum
Ilium, & omnis humo fumat Neptunia Troja;
Diversa exilia, & desertas quærere terras
Auguriis agimur Divûm, classemque sub ipsâ
Antandro, & Phrygiæ molimur montibus Idæ,
Incerti quò fata ferant, ubi sistere detur;
Contrahimusque viros. Vix prima inceperat æstas,
Et pater Anchises dare fatis vela jubebat.
Littora tum patriæ lacrymans, portusque relinquo,
Et campos ubi Troja fuit : feror exul in altum
Cum sociis, natoque, Penatibus, & magnis Diis.
   Terra procul vastis colitur Mavortia campis,
Thraces arant, acri quondam regnata Lycurgo :

L'ÉNÉIDE
DE
VIRGILE.
LIVRE TROISIEME.

IL avoit plu aux Dieux de ruiner un des plus floriffants empires de l'Afie, de renverfer le trône de Priam, & de détruire fa race, digne d'un autre fort. La fuperbe Troie, ouvrage de Neptune, n'offroit plus aux yeux que les reftes fumants de fes édifices dévorés par la flamme. Nous fûmes alors avertis par divers préfages, de nous éloigner de ces triftes lieux, & de chercher des pays inhabités, pour pouvoir nous y établir. Ayant donc raffemblé plufieurs Troyens, nous équipâmes une flotte près de la ville d'Antandre, au pied du mont Ida, fans favoir où le Deftin nous conduiroit, ni où nous pourrions nous fixer. Au retour du printemps, mon pere Anchife donna ordre de mettre à la voile. Je verfai des larmes, lorfqu'il fallut abandonner les rivages de ma patrie, & une terre où Troie avoit été. Je pars : je m'embarque avec mon fils, avec mes compagnons, & avec les Dieux tutélaires de ma maifon & de mon pays.

Vis-à-vis de la Troade eft une vafte contrée,

Hospitium antiquum Trojæ, sociique Penates,
Dum fortuna fuit: feror huc, & littore curvo
Mœnia prima loco, fatis ingressus iniquis;
Æneadasque meo nomen de nomine fingo.
Sacra Dioneæ matri, Divisque ferebam
Auspicibus cœptorum operum, superoque nitentem
Cœlicolûm regi mactabam in littore taurum.
Fortè fuit juxta tumulus, quo cornea summo
Virgulta, & densis hastilibus horrida myrtus.
Accessi, viridemque ab humo convellere sylvam
Conatus, ramis tegerem ut frondentibus aras:
Horrendum & dictu video mirabile monstrum.
Nam, quæ prima solo, ruptis radicibus, arbos
Vellitur, huic atro liquuntur sanguine guttæ,
Et terram tabo maculant: mihi frigidus horror
Membra quatit, gelidusque coit formidine sanguis.
Rursus & alterius lentùm convellere vimen
Insequor, & causas penitus tentare latentes:
Ater & alterius sequitur de cortice sanguis.
Multa movens animo, Nymphas venerabar agrestes,
Gradivumque patrem, Geticis qui præsidet arvis:
Rite secundarent visus, omenque levarent.
Tertia sed postquam majore hastilia nisu
Aggredior, genibusque adversæ obluctor arenæ:
(Eloquar, an sileam?) gemitus lacrymabilis imo
Auditur tumulo, & vox reddita fertur ad aures.
Quid miserum, Ænea, laceras? jam parce sepulto:
Parce pias scelerare manus: non me tibi Troja

consacrées

consacrée au Dieu Mars, & habitée par les Thraces. Là régna autrefois le violent Lycurgue. Ces peuples ayant toujours été nos amis & nos alliés, dans le temps que la fortune nous rioit, ce fut chez eux que nous cherchâmes d'abord un asyle. Nous nous approchâmes donc de leurs côtes, & nous mouillâmes dans une anse, mais sous de malheureux auspices. A mon arrivée, j'entrepris de jetter les fondements d'une ville, dont les habitants devoient porter le nom d'Enéades. Cependant, pour me rendre les Dieux favorables, je préparai un sacrifice à Vénus ma mere, & aux autres Dieux mes protecteurs, & je choisis un taureau blanc pour l'immoler à Jupiter. Il y avoit près de là un tertre couvert de cornouillers & de myrtes épais, je m'en approchai, dans le dessein d'arracher quelques arbrisseaux, pour parer de feuillages l'autel où je devois faire le sacrifice. Mais, ô prodige! de l'écorce du premier arbrisseau que je déracinai, je vis couler du sang. Surpris & effrayé, j'essayai d'en arracher un autre, afin de découvrir, s'il étoit possible, la cause secrete d'un effet si surprenant. Le sang coula pareillement de l'écorce de ce second arbrisseau. Je fis alors des vœux aux Nymphes des bois, & au Dieu Mars qui préside aux climats des Gêtes. Je les priai de changer le présage, & de nous être propices: après quoi j'essayai de déraciner encore un troisieme arbrisseau; ce que je fis avec beaucoup de peine. Alors, le dirai-je? j'entendis des gémissements, qui me parurent sortir du fond d'un sepulcre. En même temps une voix lugubre vint frapper mes oreilles: ″ Enée, pour-″ quoi déchires-tu un malheureux? Respecte ″ mon tombeau, & ne souille point tes mains ″ pures. Je suis un Prince Troyen, & le sang

Externum tulit : haud cruor hic de ſtipite manat.
Heu ! fuge crudeles terras, fuge littus avarum.
Nam Polydorus ego : hîc confixum ferrea texit
Telorum ſeges, & jaculis increvit acutis.
Tum verò ancipiti mentem formidine preſſus
Obſtupui, ſteteruntque comæ, & vox faucibus
    hæſit.
 Hunc Polydorum, auri quondam cum pondere
    magno,
Infelix Priamus furtim mandârat alendum
Threicio regi cum jam diffideret armis
Dardaniæ, cingique urbem obſidione videret.
Ille ut opes fractæ Teucrûm, & fortuna receſſit,
Res Agamemnonias, victriciaque arma ſecutus,
Fas omne abrumpit, Polydorum obtruncat, &
    auro,
Vi potitur. Quid non mortalia pectora cogis,
Auri ſacra fames ? Poſtquam pavor oſſa reliquit,
Delectos populi ad proceres, primumque paren-
    tem,
Monſtra Deûm refero, & quæ ſit Sententia, poſco.
Omnibus idem animus, ſceleratâ excedere terrâ ;
Linquere pollutum hoſpitium, & dare claſſibus
    Auſtros.
Ergo inſtauramus Polydoro funus, & ingens
Aggeritur tumulo tellus : ſtant Manibus aræ
Cæruleis mœſtæ vittis, atrâque cupreſſo ;
Et circum Iliades crinem de more ſolutæ.
Inferimus tepido ſpumantia cymbia lacte,
Sanguinis & ſacri pateras ; animamque ſepulchro
Condimus, & magnâ ſupremum voce ciemus.
    Inde, ubi prima fides pelago, placataque venti

« que tu vois couler du tronc de ces arbris-
» seaux, est le mien. Fui cette terre barbare,
» où regne l'infame avarice. Je suis l'infortuné
» Polydore percé en ce lieu de mille traits,
» qui y ont pris racine & qui ont formé le bois
» dont tu le vois couvert ». Ces paroles me
glacerent de crainte, & je perdis l'usage de la
voix.

L'infortuné Priam, se voyant menacé d'une
guerre dont il redoutoit les événements, avoit
secrétement envoyé le jeune Polydore, avec
beaucoup d'or, au Roi de Thrace, pour le
faire élever à sa Cour. Ce perfide, voyant les
malheurs de Troie, se rangea du parti des
vainqueurs, viola les droits les plus sacrés,
assassina Polydore, & s'empara du dépôt. Exécrable soif de l'or, quels crimes ne fais-tu pas commettre ?

Lorsque mon trouble fut dissipé, j'allai trouver mon pere & les principaux de mes compagnons, à qui je racontai le prodige que j'avois
vu, les priant de me dire ce qu'ils en pensoient.
Leur avis unanime fut qu'il falloit s'éloigner
d'un rivage où l'on violoit ainsi les droits de
l'hospitalité, & remettre incessamment à la
voile. Cependant avant de nous rembarquer,
nous célébrâmes les obseques de Polydore.
Nous lui élevâmes un tombeau de gazon, &
aux Dieux infernaux des autels lugubres, parés de bandelettes bleues & de branches de cyprès. Des femmes Troyennes, selon l'usage, les
cheveux épars, pleuroient à l'entour. Nous fimes
des libations de lait, & nous répandîmes sur le
tombeau le sang des victimes. Nous renfermâmes
enfin l'ame de Polydore dans son sepulcre, &
après l'avoir appellé à haute voix, nous lui dîmes
les derniers adieux.

Dès que la saison nous parut propre pour la

Dant maria, & lenis crepitans vocat Auster in altum;
Deducunt socii naves, & littora complent.
Provehimur portu, terræque, urbesque recedunt.
Sacra mari colitur medio gratissima tellus
Nereïdum matri, & Neptuno Ægæo:
Quam pius arcitenens, oras & littora circum
Errantem, Mycone celsâ Gyaroque revinxit:
Immotamque coli dedit, & contemnere ventos.
Huc feror, hæc fessos tuto placidissima portu
Accipit: egressi veneramur Apollinis urbem.
Rex Anius, rex idem hominum, Phœbique sacerdos,
Vittis & sacra redimitus tempora lauro
Occurrit, veterem Anchisen agnoscit amicum.
Jungimus hospitio dextras, & tecta subimus.
 Templa Dei saxo venerabar structa vetusto:
Da propriam, Thymbræe, domum; da mœnia fessis,
Et genus, & mansuram urbem: serva altera Trojæ
Pergama, relliquias Danaûm, atque immitis
 Achillei.
Quem sequimur? quò-ve ire jubes? ubi ponere sedes?
Da, pater, augurium, atque animis illabere nostris.
 Vix ea fatus eram; tremere omnia visa repente,
Liminaque, laurusque Dei; totusque moveri
Mons circum, & mugire adytis cortina reclusis.
Submissi petimus terram, & vox fertur ad aures:

Livre III.

navigation, & les vents favorables, nous nous préparâmes au départ. On se rassemble au bord de la mer, & on met les vaisseaux à flot. Nous partons, & bientôt nous voyons disparoître le rivage. Au milieu de la mer Egée s'élève l'Isle de Délos, chérie de Neptune & de Doris, mere des Néréides. C'étoit autrefois une Isle flottante, que la reconnoissance d'Apollon a rendue immobile, en la fixant entre les Isles de Gyare & de Mycone, où elle brave tous les assauts des vents. Nous fîmes voile du côté de cette Isle, & nous y abordâmes aisément. Etant tous débarqués, nous nous mîmes aussi-tôt en marche pour nous rendre à la ville sacrée d'Apollon. Anius, Roi de l'Isle, & Grand-Prêtre du Dieu, vint au-devant de nous, la tête ceinte d'un bandeau royal & d'un laurier sacré. Ayant reconnu Anchise son ancien ami, il nous présenta la main en signe d'hospitalité, & nous conduisit dans la ville.

Nous allâmes d'abord au Temple d'Apollon, bâti d'un marbre antique. Là j'adressai au Dieu cette priere : " Dieu de Thymbre, accordez-
" nous un asyle, une ville, des murs, un
" autre Ilion, où le peuple Troyen, qui a tant
" souffert, s'établisse & se perpétue. Sauvez
" les restes de Troie, échappés à la vengean-
" ce des Grecs & du cruel Achille. Par qui
" voulez-vous, grand Dieu, que nous nous
" laissions conduire ? Où nous ordonnez-vous
" d'aller & de nous fixer ? Instruisez-nous de
" votre volonté par quelque signe, & inspirez-
" nous ".

A peine eus-je prononcé ces mots, que la terre parut trembler sous nos pieds ; nous vîmes les portes du Temple, le laurier d'Apollon, & toute la montagne s'ébranler. Le sanctuaire s'ouvrit, & on entendit un horrible mu-

Dardanidæ duri, quæ vos à stirpe parentum
Prima tulit tellus, eadem vos ubere læto
Accipiet reduces: antiquam exquirite matrem.
Hîc domus Æneæ cunctis dominabitur oris,
Et nati natorum, & qui nascentur ab illis.
Hæc Phœbus: mistoque ingens exorta tumultu
Lætitia, & cuncti quæ sint ea mœnia quærunt,
Quò Phœbus vocet errantes, jubeatque reverti.
Tum genitor, veterum volvens monumenta virorum :

Audite, ô proceres, ait, & spes discite vestras,
Creta Jovis magni medio jacet insula ponto,
Mons Idæus ubi, & gentis cunabula nostræ:
Centum urbes habitant magnas, uberrima regna;
Maximus unde pater, (si rite audita recordor)
Teucrus Rhœteas primùm est advectus ad oras,
Optavitque locum regno : nondùm Ilium, & arces
Pergameæ steterant : habitabant vallibus imis.
Hinc mater cultrix Cybele, Coribantiaque æra,
Idæumque nemus : hinc fida silentia sacris,
Et juncti currum dominæ subiere leones.
Ergo agite, &, Divûm ducunt quà jussa, sequamur :
Placemus ventos, & Gnossia regna petamus.
Nec longo distant cursu : modo Jupiter adsit,
Tertia lux classem Cretæis sistet in oris.
Sic fatus, meritos aris mactavit honores ;

gissement. Nous nous prosternâmes, & voici l'oracle qui sortit du sacré Trépié : » Belliqueuse » race de Dardanus, la terre qui a produit tes » ancêtres, te recevra avec plaisir dans son sein : » cherche ton ancienne mere. Là doit régner » la maison d'Enée : c'est de là que sa posté-» rité donnera des loix à l'Univers «. Cette réponse du Dieu nous remplit de joie. Tandis que nous nous demandions l'un à l'autre quel étoit ce pays d'où nous tirions notre origine, & où il falloit nous rendre, suivant l'ordre d'Apollon, mon pere se rappellant les anciennes traditions, nous parla ainsi :

» Ecoutez-moi, Troyens, & apprenez quel » doit être l'objet de vos espérances. L'Isle de » Crete, cette Isle où est le mont Ida, sur » lequel est né le grand Jupiter, cette Isle si » célebre par ses cent villes, & par ses florissants » Etats, a été autrefois le berceau de notre » nation. Ce fut de là, si je me souviens bien » de ce qu'on m'a raconté dans ma jeunesse, » que Teucer vint aborder dans la Phrygie, » au Promontoire de Rhœté, où il résolut de » fonder une colonie. La ville de Troie & sa » citadelle n'étoient point encore, & cette » colonie habitoit le fond des vallées. Ce fut » Teucer qui apporta en Phrygie les cérémo-» nies & les mysteres du culte de Cybele, » les danses des Corybantes, avec la coutume » de repréfenter cette Déesse dans un char » attelé de lions. Ce fut lui aussi qui donna le » nom d'Ida à la montagne & à la forêt qui » porte ce nom dans la Troade. Allons, sui-» vons la route que l'ordre du Ciel nous trace ; » rendons-nous les vents propices, & faisons » voile pour l'Isle de Crete. Si Jupiter nous est » favorable, nous y serons dans trois jours «. Ayant parlé ainsi, il immola un taureau à

Taurum Neptuno, taurum tibi, pulcher Apollo:
Nigram Hyemi pecudem, Zephyris felicibus albam.
 Fama volat, pulsum regnis cessisse paternis
Idomenea ducem, desertaque littora Cretæ,
Hoste vacare domos, sedesque astare relictas.
Linquimus Ortygiæ portus, pelagoque volamus,
Bacchatamque jugis Naxon, viridemque Donysam,
Olearon, niveamque Paron, sparsasque per æquor
Cycladas, & crebris legimus freta consita terris.
Nauticus exauritur vario certamine clamor :
Hortantur socii, Cretam proavosque petamus,
Prosequitur surgens à puppi ventus euntes,
Et tandem antiquis Curetum allabimur oris.
Ergo avidus muros optatæ molior urbis,
Pergameamque voco, & lætam cognomine gentem
Hortor amare focos, arcemque attollere tectis.
 Jamque ferè sicco subductæ littore puppes ;
Connubiis, arvisque novis operata juventus :
Jura, domosque dabam subitò cum tabida membris,
Corrupto cœli tractu, miserandaque venit
Arboribusque, satisque lues, & lethifer annus.
Linquebant dulces animas, aut ægra trahebant
Corpora : tum steriles exurere Sirius agros.
Arebant herbæ, & victum seges ægra negabat.
Rursus ad oraclum Ortygiæ, Phœbumque remenso

Neptune, & un autre à Apollon, une brebis noire aux vents orageux, & une blanche aux heureux Zéphyres.

Cependant nous apprenons qu'Idoménée, chassé de ses Etats par ses propres sujets, avoit abandonné l'Isle de Crete; qu'il avoit emmené avec lui ses gens de guerre, & que le pays étoit sans défense. Cette nouvelle nous fit hâter notre départ de Délos. Nous côtoyons les Isles de Naxos, de Donyse, d'Oléare, de Paros, les Cyclades, & toutes les petites Isles dont cette mer est couverte. Les Matelots poussoient à l'envi des cris d'alégresse, & s'animoient l'un l'autre au travail, dans le desir de voir bientôt la patrie de leurs ancêtres. Un vent favorable, qui s'éleva en même temps, nous fit voguer à pleines voiles, & aborder tranquillement au rivage des anciens Curetes. A peine eûmes-nous pris terre, que je commençai à former une habitation, & à élever les murs d'une ville, à laquelle je donnai le nom de Pergamée, pour la rendre plus agréable à ses habitants. Je les exhortai à aimer cette nouvelle demeure, & à s'y fortifier.

Déja nos vaisseaux pour la plupart avoient été mis à sec sur le rivage : déja la jeunesse Troyenne songeoit à prendre des alliances dans le pays : déja elle cultivoit des terres : j'assignois à chacun le terrein où il devoit bâtir, & je m'occupois à faire des loix pour la police de la colonie, lorsque tout à coup une funeste corruption s'étant répandue dans l'air, attaqua les hommes, les arbres, & les moissons. Je voyois tous mes compagnons mourir, ou languir. L'ardente canicule brûloit les campagnes; les herbes étoient desséchées, & une affreuse disette nous livroit aux horreurs de la faim. Dans cette fâcheuse extrêmité, mon

Hortatur pater ire mari, veniamque precari:
Quem fessis finem rebus ferat unde laborum
Tentare auxilium jubeat, quò vertere cursus.

Nox erat, & terris animalia somnus habebat:
Effigies sacræ Divûm, Phrygiique Penates,
Quos mecum à Trojâ, mediisque ex ignibus urbis
Extuleram, visi ante oculos adstare jacentis
In somnis multo manifesti lumine, quà se
Plena per incertas fundebat luna fenestras.
Tum sic affari, & curas his demere dictis.
Quod tibi delato Ortygiam dicturus Apollo est,
Hîc canit, & tua nos en ultro ad limina mittit.
Nos te, Dardaniâ incensâ, tuaque arma secuti;
Nos tumidum sub te permensi classibus æquor;
Iidem venturos tollemus in astra nepotes,
Imperiumque urbi dabimus: tu mœnia magnis
Magna para, longumque fuge ne linque laborem.
Mutandæ sedes: non hæc tibi littora suasit
Delius, aut Cretæ jussit considere Apollo.
Est locus (Hesperiam Graii cognomine dicunt)
Terra antiqua, potens armis, atque ubere glebæ:
Œnotrii coluere viri: nunc fama minores
Italiam dixisse, ducis de nomine, gentem.
Hæ nobis propriæ sedes: hinc Dardanus ortus,
Iasiusque pater, genus à quo principe nostrum,
Surge age, & hæc lætus longævo dicta parenti
Haud dubitata refer. Coritum, terrasque require
Ausonias: Dictæa negat tibi Jupiter arva.

pere fut d'avis qu'il falloit repasser la mer, & aller une seconde fois consulter l'oracle de Délos; qu'on devoit demander pardon au Dieu d'avoir mal entendu sa réponse, le prier de faire cesser le terrible fléau qui nous affligeoit, & le conjurer de nous apprendre ce que nous devions faire pour nous en délivrer ; sur-tout de nous instruire du lieu où il nous ordonnoit de nous rendre.

Il étoit nuit, & le sommeil régnoit sur tout ce qui respire. Alors les Dieux de ma patrie, que j'avois sauvés des flammes de Troie, semblerent, au milieu de mon sommeil, se présenter à mes yeux. Je les voyois devant moi, à la faveur de la lune, dont les rayons passant par mes fenêtres éclairoient ma chambre, & il me sembla qu'ils me parloient ainsi : ,, Ce qu'A-
,, pollon vous diroit à Délos, il vous le dit ici
,, par notre voix ; & c'est lui qui nous envoie
,, vers vous. Nous sommes ces mêmes Dieux,
,, qui après l'incendie de Troie avons traversé
,, les mers avec vous. C'est nous qui éleverons
,, un jour jusqu'au ciel la gloire de vos des-
,, cendants, & qui rendrons leur ville maîtresse
,, de toutes les nations. Ne vous bornez point
,, à fonder une petite ville pour de si grands
,, hommes. Que la fatigue d'un long voyage ne
,, vous rebute point. Sortez de cette Isle ; ce
,, n'est point ici qu'Apollon vous a dit de vous
,, fixer. Il est un pays que les Grecs nomment
,, Hespérie, célebre par l'ancienneté & le
,, courage de ses habitants, & par la fertilité
,, de ses terres, occupé autrefois par les Œno-
,, triens, il s'appelle aujourd'hui Italie, du
,, nom d'un de ses Rois. C'est dans ce pays
,, qu'il faut vous établir ; c'est de là que Dar-
,, danus & Iasius, auteurs de votre race, sont
,, sortis. Cherchez dans l'Ausonie la contrée,

Talibus attonitus visis, ac voce Deorum,
(Nec sopor illud erat, sed coram agnoscere vultus
Velatasque comas, præsentiaque ora videbar ;
Tum gelidus toto manabat corpore sudor)
Corripio è stratis corpus, tendoque supinas
Ad cœlum cum voce manus, & munera libo
Intemerata focis: perfecto lætus honore
Anchisen facio certum, remque ordine pando.
Agnovit prolem ambiguam, geminosque parentes,
Seque novo veterum deceptum errore locorum.
Tuin memorat: nate Iliacis exercite fatis,
Sola mihi tales casus Cassandra canebat.
Nunc repeto, hæc generi portendere debita nostro,
Et sæpe Hesperiam, sæpe Itala regna vocare.
Sed quis ad Hesperiæ venturos littora Teucros
Crederet? aut quem tum vates Cassandra moveret?
Cedamus Phœbo, & moniti meliora sequamur.
Sic ait: & cuncti dictis paremus ovantes.
Hanc quoque deserimus sedem, paucisque relictis,
Vela damus, vastumque cavâ trabe currimus æquor.
 Postquam altum tenuere rates, nec jam amplius ullæ
Apparent terræ; cœlum undique, & undique pontus:
Tum mihi cœruleus supra caput adstitit imber,
Noctem, hyememque ferens, & inhorruit unda tenebris.
Continuò venti volvunt mare, magnaque surgunt
Æquora: dispersi jactamur gurgite vasto.
Involvere diem nimbi, & nox humida cœlum
Abstulit: ingeminant abruptis nubibus ignes.

„ où Coritus, pere de ces deux Princes, a au-
„ trefois régné. Jupiter vous défend de fixer vo-
„ tre séjour dans l'Isle de Crete. Levez-vous, &
„ faites part à votre pere de tout ce que nous vous
„ disons ".

Ce ne fut point un vain songe que cette apparition des Dieux de Troie. Je les voyois devant moi, la tête ceinte d'un bandeau sacré, & je distinguois leurs visages. Cependant tous mes sens étoient agités, & une sueur froide s'étoit répandue sur tout mon corps. Je sors de mon lit, je leve les mains au Ciel, j'implore son secours, je fais une libation de vin sur un brasier ardent, & je vais ensuite, comblé de joie, trouver mon pere, à qui je raconte ce qui m'étoit arrivé. Anchise reconnut son erreur, causée par notre double origine, & il avoua qu'il s'étoit mépris dans l'interprétation de l'oracle de Délos. „ Mon fils, me dit-il,
„ je me souviens que Cassandre m'a autrefois
„ prédit que mes descendants fonderoient un
„ grand Empire. Elle me parloit tantôt de l'Hes-
„ périe, & tantôt de l'Italie. Mais qui auroit
„ cru que les Troyens dussent jamais se transpor-
„ ter dans l'Hespérie, & d'ailleurs ajoutoit-on
„ foi alors aux prédictions de Cassandre ? Obéis-
„ sons à un Dieu, & exécutons fidélement ses
„ ordres ". Tout le monde fut de l'avis d'Anchise. Ainsi, à la réserve de quelques-uns, que la maladie empêcha de s'embarquer, nous remontons sur nos vaisseaux, & nous partons.

Déja les rivages de Crete avoient disparu ; nous navigions en haute mer, & nous ne voyions plus que le ciel & l'onde, lorsque tout à coup des nuages épais, rassemblés sur nos têtes, portant dans leur sein la nuit & l'orage, obscurcirent le jour. Les vents déchaînés soulevent les flots, le tonnerre gronde, les

Excutimur cursu, & cæcis erramus in undis.
Ipse diem, noctemque negat discernere cœlo,
Nec meminisse viæ mediâ Palinurus in undâ.
Tres adeò incertos cæcâ caligine soles
Erramus pelago, totidem sine sidere noctes.
Quarto terra die primùm se attollere tandem
Visa, aperire procul montes, ac volvere fumum.
Vela cadunt; remis insurgimus: haud mora, nautæ
Adnixi torquent spumas, & cœrula verrunt.
 Servatum ex undis Strophadum me littora pri-
  mùm
Accipiunt. Strophades Graio stant nomine dictæ
Insulæ Ionio in magno, quas dira Celæno,
Harpyiæque colunt aliæ, Phineïa postquam
Clausa domus, mensasque metu liquere priores.
Tristius haud illis monstrum, nec sævior ulla
Pestis, & ira Deûm Stygiis sese extulit undis.
Virginei volucrum vultus, fœdissima ventris
Proluvies uncæque manus, & pallida semper
Ora fame.
 Hùc ubi delati portus intravimus, ecce
Læta boum passim campis armenta videmus,
Caprigenumque pecus, nullo custode, per herbas.
Irruimus ferro, & Divos, ipsumque vocamus
In prædam partemque Jovem : tunc littore curvo
Extruimusque toros, dapibusque epulamur opimis.
At subitæ horrifico lapsu de montibus adsunt
Harpyiæ, & magnis quatiunt clangoribus alas;
Diripiuntque dapes, contactuque omnia fœdant

éclairs redoublés percent la nue. Les ténèbres nous font perdre notre route, & nos vaisseaux dispersés errent au gré des vagues en fureur. Palinure notre Pilote, ne peut lui-même distinguer le jour de la nuit, ni se reconnoître. Nous passâmes ainsi trois jours sans voir le soleil, & trois nuits sans appercevoir aucune étoile. Enfin, le quatrieme jour, une terre nous sembla sortir du sein des eaux ; nous découvrîmes de loin un rivage, des montagnes, & des cheminées fumantes. Aussi-tôt nous baissâmes nos voiles, & nous commençâmes à ramer. La chiourme pleine d'ardeur fendoit les flots, & sembloit de ses rames balayer leur surface écumante.

Après avoir échappé aux fureurs de la mer, nous abordâmes à une des Isles, que les Grecs appellent Strophades, & qui sont situées dans la grande mer Ionienne. C'est là que la cruelle Céléno & les autres Harpyes font leur séjour, depuis qu'elles ont été chassées de la table & du palais de Phinée. Jamais le courroux des Dieux ne fit sortir de l'enfer de plus horribles monstres, ni un fléau plus redoutable. Ces affreux oiseaux ont un visage de fille, que la faim rend toujours pâle, des mains armées de griffes, avec un ventre aussi sale qu'insatiable.

A peine étions-nous débarqués, que nous apperçûmes plusieurs troupeaux de bœufs & de chevres, errants à l'abandon dans les campagnes. Nous nous jettâmes sur ces troupeaux ; & après avoir offert une partie de notre butin à Jupiter & aux autres Dieux, nous dressâmes des lits de gazon sur le rivage, & nous nous mîmes à manger. Aussi-tôt les Harpyes, sortant des montagnes, & faisant retentir l'air du bruit effroyable de leurs ailes, viennent fondre sur nos mets, dons elles enlevent la plus grande

Immundo : tum vox tetrum dira inter odorem
Rursum in secessu longo, sub rupe cavatâ,
Arboribus clausi circum, atque horrentibus umbris,
Instruimus mensas, arisque reponimus ignem.
Rursum ex diverso cœli, cæcisque latebris,
Turba sonans prædam pedibus circumvolat uncis :
Polluit ore dapes. Sociis tunc arma capessant
Edico, & dira bellum cum gente gerendum.
Haud secus ac jussi faciunt, tectosque per herbam
Disponunt enses, & scuta latentia condunt.
Ergo ubi delapsæ sonitum per curva dedere
Littora dat signum speculâ Misenus ab altâ
Ære cavo : invadunt socii, & nova prælia tentant,
Obscœnas pelagi ferro fœdare volucres.
Sed neque vim plumis ullam, nec vulnera tergo
Accipiunt, celerique fugâ sub sidera lapsæ,
Semesam prædam, & vestigia fœda relinquunt.
 Una in præcelsâ consedit rupe Celæno,
Infelix vates rupitque hanc pectore vocem :
Bellum etiam pro cæde boum stratisque juvencis,
Laomedontiadæ, bellum-ne inferre paratis,
Et patrio insontes Harpyias pellere regno ?
Accipite ergo animis, atque hæc mea figite dicta.
Quæ Phœbo pater omnipotens, mihi Phœbus Apollo
Prædixit, vobis Furiarum ego maxima pando.
Italiam cursu petitis : ventisque vocatis
Ibitis Italiam, portusque intrare licebit,

partie,

partie, & souillent le reste. Leurs cris étoient aussi insupportables que leur odeur. Pour nous en garantir, nous nous retirâmes loin de là, sous un rocher, dans une espèce de grotte environnée d'arbres touffus : là, nous dressâmes nos tables & rétablîmes nos autels. Mais une autre troupe sort à l'instant d'une retraite obscure : étendant leurs bruyantes ailes & leurs griffes, elles se mettent à voltiger autour de nos tables, à piller encore & à infecter nos mets. Je dis alors à mes compagnons de prendre leurs armes, & de donner la chasse à cet infâme essaim. Suivant mon ordre, chacun cache sous l'herbe, à côté de soi, son épée & son bouclier. Bientôt ces monstres vinrent encore pour nous enlever d'autres viandes. Mais au moment que, sortant des montagnes, le bruit de leurs ailes eut fait retentir les rivages, Misène, posté sur une hauteur, donna le signal avec sa trompette. Nos soldats fondent à l'instant sur ces affreux oiseaux, leur livrent un combat nouveau pour eux, & tâchent de les percer. Mais leurs plumes les garantissoient de nos coups, & les rendoient invulnérables. Elles s'envolent, abandonnant leur proie à demi-dévorée, & laissant d'horribles traces de leur infâme voracité.

Cependant Céléno, la principale des Harpyes, perchée sur la pointe d'un rocher élevé, nous fit entendre ces funestes paroles : "Race "de Laomédon, après avoir tué nos trou- "peaux, prétends-tu encore nous faire la "guerre? Veux-tu nous chasser injustement du "royaume de notre père? Ecoutez, Troyens, "la plus redoutable des Furies, & retenez "bien ce qu'elle va vous dire : elle le tient "d'Apollon, à qui le puissant Jupiter l'a ré- "vélé. Vous allez en Italie, vous y aborderez,

Sed non ante datam cingetis mœnibus urbem,
Quàm vos dira fames, noſtræque injuria cædis
Ambeſas ſubigat malis abſumere menſas.
 Dixit, & in ſylvam pennis ablata refugit.
At ſociis ſubitâ gelidus formidine ſanguis
Diriguit: cecidere animi ; nec jam amplius armis,
Sed votis precibuſque jubent expoſcere pacem ;
Sive Deæ, ſeu ſint diræ, obſcænæque volucres.
At pater Anchiſes, paſſis de littore palmis,
Numina magna vocat, meritoſque indicit honores:
Dii prohibete minas, Dii talem avertite caſum,
Et placidi ſervate pios. Tum littore funem
Diripere, excuſſoſque jubet laxare rudentes.
 Tendunt vela Noti : fugimus ſpumantibus undis,
Quà curſum ventuſque gubernatorque vocabant.
Jam medio apparet fluctu nemoroſa Zacynthos,
Dulichiumque, Sameque, & Neritos ardua ſaxis.
Effugimus ſcopulos Ithacæ, Laërtia regna,
Et terram altricem ſævi execramur Ulyſſis.
Mox & Leucatæ nimboſa cacumina montis,
Et formidatus nautis aperitur Apollo.
Hunc petimus feſſi, & parvæ ſuccedimus urbi :
Anchora de prorâ jacitur ; ſtant littore puppes.
Ergo inſperatâ tandem tellure potiti,
Luſtramurque Jovi, votiſque incendimus aras,
Actiaque Iliacis celebramus littora ludis.

„ & rien ne s'opposera à votre descente. Mais
„ avant que la ville que vous y prétendez bâtir
„ soit entourée de murailles, pour punition de
„ l'hostilité que vous venez de commettre,
„ une faim cruelle vous contraindra de man-
„ ger vos tables. C'est ainsi que nous serons
„ vengées «.

A ces mots, elle prit son vol, & s'alla cacher dans la forêt voisine. Nous demeurâmes transis & consternés. Il ne fut plus question de faire la guerre aux Harpyes. Soit que ce fussent des Déesses, soit que ce ne fussent que de funestes oiseaux, il fut résolu d'avoir recours aux prieres & aux vœux.

Anchise, étendant ses mains, invoqua les Dieux, & ordonna un sacrifice. „ Grands Dieux,
„ dit-il, préservez-nous du malheur dont on nous
„ menace, & sauvez un peuple dont vous con-
„ noissez la piété «. Aussi-tôt il fit lever l'ancre & mettre à la voile.

Tandis que nous voguions au gré du vent & du Pilote, tandis que la mer écumante blanchissoit sous nos rames, nous apperçûmes les Isles de Zacynthe, de Dulichium, de Samé, & de Néritos. Nous nous éloignâmes des rochers d'Ithaque, où régna jadis le vieux Laërte, d'Ithaque, cette exécrable patrie du cruel Ulysse. Bientôt le promontoire de Leucate s'offrit à nos yeux, avec le Temple d'Apollon, si redoutable aux nochers. Nous jugeâmes à propos de relâcher à cette côte ; nous mouillâmes dans la rade, nous prîmes terre, & nous nous rendîmes dans la petite ville bâtie sur cette pointe. Arrivés dans ce pays, contre notre espérance, nous fîmes un sacrifice à Jupiter ; nous lui offrîmes nos vœux, & nous célébrâmes nos jeux Troyens sur le rivage d'Actium. Nos jeunes gens, nuds & frottés d'huile, com-

Exercent patrias, oleo labente, palæstras
Nudati socii : juvat evasisse tot urbes
Argolicas, mediosque fugam tenuisse per hostes.
  Interea magnum Sol circumvolvitur annum ;
Et glacialis hyems Aquilonibus asperat undas.
Ære cavo clypeum, magni gestamen Abantis,
Postibus adversis figo & rem carmine signo :
Æneas hæc de Danais victoribus arma
Linquere tum portus jubeo, & considere transtris.
Certatim socii feriunt mare, & æquora verrunt.
  Protinus aërias Phæacum abscondimus arces,
Littoraque Epiri legimus, portuque subimus
Chaonio, & celsam Buthroti ascendimus urbem.
Hic incredibilis rerum fama occupat aures,
Priamiden Helenum Graias regnare per urbes,
Conjugio Æacidæ Pyrrhi, sceptrisque potitum,
Et patrio Andromachen iterum cessisse marito.
Obstupui : miroque incensum pectus amore
Compellare virum, & casus cognoscere tantos.
Progredior portu, classes, & littora linquens.
  Solemnes tum fortè dapes, & tristia dona,
Ante urbem, in luco, falsi Simoëntis ad undam,
Libabat cineri Andromache, manesque vocabat
Hectoreum ad tumulum, viridi quem cespite ina-
    nem,
Et geminas, causam lacrymis, sacraverat aras,

battirent & lutterent les uns contre les autres. Nous signalions notre joie d'avoir si heureusement navigé à la vue de tant de ports de la Grece, & de nous être frayé une route au milieu de tant d'ennemis.

Cependant le soleil achevoit son cours annuel, & les furieux Aquilons alloient régner sur la mer. On se diposa donc à remettre à la voile. Mais avant que de partir, j'attachai à la porte du Temple d'Apollon un bouclier d'airain, que j'avois autrefois enlevé au grand Abas, avec cette inscription : *Enée enleva ces armes aux Grecs victorieux.* En même temps j'ordonnai à nos Rameurs de se placer sur leurs bancs. Ils obéissent, leurs rames à l'envi fendent les flots, & nous voguons.

Bientôt nous perdîmes de vue les hautes tours des Phéaciens. Ayant rangé les côtes d'Epire, nous relâchâmes dans le port de Chaunie, & nous prîmes le chemin de Buthrote. Sur la route, nous apprîmes une nouvelle qui nous étonna : on nous dit qu'Hélénus, fils de Priam, régnoit dans la Grece, & qu'il étoit assis sur le trône de Pyrrhus, dont il avoit épousé la veuve, Andromaque, ainsi mariée pour la seconde fois à un Prince Troyen. Surpris, & impatient d'apprendre d'Hélénus même les circonstances d'un si grand événement, je laissai mes vaisseaux à l'ancre, & je m'avançai dans les terres.

Ce jour-là même, Andromaque offroit des dons funebres à la cendre d'Hector son premier époux, près de la ville de Buthrote, dans un bois sacré, qu'arrosoit un ruisseau, auquel elle avoit donné le nom de Simoïs. C'est là qu'elle appelloit les manes de son cher Hector, à qui elle avoit élevé un tombeau de gazon, au milieu de deux autels ; triste objet qui en-

Ut me conspexit venientem, & Troïa circum
Arma amens vidit, magnis exterrita monstris
Diriguit visu in medio ; calor ossa reliquit :
Labitur, & longo vix tandem tempore fatur.
Vera-ne te facies ? verus mihi nuncius affers,
Nate Deâ ? vivis-ne ? aut, si lux alma recessit,
Hector ubi est ? dixit, lacrymasque effudit, & omnem
Implevit clamore locum. Vix pauca furenti
Subjicio, & raris turbatus vocibus hisco :
Vivo equidem, vitamque extrema per omnia duco :
Ne dubita : nam vera vides.
Heu, quis te casus dejectam conjuge tanto
Excipit, aut quæ digna satis fortuna revisit ?
Hectoris Andromache, Pyrrhin, connubia servas ?

Dejecit vultum, & demissâ voce locuta est :
O felix una ante alias Priameïa virgo,
Hostilem ad tumulum Trojæ sub mœnibus altis
Jussa mori, quæ sortitus non pertulit ullos,
Nec victoris heri tetigit captiva cubile !
Nos, patriâ incensâ, diversa per æquora vectæ,
Stirpis Achilleæ fastus, juvenemque superbum,
Servitio enixæ tulimus, qui deinde secutus
Ledæam Hermionem, Lacedæmoniosque hyme-
næos,
Me famulam, famuloque Heleno transmisit haben-
dam.
Ast illum, ereptæ magno inflammatus amore
Conjugis, & scelerum furiis agitatus Orestes
Excipit incautum, patriasque obtruncat ad aras.
Morte Neoptolemi, regnorum reddita cessit

tretenoit sa douleur, & faisoit sans cesse couler ses larmes. Mon arrivée, & la vue des armes Troyennes, lui causerent un si grand étonnement, qu'elle s'évanouit. Ayant enfin recouvré ses esprits, elle me dit : " Est-ce vous, fils de » Vénus, est-ce vous-même ? Vivez-vous en- » core ? Ou, si vous n'êtes que l'ombre d'E- » née, dites-moi où est Hector ? " A ces mots elle versa un torrent de larmes, & fit retentir le bois de ses gémissements Troublé moi-même, je lui répondis d'une voix entrecoupée, & ma langue put à peine prononcer ce peu de paroles : " Je vis, lui dis-je, mais je » traîne une vie malheureuse. N'en doutez » point, c'est Enée lui-même qui vous parle. Mais » vous, illustre Andromaque, depuis la perte de » votre cher époux, quelle est votre situation ? » Veuve du grand Hector, êtes-vous l'épouse de » Pyrrhus " ?

» Elle baissa les yeux, & d'une voix languissante elle répondit : » Heureuse la fille de » Priam, immolée sur le tombeau d'Achille ! » Elle n'a été le partage d'aucun ennemi, & » n'est point entrée, comme captive, dans le » lit d'un superbe vainqueur. Mais moi, après » la ruine de Troie, traînée sur toutes les » mers de la Grece, je me suis vue l'objet » de l'insolente ardeur du fils d'Achille, dont » j'étois la malheureuse esclave. Epris ensuite » des charmes d'Hermione, il m'abandonna » pour l'épouser ; & disposant de sa captive, » il me maria à Hélénus, captif comme moi. » Cependant le furieux Oreste, brûlant pour » cette même Hermione, qui lui avoit été » promise, & que Pyrrhus lui enlevoit, at- » taqua son rival dans le Temple, & l'assas- » sina au pied de l'autel. Par la mort de ce » Prince, une partie du Royaume d'Epire a

Pars Heleno, qui Chaonios cognomine campos,
Chaoniamque omnem Trojano à Chaone dixit,
Pergamaque, Iliacamque jugis hanc addidit arcem.
Sed tibi qui cursum venti, quæ fata dedere,
Aut quis te ignarum nostris Deus appulit oris?
Quid puer Ascanius, superat-ne, & vescitur aura?
Quem tibi, jam Trojâ....
Ecquæ jam puero est amissæ cura parentis?
Ecquid in antiquam virtutem, animosque viriles
Et pater Æneas, & avunculus excitat Hector?
  Talia fundebat lacrymans, longosque ciebat
Incassum fletus; cum sese à mœnibus heros
Priamides multis Helenus comitantibus offert;
Agnoscitque suos, lætusque ad mœnia ducit,
Et multum lacrymas verba inter singula fundit.
Procedo, & parvam Trojam, simulataque magnis
Pergama, & arentem Xanti cognomine rivum
Agnosco, Scææque amplector limina portæ.
Nec non & Teucri sociâ simul urbe fruuntur:
Illos porticibus Rex accipiebat in amplis.
Aulaï in medio libabant pocula Bacchi,
Impositis auro dapibus, paterasque tenebant.
  Jamque dies alterque dies processit, & auræ
Vela vocant, tumidoque inflatur carbasus Austro.
His vatem aggredior dictis, ac talia quæso:
Trojugena, interpres Divûm, qui numina Phœbi,
Qui tripodas, Clarii lauros, qui sidera sentis,
Et volucrum linguas, & præpetis omina pennæ,

» échu

Livre III.

„ échu en partage à Hélénus, qui, du nom du
„ Troyen Chaon, a appellé Chaonie tout le
„ pays qui est sous ses loix. Il a aussi donné
„ le nom de Pergame & d'Ilion à cette citadelle,
„ qu'il a bâtie sur ces hauteurs. Mais vous,
„ Prince, quel est votre sort? Quel Dieu vous
„ a fait aborder à ces rivages, que vous ne
„ connoissiez point? Votre fils Ascagne vit-il
„ encore? Il est né, lorsque Troie.... Regrette-t-il
„ sa mere? L'exemple de son pere & de son
„ oncle Hector l'excite-t-il à marcher sur leurs
„ pas, & sur ceux de tous les Héros dont il des-
„ cend? „

Andromaque, en parlant ainsi, ne cessoit de
pleurer & de gémir, lorsque le Roi Hélénus,
suivi d'une nombreuse cour, sortit de la ville, &
s'avança vers nous. Il reconnut ses chers concitoyens, & nous conduisit à la ville de Buthrote, en versant des larmes de joie, & en
nous comblant de caresses. Cette ville, quoique petite, me parut une image de Troie. En y
entrant je baisai la porte, faite sur le modele de
la porte Scée, & je vis le petit ruisseau, à qui
on avoit donné le nom de Xanthe. Mes compagnons jouirent, ainsi que moi, de cette vue agréable. Hélénus les reçut dans de grande salles, où il
fit dresser des tables, & leur fit servir des rafraîchissements sur des plats d'or, avec du vin en
abondance.

Nous passâmes plusieurs jours à la Cour
d'Hélénus : cependant les vents favorables nous
invitoient à mettre à la voile. Avant de nous
embarquer, je lui parlai ainsi : „ Prince, lui
„ dis-je, vous, qui êtes l'interprete des Dieux,
„ vous, qu'Apollon inspire par le Trépied &
„ par la branche du laurier sacré, qui lisez
„ dans les astres, qui entendez le langage des
„ oiseaux, & qui connoissez tout ce que leur

Tome I. K k

Fare age : namque omnem cursum mihi prospera
  dixit
Relligio, & cuncti suaserunt numine Divi
Italiam petere, & terras tentare repostas.
Sola novum, dictuque nefas Harpyia Celæno
Prodigium canit, & tristes denunciat iras,
Obcœnamque famem. Quæ prima pericula vito ?
Quid-ve sequens tantos possim superare labores ?
  Hic Helenus, cæsis primùm de more juvencis,
Exorat pacem Divûm, vittasque resolvit
Sacrati capitis, meque ad tua limina, Phœbe,
Ipse manu multo suspensum numine ducit,
Atque hæc deinde canit divino ex ore sacerdos:
Nate Deâ (nam te majoribus ire per altum
Auspiciis, manifesta fides : sic fata Deûm Rex
Sortitur, volvitque vices : hic vertitur ordo)
Pauca tibi è multis, quò tutior hospita lustres
Æquora, & Ausonio possis considere portu,
Expediam dictis: prohibent nam cætera Parcæ
Scire Helenum, farique vetat Saturnia Juno.
Principio Italiam, quam tu jam rere propinquam,
Vicinosque, ignare, paras invadere portus,
Longa procul longis via dividit invia terris:
Ante & Tinacriâ lentandus remus in undâ,
Et salis Ausonii lustrandum navibus æquor,
Infernique lacus, Ææque insula Circes,
Quam tutâ possis urbem componere terrâ.
Signa tibi dicam : tu condita mente teneto.

„ vol annonce, daignez aujourd'hui m'inſtrui-
„ re ſur l'avenir. La religion qui m'a fait en-
„ treprendre ce voyage, m'annonce un terme
„ heureux : tous les Dieux me conſeillent d'al-
„ ler en Italie, & de tâcher d'aborder à ce
„ rivage éloigné. La ſeule Harpye Céléno
„ nous menace d'un événement funeſte : elle
„ nous a prédit que le Ciel irrité nous feroit
„ eſſuyer une cruelle famine. Mais de quels
„ autres périls dois-je d'abord me garantir,
„ & comment triompherai-je de tous les
„ obſtacles qui peuvent traverſer mon entre-
„ priſe «?

Hélénus, avant que de répondre, voulut offrir un ſacrifice ordinaire, pour ſe rendre les
Dieux propices. Il détacha les bandelettes qui
ceignoient ſa tête ſacrée, & en laiſſa flotter
les bouts ſur ſes épaules : enſuite il me conduiſit au Temple d'Apollon, & dans le chemin je me ſentis frappé d'une religieuſe crainte.
Alors Hélénus, inſpiré par le Dieu, me par'a
ainſi : „ Fils de Vénus, je vois clairement que
„ ce n'eſt pas ſous des auſpices vulgaires que
„ vous avez entrepris cette navigation. C'eſt
„ le ſouverain des Dieux qui regle les deſti-
„ nées des Mortels, & qui préſide à tous les
„ événements de leur vie. Je vais cependant
„ vous dire certaines choſes qui concernent
„ votre voyage, afin que vous puiſſiez arri-
„ ver plus ſûrement au rivage d'Auſonie. Les
„ Parques me cachent le reſte, & la fille de
„ Saturne me défend de parler. Sachez d'abord
„ que l'Italie, que vous regardez comme un
„ pays voiſin de l'Epire, & où vous croyez
„ bientôt aborder, eſt encore loin de vous, &
„ que pour y arriver, vous avez un chemin
„ difficile & immenſe à parcourir. Avant de
„ pouvoir fonder votre ville, il vous faudra

Cùm tibi follicito, fecreti ad fluminis undam,
Littoreis ingens inventa fub ilicibus fus
Triginta capitum foetus enixa jacebit,
Alba, folo recubans, albi circum ubera nati;
Is locus urbis erit; requies ea certa laborum.
Nec tu menfarum morfus horrefce futuros :
Fata viam invenient, aderitque vocatus Apollo.
Has autem terras, Italique hanc littoris oram,
Proxima quæ noftri perfunditur æquoris æftu,
Effuge : cuncta malis habitantur moenia Grajis.
Hîc & Narycii pofuerunt moenia Locri,
Et Salentinos obfedit milite campos
Lyctius Idomeneus : hic illa ducis Melibœi
Parva Philoctetæ fubnixa Petilia muro.
Quin, ubi tranfmiffæ fteterint trans æquora claffes,
Et pofitis aris jam vota in littore folves ;
Pupureo velare comas adopertus amictu,
Ne qua inter fanctos ignes in honore Deorum
Hoftilis facies occurrat, & omina turbet.
Hunc Socii morem facrorum, hunc ipfe teneto,
Hac cafti maneant in relligione nepotes.
   Aft ubi digreffum Siculæ te admoverit oræ
Ventus, & angufti rarefcent clauftra Pelori :

Livre III.

» fendre long-temps les flots des mers de Si-
» cile & d'Aufonie ; il faudra que vous paſſiez
» près des lacs des Enfers, & que vous cô-
» toyiez l'Iſle funeſte de Circé. Mais appre-
» nez à quelle marque vous réconnoîtrez le
» lieu de l'Italie où vous devez vous établir,
» & ſouvenez-vous bien de ce que je vais vous
» dire. Un jour, que triſte & ſolitaire vous
» vous promenerez ſur les bords d'un fleuve,
» vous trouverez une laie blanche, couchée
» ſous des arbres, & trente marcaſſins blancs
» autour d'elle. Voilà le terme de tous vos
» travaux, & le lieu où vous devez bâtir une
» ville. Ne redoutez point la prédiction de Cé-
» léno : les Deſtins vous donneront le moyen
» de l'éluder ; & Apollon, que vous implore-
» rez, ne vous refuſera pas ſon ſecours. Ce-
» pendant évitez ces côtes d'Italie ſituées vis-
» à-vis de l'Epire. Elles ſont habitées par de
» perfides Grecs. Ici ce ſont les Locres, ſol-
» dats d'Ajax, qui ont fondé une colonie : là
» c'eſt Idoménée, qui en a fondé une autre
» dans les champs de Salente. C'eſt auſſi dans
» ces contrées que Philoctete, Prince de Mé-
» libée, a bâti la petite ville de Pétilie. Mais
» lorſque vous aurez abordé en Italie, & que
» pour vous acquitter envers les Dieux, vous
» célébrerez ſur le rivage un ſacrifice, ſouve-
» nez-vous de couvrir votre tête d'un voile
» de pourpre durant la cérémonie, de peur que
» quelqu'objet de mauvaiſe augure, quelqu'en-
» nemi du nom Troyen ne frappe vos yeux,
» & ne trouble les auſpices. Obſervez cet uſa-
» ge, vous & votre peuple, & faites enſorte
» que cette coutume religieuſe paſſe à vos deſ-
» cendants.

» A peine aurez-vous quitté le rivage d'E-
» pire, que le vent vous portera vers la Si-

Læva tibi tellus, & longo læva petantur
Æquora circuitu : dextrum fuge littus, & undas.
Hæc loca vi quondam, & vastâ convulsa ruinâ
(Tantum ævi longinqua valet mutare vetustas)
Dissiluisse ferunt : cum protinus utraque tellus
Una foret, venit medio vi Pontus, & undis
Hesperium Siculo latus abscidit, arvaque & urbes
Littore diductas angusto interluit æstu.
Dextrum Scylla latus, lævum implacata Charybdis
Obsidet, atque imo barathri ter gurgite vastos
Sorbet in abruptum fluctus, rursusque sub auras
Erigit alternos, & sidera verberat undâ.
At Scyllam cæcis cohibet spelunca latebris
Ora exertantem, & naves in saxa trahentem.
Prima hominis facies, & pulchro pectore virgo
Pube tenus : postrema, immani corpore pristis,
Delphinum caudas, utero commissa luporum.
Præstat Trinacrii metas lustrare Pachyni
Cessantem, longos & circumflectere cursus,
Quam semel informem vasto vidisse sub antro
Scyllam, & cœruleis canibus resonantia saxa.

Præterea (si qua est Heleno prudentia, vati
Si qua fides, animum si veris implet Apollo)
Unum illud tibi, nate Deâ, præque omnibus unum
Predicam, & repetens iterumque iterumque monebo.
Junonis magnæ primum prece numen adora :
Junoni cane vota libens, dominamque potentem

Livre III.

„ cile. Vous verrez alors le détroit de Pélore
„ s'élargir devant vous. Evitez ce passage pé-
„ rilleux, & faites route vers la gauche, en
„ doublant les promontoires. On dit qu'autre-
„ fois l'Italie & la Sicile, jointes par un If-
„ thme, ne formoient qu'un même continent.
„ Mais que la durée des siecles cause de chan-
„ gemens ! Une violente tempête brisa l'Isthme,
„ sépara les deux régions, & ouvrit aux flots
„ un passage étroit entre l'une & l'autre. Là
„ sont deux écueils redoutables ; Scylla à
„ droite, Carybde à gauche. La premiere est
„ un monstre qui habite le creux d'un rocher :
„ lorsqu'elle voit passer des vaisseaux dans le
„ détroit, elle avance la tête hors de son an-
„ tre, & les attire à elle pour les faire périr.
„ Depuis la tête jusqu'à la ceinture c'est une
„ fille d'une beauté séduisante : poisson énor-
„ me dans le reste de son corps, elle a une
„ queue de dauphin, & un ventre de loup.
„ Pour Carybde, c'est un autre monstre sur
„ la gauche, du côté de la Sicile. Trois fois
„ le jour elle engloutit les flots dans un pro-
„ fond abyme ; trois fois elle les vomit, & les
„ lance contre le ciel. Fuyez ces funestes écueils ;
„ il vaut mieux faire un long circuit, en dou-
„ blant le promontoire de Pachin, que de s'ap-
„ procher de la redoutable Scylla, & que de voir
„ ce monstre, toujours environné de chiens, dont
„ les affreux hurlemens font retentir les rochers
„ d'alentour.

„ Mais si vous avez quelque confiance en
„ moi, fils de Vénus, si vous me croyez ins-
„ piré d'Apollon, suivez le conseil important
„ que je vais vous donner : c'est de faire vos
„ efforts pour vous rendre Junon propice. N'é-
„ pargnez ni prieres, ni vœux, ni offrandes
„ pour vaincre son courroux. Ce n'est que par

Supplicibus supera donis : sic denique victor
Trinacriâ fines Italos mittere relictâ.

Hûc ubi delatus Cumæam accesseris urbem,
Divinosque lacus, & Averna sonantia sylvis,
Insanam vatem aspicies, quæ rupe sub imâ
Fata canit, foliisque notas, & nomina mandat.
Quæcumque in foliis descripsit carmina virgo,
Digerit in numerum, atque antro seclusa relinquit.
Illa manent immota locis, neque ab ordine cedunt.
Verum eadem verso tenuis cum cardine ventus
Impulit, & teneras turbavit janua frondes,
Nunquam deinde cavo volitantia prendere saxo,
Nec revocare situs, aut jungere carmina curat :
Inconsulti abeunt, sedemque odere Sibyllæ.
Hîc tibi, ne qua moræ fuerint dispendia tanti,
(Quamvis increpitent socii, & vi cursus in altum
Vela vocet, possisque sinus implere secundos)
Quin adeas vatem, precibusque oracula poscas ;
Ipsa canat, vocemque volens atque ora resolvat.
Illa tibi Italiæ populos, venturaque bella,
Et quo quemque modo fugiasque, ferasque laborem,
Expediet, cursusque dabit venerata secundos.
Hæc sunt, quæ nostrâ liceat te voce moneri.
Vade age, & ingentem factis fer ad æthera Trojam.

Quæ postquam vates sic ore effatus amico est,
Dona dehinc auro gravia, sectoque elephanto
Imperat ad naves ferri, stipatque carinis
Ingens argentum, Dodonæosque lebetas,
Loricam consertam hamis, auroque trilicem,

» ce moyen que vous pourrez aborder en
» Italie.

» Lorsque vous y serez arrivé, & que vous
» aurez débarqué au port de Cumes, près des
» lacs de Lucrin & d'Averne, environnés
» de forêts, vous trouverez au fond d'une
» grotte une Sibylle, qui annonce aux Hu-
» mains les secrets de l'avenir ; elle écrit ses
» oracles sur des feuilles volantes, qu'elle ar-
» range dans sa caverne, où ils restent dans
» l'ordre qu'il lui a plu de leur donner. Mais
» il arrive quelquefois que le vent, lorsqu'on
» en ouvre la porte, dérange les feuilles : la
» Sibylle dédaigne alors de rassembler ces
» feuilles éparses dans sa caverne, & néglige
» de rétablir l'ordre des vers. Ceux qui la vien-
» nent consulter, frustrés ainsi de leur espé-
» rance, s'en retournent souvent sans réponse,
» en maudissant, & la Prêtresse, & son antre.
» Cependant ne croyez pas perdre votre temps
» ni votre peine, lorsque vous irez la voir.
» Malgré la saison favorable à la navigation,
» malgré les desirs impatients de vos compa-
» gnons, ne négligez point d'aller trouver la
» Sibylle, & priez-la de prononcer elle-même
» ses prédictions. Elle vous peindra les diffé-
» rents peuples d'Italie ; elle vous dira les guerres
» que vous aurez à soutenir ; comment vous
» pourrez braver tous les dangers, & surmon-
» ter tous les obstacles. Enfin, si vous lui té-
» moignez beaucoup de respect, elle fera réussir
» toutes vos entreprises. Voilà, ajouta-t-il, ce
» qu'il m'est permis de vous révéler. Partez,
» Prince, & relevez par vos exploits la gloire de
» notre patrie ».

Hélénus, après m'avoir parlé ainsi, me fit
de magnifiques présents. Il fit porter sur mes

Et conum insignis galeæ, cristasque comantes,
Arma Neoptolemi. Sunt & sua dona parenti.
Addit equos, additque duces.
Remigium supplet; socios simul instruit armis.
　Interea classem velis aptare jubebat
Anchises, fieret vento mora, ne qua ferenti;
Quem Phœbi interpres multo compellat honore:
Conjugio Anchisa Veneris dignate superbo,
Cura Deûm, bis Pergameis erepte ruinis,
Ecce tibi Ausoniæ tellus, hanc arripe velis:
Et tamen hanc pelago præterlabare necesse est:
Ausoniæ pars illa procul, quam pandit Apollo.
Vade, ait, ô felix nati pietate: quid ultra
Provehor, & fando surgentes demoror Austros?
　Nec minus Andromache, digressu mœsta supremo,
Fert picturatas auri subtemine vestes,
Et Phrygiam Ascanio chlamydem; nec cedit ho-
　　nori,
Textilibusque onerat donis, ac talia fatur:
Accipe & hæc, manuum tibi quæ monumenta
　　mearum
Sint, puer, & longum Andromaches testentur
　　amorem
Conjugis Hectoreæ: cape dona extrema tuorum.
O mihi sola mei super Astyanactis imago!
Sic oculos, sic ille manus, sic ora ferebat;
Et nunc æquali tecum pubesceret ævo.
　Hos ego digrediens lacrymis affabar obortis:
Vivite felices, quibus est fortuna peracta
Jam sua: nos alia ex aliis in fata vocamur.
Vobis parta quies, nullum maris æquor arandum,

Livre III.

vaisseaux beaucoup de vaisselle d'argent, des ouvrages d'or & d'yvoire, des vases d'airain de Dodone, une cotte de mailles de fil d'or, & un casque brillant, garni d'aigrettes : c'étoient les armes de Pyrrhus. Il fit aussi des présents à mon pere, & il nous fournit des chevaux & des guides, des armes pour ceux de ma suite, & de bons rameurs.

Cependant Anchise donna ordre d'appareiller, afin de profiter du vent favorable. » Illustre époux de Vénus, lui dit l'Interprete » d'Apollon, vous, que les Dieux chérissent, » & qu'ils ont deux fois sauvé de la ruine de » Troie, voici l'Italie qui est peu éloignée ; » faites force de voiles pour y aborder. Mais » vous devez encore côtoyer bien des rivages, avant que de faire votre descente dans » cette partie de l'Ausonie, qu'Apollon découvre à vos yeux. Heureux pere d'un Héros » célebre par sa piété, partez, les vents vous » appellent. Dois-je vous retenir plus longtemps « ?

Andromaque, touchée de notre départ, me fit aussi des présents. Elle me donna des habits chamarrés d'or, & à mon fils Ascagne un manteau Phrygien, & des étoffes richement tissues : » Recevez, lui dit-elle, ces ouvrages de mes » mains ; recevez ces derniers témoignages de » l'amitié de la veuve d'Hector : O chere image » de mon fils Astyanax ! Il avoit ces yeux, ces » traits, cet air. Hélas ! s'il vivoit, il auroit le même âge «.

Je ne pus, sans répandre des larmes, leur faire mes adieux. » Jouissez, leur dis-je, de » votre heureux sort, vous, dont la situation » est fixe & tranquille, vous, qui n'avez point » de traverses à essuyer, point de mers à parcourir, point d'Ausonie à chercher. Tandis

Arva neque Aufoniæ, femper cedentia retro,
Quærenda : effigiem Xanthi, Trojamque videtis,
Quam veftræ fecere manus : melioribus opto
Aufpiciis, & quæ fuerit minus obvia Grajis.
Si quando Tibrim, vicinaque Tibridis arva
Intrâro, gentique meæ data mœnia cernam ;
Cognatas urbes olim, populofque propinquos,
Epiro, Hefperiâ, quibus idem Dardanus autor,
Atque idem cafus, unam faciemus utramque
Trojam animis : maneat noftros ea cura nepotes.

Provehimur pelago, vicina Ceraunia juxta :
Unde iter Italiam, curfufque breviffimus undis.
Sol ruit interea, & montes umbrantur opaci.
Sternimur optatæ gremio telluris ad undam,
Sortiti remos, paffimque in littore ficco
Corpora curamus : feffos fopor irrigat artus.
Nec dum orbem medium nox horis acta fubibat :
Haud fegnis ftrato furgit Palinurus, & omnes
Explorat ventos, atque auribus aëra captat.
Sidera cuncta notat tacito labentia cœlo,
Arcturum, pluvialque Hyadas, geminofque Trio-
  nes,
Armatumque auro circumfpicit Oriona.
Poftquam cuncta videt cœlo conftare fereno,
Dat clarum è puppi fignum : nos caftra movemus,
Tentamufque viam, & velorum pandimus alas.

Jamque rubefcebat ftellis aurora fugatis,
Cum procul obfcuros colles, humilemque videmus
Italiam. Italiam primus conclamat Achates :
Italiam læto focii clamore falutant.
Tum pater Anchifes magnum cratera coronâ

Livre III.

» que ces rivages semblent s'éloigner de moi,
» vous avez ici devant vos yeux la consolante ima-
» ge de Troie & du Xanthe. Puisse cette nouvelle
» Troie être plus heureuse que l'autre, & ne se
» voir point exposée à la fureur des Grecs ! Si je
» puis un jour me voir établi sur les bords du
» Tibre, si je puis y fonder cette ville que les
» Dieux me promettent, vos sujets & les miens
» ne formeront qu'une même nation. Notre com-
» mune origine, & nos malheurs communs doivent
» unir ensemble nos descendants : il faut qu'un
» jour l'Hespérie & l'Epire ne soient qu'un même
» Etat.

Nous partîmes enfin, & ayant côtoyé les rivages de l'Epire, nous relâchâmes, vers la
fin du jour, au promontoire de Ceraune, d'où
le trajet en Italie est fort court. Ayant donc
jetté l'ancre, nous tirâmes au sort ceux qui
devoient rester pour le service de la flotte ; les
autres descendirent à terre, où après avoir pris
des rafraîchissements, ils se livrerent au sommeil. Avant que la nuit fut au milieu de sa
carriere, le diligent Palinure se leve, pour observer les vents & le cours des astres, l'Ourse,
les pluvieuses Hyades, les deux Trions & la brillante armure d'Orion. Ayant vu que tout le ciel
promettoit un beau temps, il donne le signal pour
revenir à bord. Nous remontons aussi-tôt sur nos
vaisseaux, & ayant mis à la voile nous poursui-
vons notre route.

Déja l'Aurore naissante avoit fait disparoître les étoiles, lorsque nous apperçûmes de
loin la cime des montagnes d'Italie, qui nous
parut comme à fleur d'eau. ITALIE, s'écria
Achate ; ITALIE, répéterent tous les autres
Troyens, en saluant ce pays de mille cris d'alégresse. Mon pere Anchise, debout sur la poupe de son vaisseau, prit alors une large coupe

Tum pater Anchises magnum cratera coronâ
Induit, implevitque mero, Divosque vocavit
Stans celsâ in puppi.
Dii maris & terræ, tempestatumque potentes,
Ferte viam vento facilem, & spirate secundi.
Crebrescunt optatæ auræ, portusque patescit
Jam propior, templumque apparet in arce Miner-
 væ.
Vela legunt socii, & proras ad littora torquent.
Portus ab Eoo fluctu curvatur in arcum :
Objectæ salsâ spumant aspergine cautes.
Ipse latet ; gemino demittunt brachia muro
Turriti scopuli, refugitque à littore templum.
 Quatuor hîc, primum omen, equos in gramine
 vidi
Tondentes campum latè, candore nivali.
Et pater Anchises : Bellum, ô terra hospita, portas :
Bello armantur equi : Bellum hæc armenta minan-
 tur.
Sed tamen iidem olim curru succedere sueti
Quadrupedes, & fræna jugo concordia ferre.
Spes est pacis, ait : tum numina sancta precamur
Palladis armisonæ, quæ prima accepit ovantes :
Et capita ante aras Phrygio velamur amictu ;
Præceptisque Heleni, dederat quæ maxima, rite
Junoni Argivæ jussos adolemus honores.
Haud mora : continuò perfectis ordine votis,
Cornua velatarum obvertimus antennarum :
Grajugenûmque domos, suspectaque linquimus
 arva.
 Hinc sinus Herculei, si vera est fama, Tarenti
Cernitur : attollit se diva Lacinia contra,
Caulonisque arces, & navifragum Scylacæum.
Tum procul è fluctu Trinacria cernitur Ætna,
Et gemitum ingentem pelagi, pulsataque saxa
Audimus longe, fractasque ad littora voces :

Livre III.

qu'il couronna de fleurs & remplit de vin, puis il adressa cette priere aux Dieux : „ Ar- „ bitres de la terre & des mers, conduisez- „ nous vers ce rivage, & accordez-nous un „ vent favorable ". Aussi-tôt le vent enfla nos voiles, & bientôt nous apperçûmes un Port, & un Temple consacré à Minerve, situé sur le sommet d'une montagne. Nous pliâmes nos voiles, & nous nous disposâmes à entrer dans ce Port. Exposé au Soleil levant, il forme une espèce d'arc, dont les deux pointes sont deux rochers escarpés, qui des deux côtés s'avancent dans la mer, & le cachent : le Temple est éloigné du rivage.

A peine eûmes-nous pris terre, que pour premier présage, nous vîmes quatre chevaux blancs, paissants dans une prairie. „ O terre „ étrangere, s'écria Anchise, tu nous pro- „ mets la guerre. Le cheval est un animal bel- „ liqueux, mais on vient à bout de le dom- „ ter ; on sait lui donner un frein, & l'ac- „ coutumer à obéir. Tu nous annonces donc „ que la paix succédera à la guerre ". En même temps nous invoquâmes la Déesse des combats, adorée dans ce pays, dont la vue nous combloit de joie. Nous couvrîmes nos têtes d'un voile Phrygien, & suivant les conseils d'Hélénus, nous sacrifiâmes à Junon. Après quoi nous tournâmes les antennes & les voiles, & quittâmes cette contrée suspecte, habitée par des Grecs.

En partant de ce Port, nous vîmes la fameuse ville de Tarente, bâtie, dit-on, par Hercule. Nous découvrîmes ensuite le Temple de Junon Lacinienne, & plus loin les Forts de Caulon & de Scylace, situés sur des rochers, que de fréquents naufrages ont rendus célebres. De là on découvre la cime du mont Etna : nous en-

Exultantque vada, atque æstu miscentur arenæ.
Et pater Anchises: Nimirum hæc illa Charybdis;
Hos Helenus scopulos, hæc saxa horrenda canebat.
Eripite, ô socii, pariterque insurgite remis.
Haud minus, ac jussi, faciunt: primusque rudentem
Contorsit lævas proram Palinurus ad undas.
Lævam cuncta cohors remis, ventisque petivit.
Tollimur in cœlum curvato gurgite, & iidem
Subductâ ad manes imos descendimus undâ.
Ter scopuli clamorem inter cava saxa dedere·
Ter spumam elisam, & rorantia vidimus astra.
Interea fessos ventus cum sole reliquit ;
Ignarique viæ Cyclopum allabimur oris.
Portus ab accessu ventorum immotus, & ingens
Ipse : sed horrificis juxta tonat Ætna ruinis ;
Interdumque atram prorumpit ad æthera nubem,
Turbine fumantem piceo, & candente favillâ ;
Attollitque globos flammarum, & sidera lambit.
Interdum scopulos, avulsaque viscera montis
Erigit eructans, liquefactaque saxa sub auras
Cum gemitu glomerat, fundoque exæstuat imo.
Fama est Enceladi se mustum fulmine corpus
Urgeri mole hâc, ingentemque insuper Ætnam
Impositam, ruptis flammam expirare caminis ;
Et fessum quoties mutat latus, intremere omnem
Murmure Trinacriam, & cœlum subtexere fumo.

tendimes

Livre III.

tendîmes l'effroyable bruit des vagues, qui battent sans cesse ces rivages & ces rochers. Nous vîmes les sables qui s'élevent sans cesse du fond de la mer, & se confondent avec les flots. A cette vue, mon pere s'écria : „ Voilà sans doute cette „ Carybde, ce redoutable écueil dont Hélénus „ nous a parlé. Forçons de rames, & dérobons-„ nous au danger «. On obéit aussi-tôt, & Palinure gouverne à la gauche. Tous nos vaisseaux suivent son exemple.

Cependant en passant près de cet écueil, une montagne d'eau sembla nous porter jusqu'aux nues, & nous crûmes ensuite être précipités dans des abymes. Trois fois nous entendîmes les flots mugissants se briser dans les cavernes de ces affreux rochers, & trois fois nous vîmes l'onde impétueuse & bouillonnante s'élever jusqu'aux astres, & retomber en pluie.

A la fin du jour le vent cessa. Alors ne sachant quelle route tenir, & fatigués de la manœuvre, nous relâchâmes à la côte des Cyclopes. Le Port où nous mouillâmes est spacieux, à l'abri de tous les vents, & peu éloigné du mont Etna. Ce mont, dont le bruit est égal à celui du tonnerre, vomit des tourbillons d'étincelles, de cendre & de fumée : il en sort des flammes terribles qui s'élevent jusqu'aux nues. Des pierres calcinées, & des rochers énormes s'arrachent de ses entrailles, & s'élancent contre le ciel. Cette montagne, dit-on, est le tombeau du redoutable Encelade, foudroyé par Jupiter. Ce Géant accablé du poids de la montagne, & à demi brûlé de la foudre, s'est ouvert un soupirail : c'est lui, dont l'haleine embrasée exhale ces feux. Lorsqu'il essaie de se retourner, il fait trembler la Sicile, & une épaisse fumée obscurcit l'air d'alentour.

Tome I.

Noctem illam tecti in sylvis immania monstra
Perferimus: nec, quæ sonitum det causa, videmus.
Nam neque erant astrorum ignes, nec lucidus
   æthrâ
Stdereâ polus: obscuro sed nubila cœlo,
Et lunam in nimbo nox in tempesta tenebat.
Postera jamque dies primo surgebat Eoo,
Humentemque aurora polo dimoverat umbram:
Cum subito è sylvis, macie confecta supremâ,
Ignoti nova forma viri, miserandaque cultu
Procedit, supplexque manus ad littora tendit.
Respicimus: dira illuvies, immissaque barba,
Confertum tegmen spinis: at cætera Graius,
Et quondam patriis ad Trojam missus in armis.
Isque ubi Dardanios habitus, & Troïa vidit
Arma procul, paulum aspectu conterritus hæsit,
Continuitque gradum: mox sese ad littora præceps
Cum fletu precibusque tulit: per sidera testor,
Per superos, atque hoc cœli spirabile lumen,
Tollite me, Teucri, quascumque abducite terras:
Hoc sat erit. Scio me Danais è classibus unum,
Et bello Iliacos fateor petiisse Penates.
Pro quo, si sceleris tanta est injuria nostri,
Spargite me in fluctus, vastoque immergite Ponto.
Si pereo, manibus hominum periisse juvabit.
Dixerat, & genua amplexus, genibusque volutans
Hærebat. Quis sit, fari, quo sanguine cretus,
Hortamur; quæ deinde agitet fortuna, fateri.
Ipse pater dextram Anchises, haud multa moratus,
Dat juveni, atque animum præsenti pignore fir-
   mat.
Ille hæc, depositâ tandem formidine, fatur:

Livre III.

Ayant mis nos vaisseaux à l'ancre dans une baie, le long d'un bois qui bordoit le rivage, nous entendîmes toute la nuit un bruit affreux, sans en pouvoir deviner la cause : le ciel étoit couvert, & la lune cachée sous les nuages. Le lendemain, au lever de l'Aurore, nous apperçûmes un inconnu, d'une figure étrange, qui nous tendoit les mains. Nous le regardons : nous voyons une barbe longue & hérissée, un corps décharné, sale & hideux, couvert d'un habit déchiré, dont les lambeaux étoient attachés avec des pointes d'épines. Ce malheureux étoit un Grec, qui s'étoit trouvé au siege de Troie. A la vue de nos vaisseaux, il s'avance sur le rivage : mais voyant à notre air & à nos armes que nous étions Troyens, il parut troublé, & s'arrêta : puis tout à coup il accourut vers nous d'un air suppliant, & les larmes aux yeux. ″ Au nom des Dieux, s'é-
″ cria-t-il, au nom des Astres, au nom de
″ cet air commun que nous respirons, tirez-
″ moi de ces lieux ; recevez-moi parmi vous,
″ & conduisez-moi dans tous les pays où vous
″ voudrez : je serai content. J'avoue que je
″ suis Grec, & que j'ai porté les armes con-
″ tre vous. Si c'est à vos yeux un crime énor-
″ me, jettez-moi dans la mer ; si je meurs,
″ il me sera doux de mourir de la main des
″ hommes ″. En disant ces mots, il étoit prosterné, & embrassoit nos genoux. Nous lui demandâmes son nom, quelle étoit sa famille, & par quel hazard il se trouvoit en ces lieux. Anchise, sans attendre sa réponse, lui tendit la main. Rassuré par ce gage d'amitié, le Grec poursuivit ainsi :

″ Ma patrie, dit-il, est l'Isle d'Ithaque, &
″ mon nom est Achéménide. Adamaste mon
″ pere étant pauvre (plût au Ciel que je me

Sum patriâ ex Ithacâ, comes infelicis Ulyssi
Nomine Achemenides, Trojam, genitore Adamasto
Paupere (mansissetque utinam fortuna!) profectus.
Hîc me, dum trepidi crudelia limina linquunt,
Immemores socii vasto Cyclopis in antro
Deseruere : domus sanie, dapibusque cruentis,
Intus opaca, ingens : ipse arduus, altaque pulsat
Sidera (Dii talem terris avertite pestem)
Nec visu facilis, nec dictu affabilis ulli :
Visceribus miserorum, & sanguine vescitur atro.
Vidi egomet, duo de numero cum corpora nostro,
Prensa manu magnâ, medio resupinus in antro
Frangeret ad saxum, sanieque aspersa natarent
Limina : vidi atro cùm membra fluentia tabo
Manderet, & tepidi tremerent sub dentibus artus.
Haud impune quidem : nec talia passus Ulysses,
Oblitus-ve sui est Ithacus discrimine tanto.
Nam simul expletus dapibus, vinoque sepultus
Cervicem inflexam posuit, jacuitque per antrum
Immensus, saniem eructans, ac frusta cruento
Per somnum commista mero : nos magna precati
Numina, sortitique vices, unà undique circum
Fundimur, & telo lumen terebramus acuto,
Ingens, quod torvâ solum sub fronte latebat,
Argolici clypei, aut Phœbeæ lampadis instar;
Et tandem læti sociorum ulciscimur umbras.
Sed fugite, ô miseri, fugite, atque ab littore funem
Rumpite.
Nam qualis, quantusque cavo Polyphemus in antro

Livre III.

„ fuſſe contenté de ſa fortune) je partis pour
„ le ſiege de Troie, & je ſervis ſous le mal-
„ heureux Ulyſſe, qui, à ſon retour ayant été
„ jetté ſur cette côte, ſe ſauva avec ſes com-
„ pagnons, qui m'oublierent en partant, &
„ me laiſſerent dans la caverne de Polypheme.
„ C'eſt un antre profond & obſcur, toujours
„ rempli de cadavres, toujours ſouillé de ſang
„ humain. Le Cyclope, engraiſſé de carnage
„ & nourri du ſang des miſérables, eſt d'une
„ taille énorme, & ſon aſpect eſt ſi terrible,
„ qu'on n'oſe ni le regarder, ni lui parler.
„ Ô Dieux, délivrez la terre de ce monſtre!
„ Je l'ai vu moi-même, couché dans le fond
„ de ſon antre, ſaiſir avec ſon effroyable main
„ deux de notre troupe, les écraſer contre un
„ rocher, inonder de leur ſang ſa caverne,
„ & dévorer leurs membres palpitants. Ce ne
„ fut pas impunément, & la prudence d'Ulyſ-
„ ſe ne l'abandonna pas dans cette fatale ex-
„ trêmité. Le Cyclope raſſaſié & enyvré dor-
„ moit dans ſon antre, vomiſſant durant ſon
„ ſommeil les viandes & le vin, dont il s'étoit
„ rempli. Alors, après avoir imploré le ſe-
„ cours des Dieux, & être convenus de la
„ maniere dont nous l'attaquerions, nous nous
„ rangeâmes autour de lui, avec une groſſe
„ piece de bois pointue, nous lui crevâmes
„ le ſeul œil qu'il avoit au milieu de ſon front
„ menaçant, œil ſemblable à un bouclier Grec,
„ ou au diſque du Soleil. Ce fut ainſi que nous
„ vengeâmes la mort de nos compagnons. Mais
„ fuyez, Troyens, ajouta-t-il, fuyez, cou-
„ pez les cables qui tiennent vos vaiſſeaux
„ amarrés, & éloignez-vous de ces funeſtes
„ bords. Polypheme n'eſt pas le ſeul qui y ait
„ établi ſon ſéjour, & qui y faſſe paître ſes
„ brebis & ſes chevres. Il eſt encore dans

Lanigeras claudit pecudes, atque ubera preſſat,
Centum alii curva hæc habitant ad littora vulgo
Infandi Cyclopes, & altis montibus errant.
Tertia jam lunæ ſe cornua lumine complent,
Cum vitam in ſylvis, inter deſerta ferarum
Luſtra domoſque traho, vaſtoſque ab rupe Cyclo-
  pas
Proſpicio, ſonitumque pedum, vocemque tre-
  miſco.
Victum infelicem, baccas, lapidoſaque corna
Dant rami, & vulſis paſcunt radicibus herbæ :
Omnia colluſtrans, hanc primum ad littora claſſem
Conſpexi venientem : huic me, quæcumque fuiſſet,
Addixi : ſatis eſt gentem effugiſſe nefandam.
Vos animam hanc potius quocunque abſumite le-
  tho.
  Vix ea fatus erat, ſummo cum monte videmus
Ipſum inter pecudes vaſtâ ſe mole moventem
Paſtorem Polyphemum, & littora nota petentem :
Monſtrum horrendum, informe, ingens, cui lumen
  ademptum ;
Trunca manum pinus regit, & veſtigia firmat :
Lanigeræ comitantur oves : ea ſola voluptas,
Solamenque mali.
Poſtquam altos tetigit fluctus, & ad æquora venit,
Luminis effoſſi fluidum lavit inde cruorem,
Dentibus infrendens gemitu, graditurque per æquor
Jam medium ; necdum fluctus latera ardua tinxit.
Nos procul inde fugam trepidi celerare, recepto
Supplice, ſic merito, tacitique incidere funem :
Verrimus & proni certantibus æquora remis.
Senſit, & ad ſonitum vocis veſtigia torſit.

» cette contrée cent autres Cyclopes, qui
» errent sur ces hautes montagnes. La Lune
» a trois fois achevé son cours, depuis que
» je traîne une triste vie dans ces bois, caché
» dans les repaires des bêtes farouches, ou
» dans le creux des rochers. Là, tremblant au
» moindre bruit, j'observois du fond de ma
» retraite les pas des affreux Cyclopes, tâ-
» chant de me dérober à leurs regards, &
» vivant misérablement de fruits sauvages &
» de racines. Je tournois souvent les yeux du
» côté du rivage, pour voir si quelque vaisseau
» ne paroîtroit point. Enfin j'ai apperçu votre
» flotte, & sans savoir qui vous étiez, j'ai soudain
» pris la résolution de me jetter entre vos bras.
» Troyens, je vous abandonne ma vie ; faites-
» moi mourir à votre gré : ce sera assez pour
» moi d'avoir échappé à la race exécrable de ces
» Géants.

A peine avoit-il cessé de parler, que nous
vîmes l'énorme Polypheme, monstre épouvan-
table, descendre d'une haute montagne, au
milieu de ses troupeaux, & s'avancer vers la
mer, dont le chemin lui étoit connu. Le Cyclope privé de la lumiere se servoit, pour conduire & rassurer ses pas, d'un pin dépouillé de
ses branches. Ses brebis chargées de laine,
qu'il menoit paître, étoient son seul amusement, & sa consolation. Polypheme s'approche du rivage, & il entre dans la mer. Nous
le vîmes marcher au milieu des plus profonds
abymes : les flots baignoient à peine ses reins.
Aussi-tôt grinçant les dents & frémissant de rage,
il se mit à laver son œil, d'où le sang couloit encore. Nous faisons promptement monter à
bord le Grec, qui avoit bien mérité cette grace : nous nous hâtons de couper les cables
sans bruit, & de nous sauver. On part, on force

Verùm ubi nulla datur dextram affectare potestas,
Nec potis Ionios fluctus æquare sequendo,
Clamorem immensum tollit, quo Pontus & omnes
Intremuere undæ, penitusque exterrita tellus
Italiæ, curvisque immugiit Ætna cavernis.
At genus è sylvis Cyclopum, & montibus altis
Excitum ruit ad portus, & littora complent.
Cernimus astantes, nequicquam lumine torvo
Ætnæos fratres, cœlo capita alta ferentes;
Concilium horrendum : quales cum vertice celso
Aëriæ quercus, aut corniferæ cyparissi
Constiterunt, sylva alta Jovis, lucus-ve Dianæ.
   Præcipites metus acer agit, quocunque rudentes
Excutere & ventis intendere vela secundis.
Contra jussa monent Heleni, Scyllam atque Cha-
   rybdim.
Inter utramque viam, lethi discrimine parvo,
Ni teneant cursus, certum est dare lintea retro.
Ecce autem Boreas angusta à sede Pelori
Missus adest : vivo prætervehor ostia saxo
Pantagiæ, Megarosque sinus, Tapsumque jacen-
   tem.
Talia monstrabat relegens errata retrorsum
Littora Achemenides, comes infelicis Ulyssi.
   Sicanio prætenta sinu jacet insula, contra
Plemmyrium undosum ; nomen dixere priores
Otrygiam. Alpheum fama est huc Elidis amnem
Occultas Egisse vias subter mare : qui nunc
Ore, Arethusa, tuo Siculis confunditur undis.
Numina magna loci jussi veneramur : & inde

de

de rames. Cependant Polypheme nous entendit. Il tourna ses pas, & étendit ses bras de notre côté. Voyant qu'il ne pouvoit nous atteindre, il poussa un cri si terrible, que tous les rivages d'alentour en retentirent. L'Italie en trembla, & les cavernes du mont Etna en mugirent. A ce cri toute la race des Cyclopes sortit des forêts, descendit des montagnes & borda le rivage. Nous vîmes tous ces Géants du mont Etna, rassemblés sur le bord de la mer, nous lançant en vain des regards affreux. Quelle troupe ! On croyoit voir des chênes ou de hauts cyprès. On croyoit voir une forêt consacrée à Jupiter ou à Diane.

La crainte nous fit promptement déployer toutes nos voiles, que nous abandonnâmes aux vents. Malgré les sages conseils d'Hélénus, qui nous avoit recommandé de ne point nous engager entre les écueils de Carybde & de Sylla, la manœuvre de nos Matelots nous conduisoit au détroit de la Sicile, où notre perte étoit certaine. Heureusement un vent de nord s'éleva du promontoire de Pélore, & nous poussa hors du détroit. Nous rangeons les rochers de la Pantagie, la baie de Mégare, & la petite Isle de Tafpe. Notre Grec, qui avoit parcouru toute cette mer à la suite d'Ulysse, nous faisoit remarquer ces différentes côtes.

Vis-à-vis des rochers de Plemmyre est une Isle, que les premiers habitants de la Sicile ont nommée Ortygie. On dit que le fleuve Alphée, qui arrose les champs d'Elide, amoureux de vous, ô fontaine d'Aréthuse, se fraie une route secrete sous la mer, & se rend dans l'Ortygie, pour y mêler ses eaux avec les vôtres. Lorsque nous fûmes près de cette Isle, nous adressâmes des vœux aux Divinités qu'on y révere. Nous passâmes à la hauteur de ces côtes,

Tome I. M m

Exsupero præpingue solum stagnantis Helori.
Hinc altas cautes, projectaque laxa Pachyni
Radimus: & fatis nunquam concessa moveri
Apparet Camarina procul, campique Geloi,
Immanisque Gela fluvii cognomine dicta.
Arduus inde Agragas ostentat maxima longè
Mœnia, magnanimûm quondam generator equo-
   rum :
Teque datis linquo ventis, palmosa Selinus,
Et vada dura lego saxis Lilybeïa cæcis.
Hinc Drepani me portus, & illætabilis ora
Accipit : hîc pelagi tot tempestatibus actus,
Heu, genitorem, omnis curæ, casusque levamen,
Amitto Anchisen : hîc me, pater optime, fessum
Deseris, heu, tantis nequicquam erepte periclis !
Nec vates Helenus, cum multa horrenda moneret,
Hos mihi prædixit luctus, non dira Celæno.
Hic labor extremus, longarum hæc meta viarum.
Hinc me digressum vestris Deus appulit oris.

   Sic pater Æneas, intentis omnibus, unus
Fata renarrabat Divûm, cursusque docebat.
Conticuit tandem, factoque hîc fine quievit.

que le fleuve Hélore rend si fertiles par ses débordements. Après avoir côtoyé les rochers du Cap de Pachyn, nous découvrîmes de loin la ville de Camarin, que les Destins ont pour toujours fixée sur un lac. Géla parut aussi à nos yeux, au milieu de ses vastes campagnes ; ville immense, à qui le fleuve qui l'arrose a donné son nom. Nous vîmes les hautes murailles d'Agrigente, bâtie sur une montagne, dans un pays autrefois célebre pour les excellents chevaux qu'on y élevoit. Nous laissons derriere nous les champs de Selinonte, couverts de palmiers ; nous doublons ensuite le Cap de Lilybée, où les rochers à fleur d'eau & les bancs de sable rendent le passage si dangereux. Enfin nous abordons au port de Drépane, triste contrée, où, après avoir essuyé tant de malheurs, j'eus celui de voir mourir mon pere. Je vous perdis, hélas ! ô vous, qui étiez ma seule consolation dans mes peines. C'est donc vainement que vous aviez échappé à tant de dangers. Hélénus, qui m'avoit prédit tant de désastres, ne m'avoit point annoncé cette perte, & la cruelle Céléno ne m'en avoit point menacé. Drépane fut le dernier terme d'une si longue navigation. C'étoit de là que nous faisions vole pour l'Italie, lorsqu'un Dieu a voulu, grande Reine, que j'abordasse dans votre Empire.

C'est ainsi qu'Enée, au milieu d'une assemblée attentive, racontoit ses destinées & ses voyages. Il s'arrêta en cet endroit de son récit, & cessa enfin de parler.

PUBLII VIRGILII MARONIS ÆNEIDOS.
LIBER QUARTUS.

AT Regina gravi jamdudum saucia curâ
Vulnus alit venis, & cæco carpitur igni.
Multa viri virtus animo, multusque recursat
Gentis honos: hærent infixi pectore vultus,
Verbaque, nec placidam membris dat cura quietem.
Postera Phœbeâ lustrabat lampade terras,
Humentemque Aurora polo dimoverat umbram,
Cùm sic unanimem alloquitur malesana sororem.
   Anna soror, quæ me suspensam insomnia terrent?
Quis novus hic nostris successit sedibus hospes?
Quem sese ore ferens! quàm forti pectore & armis!
Credo equidem, nec vana fides, genus esse Deorum:
Degeneres animos timor arguit. Heu, quibus ille

L'ÉNÉIDE DE VIRGILE.
LIVRE QUATRIEME.

CEpendant la Reine, atteinte déja d'un mal importun, nourrit une plaie au fond de son cœur, & est dévorée d'un feu secret. La haute valeur & l'illustre naissance du Prince Troyen s'offrent sans cesse à sa pensée; l'image de ce Héros est profondément gravée dans son cœur; elle se rappelle toutes ses paroles; & le trouble de son ame agitée lui refuse les douceurs du sommeil. Le lendemain, dès que l'Aurore eut commencé à éclairer la terre des premiers rayons du flambeau du jour, & chassé du ciel les humides ombres, troublée par sa passion, elle tint ce langage à sa sœur, chere confidente de toutes ses pensées.

„ Anne, ma sœur, quelles images épou-
„ vantent mon ame incertaine, & interrompent
„ mon sommeil ? Quel est cet Etranger nou-
„ vellement arrivé dans ces lieux ? Que son
„ air est noble ! Quelle intrépidité, quel cou-
„ rage dans les combats ! Je crois en effet qu'il
„ est du sang des Dieux : la crainte trahit les

Jactatus fatis! quæ bella exhausta canebat!
Si mihi non animo fixum, immotumque federet
Ne cui me vinclo vellem fociare jugali,
Postquam primus amor deceptam morte fefellit,
Si non pertæsum thalami tædæque fuisset,
Huic uni forsan potui succumbere culpæ.
Anna, fatebor enim, miseri post fata Sichæi
Conjugis, & sparsos fraternâ cæde penates,
Solus hic inflexit sensus, animumque labantem
Impulit: agnosco veteris vestigia flammæ.
Sed mihi vel tellus optem priùs ima dehiscat,
Vel pater omnipotens adigat me fulmine ad um-
 bras,
Pallentes umbras Erebi, noctemque profundam,
Ante, pudor, quam te violo, aut tua jura resolvo!
Ille meos, primus qui me sibi junxit, amores
Abstulit: ille habeat secum, servetque sepulcro.
Sic effata, finum lacrymis implevit obortis.

 Anna refert. O luce magis dilecta sorori,
Solane perpetuâ mœrens carpere juventâ,
Nec dulces natos, Veneris nec præmia noris?
Id cinerem, aut manes credis curare sepultos?
Esto: ægram nulli quondam flexere mariti,
Non Libyæ, non ante Tyro despectus Iarbas,
Ductoresque alii, quos Africa terra triumphis

» ames communes. Qu'il a été maltraité par
» les Deſtins ! Qu'il nous a raconté de combats,
» où il a ſignalé ſa valeur ! Depuis que la mort
» a trompé mon premier amour, ſi je n'avois
» pas formé la ferme & immuable réſolution
» de ne me plus engager dans le lien conju-
» gal ; ſi le lit & le flambeau de l'hymen ne m'é-
» toient pas devenus odieux, lui ſeul pour-
» roit me faire commettre une faute. Oui, je
» te l'avouerai, ma ſœur, depuis la mort de
» Sichée, mon malheureux époux, depuis
» qu'aux pieds de ſes Dieux domeſtiques ſon
» ſang a été verſé par mon frere, ce Prince eſt
» le ſeul qui ait pu rendre mon ame ſenſible
» & ma vertu chancelante. Je reconnois les
» étincelles de ce feu dont j'ai autrefois brûlé.
» Mais que la terre ouvre pour moi ſes aby-
» mes, que la foudre du Pere des Dieux me
» précipite dans le ſéjour des pâles ombres, &
» dans la nuit profonde des Enfers, plutôt que
» je vous viole, ſacrées loix de la pudeur !
» Le premier à qui mon ſort fut uni, a emporté
» mes amours dans le tombeau : qu'elles y
» reſtent enfermées avec lui, & qu'il les y conſerve
» à jamais. En achevant ces mots, ſes yeux inon-
» derent ſon ſein d'un torrent de larmes.

» Ma ſœur, lui répond Anne, vous qui m'ê-
» tes plus chere que la vie, ſerez-vous la ſeule
» à qui on reprochera de couler dans la triſteſſe
» le printemps de vos jours ? Voulez-vous ne
» connoître jamais ni la douceur d'être mere,
» ni les faveurs de Vénus ? Croyez-vous qu'une
» froide cendre & des manes enſevelis dans la
» tombe ſoient touchés de cette conſtance ?
» Je veux que votre douleur vous ait juſqu'ici
» rendue inſenſible pour tous ceux qui ont
» brigué votre main ; que vous ayez dédaigné
» dans la Libye ce même Iarbas, que vous

Dives alit : placitone etiam pugnabis amori ?
Nec venit in mentem, quorum confederis arvis ?
Hinc Getulæ urbes, genus infuperabile bello,
Et Numidæ infræni cingunt, & inhofpita Syrtis;
Hinc deferta fiti regio, latèque furentes
Barcæi, quid bella Tyro furgentia dicam,
Germanique minas ?
Diis equidem aufpicibus, reor, & Junone fecundâ,
Huc curfum Iliacas vento tenuiffe carinas.
Quam tu urbem, foror, hanc cernes, quæ furgere
  regna
Conjugio tali ! Teucrûm comitantibus armis,
Punica fe quantis attollet gloria rebus !
Tu modò pofce Deos veniam, facrifque litatis
Indulge hofpitio, caufafque innecte morandi ;
Dum pelago defævit hyems, & aquofus Orion,
Quaffatæque rates, & non tractabile cœlum.

His dictis incenfum animum inflammavit amore,
Spemque dedit dubiæ menti, folvitque pudorem.
Principio delubra adeunt, pacemque per aras
Exquirunt : mactant lectas de more bidentes
Legiferæ Cereri, Phœboque, patrique Lyæo ;
Junoni ante omnes, cui vincla jugalia curæ.
Ipfa tenens dextrâ pateram pulcherrima Dido
Candentis vaccæ media inter cornua fundit,
Aut ante ora Deûm pingues fpatiatur ad aras,

» aviez déja refufé à Tyr, & qu'aucun des au-
» tres Princes de la belliqueufe Afrique n'ait en-
» core pu fléchir votre ame. Combattrez-vous
» auffi contre un penchant qui vous flatte ? Vous
» ne penfez pas, ma fœur, dans quel pays vous
» vous êtes établie. Ici, vous êtes environnée
» des indomtables Gétules, des féroces Nu-
» mides, & bornée par des Syrtes inacceffi-
» bles. Là, eft une région brûlante & déferte,
» voifine de la nation des Barcéens, qui exerce
» par-tout fes fureurs. Vous rappellerai-je la
» guerre que Tyr vous prépare, & les me-
» naces de votre frere ? Je crois, en vérité,
» que c'eft par la protection des Dieux, & par
» une faveur fpéciale de Junon, que le vent a
» pouffé la flotte des Troyens vers ces rivages.
» Ah ! ma fœur, que vous verrez fleurir cette
» ville, & votre Empire s'étendre, fi vous
» époufez leur Prince ! Appuyée des armes
» Troyennes, que Carthage deviendra puiffan-
» te ! Offrez feulement des facrifices aux Dieux
» pour les rendre propices ; traitez bien ces Etran-
» gers, & engagez-les à faire un long féjour en
» ces lieux, pour radouber leurs vaiffeaux fra-
» caffés, tandis que les tempêtes regnent fur la
» mer, & que le pluvieux Orion rend le ciel
» intraitable «.

Par ce difcours elle enflamma un cœur, dont
l'Amour étoit déja le maître, le raffura, y fit
naître l'efpérance, & en chaffa la pudeur. Elles
vont l'une & l'autre aux pieds des Autels implorer l'appui des Dieux : elles immolent, fui-
vant l'ufage, des brebis choifies à Cérès, à Phébus, à Bacchus, & fur-tout à Junon, qui préfide
aux nœuds de l'hyménée. Tantôt une coupe à
la main, la belle Didon verfe du vin entre
les deux cornes d'une géniffe blanche ; tantôt,
en préfence de ces Divinités, elle fe promene

Instauratque diem donis, pecudumque reclusis
Pectoribus inhians, spirantia consulit exta.
Heu vatum ignaræ mentes! quid vota furentem,
Quid delubra juvant? est mollis flamma medullas
Interea, & tacitum vivit sub pectore vulnus.
  Uritur infelix Dido, totâque vagatur
Urbe furens: qualis conjectâ cerva sagittâ,
Quam procul incautam nemora inter Cressia fixit
Pastor agens telis, liquitque volatile ferrum
Nescius: illa fugâ sylvas, saltusque peragrat
Dictæos; hæret lateri lethalis arundo.
Nunc media Ænean secum per mœnia ducit,
Sidoniasque ostentat opes, urbemque paratam:
Incipit effari, mediâque in voce resistit.
Nunc eadem labente die convivia quærit,
Iliacosque iterum demens audire labores
Exposcit, pendetque iterum narrantis ab ore.
Post, ubi digressi, limenque obscura vicissim
Luna premit, suadentque cadentia sidera somnos,
Sola domo mœret vacuâ, stratisque relictis
Incubat: illum absens absentem auditque videtque:
Aut gremio Ascanium, genitoris imagine capta,
Detinet: infandum si fallere possit amorem.
Non cœptæ assurgunt turres, non arma juventus
Exercet, portusve aut propugnacula bello
Tuta parant: pendent opera interrupta, minæque
Murorum ingentes, æquataque machina cœlo.
  Quam simul ac tali persensit peste teneri

autour des autels chargés d'offrandes. Elle interroge les entrailles des victimes, & ses regards curieux y cherchent sa destinée. O ignorance des Aruspices ! Que servent les vœux & les autels, pour calmer les fureurs de l'amour ? Le cœur consumé d'une douce flamme entretient toujours sa blessure secrete.

La malheureuse Didon ne cesse de brûler. Insensée, elle erre çà & là dans les rues de sa nouvelle ville. Telle une biche, surprise dans les forêts de Crete par un Berger armé de fleches qui la poursuit, & qui l'a blessée de loin sans le savoir, fuit au travers des bois & porte par-tout le trait qui lui perce le flanc. Tantôt la Reine conduit Enée sur les remparts & lui fait remarquer les ouvrages presque achevés ; tantôt elle lui étale toutes les richesses apportées de Tyr. Elle veut lui ouvrir son cœur, & commence un discours, qu'aussi-tôt elle interrompt. Le soir elle l'invite à un repas semblable à celui de la veille. Elle desire follement qu'il lui fasse encore le récit des malheurs de Troie, & elle écoute avec avidité tout ce qu'il lui raconte. Lorsque le coucher de la lune & des étoiles invite au sommeil, & qu'Enée avec les Troyens s'est retiré, seule dans son appartement elle se couche sur le lit où il a été assis : absent, elle l'entend, elle le voit. Quelquefois elle embrasse tendrement le jeune Ascagne, image de l'objet qui l'a séduite. Elle tâche enfin de tromper son coupable amour. Les Tours commencées ne s'élevent plus ; la Jeunesse ne s'exerce plus aux armes ; les travaux ont cessé, soit au port, soit aux remparts. Tous les ouvrages sont suspendus, & ces machines énormes qui touchent le ciel, demeurent oisives sur les murailles.

Cependant la fille de Saturne, la chere

Cara Jovis conjux, nec famam obſtare furori,
Talibus aggreditur Venerem Saturnia dictis.
Egregiam verò laudem, & ſpolia ampla refertis
Tuque, puerque tuus, magnum & memorabile
nomen,
Una dolo Divûm ſi fœmina victa duorum eſt.
Nec me adeo fallit, veritam te mœnia noſtra
Suſpectas habuiſſe domos Carthaginis altæ.
Sed quis erit modus ? aut quò nunc certamine tanto ?
Quin potius pacem æternam, pactoſque Hymenæos
Exercemus ? Habes totâ quod mente petiſti :
Ardet amans Dido, traxitque per oſſa furorem.
Communem hunc ergo populum, paribuſque re-
gamus
Auſpiciis : liceat Phrygio ſervire marito,
Dotaleſque tuæ Tyrios permittere dextræ.
Olli (ſenſit enim ſimulatâ mente locutam,
Quò regnum Italiæ Libycas averteret oras)
Sic contra eſt ingreſſa Venus. Quis talia demens
Abnuat, aut tecum malit contendere bello ?
Si modo, quod memoras, factum fortuna ſequatur :
Sed fatis incerta feror, ſi Jupiter unam
Eſſe velit Tyriis urbem, Trojâque profectis,
Miſcerive probet populos, aut fœdera jungi.
Tu conjux : tibi fas animum tentare precando.
Perge, ſequar. Tum ſic excepit regia Juno.
Mecum erit iſte labor : nunc quâ ratione quod inſtat

Epouse de Jupiter, voyant Didon atteinte d'une
si funeste maladie, & que le soin de sa gloire
ne pouvoit modérer sa fureur, aborde Vénus,
& lui parle ainsi : „ Vous remportez, en vérité,
„ vous & votre enfant, une victoire glorieuse,
„ & c'est un honneur bien grand pour deux Di-
„ vinités, d'avoir pu séduire le cœur d'une Mor-
„ telle. Je n'ignore pas la crainte & les soup-
„ çons que vous ont inspiré les murs de ma
„ superbe Carthage. Mais quand finiront vos
„ alarmes ? Quand cessera cette grande que-
„ relle ? Que ne concluons-nous plutôt une éter-
„ nelle paix, cimentée par un Hymen ? Vous
„ avez maintenant ce que vous avez désiré avec
„ ardeur. Didon brûle d'un amour, dont la
„ violence s'est emparée de tous ses sens. Gou-
„ vernons désormais les deux peuples de Car-
„ thage & de Troie, confondus & réunis sous
„ les mêmes auspices. Consentez que Didon vive
„ sous les loix d'un époux Phrygien, & que les
„ Tyriens vous soient confiés pour la dot de leur
„ Reine ".

Vénus sentit l'artifice de Junon, & conçut
qu'elle ne lui parloit ainsi, que pour fixer en
Afrique l'Empire de l'Italie promis à son fils.
„ Qui seroit assez insensé, lui répondit-elle,
„ pour refuser vos offres, & pour aimer mieux
„ être votre ennemie ? Il s'agit de savoir si
„ le projet que vous proposez peut réussir.
„ Mais les Destins m'en font douter, & je ne
„ sais si Jupiter voudra permettre que les Ty-
„ riens & les Troyens n'aient qu'une même
„ ville, ne forment qu'une même nation, &
„ s'allient les uns aux autres. Vous êtes son
„ épouse : vous pouvez, par vos prieres, obte-
„ nir de lui cette grace. Marchez, je suivrai
„ vos pas. Ce sera mon affaire, repliqua la
„ Reine des Dieux. Je vais maintenant vous

Confieri poſſit, paucis, adverte, docebo.
Venatum Æneas unàque miſerrima Dido
In nemus ire parant, ubi primos craſtinus ortus
Extulerit Titan, radiiſque retexerit orbem.
His ego nigrantem commiſtâ grandine nimbum,
Dum trepidant alæ, ſaltuſque indagine cingunt,
Deſuper infundam, & tonitru cœlum omne ciebo.
Diffugient comites, & nocte tegentur opacâ.
Speluncam Dido, dux & Trojanus eandem
Devenient : adero, &, tua ſi mihi certa voluntas,
Connubio jungam ſtabili, propriamque dicabo.
Hîc Hymenæus erit. Non adverſata petenti
Annuit, atque dolis riſit Cytherea repertis.

Oceanum interea ſurgens Aurora reliquît :
It portis, jubare exorto, delecta juventus :
Retia rara, plagæ, lato venadula ferro,
Maſſylique ruunt equites, & odora canum vis.
Reginam thalamo cunctantem ad limina primi
Pœnorum expectant : oſtroque inſignis & auro
Stat ſonipes, ac frena ferox ſpumantia mandit.
Tandem progreditur, magnâ ſtipante catervâ,
Sidoniam picto chlamydem circumdata limbo,
Cui pharetra ex auro, crines nodantur in aurum,
Aurea purpuream ſubnectit fibula veſtem,

„ dire en peu de mots le moyen que j'ai ima-
„ giné, pour faire réuſſir mon projet. Enée &
„ l'amoureuſe Didon doivent demain aller dans
„ la forêt pour y chaſſer, dès que le Dieu du
„ jour aura de ſes rayons naiſſants éclairé la terre.
„ Au milieu de la plus grande ardeur de la
„ chaſſe, & lorſque les chiens auront inveſti
„ les bois, je ferai tomber d'un nuage orageux
„ une horrible pluie, mêlée de grêle, & j'é-
„ branlerai tout le ciel par un tonnerre affreux.
„ Les chaſſeurs prendront la fuite, enveloppés
„ d'une nuit obſcure. La Reine de Carthage
„ & le Prince Troyen iront enſemble ſe
„ refugier dans une grotte. J'y ſerai préſen-
„ te, & ſi vous me tenez parole, j'unirai
„ Didon à Enée par un lien durable, enſorte
„ qu'elle ſera à lui pour toujours. Le Dieu Hy-
„ menée ſe trouvera dans cette grotte «. La Déeſſe de Cythere ne s'oppoſa point au deſſein
de Junon, & ſa ruſe qu'elle comprit la fit
ſourire.

L'Aurore commençoit à quitter le ſein de
l'Océan, & l'Etoile du matin à ſe montrer,
quand l'élite de la Jeuneſſe de Carthage ſortit
des portes de la Ville. Les Cavaliers Maſſy-
liens accourent, avec la meute, les toiles,
les épieux garnis d'un large fer, & les autres
inſtruments de la chaſſe. Tandis que les Seigneurs Phéniciens, à la porte du Palais, attendent que leur Reine ſorte de ſon appartement,
ſon ſuperbe courſier, ſur lequel brille un harnois d'or & une houſſe de pourpre, mord fiérement ſon frein qu'il couvre d'écume. Enfin
elle paroît environnée d'une cour nombreuſe.
Son mantelet d'une étoffe de Tyr, eſt bordé d'une
riche broderie. Un carquois doré flotte ſur ſes
épaules. Ses cheveux treſſés ſont entrelacés de
fils d'or, & une boucle de pareil métal tient

Nec non & Phrygii comites, & lætus Iülus
Incedunt. Ipse ante alios pulcherrimus omnes
Infert se socium Æneas, atque agmina jungit.
Qualis, ubi hybernam Lyciam, Xantique fluenta
Deserit, ac Delum maternam invisit Appollo,
Instauratque choros ; mistique altaria circum
Cretesque, Dryopesque fremunt, pictique Aga-
    thyrsi :
Ipse jugis Cynthi graditur, mollique fluentem
Fronde premit crinem fingens, atque implicat auro :
Tela sonant humeris. Haud illo segnior ibat
Æneas, tantum egregio decus enitet ore.
  Postquam altos ventum in montes, atque invia
    lustra,
Ecce feræ saxi dejectæ vertice capræ
Decurrere jugis : aliâ de parte patentes
Transmittunt cursu campos, atque agmina cervi
Pulverulenta fugâ glomerant, montesque relin-
    quunt.
At puer Ascanius mediis in vallibus acri
Gaudet equo, jamque hos cursu, jam præterit illos
Spumantemque dari pecora inter inertia votis
Optat aprum, aut fulvum descendere monte leo-
    nem.
  Interea magno misceri murmure cœlum
Incipit : insequitur commistâ grandine nimbus.
Et Tyrii comites passim, & Trojana juventus,
Dardaniusque nepos Veneris diversa per agros
Tecta metu petiere : ruunt de montibus amnes.
Speluncam Dido, dux & Trojanus eandem
Deveniunt : prima & Tellus, & pronuba Juno

retroussée

retrouſſée ſa robe de pourpre. Les Seigneurs Phrygiens, & le jeune Aſcagne, tranſporté de joie, forment ſon eſcorte. Enée, qui les efface tous par ſa bonne mine, ſe joint à cette nombreuſe troupe. Tel Apollon quitte la froide Lycie, & les rives du Xante, pour ſe rendre à Délos, lieu de ſa naiſſance. Les peuples danſent à ſon arrivée ; les Crétois, les Driopes, les Agathyrſes, qui ſe peignent le corps, ſe raſſemblent autour de ſes autels. Le Dieu ſe promene ſur la cime du mont Cynthus, couronné d'une légere branche de laurier : ſes longs cheveux bouclés ſont noués d'un cordon d'or, & ſes épaules ſont chargées d'un bruyant carquois. Le Prince Troyen n'a ni moins de dignité, ni moins de graces.

Lorſqu'on eut atteint le ſommet des montagnes, & qu'on eut pénétré dans les inacceſſibles retraites des bêtes fauves, voici une foule de chevreuils qui ſe précipitent dans les vallons. D'une autre part, des troupes de cerfs excitant des tourbillons de pouſſiere, abandonnent les hauteurs, & d'une courſe légere traverſent les vaſtes campagnes. Le jeune Aſcagne, charmé du vif courſier qu'il monte, vole dans la plaine, & devance tantôt les uns, tantôt les autres. Parmi ces timides animaux, il brûle de voir un ſanglier écumant paroître, ou un lion deſcendre de la montagne.

Alors le ciel commence à retentir d'un bruit affreux : ſuit un déluge de pluie & de grêle : les torrents roulent à grands flots. Les Tyriens & les Troyens fuient de toutes parts, & la frayeur leur fait chercher des aſyles. Didon & le Prince Troyen ſe retirent dans la même grotte. Auſſi-tôt la Terre & Junon donnent le ſignal. Les céleſtes feux éclairent leurs amours, & ſervent de flambeau à l'hymen, tandis que le

Dant signum : fulsere ignes, & conscius æther
Connubii, summoque ululârunt vertice Nymphæ.
Ille dies primus lethi, primusque malorum
Causa fuit. Neque enim specie, famâve movetur,
Nec jam furtivum Dido meditatur amorem :
Conjugium vocat ; hoc prætexit nomine culpam.

    Extemplo Libyæ magnas it fama per urbes,
Fama, malum, quo non aliud velocius ullum ;
Mobilitate viget, viresque acquirit eundo :
Parva metu primo, mox sese attollit in auras,
Ingrediturque solo, & caput inter nubila condit.
Illam terra parens, irâ irritata Deorum,
Extremam (ut perhibent) Cæo, Enceladoque
    sororem
Progenuit, pedibus celerem, & pernicibus alis :
Monstrum horrendum, ingens, cui, quot sunt cor-
    pore plumæ,
Tot vigiles oculi subter, mirabile dictu,
Tot linguæ, totidem ora sonant, tot subrigit aures.
Nocte volat cœli medio, terræque per umbram
Stridens, nec dulci declinat lumina somno.
Luce sedet custos, aut summi culmine tecti,
Turribus aut altis, & magnas territat urbes,
Tam ficti pravique tenax, quam nuntia veri.
Hæc tum multiplici populos sermone replebat
Gaudens, & pariter facta atque infecta canebat :
Venisse Æneam, Trojano à sanguine cretum,
Cui se pulchra viro dignetur jungere Dido :
Nunc hyemem inter se luxu, quàm longa, fovere,
Regnorum immemores, turpique cupidine captos.

sommet de la montagne retentit du hurlement des Nymphes. Jour funeste, qui fut le premier des jours infortunés de la Reine, & la premiere cause de son malheureux sort. Ni la bienséance, ni l'honneur ne la retient plus. Ce n'est plus un amour secret qu'elle se propose de cacher ; c'est pour elle un hymenée, qui sert d'excuse à sa foiblesse.

Aussi-tôt la Renommée se met à parcourir toutes les grandes villes de la Libye. La Renommée est le plus prompt de tous les maux. Elle subsiste par son agilité, & sa course augmente sa vigueur. D'abord, petite & timide, bientôt elle devient d'une grandeur énorme ; ses pieds touchent la terre, & sa tête est dans les nues. C'est la sœur des Géants, Cée & Encelade, & le dernier monstre qu'enfanta la Terre irritée contre les Dieux. Le pied de cet étrange Oiseau est aussi léger que son vol est rapide : sous chacune de ses plumes, ô prodige ! il y a des yeux ouverts, des oreilles attentives, une bouche & une langue qui ne se tait jamais. Il déploie ses ailes bruyantes au milieu des ombres : il traverse les airs durant la nuit, & le doux sommeil ne lui ferme jamais les paupieres. Le jour, il est en sentinelle sur le toit des hautes maisons, ou sur les tours élevées : de là il jette l'épouvante dans les grandes villes, seme la calomnie avec la même assurance qu'il annonce la vérité. La Renommée répandit donc alors avec joie des bruits divers, & mêla ensemble le réel & le faux. Elle publia qu'Enée, Prince Troyen, étoit nouvellement arrivé en Afrique, que la belle Reine de Carthage daignoit lui prodiguer tous ses charmes ; que l'un & l'autre passoient l'hyver dans la mollesse & dans les fêtes ; que mutuellement épris d'une indigne passion, ils se met-

Hæc paſſim Dea fœda virûm diffundit in ora.
   Protinus ad regem curſus detorquet Iarbam,
Incenditque animum dictis, atque aggerat iras.
Hic Ammone ſatus, raptâ Caramantide Nymphâ,
Templa Jovi centum latis immania regnis,
Centum aras poſuit, vigilemque ſacraverat ignem,
Excubias Divûm æternas, pecudumque cruore
Pingue ſolum, & variis florentia limina ſertis.
Iſque amens animi, & rumore accenſus amaro
Dicitur ante aras, media inter numina Divûm,
Multa Jovem manibus ſupplex oraſſe ſupinis.
Jupiter omnipotens, cui nunc Mauruſia, pictis
Gens epulata toris, Lenæum libat honorem,
Aſpicis hæc? An te, genitor, cum fulmina torques,
Nequicquam horremus, cæcique in nubibus ignes
Terrificant animos, & inania murmura miſcent?
Fœmina, quæ noſtris errans in finibus, urbem
Exiguam pretio poſuit, cui littus arandum,
Cuique loci leges dedimus, connubia noſtra
Reppulit, ac dominum Æneas in regna recepit.
Et nunc ille Paris, cum ſemiviro comitatu,
Mœoniâ mentum mitrâ, crinemque madentem
Subnixus, rapto potitur : nos munera templis
Quippe tuis ferimus, famamque fovemus inanem.

Livre IV.

toient peu en peine de régner. Voilà ce que l'odieuse Déesse mettoit dans la bouche des peuples d'Afrique.

Elle prend aussi-tôt son vol vers la Cour d'Iarbas, Roi de Gétulie, & elle allume dans le cœur de ce Prince la jalousie & la fureur. Fils de Jupiter Ammon & d'une Nymphe du pays des Garamantes, il avoit élevé dans ses vastes états cent temples magnifiques au Pere des Dieux, auteur de sa naissance, & cent autels, avec des feux jour & nuit allumés, immolant sans cesse des victimes, & ornant de diverses guirlandes les portes de tous ces sanctuaires. A la nouvelle des amours de Didon & d'Enée, il se trouble, & la colere le transporte. Dans son désespoir il adressa, dit-on, cette plainte à Jupiter au pied de ses autels. ″ Dieu tout-
″ puissant, à qui la nation des Maures est dé-
″ vouée, à qui elle ne cesse de faire des li-
″ bations & des sacrifices, pouvez-vous voir
″ ce qui se passe à Carthage ? Est-ce donc en
″ vain, ô mon pere, que nous tremblons,
″ lorsque vous lancez la foudre ? Ces feux,
″ renfermés dans un nuage embrasé, effraient-
″ ils sans raison les Mortels tremblants, &
″ n'excitent-ils qu'un bruit peu redoutable ?
″ Une étrangere errante sur les frontieres de
″ mon Empire, achette sur ce rivage un ter-
″ rein pour le défricher, & y bâtit une pe-
″ tite ville, aux conditions que je lui prescris.
″ Je lui propose ensuite de l'épouser : elle me
″ refuse, & reçoit dans ses nouveaux états un
″ Enée, à qui elle engage sa foi. Ce Pâris avec
″ sa troupe efféminée, avec sa mitre Lydienne
″ & ses cheveux parfumés, vient m'enlever
″ l'objet de ma flamme. C'est donc vainement,
″ grand Dieu, que je me glorifie d'être né de
″ vous ? ″

Talibus orantem dictis, arasque tenentem
Audiit Omnipotens, oculosque ad mœnia torsit
Regia, & oblitos famæ melioris amantes.
Tunc sic Mercurium alloquitur, ac talia mandat.
Vade age, nate, voca Zephyros, & labere pennis:
Dardaniumque ducem, Tyriâ Carthagine qui nunc
Expectat, fatisque datas non respicit urbes,
Alloquere, & celeres defer mea dicta per auras.
Non illum nobis genitrix pulcherrima talem
Promisit, Graiûmque ideo bis vindicat armis :
Sed fore, qui gravidam imperiis, belloque fre-
   mentem
Italiam regeret, genus alto à sanguine Teucri
Proderet, ac totum sub leges mitteret orbem.
Si nulla accendit tantarum gloria rerum,
Nec super ipse suâ molitur laude laborem,
Ascanione pater Romanas invidet arces ?
Quid struit ? aut quâ spe inimicâ in gente moratur,
Nec prolem Ausoniam, & Lavinia respicit arva ?
Naviget, hæc summa est : hic nostri nuncius esto.
   Dixerat. Ille patris magni parere parabat
Imperio, & primum pedibus talaria nectit
Aurea, quæ sublimem alis, sive æquora supra,
Seu terram, rapido pariter cum flamine portant.
Tum virgam capit : hâc animas ille evocat Orco
Pallentes, alias sub tristia Tartara mittit ;
Dat somnos, adimitque, & lumina morte resignat.
Illâ fretus agit ventos, & turbida tranat

Jupiter entendit la priere de son fils, dont la main touchoit son autel. Il tourne les yeux vers Carthage, & y voit deux Amants oublier leur gloire. Aussi-tôt il parle à Mercure, & lui dit: » Pars, mon fils: appelle les Zéphyrs, & dé- » ployant tes rapides ailes, descends promp- » tement sur la terre: va trouver le Chef des » Troyens, qui s'arrête à Carthage, & y perd » le souvenir de l'Empire que les Destins lui » assurent. Dis-lui que Vénus sa mere nous » avoit donné de lui une autre idée, & que » ce n'est pas dans cette vue qu'elle l'a deux » fois sauvé des mains des Grecs. Elle nous di- » soit que c'étoit un homme capable de ré- » gner sur la puissante & belliqueuse Italie, » digne du sang de Tucer, & qui fonderoit un » Empire, maître un jour de l'Univers. Si cette » haute destinée ne le touche point, s'il pré- » fere le repos à la gloire, pourquoi envie-t-il » à son fils celle d'être le fondateur de la puis- » sante Rome? Quel est son dessein? Quel es- » poir le retient chez une nation ennemie? Pour- » quoi oublie-t-il la postérité qui naîtra de lui » dans l'Ausonie, & les champs de Lavinium où » il doit régner? Qu'il parte, c'est tout dire. An- » nonce-lui mes ordres «.

Mercure se dispose à obéir au Pere souverain des Dieux. Il attache d'abord à ses pieds ses brodequins d'or, dont les ailes le soutiennent au haut des airs, & le font voler avec la rapi- dité du vent au-dessus de la terre & de la mer. Il prend ensuite cette baguette, qui tantôt fait sortir les Ombres des Enfers, & qui ferme pour jamais les yeux des Mortels à la clarté du jour. Avec cette verge puissante il chasse les vents, & traverse les orageux nuages. Il vole, & déjà il découvre la cime & le contour escarpé du

Nubila. Jamque volans apicem, & latera ardua cernit
Atlantis duri, cœlum qui vertice fulsit,
Atlantis, cinctum assiduè cui nubibus atris
Piniferum caput & vento pulsatur, & imbri.
Nix humeros infusa tegit: tum flumina mento
Præcipitant senis, & glacie riget horrida barba.
Hic primum paribus nitens Cyllenius alis
Constitit : hinc toto præceps se corpore ad undas
Misit, avi similis, quæ circum littora, circum
Piscosos scopulos, humilis volat æquora juxta.
Haud aliter terras inter cœlumque volabat,
Littus arenosum Libyæ, ventosque secabat
Materno veniens ab avo Cyllenia proles.
Ut primùm alatis tetigit mapalia plantis,
Æneam fundantem arces, ac tecta novantem
Conspicit : atque illi stellatus jaspide fulvâ
Ensis erat, Tyrioque ardebat murice læna
Demissa ex humeris ; dives quæ munera Dido
Fecerat, & tenui telas discreverat auro.
Continuò invadit : Tu nunc Carthaginis altæ
Fundamenta locas, pulchramque uxorius urbem
Exstruis ! heu regni, rerumque oblite tuarum !
Ipse Deûm tibi me claro demittit Olympo
Regnator, cœlum & terras qui numine torquet :
Ipse hæc ferre jubet celeres mandata per auras.
Quid struis, aut quâ spe Libycis teris otia terris ?
Si te nulla movet tantarum gloria rerum,
Nec super ipse tuâ moliris laude laborem,
Ascanium surgentem, & spes hæredis Iuli
Respice, cui regnum Italiæ, Romanaque tellus

mont Atlas, dont la tête couronnée de pins, entourée de frimats, & sans cesse en bute aux vents & aux tempêtes, soutient le fardeau du Ciel. Les épaules du vieillard sont couvertes d'une neige entassée, & sa barbe est toute hérissée de glaçons ; de son menton se précipitent des fleuves. Le Dieu plane d'abord au-dessus de la montagne, puis s'y repose ; de là il s'élance vers la mer, tel qu'un oiseau de proie qui vole le long des rivages, & autour des rochers où le poisson s'arrête, & dont les ailes étendues rasent la surface des eaux. C'est ainsi que le fils de Maïa, dont Atlas fut le pere, fend les airs & traverse les sables de la Libye. A peine ses pieds ailés ont-ils touché les cabanes du pays de Carthage, qu'il apperçoit Enée attentif à la construction des édifices de la nouvelle Cité. Le Prince Troyen portoit à son côté une épée embellie de clous de Jaspe, & sur ses épaules un manteau de pourpre bordé d'or, ouvrage & présent de Didon. Mercure l'aborde, & lui parle ainsi : » Prince, vous vous oc-
» cupez des édifices de Carthage, comme
» époux de la Reine ! Quoi ! vous oubliez cet
» Empire promis, vous oubliez des intérêts
» si grands ! Le Roi des Dieux, le Maître du
» Ciel & de la Terre, le puissant Jupiter me
» fait descendre du brillant Olympe, pour
» vous porter ses ordres à travers l'immense
» espace des airs. Que prétendez-vous, &
» quel espoir vous retient oisif dans la Libye ?
» Si le sort illustre qui vous est réservé, ne
» vous touche point, si vous préférez une vie
» molle à la gloire de votre nom, songez au
» moins que vous avez un fils : jettez les yeux
» sur le jeune Ascagne votre héritier, & ne
» ruinez pas ses espérances. Souvenez-vous
» qu'un trône d'Italie lui est dû, & l'Empire

Debentur. Tali Cyllenius ore locutus,
Mortales visus medio sermone reliquit,
Et procul in tenuem ex oculis evanuit auram.
 At verò Æneas aspectu obmutuit amens,
Arrectæque horrore comæ, & vox faucibus hæsit.
Ardet abire fugâ, dulcesque relinquere terras,
Attonitus tanto monitu, imperioque Deorum.
Heu quid agat ? quo nunc reginam ambire furentem
Audeat affatu ? quæ prima exordia sumat !
Atque animum nunc huc celerem, nunc dividit illuc,
In partesque rapit varias, perque omnia versat.
Hæc alternanti potior sententia visa est.
Mnesthea, Sergestumque vocat, fortemque Cloanthum :
Classem aptent taciti, sociosque ad littora cogant,
Arma parent, & quæ sit rebus causa novandis
Dissimulent : sese interea (quando optima Dido
Nesciat, & tantos rumpi non speret amores)
Tentaturum aditus, & quæ mollissima fandi
Tempora, quis rebus dexter modus. Ocius omnes
Imperio læti parent, ac jussa facessunt.
 At regina dolos (quis fallere possit amantem ?)
Præsensit, motusque excepit prima futuros,
Omnia tuta timens : eadem impia Fama furenti
Detulit, armari classem, cursumque parari.
Sævit inops animi, totamque incensa per urbem
Bacchatur : qualis commotis excita sacris
Thyas, ubi audito stimulant trieterica Baccho
Orgia, nocturnusque vocat clamore Cithæron.

« de Rome à sa postérité ». A ces mots, le Dieu se dérobe aux regards d'un foible Mortel, & disparoît soudain comme une vapeur légere.

Troublé de cette apparition, Enée perd la voix & l'usage de tous ses sens, & ses cheveux se dressent sur sa tête. Frappé d'un avis si important & de l'ordre absolu du Ciel, il brûle de s'arracher à un climat qui ne lui est que trop cher. Que faire? Comment s'y prendre, pour déclarer ce dessein à une Reine transportée d'amour? Quel exorde préparera son discours? Il imagine cent expédients, qu'aussi-tôt il réprouve. Son esprit se tourne d'un côté, puis d'un autre, sans pouvoir se fixer. Dans son embarras, il prend enfin ce parti. Il mande Mnestée, Sergeste & Cloanthe, & leur communique son dessein. Il leur dit de mettre secrétement la flotte en état de partir, de préparer leurs armes, de rassembler les Troyens sur le rivage, & de leur cacher ses intentions; que pendant ce temps-là il épiera les moments favorables pour ouvrir son cœur à la généreuse Didon, qui ignore son dessein, & qui ne s'attend pas à voir rompre de si doux liens. Les Troyens reçoivent ces ordres avec joie, & s'empressent de les exécuter.

Mais qui peut tromper une amante? La Reine devina qu'elle étoit trahie, & pressentit tous les mouvements qui se préparoient, craignant tout, lorsqu'elle n'avoit encore aucun sujet de craindre. Bientôt cette odieuse Renommée, qui avoit divulgué ses amours, vient lui apprendre qu'on arme la flotte, & qu'on se prépare à lever l'ancre. La rage & le désespoir s'emparent de son ame. Furieuse, on la voit errer dans la ville, telle qu'une Bacchante dans la fête des Orgies, quand les clameurs noc-

Tandem his Æneam compellat vocibus ultro :
Dissimulare etiam sperasti, perfide, tantum
Posse nefas, tacitusque meâ decedere terrâ ?
Nec te noster amor, nec te data dextera quondam,
Nec moritura tenet crudeli funere Dido.
Quin etiam hyberno moliris sidere classem,
Et mediis properas Aquilonibus ire per altum,
Crudelis ! Quid, si non arva aliena, domosque
Ignotas peteres, & Troja antiquâ maneret,
Troja per undosum peteretur classibus æquor ?
Mene fugis ? Per ego has lacrymas, dextramque
   tuam, te,
(Quando aliud mihi jam miseræ nihil ipsa reliqui)
Per connubia nostra, per inceptos hymenæos ;
Si bene quid de te merui, fuit aut tibi quidquam
Dulce meum, miserere domûs labentis, & istam,
Oro, si quis adhuc precibus locus, exue mentem.
Te propter Libycæ gentes, Nomadumque tyranni
Odere, infensi Tyrii : Te propter eundem
Extinctus pudor, &, quâ solâ sidera adibam,
Fama prior. Cui me moribundam deseris, hospes ?
Hoc solum nomen quoniam de conjuge restat.
Quid moror ? an mea Pygmalion dum mœnia frater
Destruat, aut captam ducat Getulus Iarbas ?
Saltem, si qua mihi de te suscepta fuisset
Ante fugam soboles : si quis mihi parvulus aulâ
Luderet Æneas, qui te tantùm ore referret,
Non equidem omnino capta, aut deserta viderer.

turnes dont retentit le mont Cithéron, l'appellent à la célébration des mystères de Bacchus.

Dans sa colere Didon aborde Enée. » Perfi-
» de, lui dit-elle, t'es-tu flatté de me pouvoir
» cacher un si grand crime ? as-tu prétendu
» sortir de mon Royaume à mon insu ? Ni
» mon amour, ni la foi que tu m'as jurée, ni
» la mort que ta fuite me causera, ne peu-
» vent t'arrêter. Cruel, tu veux t'embarquer
» dans cette rigoureuse saison, & pour me
» fuir, tu braves les redoutables Aquilons.
» Quand tu n'irois pas dans un pays dont les
» habitants te sont inconnus, quand même le
» terme de ton voyage seroit ton ancienne
» Troie, si elle subsistoit encore, pourrois-
» tu confier ta flotte à une mer orageuse ?
» Est-ce donc moi que tu fuis ? Ah ! je te con-
» jure par ces larmes que je répands, par la
» foi que tu m'as donnée, par toi-même (mal-
» heureuse ! je n'ai plus d'autre ressource); je
» te conjure au nom de nos tendres amours
» & de notre hymen commencé, si je mérite
» de toi quelque reconnoissance, si j'ai eu
» quelques charmes à tes yeux, d'être tou-
» ché de ma situation déplorable, &, si tu peux
» encore écouter ma priere, de changer de
» résolution. Pour toi je me suis attiré la hai-
» ne des peuples de la Libye, des Rois No-
» mades, & de mes propres sujets : pour toi
» j'ai perdu ma pudeur & ma gloire. Cher
» Hôte (car je ne puis plus t'appeller mon
» époux) à quel sort abandonnes-tu ma mou-
» rante vie ? Que faire ? Attendrai-je que mon
» frere Pygmalion vienne renverser ces murs,
» ou que le Gétulien Iarbas, m'enlevant comme
» une esclave, me force d'accepter sa main ?
» Au moins, si avant ton départ tu me laissois

Dixerat. Ille Jovis monitis immota tenebat
Lumina, & obnixus curam sub corde premebat.
Tandem pauca refert. Ego te, quæ plurima fando
Enumerare vales, nunquam, Regina, negabo
Promeritam ; nec me meminisse pigebit Elisæ,
Dum memor ipse mei, dum spiritus hos reget artus.
Pro re pauca loquar : Nec ego hanc, abscondere furto
Speravi, ne finge, fugam ; nec conjugis unquam
Prætendi tædas, aut hæc in fœdera veni.
Me si fata meis paterentur ducere vitam
Auspiciis, & sponte meâ componere curas,
Urbem Trojanam primum, dulcesque meorum
Relliquias colerem : Priami tecta alta manerent,
Et recidiva manu posuissem Pergama victis.
Sed nunc Italiam magnam Grynæus Apollo,
Italiam Lyciæ jussere capessere sortes.
Hic amor, hæc patria est : si te Carthaginis arces
Phœnissam, Libycæque aspectus detinet urbis,
Quæ tandem Ausonia Teucros considere terrâ
Invidia est? & nos fas extera quærere regna.
Me patris Anchisæ, quoties humentibus umbris
Nox operit terras, quoties astra ignea surgunt,
Admonet in somnis & turbida terret imago.
Me puer Ascanius, capitisque injuria chari,

„ un précieux gage de ton amour, qui me retra-
„ çât seulement l'image de son pere, je pourrois
„ me consoler, & je ne me croirois pas absolument
„ abandonnée ".

Ainsi parla Didon. Enée, docile aux ordres
de Jupiter, avoit les yeux baissés & immobiles, & s'efforçoit de cacher son embarras. Il
répond enfin en peu de mots. „ Grande Reine,
„ je ne nierai jamais que vous ne m'ayez com-
„ blé de toutes les faveurs que vous dites.
„ Tant que je vivrai & que je conserverai de
„ la mémoire, je ne les oublierai point : ja-
„ mais je ne perdrai l'agréable souvenir de la
„ généreuse Didon. Je vais me justifier en peu
„ de mots. Mon dessein n'a point été de vous
„ celer mon départ. Cependant je ne me suis
„ jamais regardé comme votre époux, & je
„ n'ai point été lié avec vous par les nœuds
„ de l'hyménée. Si les Destins m'eussent per-
„ mis de suivre mon penchant & de terminer
„ à mon gré tous les soins qui m'agitent, j'au-
„ rois resté dans la Phrygie avec les restes de
„ ma nation, j'y aurois relevé les murs du
„ Palais de Priam, & rebâti une nouvelle
„ Troie pour ses infortunés citoyens. Mais
„ l'Oracle d'Apollon m'ordonne de me rendre
„ en Italie. C'est l'objet de mes vœux, c'est
„ ma nouvelle patrie. Si vous avez quitté Tyr,
„ pour vous établir en ces lieux, si vous pre-
„ nez plaisir à voir les murs de votre ville de
„ Carthage s'élever dans la Libye, pourquoi
„ ne voulez-vous pas que les Troyens s'éta-
„ blissent aussi dans les champs d'Ausonie ?
„ Ne nous est-il pas permis, à votre exemple,
„ de chercher une terre étrangere, pour y
„ fonder un empire ? Toutes les nuits, l'om-
„ bre menaçante de mon pere m'apparoît en
„ songe. Mon fils Ascagne s'offre sans cesse à

Quem regno Hesperiæ fraudo, & fatalibus arvis.
Nunc etiam interpres Divûm Jove missus ab ipso
(Testor utrumque caput) celeres mandata per auras
Detulit : Ipse Deum manifesto in lumine vidi
Intrantem muros, vocemque his auribus hausi.
Desine meque tuis incendere teque querelis :
Italiam non sponte sequor.
 Talia dicentem jamdudum aversa tuetur,
Huc illuc volvens oculos, totumque pererrat
Luminibus tacitis, & sic accensa profatur.
Nec tibi Diva parens, generis nec Dardanus auctor,
Perfide : sed duris genuit te cautibus horrens.
Caucasus, Hyrcanæque admorunt ubera tigres.
Nam quid dissimulo, aut quæ me ad majora reser-
  vo ?
Num fletu ingemuit nostro ? num numina flexit ?
Num lacrymas victus dedit, aut miseratus aman-
  tem est ?
Quæ quibus anteferam ? jam jam nec maxima Juno,
Nec Saturnius hæc oculis pater aspicit æquis.
Nusquam tuta fides. Ejectum littore, egentem
Excepi, & regni demens in parte locavi :
Amissam classem, socios à morte reduxi :
Heu furiis incensa feror ! Nunc augur Apollo,
Nunc Lyciæ sortes, nunc & Jove missus ab ipso

Livre IV.

» ma pensée : je vois que je frustre une tête si
» chere de l'empire qui lui est promis. Enfin,
» Mercure envoyé par Jupiter, est venu du haut
» des cieux m'ordonner de sa part, de m'éloigner
» de ces climats. Je les prends à témoins l'un &
» l'autre. Oui, j'ai vu l'interprete des Dieux,
» au milieu d'une éclatante lumiere, m'annon-
» cer cet ordre : je l'ai vu, & j'ai entendu
» sa voix. Cessez donc, Reine, de vous plain-
» dre, & de troubler par vos gémissements votre
» repos & le mien. C'est malgré moi que je vous
» quitte «.

Tandis qu'il parloit, Didon indignée le regardoit avec horreur, & roulant des yeux enflammés, observoit sa froide contenance.
» Traître, lui dit-elle transportée de colere,
» tu n'es ni le fils d'une Déesse, ni du sang
» de Dardanus. L'affreux Caucase t'a enfanté
» sur ses rochers arides, & tu as sucé le lait
» des Tigresses d'Hyrcanie. Car qu'ai-je à
» dissimuler, & dois-je attendre que tu pous-
» ses l'offense plus loin ? Le barbare a-t-il été
» touché de mes pleurs ? A-t-il versé quel-
» ques larmes ? A-t-il daigné regarder son
» amante, & être sensible à sa peine ? Que
» te dirai-je enfin ? La Déesse Junon qui me
» protege, & Jupiter même ont horreur de
» ta perfidie. Hélas ! à qui se fier ? Je l'ai re-
» cueilli dans mes Etats après son naufrage,
» & je l'ai associé à mon Empire ; j'ai sauvé
» ses vaisseaux échoués ; j'ai arraché ses com-
» pagnons des bras de la mort : enfin, je
» suis assez insensée pour l'aimer. L'ingrat,
» pour récompense, prétexte maintenant des
» Oracles d'Apollon ; & l'interprete des Dieux,
» si on l'en croit, a traversé les airs pour lui
» annoncer les redoutables ordres de Jupiter.
» Comme si les Dieux s'abaissoient à de pa-

Interpres Divûm fert horrida jussa per auras.
Scilicet is superis labor est : ea cura quietos
Sollicitat. Neque te teneo, neque dicta refello.
I, sequere Italiam ventis, pete regna per undas.
Spero equidem mediis, si quid pia numina possunt,
Supplicia hausurum scopulis, & nomine Dido
Sæpe vocaturum : sequar atris ignibus absens ;
Et cum frigida mors animâ seduxerit artus,
Omnibus umbra locis adero : dabis, improbe,
    poenas.
Audiam, & hæc manes veniet mihi fama sub imos.
  His medium dictis sermonem abrumpit, & auras
Ægra fugit, seque ex oculis avertit & aufert,
Linquens multa metu cunctantem, & multa pa-
    rantem
Dicere : suscipiunt famulæ collapsaque membra
Marmoreo referunt thalamo, stratisque reponunt.
  At pius Æneas, quanquam lenire dolentem
Solando cupit, & dictis avertere curas,
Multa gemens, magnoque animum labefactus
    amore,
Jussa tamen Divûm exequitur, classemque revisit.
Tum verò Teucri incumbunt, & littore celsas
Deducunt toto naves, natat uncta carina ;
Frondentesque ferunt remos, & robora sylvis
Infabricata, fugæ studio.
Migrantes cernas, totâque ex urbe ruentes.
Ac veluti ingentem formicæ farris acervum
  Cùm populant, hyemis memores, tectoque repo-
    nunt :
It nigrum campis agmen, prædamque per herbas

» reils soins, & que les choses humaines fus-
» sent capables de troubler leur repos. Je ne
» daigne pas te confondre, & je ne te retiens
» plus. Que les vents te conduisent dans ton
» Italie : va chercher à travers les ondes cette
» terre où tu dois régner. Si les Dieux justes
» ont quelque pouvoir, j'espere qu'un nau-
» frage vengeur te fera échouer contre des
» rochers. Alors tu regretteras Didon, & tu
» l'appelleras vainement à ton secours : ab-
» sente, je te poursuivrai la flamme à la main ;
» & lorsque mon ame se sera envolée de mon
» corps glacé, mon ombre attachée à tes pas
» fera ton supplice. Dans le séjour des morts,
» je serai informée de tes malheurs, & je m'en
» réjouirai «.

A ces mots, elle quitte brusquement Enée dé-
concerté de ses reproches, & se dérobe à ses
yeux, sans daigner l'entendre. En se retirant, elle
tombe évanouie entre les bras de ses femmes, qui
la portent dans son superbe appartement, & la couchent sur un lit.

Quoiqu'Enée eût envie de calmer la douleur
de la Reine & d'essayer par ses discours de la
guérir de son amour, amoureux lui-même il
poussoit de profonds soupirs. Cependant il per-
siste dans la résolution d'obéir aux Dieux, &
va visiter sa flotte. Il trouve ses compagnons
occupés à couper du bois dans la forêt, pour
radouber les vaisseaux, & fabriquer des rames. On travaille avec ardeur, & déja l'on
met les navires à flot. Tous les Troyens sortis
de la ville se rassemblent sur le rivage. Ainsi
les actives fourmis s'empressent autour d'un
grand monceau de bled, d'où elles s'efforcent
d'enlever pour l'hyver des provisions, qu'elles
portent dans leurs magasins. Chargé de butin,
le noir bataillon traverse la campagne le long

Convectant calle angusto : pars grandia trudunt
Obnixæ frumenta humeris ; pars agmina cogunt,
Castigantque moras : opere omnis semita fervet.

Quis tibi nunc, Dido, cernenti talia sensus,
Quosve dabas gemitus, cùm littora fervere latè
Prospiceres arce ex summâ, totumque videres
Misceri ante oculos tantis clamoribus æquor ?
Improbe amor, quid non mortalia pectora cogis !
Ire iterum in lacrymas, iterum tentare precando
Cogitur, & supplex animos submittere amori,
Ne quid inexpertum frustra moritura relinquat.

Anna, vides toto properari littore circum :
Undique convenere ; vocat jam carbasus auras ;
Puppibus & læti nautæ imposuere coronas.
Hunc ego si potui tantum sperare dolorem,
Et perferre, soror, potero. Miseræ hoc tamen unum
Exsequere, Anna, mihi : solam nam perfidus ille
Te colere, arcanos etiam tibi credere sensus :
Sola viri molles aditus, & tempora noras.
I, soror, atque hostem supplex affare superbum.
Non ego cum Danais Trojanam exscindere gentem
Aulide juravi, classemve ad Pergama misi ;
Nec patris Anchisæ cinerem manesve revelli.
Cur mea dicta negat duras demittere in aures ?
Quò ruit ? extremum hoc miseræ det munus amanti :
Exspectet facilemque fugam, ventosque ferentes.
Non jam conjugium antiquum, quod prodidit, oro,

d'un sentier étroit, & franchit les herbes. Les unes portent, ou poussent avec effort des grains de froment; les autres pressent les moins laborieuses. Tout est en mouvement sur la route.

Quel fut ton désespoir, infortunée Didon, & que tu gémis, lorsque du haut de ton Palais tu vis tous ces tumultueux préparatifs sur le bord de la mer ! Cruel amour, quel est ton empire sur le cœur des mortels ! Une superbe Reine a recours encore aux humbles prieres & aux larmes ; elle se voit réduite à implorer la pitié de son vainqueur ; & pour ne pas suivre en vain les derniers conseils de son désespoir, elle se résoud de faire encore une tentative.

„ Tu vois, dit-elle à sa sœur, tous ces mou-
„ vements sur le rivage. Les Troyens s'y ras-
„ semblent : déja ils ont appareillé. Les matelots
„ réjouis de leur départ ont déja orné leurs
„ pouppes de festons. Hélas ! j'aurois pu sup-
„ porter ce coup terrible, si j'y eusse été pré-
„ parée. Il faut, ma sœur, que tu me rendes
„ encore un service. Le perfide a eu jusqu'ici
„ de la déférence pour toi : il te confioit ses
„ pensées secretes ; pour toi seule il fut tou-
„ jours accessible & complaisant. Va donc trou-
„ ver ce superbe ennemi, & tâche de le tou-
„ cher par tes prieres. Je n'ai ni conjuré à Au-
„ lis la perte des Troyens, ni joint mes vais-
„ seaux à la flotte des Grecs. Ai-je violé le tom-
„ beau de son pere, dispersé sa cendre, trou-
„ blé ses manes ? Pourquoi refuse-t-il de m'é-
„ couter ? Pourquoi brûle t-il de partir ? Qu'il
„ accorde au moins à son amante une grace
„ légere : c'est d'attendre pour s'embarquer
„ que la saison soit plus favorable. Je ne lui
„ oppose plus un lien sacré, ni sa foi qu'il tra-
„ hit. Je ne veux le priver ni de sa charmante

Nec pulchro ut Latio careat, regnumque relinquat.
Tempus inane peto, requiem, spatiumque furori,
Dum mea me victam doceat fortuna dolere.
Extremam hanc oro veniam (miserere sororis)
Quam mihi cum dederis, cumulatum morte remittam.

　Talibus orabat, talesque miserrima fletus
Fertque refertque soror : sed nullis ille movetur
Fletibus, aut voces ullas tractabilis audit.
Fata obstant, placidasque viri Deus obstruit aures.
Ac velut annosam valido cum robore quercum
Alpini Boreæ nunc hinc, nunc flatibus illinc
Eruere inter se certant : it stridor, & altè
Consternunt terram concusso stipite frondes :
Ipsa hæret scopulis, & quantum vertice ad auras
Æthereas, tantùm radice ad Tartara tendit.
Haud secus assiduis hinc atque hinc vocibus heros
Tunditur, & magno persentit pectore curas.
Mens immota manet, lacrymæ volvuntur inanes.

　Tum vero infelix fatis exterrita Dido
Mortem orat : tædet cœli convexa tueri.
Quò magis incœptum peragat, lucemque relinquat,
Vidit, thuricremis cùm dona imponeret aris,
(Horrendum dictu) latices nigrescere sacros,
Fusaque in obcenum se vertere vina cruorem.
Hoc visum nulli, non ipsi effata sorori.
Præterea fuit in tectis de marmore templum
Conjugis antiqui, miro quod honore colebat,
Velleribus niveis & festâ fronde revinctum.

« Italie, ni de son glorieux Empire. Je le prie
» seulement de m'accorder quelques jours pour
» soulager ma peine : qu'il me donne le temps
» de me familiariser avec ma douleur. Ma sœur,
» aie pitié de moi. Je ne demande plus que
» cette grace. Je lui permettrai après cela de
» partir, & ma mort comblera les vœux de l'in-
» grat.

Anne pénétrée de douleur, porte plus d'une fois au Prince Troyen les plaintes & les pleurs de la Reine. Mais ni les larmes, ni les remontrances ne peuvent changer sa résolution. Les destins s'opposent aux desirs de Didon, & un Dieu bouche les oreilles du Héros tendre & sensible. Tel un chêne antique résiste aux Aquilons impétueux & bruyants qui soufflent des Alpes, & s'efforcent de le déraciner. Ils secouent vainement son feuillage, & courbent ses vastes branches jusqu'à terre. Son tronc est ébranlé ; mais ses racines, aussi profondes que sa tête est élevée, le retiennent : ferme sur le rocher où il est planté, il brave fièrement tous les assauts. C'est ainsi qu'Enée est assailli de deux côtés par les prieres & les soupirs. On donne les plus vives atteintes à son ame ; mais rien ne le peut fléchir, & les larmes coulent vainement.

Alors la malheureuse Didon frémit de l'horreur de sa destinée : elle appelle la mort ; la lumiere des cieux l'importune. Tout augmente ses ennuis & son désespoir. Tandis qu'elle offre un sacrifice, la liqueur qu'elle répand devant l'Autel, devient noire, & le vin se change en sang dans les coupes. Elle ne fit remarquer ce funeste présage à personne ; elle en fit même un mystere à sa sœur. Il y avoit dans son Palais une chapelle consacrée aux manes de son époux, qu'elle avoit coutume de parer

Hinc exaudiri voces & verba vocantis
Visa viri, nox cùm terras obscura teneret:
Solaque culminibus ferali carmine bubo
Sæpe quæri, & longas in fletum ducere voces.
Multaque præterea vatum prædicta priorum
Terribili monitu horrificant : agit ipse furentem
In somnis ferus Æneas, semperque relinqui
Sola sibi, semper longam incomitata videtur
Ire viam, & Tyrios desertâ quærere terrâ.
Eumenidum veluti demens videt agmina Pentheus,
Et solem geminum, & duplices se ostendere The-
 bas :
Aut Agamemnonius scenis agitatus Orestes,
Armatam facibus matrem & serpentibus atris
Cùm fugit, ultricesque sedent in limine Diræ.
 Ergo ubi concepit furias evicta dolore,
Decrevitque mori tempus secum ipsa modumque
Exigit, & mœstam dictis aggressa sororem,
Consilium vultu tegit, ac spem fronte serenat.
Inveni, germana, viam (gratare sorori)
Quæ mihi reddat eum, vel eo me solvat amantem.
Oceani finem juxta, solemque cadentem,
Ultimus Æthiopum locus est, ubi maximus Atlas
Axem humero torquet stellis ardentibus aptum :
Hinc mihi Massylæ gentis monstrata sacerdos,
Hesperidum templi custos, epulasque draconi
Quæ dabat, & sacros servabat in arbore ramos;
Spargens humida mella, soporiferumque papaver.

d'étoffes

d'étoffes de laine blanche, & de verds feuillages. Elle croit entendre pendant la nuit la voix lugubre de Sichée, qui l'appelle du fond de ce triste sanctuaire. Un hibou solitaire, perché sur le toit de son Palais, l'effraie par ses gémissements funebres. D'anciennes & terribles prédictions l'épouvantent. Enfin le cruel Enée s'offre à elle dans son sommeil, & cette image agite ses esprits enflammés. Elle se figure quelquefois que l'univers l'abandonne, que livrée à elle-même, elle erre seule dans de vastes contrées, & qu'elle cherche en vain ses sujets dans des campagnes désertes. Ainsi Penthée dans les accès de sa fureur, voit autour de lui des troupes d'Euménides, deux Soleils, deux villes de Thebes. Ainsi Oreste, dont les malheurs sont si célebres sur les théatres, fuit l'ombre de sa mere armée de serpents & de flambeaux, & voit les Furies vengeresses à la porte du Temple de Delphes.

La Reine vaincue par sa douleur, livrée au désespoir, & résolue de mourir, s'applique à trouver le temps & le moyen de pouvoir exécuter ce dessein funeste ; mais elle a soin de le tenir secret. Elle compose donc son visage, & d'un air tranquille elle parle de cette maniere à sa triste sœur. ″Félicite-moi, ma sœur, lui ″dit-elle : j'ai heureusement trouvé le moyen ″de rappeller l'infidele à son premier amour, ″ou de me guérir du mien. Vers les confins ″de l'Ethiopie occidentale, près de l'Océan ″Atlantique, où le soleil se plonge à la fin ″de sa carriere, est une Prêtresse de la na- ″tion des Massyliens, autrefois gardienne du ″temple & des pommes d'or du jardin des ″Hespérides. Là elle nourrissoit de miel & ″de pavots le Dragon qui veille au pied de ″l'arbre. Cette Magicienne, qui est en ces

Hæc se carminibus promittit solvere mentes;
Quas velit, ast aliis duras immittere curas ;
Sistere aquam fluviis, & vertere sidera retro ;
Nocturnosque ciet manes : mugire videbis
Sub pedibus terram, & descendere montibus ornos.
Testor, cara, Deos, & te, germana, tuumque
Dulce caput, magicas invitam accingier artes.
Tu secreta pyram tecto interiore sub auras
Erige, & arma viri, thalamo quæ fixa reliquit
Impius, exuviasque omnes, lectumque jugalem,
Quo perii, super imponas: abolere nefandi
Cuncta viri monumenta jubet monstratque sacer-
 dos.
Hæc effata silet : pallor simul occupat ora.
Non tamen Anna novis prætexere funera sacris
Germanam credit, nec tantos mente furores
Concipit, aut graviora timet, quàm morte Sichæi.
Ergo jussa parat.
 At Regina, pyra penetrali in sede sub auras
Erectâ ingenti, tædis, atque ilice sectâ,
Intenditque locum sertis, & fronde coronat
Funereâ : super exuvias, ensemque relictum
Effigiemque toro locat, haud ignara futuri.
Stant aræ circum, & crines effusa sacerdos
Tercentum tonat ore Deos, Erebumque, Chaos-
 que,
Tergeminamque Hecatem, tria virginis ora Dianæ.
Sparserat & latices simulatos fontis Averni ,
Falcibus & messæ ad lunam quæruntur ahenis
Pubentes herbæ, nigri cum lacte veneni :

» lieux, & qu'on m'a fait connoître, se vante
» de pouvoir par ses enchantements envoyer
» aux uns les noirs soucis, & de délivrer les au-
» tres de toutes leurs peines ; d'arrêter à son
» gré le cours des fleuves, de faire rétrograder
» les astres, & d'évoquer les Manes. A sa voix,
» vous entendez la terre mugir sous ses pieds,
» vous voyez les arbres descendre du haut des
» montagnes. J'en jure par les Dieux, & par
» toi-même, ma chere sœur, que c'est malgré
» moi que j'ai recours à l'art magique. Fais donc
» construire secrétement un bûcher dans la cour
» la plus reculée de mon Palais. Fais mettre sur
» ce bûcher les armes que le perfide Troyen a
» laissées dans son appartement, & tout ce qui
» me reste de lui. N'oublie pas ce lit conju-
» gal, ce lit, hélas ! source de mon malheur.
» La Prêtresse veut que tout ce qui a pu appar-
» tenir à l'infidele, soit livré aux flammes, &
» qu'il n'en reste aucun vestige «. A ces mots elle
se tait, & une pâleur mortelle se répand sur son
visage.

Cependant Anne ne s'imagine point que Didon, sous l'apparence d'un sacrifice, cache les
préparatifs de sa mort. Il ne lui vient point à
l'esprit, qu'elle ait pris un parti si étrange, ni
que la fuite d'un amant puisse être plus funeste
que la mort d'un époux. Elle exécute donc ses
ordres.

On éleve un grand bûcher de bois résineux,
dans un lieu découvert, au fond du Palais.
La Reine fait orner ce lieu de festons & de
branches funebres. Suivant ses vues, elle fait
mettre sur le lit, au haut du bûcher, les dépouilles de son amant, son épée, & son por-
trait. Le bûcher est environné d'autels, autour desquels la Prêtresse, les cheveux épars,
invoque à grands cris une foule de Divinités

Quæritur & nascentis equi de fronte revulsus,
Et matri præreptus amor.
Ipsa molâ, manibusque piis, altaria juxta,
Unum exuta pedem vinclis, in veste recinctâ,
Testatur moritura Deos, & conscia fati
Sidera: tum, si quod non æquo fœdere amantes
Curæ numen habet, justumque memorque pre-
 catur.
 Nox erat, & placidum carpebant fessa soporem
Corpora per terras, sylvæque & sæva quierant
Æquora ; cùm medio volvuntur sidera lapsu,
Cùm tacet omnis ager, pecudes pictæque volu-
 cres,
Quæque lacus latè liquidos, quæque aspera dumis,
Rura tenent, somno positæ sub nocte silenti.
Lenibant curas, & corda oblita laborum.
At non infelix animi Phœnissa, nec unquam
Solvitur in somnos, oculisve aut pectore noctem
Accipit : ingeminant curæ, rursusque resurgens
Sævit amor, magnoque irarum fluctuat æstu.
Sic adeo insistit, secumque ita corde volutat :
En quid agam ? rursusne procos irrisa priores
Experiar, Nomadumque petam connubia supplex,
Quos ego sum toties jam dedignata maritos ?
Iliacas igitur classes, atque ultima Teucrûm
Jussa sequar ? quiane auxilio juvat ante levatos,
Et bene apud memores veteris stat gratia facti ?
Quis me autem, fac velle, sinet, ratibusque su-
 perbis
Invisam accipiet ? nescis, heu ! perdita, nec dum
Laomedonteæ sentis perjuria gentis ?

LIVRE IV.

infernales, l'Erebe, le Cahos, la triple Hécate. En même temps elle répand des eaux, qu'elle suppose puisées dans le lac d'Averne. Elle emploie des herbes naissantes, coupées au clair de la lune avec une faucille d'airain, qui distillent un suc noir & vénéneux : elle y joint l'Hippomane, arraché du front d'un jeune poulain & soustrait à l'avidité de sa mere. Didon elle-même devant les autels, un pied nu, la robe retroussée, un gâteau sacré à la main, atteste les Dieux & les astres qui savent sa destinée ; & s'il est quelque Divinité équitable qui s'intéresse pour les amants trahis, elle la conjure de la venger.

Cependant la nuit couvroit la terre de ses ombres. Le tranquille sommeil régnoit en tous lieux : tout étoit paisible dans les campagnes, dans les forêts, & sur les eaux : les troupeaux, les bêtes farouches, les oiseaux, les poissons, étoient plongés dans le calme & dans l'oubli de leurs peines. Didon seule ne goûte point le repos de la nature, & le sommeil ne peut fermer ses yeux. Le silence de la nuit augmente son inquiétude, réveille son amour, rallume ses fureurs. » Que ferai-je, se dit-elle à
» elle-même ? Essuierai-je les railleries de
» mes premiers amants ? Irai-je humblement
» offrir ma main à ces Princes Nomades, dont
» j'ai tant de fois dédaigné les poursuites. &
» Irai-je me jetter entre les bras des Troyens,
» & m'abandonner à eux en esclave ? Je les
» ai comblés de bienfaits : en sont-ils recon-
» noissants ? Quand je pourrois m'abaisser ainsi,
» objet de leur haine, voudroient-ils me re-
» cevoir sur leurs superbes vaisseaux ? Mal-
» heureuse, tu ne connois pas encore la per-
» fide race de Laomédon. Partirai-je sans
» suite, ou escortée de Tyriens, & suivie de

Quid tum ? sola fugâ nautas comitabor ovantes ?
An Tyriis, omnique manu stipata meorum
Inferar, & quos Sidoniâ vix urbe revelli,
Rursus agam pelago, & ventis dare vela jubebo ?
Quin morere, ut merita es, ferroque averte dolo-
    rem.
Tu lacrymis evicta meis, tu prima furentem
His, germana, malis oneras, atque objicis hosti.
Non licuit thalami expertem sine crimine vitam
Degere more feræ, tales nec tangere curas ?
Non servata fides cineri promissa Sichæo.

 Tantos illa suo rumpebat pectore questus.
Æneas celsâ in puppi, jam certus eundi,
Carpebat somnos, rebus jam rite paratis.
Huic se forma Dei vultu redeuntis eodem
Obtulit in somnis, rursusque ita visa monere est;
Omnia Mercurio similis, vocemque coloremque,
Et crines flavos, & membra decora juventæ.
Nate Deâ, potes hoc sub casu ducere somnos ?
Nec quæ circumstent te deinde pericula cernis
Demens, nec Zephyros audis spirare secundos ?
Illa dolos, dirumque nefas in pectore versat,
Certa mori, varioque irarum fluctuat æstu.
Non fugis hinc præceps, dum præcipitare potestas ?
Jam mare turbari trabibus, sævasque videbis
Collucere faces, jam fervere littora flammis,
Si te his attigerit terris Aurora morantem.
Eia age, rumpe moras : varium & mutabile semper
Fœmina. Sic fatus, nocti se immiscuit atræ.

„ toute ma Cour ? Mais comment engager
„ mes sujets à s'embarquer encore, & à es-
„ suyer de nouveaux périls, eux qu'avec tant
„ de peine j'ai arrachés de Tyr ? Meurs plu-
„ tôt : tu ne mérites point de vivre, & c'est
„ le seul remede à tes maux. C'est toi, ma
„ sœur, dont la complaisance m'a perdue :
„ c'est toi qui, flattant ma passion, m'as livrée
„ à un cruel ennemi. Ah, que n'ai-je persévéré
„ dans une vie pure & innocente ! Que ne me
„ suis-je armée d'un orgueil farouche ! Que
„ n'ai-je fui les troubles de l'amour ! faut-il
„ que j'aie violé la foi promise à la cendre de
„ Sichée ?

Tandis que Didon se livroit ainsi aux regrets, Enée constant dans sa résolution, après avoir donné ses ordres pour l'embarquement, goûtoit, en attendant le jour, les douceurs du sommeil sur la pouppe de son vaisseau. Ce fut alors que le même Dieu qui lui avoit apparu, s'offrit à lui en songe. Il étoit reconnoissable à sa voix, à ses cheveux blonds, & aux graces de la jeunesse qui brilloient sur son visage. „ Fils de Vénus, lui dit ce Dieu, pou-
„ vez-vous dormir au milieu des périls qui
„ vous environnent. N'entendez-vous pas le
„ souffle favorable des Zéphyrs ? Didon, ré-
„ solue de mourir & transportée de fureur,
„ médite une cruelle vengeance. Fuyez, tan-
„ dis que vous le pouvez. Si l'Aurore nais-
„ sante vous retrouve sur ce rivage, vous ver-
„ rez la mer couverte de vaisseaux Tyriens ;
„ vous verrez les Carthaginois lancer des feux
„ sur vous, & embraser votre flotte. Ne per-
„ dez point de temps, partez : l'esprit d'une
„ femme peut changer à chaque instant ". A ces mots, il s'enfonce dans les ténebres, & disparoît.

Tum verò Æneas subitis exterritus umbris:
Corripit è somno corpus, sociosque fatigat.
Præcipites vigilate viri, & considite transtris,
Solvite vela citi. Deus æthere missus ab alto,
Festinare fugam, tortosque incidere funes
Ecce iterum stimulat: sequimur te, sancte Deo-
    rum,
Quisquis es, imperioque iterum paremus ovantes.
Adsis ô, placidusque juves, & sidera cœlo
Dextra feras. Dixit, vaginâque eripit ensem
Fulmineum, strictoque ferit retinacula ferro.
Idem omnes simul ardor habet; rapiuntque, ruunt-
    que.
Littora deseruere. Latet sub classibus æquor:
Adnixi torquent spumas, & cærula verrunt.

Et jam prima novo spargebat lumine terras
Tithoni croceum linquens Aurora cubile.
Regina è speculis ut primum albescere lucem
Vidit, & æquatis classem procedere velis,
Littoraque, & vacuos sensit sine remige portus;
Terque quaterque manu pectus percussa decorum,
Flaventesque abscissa comas: Proh Jupiter! ibit,
Hic, ait, & nostris illuserit advena regnis?
Non arma expedient, totâque ex urbe sequentur,
Diripientque rates alii navalibus? ite,
Ferte citi flammas, date vela, impellite remos.
Quid loquor? aut ubi sum? quæ mentem insania
    mutat?
Infelix Dido, nunc te fata impia tangunt.
Tum decuit, cùm sceptra dabas: En dextra fides-
    que,
Quem secum patrios aiunt portare Penates,
Quem subiisse humeris confectum ætate parentem.

Livre IV.

Enée se réveille tout ému. Il se leve, & s'adressant aux matelots : " Hâtez-vous, leur dit-il,
" prenez les rames, mettez à la voile : un Dieu,
" pour la seconde fois descendu des Cieux,
" vient de m'avertir de presser le départ. O
" Dieu, qui que tu sois, nous allons t'obéir
" avec joie : fais que notre navigation soit heu-
" reuse ". Il dit, & tirant son épée étincelante,
il coupe lui-même les amares de son vaisseau. La
même ardeur transporte tous les Troyens. On manœuvre, on appareille, on leve l'ancre, on
part. L'onde écume sous l'effort des rameurs, &
la mer est couverte de rapides vaisseaux qui s'éloignent du rivage.

Déja l'Aurore, sortant du lit de Tithon,
répandoit sur la terre une lumiere naissante,
lorsque Didon apperçut de ses fenêtres la flotte
d'Enée en mer, & le rivage désert, que les
Troyens venoient d'abandonner. A cette vue,
la fureur la saisit : elle frappe son beau sein
de mille coups, & arrache ses blonds cheveux : " Grand Jupiter, s'écrie-t-elle, le traî-
" tre est parti ! Un étranger m'aura donc ainsi
" outragée dans ma cour, & mes sujets ne
" me vengeront point ! On ne prendra pas les
" armes, & on ne s'efforcera pas d'arrêter
" sa flotte fugitive ! Tyriens, armez-vous,
" déployez les voiles, ramez avec ardeur,
" allez brûler ses vaisseaux. Que dis-je ? où
" suis-je ? Quelle fureur trouble mes esprits ?
" Malheureuse Didon, tu sens maintenant
" toute la cruauté de ton sort. Il falloit le pré-
" voir lorsque tu reçus Enée, & que tu l'as-
" socias à ton empire. Voilà donc le prix de ta
" main & de ta foi : voilà cet homme pieux,
" qui transporte, dit-on, les Dieux de sa Pa-
" trie, & qui chargea sur ses épaules son pere
" accablé du poids des années. Le parjure !

Tome I.   Q q

Non potui abreptum divellere corpus, & undis
Spargere, non socios, non ipsum absumere ferro
Ascanium, patriisque epulandum apponere mensis?
Verùm anceps pugnæ fuerat fortuna : fuisset.
Quem metui moritura ? faces in castra tulissem,
Implésséemque foros flammis ; natumque, patrem-
   que,
Cum genere extinxêm ; memet super ipsa dedissem.
Sol, qui terrarum flammis opera omnia lustras,
Tuque harum interpres curarum, & conscia Juno,
Nocturnisque Hecate triviis ululata per urbes,
Et diræ ultrices, & Dii morientis Elysæ.
Accipite hæc, meritumque malis advertite numen,
Et nostras audite preces : si tangere portus
Infandum caput, ac terris adnare necesse est,
Et, si fata Jovis, poscunt, hic terminus hæret :
At bello audacis populi vexatus & armis,
Finibus extorris, complexu avulsus Iüli,
Auxilium imploret, videatque indigna suorum
Funera : nec, cùm se sub leges pacis iniquæ
Tradiderit, regno, aut optatâ luce fruatur :
Sed cadat ante diem, mediâque inhumatus arenâ.
Hæc precor : hanc vocem extremam cum sanguine
   fundo.
Tum vos, ô Tyrii, stirpem & genus omne futu-
   rum
Exercete odiis, cinerique hæc mittite nostro
Munera : nullus amor populis, nec fœdera sunto.
Exoriare aliquis nostris ex ossibus ultor,
Qui face Dardanios ferroque sequare colonos,

Livre IV.

» pourquoi l'ai-je laissé partir ? Il m'échappe !
» que ne l'ai-je fait mettre en pieces & pré-
» cipiter dans les flots ? Que n'ai-je fait mas-
» sacrer tous les Troyens, & égorger Ascagne
» même ? Que n'ai-je de ses membres déchirés
» fait à son pere un festin barbare ? L'entreprise
» étoit périlleuse : mais résolue de mourir, qu'a-
» vois-je à craindre ? J'aurois brûlé toute la
» flotte Troyenne : j'aurois immolé le pere & le
» fils : tous auroient péri, & moi-même après
» eux. Soleil, dont les feux éclairent les actions
» des Humains ; Junon, qui sais quelle a été
» ma foiblesse ; Hécate, pour qui les Villes re-
» tentissent de nocturnes hurlements, & vous,
» Furies vengeresses, écoutez la priere de Didon
» mourante, & exaucez ses tristes vœux. S'il
» faut que le perfide aborde en Italie, si c'est
» le terme de ses courses, & si Jupiter l'a ainsi
» ordonné, que du moins à son arrivée il ait
» à combattre un peuple belliqueux, qui le
» chasse de ses frontieres : Qu'arraché à son
» fils Ascagne, il soit obligé d'aller mendier
» des secours étrangers : Qu'il voie ses com-
» pagnons massacrés à ses yeux : Qu'après avoir
» fait une paix honteuse, il meure sans avoir
» régné, & que son corps soit à jamais privé
» de la sépulture. Tels sont les vœux de Di-
» don qui va mourir. Et vous, Tyriens, mon
» peuple, pour honorer ma cendre, soyez tou-
» jours ennemis des Troyens, & que jamais
» une paix sincere ne vous unisse. Qu'il naisse
» un jour de ma cendre un vengeur, qui pour-
» suive par le fer & le feu la race de Dar-
» danus : Que dès maintenant & à jamais il
» regne entre les deux rivages une mortelle
» haine : Qu'ils exercent en tout temps leurs
» forces l'un contre l'autre : Que les flots des
» deux mers se combattent, & qu'il s'allume

Qq 2

Nunc, olim quocumque dabunt se tempore vires,
Littora littoribus contraria, fluctibus undas
Imprecor, arma armis : pugnent ipsique nepotesque.
  Hæc ait : & partes animum versabat in omnes,
Invisam quærens quam primùm abrumpere lucem.
Tum breviter Barcen nutricem affata Sichæi :
Namque suam patriâ antiquâ cinis ater habebat.
Annam, chara mihi nutrix, huc siste sororem :
Dic corpus properet fluviali spargere lymphâ,
Et pecudes secum, & monstrata piacula ducat.
Sic veniat : tuque ipsa piâ tege tempora vittâ.
Sacra Jovi Stygio, quæ rite incepta paravi,
Perficere est animus, finemque imponere curis ;
Dardaniique rogum capitis permittere flammæ.
Sic ait, illa gradum studio celerabat anili.
  At trepida, & cœptis immanibus effera Dido,
Sanguineam volvens aciem, maculisque trementes
Interfusa genas, & pallida morte futurâ,
Interiora domûs irrumpit limina, & altos
Conscendit furibunda rogos, ensemque recludit
Dardanium, non hos quæsitum munus in usus.
Hîc postquam Iliacas vestes, notumque cubile
Conspexit, paulùm lacrymis & mente morata,
Incubuitque toro, dixitque novissima verba :
Dulces exuviæ, dum fata Deusque sinebant,
Accipite hanc animam, meque his exolvite curis.
Vixi, &, quem dederat cursum fortuna, peregi :
Et nunc magna mei sub terras ibit imago.

» entre les deux nations une guerre éternisée par
» leurs descendants «.

Ainsi parle Didon dans sa fureur. Son ame troublée roule en même temps mille projets : elle cherche le moyen le plus prompt de se délivrer d'une vie odieuse. Elle appelle Barcé, nourrice de Sichée son époux : car la sienne avoit été depuis long-temps inhumée dans sa patrie. » Barcé, lui dit-elle, fais venir ici Anne ma
» sœur ; mais dis-lui qu'elle aille auparavant,
» & sans différer, se laver dans une eau pure ;
» qu'elle vienne ensuite avec les victimes que la
» Prêtresse a ordonnées, & avec tout ce qui est
» nécessaire pour les expiations. Toi, Barcé,
» ne manque pas de te trouver aussi au sacrifice
» que je vais faire au Dieu des Enfers, & aie
» soin de ceindre ta tête d'une bandelette sa-
» crée. Je veux finir toutes mes inquiétudes, en
» mettant moi-même le feu au bûcher qui doit
» consumer tout ce qui me reste du Chef des
» Troyens «. La vieille Barcé se hâte d'exécuter ses ordres.

Cependant la Reine, effrayée de l'horrible dessein qu'elle a conçu, le visage pâle, les yeux rouges & égarés, les joues tremblantes & livides, marche brusquement vers l'endroit le plus reculé de son Palais. Furieuse, elle monte sur le bûcher, & tire du fourreau l'épée de son amant, présent destiné pour d'autres usages. A la vue de cette épée, des habits du Prince, & du lit conjugal, elle réfléchit un moment, & suspend ses pleurs. Puis elle se jette sur le lit, & telles furent ses dernieres paroles : » Chers gages d'un tendre amour, tant que le
» Ciel l'a permis, recevez mon ame, & déli-
» vrez-moi de mes peines. J'ai vécu, j'ai rem-
» pli ma carriere au gré du sort, & mon ombre
» descendra aux Enfers avec quelque gloire.

Urbem præclarum ſtatui, mea mœnia vidi :
Ulta virum, pœnas inimico à fratre recepi.
Felix, heu, nimium felix, ſi littora tantùm
Nunquam Dardaniæ tetigiſſent noſtra carinæ !
Dixit, & os impreſſa toro : Moriemur inultæ !
Sed moriamur, ait : ſic ſic juvat ire ſub umbras.
Hauriat hunc oculis ignem crudelis ab alto
Dardanus, & noſtræ ſecum ferat omnia mortis.

 Dixerat : atque illam media inter talia ferro
Collapſam aſpiciunt comites, enſemque cruore
Spumantem ſparſaſque manus. It clamor ad alta
Atria : concuſſam bacchatur fama per urbem.
Lamentis, gemituque, & fœmineo ululatu
Tecta fremunt ; reſonat magnis plangoribus æther.
Non aliter, quàm ſi immiſſis ruat hoſtibus omnis
Carthago aut antiqua Tyros, flammæque furentes
Culmina perque hominum volvantur perque Deo-
 rum.

 Audiit exanimis, trepidoque exterrita curſu,
Unguibus ora ſoror fœdans & pectora pugnis,
Per medios ruit, ac morientem nomine clamat.
Hoc illud, germana, fuit : me fraude petebas !
Hoc rogus iſte mihi, hoc ignes aræque parabant !
Quid primum deſerta querar ? comitemne ſororem
Spreviſti moriens ? eadem me ad fata vocaſſes :
Idem ambas ferro dolor, atque eadem hora tuliſſet.

» J'ai bâti une superbe Ville ; j'ai vu ses murs
» s'élever ; j'ai vengé la mort de mon époux ;
» j'ai puni son assassin. Heureuse, hélas, trop
» heureuse, si la flotte Troyenne n'eût jamais
» approché de ces bords « ! Ensuite, colant son
visage sur ce lit, elle s'écrie : » Faut-il mourir
» sans être vengée ? Oui, mourons : c'est ainsi
» qu'il me faut descendre chez les morts. Que le
» cruel voie du haut de sa pouppe la flamme qui
» me va consumer : Qu'il en repaisse ses yeux
» barbares, & qu'il emporte avec lui ce funeste
» présage «.

A ces mots, ses femmes la virent tomber ; elles virent l'épée teinte de sang entre ses mains mourantes. A l'instant tout le Palais retentit de cris affreux. La nouvelle de ce terrible événement se répand dans la Ville : on n'entend par-tout que gémissements, que lamentations, que hurlements de femmes éplorées. Tels eussent été les cris d'un peuple consterné, si l'ennemi eût surpris & saccagé Carthage ou l'antique Cité de Tyr, & si toutes les maisons & tous les Temples des Dieux y eussent été en proie à la flamme.

Anne s'évanouit d'abord au récit de cette funeste catastrophe. Revenue à elle-même, elle accourt toute tremblante vers le bûcher, se frappant le sein & se déchirant le visage : elle perce la foule, approche, & voyant sa sœur mourante, elle l'appelle à haute voix : » Quoi, ma sœur,
» vous me trompiez ! Ce bûcher, ces autels, ce
» feu, n'étoient donc que les tristes apprêts de
» votre mort déplorable ! Vous m'abandonnez !
» Hélas, que deviendrai-je ? Pourquoi n'avez-
» vous pas voulu que je vous suivisse chez les
» morts ? Le même fer nous auroit jointes l'une
» & l'autre : nous aurions expiré ensemble. Mal-
» heureuse, j'ai donné tous mes soins à la con-

His etiam ſtruxi manibus, patrioſque vocavi
Voce Deos, ſic te ut poſitâ, crudelis, abeſſem?
Extinxi te meque, ſoror, populumque, patreſque
Sidonios, urbemque tuam : date, vulnera lymphis
Abluam, & extremus ſi quis ſuper halitus errat,
Ore legam. Sic fata, gradus evaſerat altos
Semianimemque ſinu germanam amplexa fovebat
Cum gemitu, atque atros ſiccabat veſte cruores.
Illa graves oculos conata attolere, rurſus
Deficit : infixum ſtridet ſub pectore vulnus.
Ter ſeſe attollens, cubitoque innixa, levavit:
Ter revoluta toro eſt, oculiſque errantibus alto
Quæſivit cœlo lucem, ingemuitque repertâ.
 Tum Juno omnipotens, longum miſerata dolorem,
Difficileſque obitus, Irim demiſit Olympo,
Quæ luctantem animam, nexoſque reſolveret artus,
Nam, quia nec fato, meritâ nec morte peribat,
Sed miſera ante diem, ſubitoque accenſa furore,
Nondum illi flavum Proſerpina vertice crinem
Abſtulerat, Stygioque caput damnaverat Orco,
Ergo Iris, croceis per cœlum roſcida pennis,
Mille trahens varios adverſo ſole colores,
Devolat, & ſupra caput aſtitit: Hunc ego Diti
Sacrum juſſa fero, teque iſto corpore ſolvo.
Sic ait, & dextrâ crinem ſecat: omnis & unâ
Dilapſus calor, atque in ventos vita receſſit.

» truction de ce fatal bûcher. C'étoit donc pour un
» tel sacrifice que j'invoquois les Dieux de la pa-
» trie ; c'étoit pour accomplir ce funeste dessein,
» que vous vouliez m'éloigner. Cruelle, en vous
» donnant la mort, vous l'avez donnée à votre
» sœur, aux Seigneurs Tyriens, à tout votre peu-
» ple, & Carthage est detruite. Mais qu'on m'ap-
» porte de l'eau pour laver sa plaie : que j'imprime
» mes levres sur les siennes, pour recueillir au
» moins son dernier soupir, si elle peut respirer en-
» core «. En parlant ainsi, elle monte au haut du
bûcher : elle embrasse en gémissant sa sœur expi-
rante, elle l'arrose de ses larmes, & tâche d'étan-
cher le sang de sa blessure. Les yeux mourants de
la Reine s'ouvrent un moment, & se referment
aussi-tôt. Le sang ne cesse de couler de sa plaie
mortelle. Trois fois elle fait quelqu'effort pour se
lever, & trois fois elle retombe sur le lit. Ses yeux
s'ouvrent encore, & ses regards errants cherchent
la lumiere des cieux : elle la retrouve, & gémit.

Alors Junon, prenant pitié d'une Princesse infortunée, qui luttoit douloureusement contre la
mort, envoya Iris du haut de l'Olympe, pour dégager son ame des liens de son corps. Car sa mort
prochaine n'étant point naturelle, mais l'effet de sa
fureur, Proserpine ne lui avoit point coupé le cheveu fatal, & ne l'avoit pas encore condamnée à
descendre aux Enfers. Iris traverse les airs sur un
nuage opposé au soleil ; elle déploie ses ailes brill-
lantes de mille couleurs, & arrête son vol sur la
tête de la Reine. » J'exécute, dit-elle, l'ordre que
» j'ai reçu : j'enleve cette ame dévouée au Dieu des
» Enfers, & je la délivre de son corps «. A l'instant
elle coupe le cheveu, & la Reine expire.

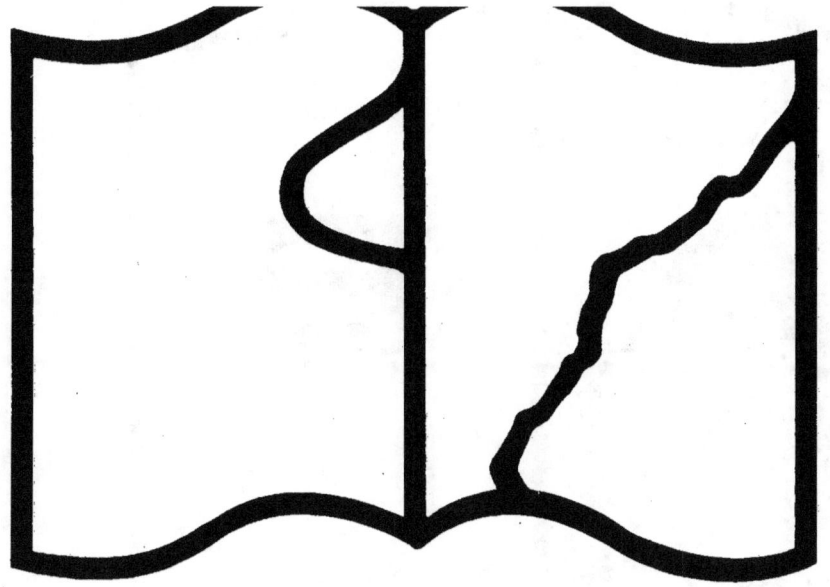

Texte détérioré — reliure défectueuse

Contraste insuffisant

www.ingramcontent.com/pod-product-compliance
Lightning Source LLC
Chambersburg PA
CBHW060239230426
43664CB00011B/1704